Anonymus

Praktisches Hilfsbuch in betreff des selbstständigen Wirkungskreises der Gemeinden in Oberösterreich und Salzburg

Anonymus

Praktisches Hilfsbuch in betreff des selbstständigen Wirkungskreises der Gemeinden in Oberösterreich und Salzburg

ISBN/EAN: 9783742870681

Hergestellt in Europa, USA, Kanada, Australien, Japan

Cover: Foto ©Suzi / pixelio.de

Manufactured and distributed by brebook publishing software (www.brebook.com)

Anonymus

Praktisches Hilfsbuch in betreff des selbstständigen Wirkungskreises der Gemeinden in Oberösterreich und Salzburg

Praktisches Hilfsbuch

in

Betreff des selbstständigen Wirkungskreises

der

Gemeinden

in

Oberösterreich und Salzburg.

Zweite vermehrte Auflage.

Enthält die Gemeinde-Ordnungen und Gemeinde-Wahlordnungen für Oberösterreich und Salzburg, eine Anleitung zur Verwaltung des Gemeinde-Eigenthumes, die Gesetze und Verordnungen in Bezug auf den selbstständigen Wirkungskreis der Gemeinden, einen Auszug aus dem allg. Strafgesetzbuche, eine Geschäftsordnung für Gemeindekanzleien und Ausschußsitzungen, Instruktionen für den Gemeindeausschuß und Formularien.

Vorrede
der ersten Auflage.

Durch das neue Gemeindegesetz wird das Gemeindeleben mehrseitig und wesentlich umgestaltet.

Der Freiheit und Selbstständigkeit der Gemeinden ist ein größeres Maß und größere Gewährleistung, ihrem selbstständigen Wirkungskreise sind sehr erweiterte Grenzen gegeben, Rechte und Einflußnahme sind vermehrt und gleichmässig Verpflichtungen und Verantwortlichkeit erhöht.

Die Handhabung der Gesetze und Verordnungen, welche den selbstständigen Wirkungskreis betreffen, ist in die Hände der Gemeinden gelegt und es haben die Behörden nur darüber zu wachen, daß der Wirkungskreis der Gemeinden nicht überschritten und nicht gegen die bestehenden Gesetze vorgegangen werde.

Hiedurch ist den Gemeinden die Kenntniß solcher Gesetze und Verordnungen unentbehrlich geworden.

Dieselben sind in den verschiedenen Gesetzes-Sammlungen und Normalienbüchern zerstreut enthalten, welche nur wenige Gemeinden besitzen; und wenn auch einzelne Gemeinden im Besitze solcher Sammlungen sein sollten, so ist ihnen doch das Auffinden jener Gesetze und Verordnungen, welche sich die Gemeinden bei ihren Verfügungen und Entscheidungen zur strengen Richtschnur zu nehmen haben, ungemein erschwert.

Den Gemeinden dürfte ein besonderer Dienst durch die Herausgabe des vorliegenden Buches erwiesen werden, in welchem die bemerkten gesetzlichen Vorschriften theils ihrem vollen Inhalte nach, theils mit den thunlichen Abkürzungen aufgenommen sind.

Die in diesem Buche aufgeführten Gesetze und Veordnungen datiren zumeist aus der Vergangenheit, wo deren Handhabung größtentheils in der Competenz (Befugniß) der politischen Behörden gelegen war und die Gemeinden sich nach den Instruktionen dieser Behörden als deren Organe zu benehmen hatten. Die neue Gemeindeordnung hat jedoch die Handhabung der den selbstständigen Wirkungskreis betreffenden Gesetze und Verordnungen den Gemeinden übertragen.

Wo demnach in den angeführten Gesetzen und Verordnungen deren Handhabung der politischen Behörde zugewiesen erscheint, dort gehört dieselbe in der Regel zur Competenz der Gemeinde.

Mögen die Gemeindevorsteher vor der Nothwendigkeit einer größeren Gesetzeskenntniß keineswegs zurückschrecken. Der Gemeindevorsteher kann den Gemeinderäthen bestimmte Zweige der Geschäftsführung zuweisen und ohne erheblicher Mühe wird sich jeder die seinen Geschäftszweig berührenden wenigen Gesetze geläufig machen. Theilung der Arbeit wird demnach etwaige Schwierigkeiten wesentlich abschwächen.

Wenn in der Gemeinde ein Gemeindebeamte bedienstet ist, hat sich derselbe die zur Führung der gemeindeämtlichen Geschäfte nöthige Gesetzeskenntniß anzueignen und mit dieser den Gemeindevorsteher zu unterstützen.

Endlich sind die Gesetze und Verordnungen, deren Handhabung dem Gemeindevorsteher obliegt, leicht faßlich, sie erfordern zu ihrer Aneignung keine Vorbildung, kein tief gehendes Studium, sondern lediglich Berufseifer und gesunden Verstand.

Die vorliegende Sammlung gesetzlicher Vorschriften soll den Gemeinden als positive Erläuterung des §. 25 der Gemeindeordnung *) dienen, daher bei ihrer Zusammenstellung die in diesem Paragrafe bezeichneten einzelnen Geschäftszweige des selbstständigen Wirkungskreises der Gemeinden mit genauer Beobachtung ihrer Reihenfolge zur Grundlage genommen wurden.

Bei Beurtheilung des Umfanges des selbstständigen Wirkungskreises können jedoch die speciell aufgeführten Geschäftszweige nicht maßgebend sein.

§. 25 der neuen Gemeindeordnung enthält die allgemeine Bestimmung, daß der selbstständige Wirkungskreis überhaupt Alles umfasse, was das Interesse der Gemeinde zunächst berührt und innerhalb ihrer Grenzen durch ihre eigenen Kräfte besorgt und durchgeführt werden kann.

Wo demnach diese allgemeine Erklärung ihrem Sinn und Wortlaute nach Anwendung findet, dort kann die Gemeinde nach freier Selbstbestimmung anordnen und verfügen, wenn sich auch die in Frage stehende Angelegenheit in die speciell angeführten Geschäftszweige des §. 25 von Punkt 1 bis 13 nicht einreihen läßt.

Auch können diese Geschäftszweige nur insoweit als in den selbstständigen Wirkungskreis gehörig betrachtet werden, als jene allgemeine Erklärung auf sie Anwendung findet.

Wenn eine Angelegenheit über das Interesse der Gemeinde hinaus greift, wenn dieselbe nicht innerhalb der Grenzen der Gemeinde durch deren eigene Kräfte besorgt und durchgeführt werden kann, dann liegt die Durchführung dieser Angelegenheit nicht mehr im selbstständigen Wirkungskreise der Gemeinde, obgleich dieselbe auch einer jener Geschäftszweige in sich begreift, welche in §. 25 der Gemeindeordnung speciell bezeichnet sind.

Die Gemeinde kann z. B. bei dem Ausbruche einer Epidemie nicht nach freier Selbstbestimmung anordnen und verfügen, hier müssen die erforderlichen Maßregeln von den l. f. politischen Behörden getroffen werden, der Gemeindevorsteher hat sich nach den von diesen Behörden gegebenen Instruktionen zu benehmen, und doch gehören die Anordnungen bei Epidemien zur Gesund-

*) §. 28 der Gemeindeordnung für das Herzogthum Salzburg.

heitspolizei, welche im §. 25 Punkt 5 dem selbstständigen Wirkungskreise der Gemeinde zugewiesen ist.

An diesen Grundsätzen, welche die Gemeinden bei Beurtheilung ihres selbstständigen Wirkungskreises wohl beachten mögen, ist bei der vorliegenden Sammlung der gesetzlichen Vorschriften in Betreff dieses Wirkungskreises festgehalten worden.

Wenn dieses Buch den Anforderungen der Vollständigkeit nicht entspricht, so möge der Umstand zur Entschuldigung dienen, daß sich die feste Begrenzung des selbstständigen Wirkungskreises nur in der Praxis herausstellen kann, die über viele Bestimmungen des neuen Gemeindegesetzes erst ein klares Licht verbreiten wird.

Vorrede
zur zweiten Auflage.

Die günstige Aufnahme unsers praktischen Hilfsbuches, der rasche Absatz und die fortdauernden zahlreichen Bestellungen nach Erschöpfung der gesammten ersten Auflage, ermuthigten uns, zur zweiten Auflage zu schreiten.

Nachdem die Gemeinden des Kronlandes Salzburg eines derartigen Hilfsbuches entbehren, so wurde bei Herausgabe der zweiten Auflage auch ihren Bedürfnissen Rechnung getragen.

Die gegenwärtige Ausgabe ist zugleich durch die beiden Gemeindeordnungen und Gemeinde-Wahlordnungen von Oberösterreich und Salzburg, durch einen Auszug aus den Bestimmungen des allgemeinen Strafgesetzbuches, durch eine Geschäftsordnung für Gemeindekanzleien und Ausschußsitzungen, durch Instruktionen und Formularien wesentlich ergänzt und vermehrt.

Durch die vorliegende Ausgabe soll den Gemeinden zunächst ein positiver Leitfaden zur Handhabung ihres selbstständigen Wirkungskreises zur Hand gegeben werden.

Bezüglich des übertragenen Wirkungskreises konnten jene Bestimmungen nicht übergangen werden, die in das Gebiet des selbstständigen Wirkungskreises theilweise hinübergreifen.

Der Verfasser hat sich zugleich eine Sammlung der Gesetze und Verordnungen in Betreff des übertragenen Wirkungskreises zur Aufgabe gestellt, bezüglich welcher die Drucklegung bereits begonnen hat und die Ausgabe in Bälde erfolgen wird.

Die Feststellung der Grenzen des übertragenen Wirkungskreises ist wohl der Zukunft vorbehalten. Die vorbereitete Sammlung muß sich demnach auf jene Geschäftszweige der öffentlichen Verwaltung beschränken, für welche die Mitwirkung der Gemeinden schon gegenwärtig Platz greift, oder nach Vergrößerung der politischen Amtsbezirke voraussichtlich in Anspruch genommen wird.

Indem sich der Verfasser wohl bewußt ist, daß gegenwärtig, wo das neue Gemeindegesetz eben erst in die Werkstätte des praktischen Lebens tritt, den Gemeinden nach beiden Richtungen ihrer Thätigkeit noch kein vollständiges Werk geboten werden kann, und daß hiezu wohl auch ein größerer Zeitaufwand und eine tüchtigere Kraft erfordert wird, konnte ihn zu seinem Unternehmen nur das dringende Bedürfniß der Gemeinden nach einem gesetzlichen Wegweiser und Führer und der Gedanke bestimmen, daß durch schnelles Geben doppelt gegeben wird.

Erste Abtheilung.

Gemeindeordnung und Gemeinde=Wahlordnung für Oberösterreich und Salzburg.

Zweite Abtheilung.

Instruktion zur Verwaltung des Gemeinde=Eigenthumes und Gesetze und Verordnungen in Betreff des selbstständigen Wirkungskreises der Gemeinden.

I.

Gemeindeordnung für das Erzherzogthum Oesterreich ob der Enns.

Erstes Hauptstück.

Von der Ortsgemeinde überhaupt.

§. 1.

Die dermaligen Ortsgemeinden haben als solche fortzubestehen, so lange nicht im gesetzmäßigen Wege eine Aenderung eintritt.

§. 2.

Zwei oder mehrere Ortsgemeinden desselben politischen Bezirkes können sich, wenn die Statthalterei aus öffentlichen Rücksichten dagegen keine Einwendung erhebt, mit Bewilligung des Landesausschusses nach vorausgegangenem Uebereinkommen über den Besitz und Genuß ihres Eigenthumes, ihrer Anstalten und Fonde in Eine Ortsgemeinde vereinigen, so daß sie als eigene Ortsgemeinden zu bestehen aufhören.

Eine solche Vereinigung von Gemeinden darf wider deren Willen nicht stattfinden.

§. 3.

Gemeinden, welche in Folge des Gesetzes vom 17. März 1849 mit anderen in Eine Gemeinde vereiniget worden, können durch das Landesgesetz wieder getrennt und abgesondert zu Ortsgemeinden konstituirt werden, wenn jede dieser auseinander zu legenden Gemeinden für sich die Mittel zur Erfüllung der ihr aus dem übertragenen Wirkungskreise (§. 26) erwachsenen Verpflichtungen besitzt. (Art. VII des Gesetzes vom 5. März 1862.)

Dieser Trennung muß jedoch eine vollständige Auseinandersetzung des gemeinschaftlichen Vermögens und Gutes und der gemeinschaftlichen Lasten vorhergehen.

Unter denselben Bedingungen kann eine Ortsgemeinde auch außer dem erwähnten Falle durch ein Landesgesetz in zwei oder mehrere Ortsgemeinden aufgelöst werden.

§. 4.

Zu Aenderungen der Grenzen einer Ortsgemeinde, wodurch diese als solche zu bestehen nicht aufhört, ist nebst der Erklärung der Statthalterei, daß dagegen aus öffentlichen Rücksichten kein Anstand obwaltet, die Bewilligung des Landesausschusses erforderlich.

§. 5.

Jede Liegenschaft muß zum Verbande einer Ortsgemeinde gehören. Ausgenommen hievon sind die zur Wohnung oder zum vorübergehenden Aufenthalte des Kaisers und des Allerhöchsten Hofes bestimmten Residenzen und Schlösser und andere Gebäude, nebst den dazu gehörigen Gärten und Parkanlagen. (Artikel I des Gesetzes vom 5. März 1862.)

Zweites Hauptstück.

Von den Gemeindemitgliedern und Auswärtigen.

§. 6.

Die Heimatsverhältnisse sind durch das Gesetz vom 3. Dezember 1863 bestimmt.

§. 7.

Die Mitglieder einer Gemeinde sind:

a) Gemeinde-Angehörige, das sind diejenigen Personen, welche in der Gemeinde heimatberechtigt sind.

b) Gemeindegenossen, das sind solche Personen, welche, ohne in der Gemeinde heimatberechtiget zu sein, im Gebiete derselben einen Haus- oder Grundbesitz haben, oder von einem in der Gemeinde selbstständig betriebenen Gewerbe oder Erwerbe eine direkte Steuer entrichten.

Auswärtige werden alle übrigen Personen genannt, welche sich in der Gemeinde aufhalten, ohne Gemeindeangehörige oder Gemeindegenossen zu sein.

§. 8.

Die Gemeinde-Angehörigen haben das Recht des ungestörten Aufenthaltes in der Gemeinde; nur sie haben Anspruch auf Armenversorgung aus Gemeindemitteln nach Maßgabe der Bedürftigkeit.

Außerdem nehmen Gemeinde-Angehörige und Gemeindegenossen nach den Bestimmungen dieses Gesetzes an den Rechten und Vortheilen, sowie an den Pflichten und Lasten der Gemeinde Theil.

§. 9.

Die Gemeinde darf Auswärtigen, wenn sie sich über ihre Heimatsberechtigung ausweisen oder wenigstens darthun, daß sie zur Erlangung eines solchen Nachweises die erforderlichen Schritte gethan haben, den Aufenthalt in ihrem Gebiete nicht verweigern, so lange sie und ihre Angehörigen einen unbescholtenen Lebenswandel führen und der öffentlichen Mildthätigkeit nicht zur Last fallen. Die Gemeinde darf Gemeinde-Genossen, wenn sie sich in gleicher Weise über ihre Heimatsberechtigung ausweisen, den Aufenthalt nur in dem Falle verweigern, wenn sie der öffentlichen Mildthätigkeit zur Last fallen, oder wenn sie wegen eines Verbrechens aus Gewinnsucht, oder der Uebertretung des Diebstahles, begangen im Gemeindebezirke, schuldig erkannt worden sind.

Hält sich ein Auswärtiger oder ein Gemeindegenosse in dieser Beziehung durch eine Verfügung der Gemeinde beschwert, so kann er sich um Abhilfe an die politische Bezirksbehörde wenden.

§. 10.

In Städten und Märkten werden diejenigen Gemeinde-Angehörigen, welche bisher das Bürgerrecht durch Verleihung der Gemeinde erhalten haben oder es in der Folge in gleicher Weise erwerben, Bürger genannt.

Für die Verleihung des Bürgerrechtes kann die Gemeinde eine Gebühr nehmen, die jedoch den Betrag von 20 fl. nicht übersteigen darf.

Den Bürgern bleibt der Anspruch auf die für sie besonders bestehenden Stiftungen und Anstalten vorbehalten. Die Gemeinden können österreichischen Staatsbürgern, welche sich besonders verdient gemacht haben, das Ehrenbürgerrecht verleihen. Die Ehrenbürger haben die Rechte der Gemeindeangehörigen, ohne die Verpflichtungen mit ihnen zu theilen.

§. 11.

Die privatrechtlichen Verhältnisse überhaupt und insbesondere die Eigenthums- und Nutzungsrechte gegen Classen oder einzelner Glieder der Gemeinde bleiben ungeändert.

Drittes Hauptstück.

Von der Gemeindevertretung.

§. 12.

Die Gemeinde wird in ihren Angelegenheiten durch einen Gemeindeausschuß und einen Gemeindevorstand vertreten. (Art. VIII des Gesetzes vom 5. März 1862.)

§. 13.

Der Gemeindeausschuß besteht in Gemeinden mit weniger als 100 wahlberechtigten Gemeindemitgliedern aus 9 oder 8 Mitgliedern, je nachdem drei oder zwei Wahlkörper gebildet werden, in Gemeinden

mit 100—300	wahlberechtigten	Gemeindemitgliedern	aus	12
„ 301—600	„	„	„	18
„ 601—1000	„	„	„	24 und
mehr als 1000	„	„	„	30 Mitgliedern.

In jeder Gemeinde haben zur Vertretung verhinderter oder abgängiger Ausschußmitglieder, Ersatzmänner zu bestehen, deren Zahl die Hälfte der Zahl der Ausschußmitglieder zu betragen hat.

Ist diese Zahl der Ersatzmänner durch die Zahl der Wahlkörper nicht theilbar, so muß dieselbe auf die nächste hiedurch theilbare Zahl erhöht werden.

§. 14.

Der Gemeindevorstand besteht aus dem Gemeindevorsteher und aus mindestens zwei Gemeinderäthen.

Wo es die Geschäfte und Verhältnisse nothwendig machen, kann der Ausschuß die Zahl der Gemeinderäthe entsprechend erhöhen. Es darf jedoch diese Zahl den dritten Theil der Ausschußmitglieder nicht überschreiten.

Die Mitglieder des Gemeindevorstandes gehören auch dem Ausschusse an, und es ist deren Anzahl in jener der Ausschußmitglieder begriffen.

§. 15.

Die Ausschuß- und Ersatzmänner werden von den Wahlberechtigten in der Gemeinde gewählt. Die näheren Bestimmungen über die Wahlberechtigung und die Wählbarkeit, dann über das Wahlverfahren enthält die Gemeinde-Wahlordnung.

§. 16.

Der Gemeindeausschuß wählt aus seiner Mitte den Gemeindevorsteher und die Gemeinderäthe.

Die Gemeinde-Wahlordnung enthält hierüber die näheren Bestimmungen.

Die Gemeinderäthe werden nach der Zahl der Stimmen, mit welchen sie gewählt wurden, gereiht.

Bei Stimmengleichheit entscheidet das Los über den Vorzug in der Reihenfolge In dieser Reihenfolge haben sie den Gemeindevorsteher in Fällen der Verhinderung zu vertreten.

§. 17.

Jedes wählbare und ordnungsmäßig gewählte Gemeindemitglied ist verpflichtet, die Wahl zum Ausschuß- oder Ersatzmanne oder zum Mitgliede des Gemeindevorstandes anzunehmen.

Das Recht, die Wahl abzulehnen, haben nur:

1. Geistliche und öffentliche Lehrer;
2. Hof-, Staats-, Landes- und öffentliche Fondsbeamte und Diener;
3. Militärpersonen, welche nicht in activer Dienstleistung stehen;
4. Personen, die über 60 Jahre alt sind;
5. diejenigen, welche eine Stelle im Gemeindevorstande durch eine volle Wahlperiode bekleidet haben, für die nächste Wahlperiode; Personen, welche in drei aufeinanderfolgenden Wahlperioden als Ausschuß- oder Ersatzmänner wirksam waren, blos für die nächste Wahlperiode;
6. diejenigen, die an einem der Ausübung der Amtspflichten hinderlichen Körpergebrechen, oder einer anhaltenden bedeutenden Störung ihrer Gesundheit leiden;
7. Personen, welche vermöge ihrer ordentlichen Beschäftigung häufig oder durch lange Zeit in jedem Jahre aus der Gemeinde abwesend sind.

Wer ohne einen solchen Entschuldigungsgrund die Wahl anzunehmen oder das angenommene Amt fortzuführen verweigert, verfällt in eine Geldbuße, welche der Landesausschuß über Einschreiten der Gemeindevertretung bis 100 fl. bemessen kann.

Die Geldbuße fließt in die Gemeindekasse.

§. 18.

Die Ausschuß- und Ersatzmänner, sowie die Mitglieder des Vorstandes werden auf 3 Jahre gewählt. Sie verbleiben auch nach Ablauf dieser Zeit bis zur Bestellung der neuen Gemeindevertretung im Amte.

Die Austretenden können, wenn ihnen kein gesetzliches Hinderniß im Wege steht, wieder gewählt werden.

§. 19.

Wird die Stelle des Gemeindevorstehers oder eines Gemeinderathes im Laufe der drei Jahre erledigt, so hat der Ausschuß binnen längstens vierzehn Tagen eine neue Wahl für die noch übrige Zeit vorzunehmen.

Wird die Stelle eines Ausschußmannes erledigt, so hat der Gemeindevorsteher jenen Ersatzmann in den Ausschuß zu berufen, welcher in dem Wahlkörper, in welchem der abgängige Ausschußmann gewählt worden war, die mehreren Stimmen erhalten hat.

Bei gleicher Stimmenzahl entscheidet das Los.

Sollte jedoch der Abgang von Ausschußmännern derart sein, daß die Zahl der von einem Wahlkörper gewählten Ausschußmänner selbst durch die Einberufung der Ersatzmänner nicht ergänzt werden kann, so hat der bezügliche Wahlkörper auf Grundlage der letzten Wählerliste eine Ergänzungswahl für die noch übrige Dauer der Wahlperiode unverzüglich vorzunehmen.

§. 20.

Die Bestimmungen des §. 19 über die Berufung eines Ersatzmannes gelten auch für den Fall einer blos zeitweiligen Verhinderung eines Ausschußmannes.

§. 21.

Der Gemeindevorsteher und die Gemeinderäthe haben bei dem Antritte ihres Amtes Treue und Gehorsam dem Kaiser, Beobachtung der Gesetze und gewissenhafte Erfüllung ihrer Pflichten in die Hände des Vorstehers der Bezirksbehörde oder eines Abgeordneten desselben in Gegenwart des Gemeindeausschusses an Eidesstatt zu geloben.

§. 22.

Das Amt eines Ausschuß- oder Ersatzmannes ist unentgeltlich.

Durch Gemeindebeschluß ist festzusetzen, ob und welche Entlohnung der Gemeindevorsteher und die Gemeinderäthe aus Gemeindemitteln zu erhalten haben.

Allen Gemeindevertretern gebührt die Vergütung aus der Gemeindekasse für die mit der Geschäftsführung verbundenen baren Auslagen.

§. 23.

Ein Mitglied des Vorstandes, ein Ausschuß- oder Ersatzmann wird seines Amtes verlustig, wenn ein Umstand eintritt oder bekannt wird, welcher ursprünglich dessen Wählbarkeit gehindert, oder dessen

Eintritt in den Ausschuß nach den Bestimmungen der §§. 9 und 11 der Gemeinde-Wahlordnung unzulässig gemacht hätte.

Verfällt ein Mitglied des Vorstandes, ein Ausschuß- oder Ersatzmann in eine Untersuchung wegen einer in den §§. 3 und 11 der Gemeinde-Wahlordnung genannten strafbaren Handlung, oder wird über dessen Vermögen der Konkurs eröffnet, oder das Ausgleichsverfahren eingeleitet, so kann dasselbe, so lange das Strafverfahren oder die Konkurs- oder Ausgleichsverhandlung dauert, sein Amt nicht ausüben.

Viertes Hauptstück.

Von dem Wirkungskreise der Ortsgemeinde.

Erster Abschnitt.

Von dem Umfange des Wirkungskreises.

§. 24.

Der Wirkungskreis der Gemeinde ist ein doppelter:

a) ein selbstständiger, und

b) ein übertragener. (Art. IV des Gesetzes vom 5. März 1862.)

§. 25.

Die selbstständige, d. i. derjenige Wirkungskreis, in welchem die Gemeinde mit Beobachtung der bestehenden Reichs- und Landesgesetze nach freier Selbstbestimmung anordnen und verfügen kann, umfaßt überhaupt Alles, was das Interesse der Gemeinde zunächst berührt, und innerhalb ihrer Grenzen durch ihre eigenen Kräfte besorgt und durchgeführt werden kann.

In diesem Sinne gehören hieher insbesondere:

1. Die freie Verwaltung ihres Vermögens und ihrer auf den Gemeindeverband sich beziehenden Angelegenheiten;
2. die Sorge für die Sicherheit der Person und des Eigenthumes;
3. die Sorge für die Erhaltung der Gemeindestraßen, -Wege, -Plätze, -Brücken, -Stege, die Ueberwachung der Ortswege und ihrer Brücken, sowie die Sorge für die Sicherheit und Leichtigkeit des Verkehrs auf Straßen und Gewässern, ferner die Flurenpolizei;
4. die Lebensmittel-Polizei und die Ueberwachung des Marktverkehres, insbesondere die Aufsicht auf Maß und Gewicht;
5. die Gesundheitspolizei;
6. die Gesinde- und Arbeiterpolizei und Handhabung der Dienstbotenordnung;
7. die Sittlichkeitspolizei;
8. das Armenwesen und die Sorge für Gemeinde-Wohlthätigkeitsanstalten;
9. die Hintanhaltung des Bettelns;
10. die Bau- und Feuerpolizei, die Handhabung der Bauordnung und Ertheilung der polizeilichen Baubewilligungen;
11. die durch das Gesetz zu regelnde Einflußnahme auf die von der Gemeinde erhaltenen Mittelschulen, dann auf die Volksschulen,

die Sorge für die Errichtung, Erhaltung und Dotirung der Letzteren mit Rücksicht auf die noch bestehenden Schulpatronate;

12. der Vergleichsversuch zwischen streitenden Parteien durch aus der Gemeinde gewählte Vertrauensmänner;

13. die Vornahme freiwilliger Feilbietungen beweglicher Sachen.

Aus höheren Staatsrücksichten können bestimmte Geschäfte der Ortspolizei in einzelnen Gemeinden besonderen landesfürstlichen Organen im Wege des Gesetzes zugewiesen werden. (Art. V des Gesetzes vom 5. März 1862.)

§. 26.

Den übertragenen Wirkungskreis der Gemeinde, d. i. die Verpflichtung derselben zur Mitwirkung für die Zwecke der öffentlichen Verwaltung bestimmen die allgemeinen Gesetze und innerhalb derselben die Landesgesetze. (Art. VI des Gesetzes vom 5. März 1862.)

Zweiter Abschnitt.

Von dem Wirkungskreise des Gemeindeausschusses.

§. 27.

Der Gemeindeausschuß ist in den Angelegenheiten der Gemeinde das beschließende und überwachende Organ. (Art. XII des Gesetzes vom 5. März 1862.)

Eine vollziehende Gewalt kommt ihm nicht zu.

§. 28.

In Absicht auf den Haushalt der Gemeinde unterliegen der Berathung und Beschlußfassung des Ausschusses:

1. Jede Verfügung über das Stammvermögen und Stammgut der Gemeinde;
2. die Bestimmung über die Art der Benützung desselben;
3. der Voranschlag der Einnahmen und der Ausgaben, sowie die Vorsorge für die Bedeckung des Abganges;
4. die Erledigung der Jahresrechnung;
5. überhaupt alle Angelegenheiten, welche nicht zur gewöhnlichen Vermögensverwaltung gehören.

§. 29.

Der Ausschuß hat dem Gemeindevorstande zur Besorgung der ihm im selbstständigen und im übertragenen Wirkungskreise obliegenden Geschäfte das dem Bedarfe entsprechende Personale, insbesondere zur Besorgung der Localpolizei beizugeben.

Erkennt der Ausschuß zu diesem Behufe die Bestellung eigener Beamten und Diener für nothwendig, so beschließt er über die Zahl und Bezüge derselben, über die Art ihrer Ernennung und über ihre Ruhe- und Versorgungsgenüsse.

§. 30.

Die Bestimmungen der §§. 28 und 29 gelten auch für die Anstalten der Gemeinde, in soweit durch Stiftung oder Vertrag nicht etwas anderes vorgeschrieben ist.

§. 31.

Zur Wirksamkeit des Ausschusses gehört ferner:

1. Die Wahl des Vorstandes;
2. die Verleihung des Heimatsrechtes (Art. III des Gesetzes vom 5. März 1862);
3. die Entscheidung über das Aufenthaltsrecht der Gemeindegenossen und Auswärtigen (§. 9 der G. O.) und die Verleihung des Ehrenbürgerrechtes, sowie in Städten und Märkten die Verleihung des Bürgerrechtes;
4) die Ausübung eines der Gemeinde zustehenden Patronats- oder Präsentationsrechtes, oder des Verleihungsrechtes von Stiftungen;
5. die Ertheilung der politischen Ehekonsense, soferne solche gesetzlich vorgeschrieben sind. Ueber Berufung gegen die Verweigerung des Ehekonsenses entscheidet die politische Behörde.

§. 32.

In soweit die Handhabung der Ortspolizei nicht landesfürstlichen Organen im Wege des Gesetzes zugewiesen ist, kann der Ausschuß innerhalb der bestehenden Gesetze ortspolizeiliche, für den Umfang der Gemeinde giltige Vorschriften erlassen und gegen die Nichtbefolgung dieser Vorschriften eine Geldstrafe bis zum Betrage von zehn Gulden oder eine Arreststrafe bis zu 48 Stunden androhen.

Die als Polizeiorgane bestimmten Individuen (§. 29) sind in Eid und Pflicht zu nehmen, genießen die Rechte einer öffentlichen Wache und sind befugt Waffen zu tragen.

Der Ausschuß ist verpflichtet, für die Anstalten und Einrichtungen, die zur Handhabung der Ortspolizei erforderlich sind, die nöthigen Geldmitteln zu bewilligen, und er ist für jede ihm in dieser Beziehung zur Last fallende Unterlassung verantwortlich.

§. 33.

Der Ausschuß hat der Armenversorgung seine besondere Aufmerksamkeit zu widmen. Wenn hiezu die Mittel der bestehenden Wohlthätigkeits- und Armenanstalten und Fonde nicht ausreichen, hat der Ausschuß den erforderlichen Bedeckungsbetrag zu beschaffen, und kann die Art der Verwendung desselben bestimmen.

§. 34.

Der Ausschuß wählt aus den Gemeindemitgliedern die Vertrauensmänner zum Vergleichsversuche zwischen streitenden Parteien.

Die näheren Bestimmungen über diese Einrichtung bleiben einem besonderen Reichsgesetze vorbehalten.

§. 35.

Der Ausschuß ist verpflichtet, die von der politischen Bezirksbehörde, oder in Angelegenheiten des selbstständigen Wirkungskreises der Gemeinden von dem Landesausschusse abgeforderten Gutachten abzugeben.

§. 36.

Der Ausschuß entscheidet über Beschwerden gegen Verfügungen des Gemeindevorstandes in den Angelegenheiten des selbstständigen Wirkungskreises der Gemeinden.

§. 37.

Der Ausschuß überwacht die Geschäftsführung des Gemeindevorstandes und der Verwaltungen der Gemeindeanstalten. Er ist berechtigt, hiezu, sowie zur Ueberwachung von Gemeinde-Unternehmungen und zur Abgabe von Gutachten und Anträgen in Gemeinde-Angelegenheiten eigene Commissionen zu bestellen. Zu solchen Commissionen kann er auch Vertrauensmänner berufen.

Der Ausschuß ist verpflichtet, öfters im Laufe des Jahres die Kasse untersuchen zu lassen.

§. 38.

Der Ausschuß tritt nach Maßgabe des Bedürfnisses, wenigstens aber in jedem Vierteljahre einmal zusammen.

Die Berufung zu einer Versammlung erfolgt durch den Gemeindevorsteher oder in Verhinderung desselben durch dessen Stellvertreter.

Jede Versammlung, der eine solche Berufung nicht zu Grunde liegt, ist ungesetzlich und es sind die gefaßten Beschlüsse ungiltig.

Der Gemeindevorsteher muß den Ausschuß berufen, wenn es wenigstens von einem Drittheile der Mitglieder, oder von der politischen Bezirksbehörde, oder in einer den selbstständigen Wirkungskreis der Gemeinde betreffenden Angelegenheit von dem Landesausschusse verlangt wird.

§. 39.

Der Ausschuß kann nicht beschließen, wenn nicht wenigstens zwei Drittheile seiner Mitglieder anwesend sind.

Wird eine Sitzung durch Ausbleiben mehrerer Ausschußmitglieder vereitelt, so sind bei der zweiten Zusammenberufung gleichzeitig die Ersatzmänner vorzuladen, und es ist durch dieselben die zur Beschlußfähigkeit erforderliche Zahl des Ausschusses nach §. 19 und 20 zu ergänzen.

Der Gemeindevorsteher ist berechtigt, gegen jeden bei dieser zweiten Sitzung nicht erscheinenden Ausschuß und Ersatzmann, welcher sein Ausbleiben nicht zu rechtfertigen vermag, eine in die Gemeindekasse fließende Geldbuße bis zu 10 fl. zu verhängen.

Ueber die Beschlußfähigkeit des Ausschusses zur Wahl des Vorstandes enthält die Wahlordnung die näheren Bestimmungen.

§. 40.

Wenn die Gebarung eines Mitgliedes des Vorstandes oder des Ausschusses den Gegenstand der Berathung und Schlußfassung bildet, haben sich die Betheiligten der Abstimmung zu enthalten, müssen jedoch, wenn es gefordert wird, der Sitzung zur Ertheilung der gewünschten Auskünfte beiwohnen.

§. 41.

Jedes Mitglied des Vorstandes und Ausschusses hat abzutreten, wenn der Gegenstand der Berathung und Schlußfassung seine privatrechtlichen Interessen oder jene seiner Ehegattin oder seiner Verwandten oder Verschwägerten bis einschließlich zum zweiten Grade betrifft.

§. 42.

Der Gemeindevorsteher oder im Verhinderungsfalle sein Stellvertreter führt den Vorsitz im Ausschusse und jede Sitzung, bei welcher dies nicht beobachtet wird, ist ungiltig.

Wenn es sich um eine Entscheidung über Beschwerden gegen Verfügungen des Gemeindevorstandes handelt (§. 36), darf kein Mitglied des Letzteren den Vorsitz im Ausschusse führen und es ist der Vorsitz an den Aeltesten der übrigen Gemeinde-Ausschüsse abzutreten.

Der Vorsitzende eröffnet und schließt die Sitzungen, leitet die Verhandlungen und handhabt die Ordnung in der Versammlung.

§. 43.

Zu einem giltigen Beschlusse ist die absolute Stimmenmehrheit der anwesenden Ausschußmitglieder erforderlich.

Der Vorsitzende stimmt nur bei gleichgetheilten Stimmen und gibt mit seiner Stimme den Ausschlag.

Die Abstimmung geschieht mündlich oder auf Verlangen des dritten Theiles der anwesenden Ausschußmitglieder durch Stimmzettel.

§. 44.

Die Ausschußsitzungen sind öffentlich, doch kann ausnahmsweise die Ausschließung der Oeffentlichkeit über Antrag des Gemeindevorstehers oder dreier Ausschußmänner beschlossen werden, nie aber für jene Sitzungen, in welchen die Gemeinderechnungen oder das Gemeinde-Präliminare verhandelt werden. (Art. XIV. des Gesetzes vom 5. März 1862.)

Sollten sich die Zuhörer herausnehmen, in die Berathung des Ausschusses störend einzugreifen oder gar die Freiheit desselben zu beirren, so ist der Vorsitzende berechtiget und verpflichtet, nach vorausgegangener fruchtloser Ermahnung den Zuhörerraum leeren zu lassen.

§. 45.

Ueber die gefaßten Beschlüsse ist ein Protokoll zu führen, welches vom Vorsitzenden, von zwei Ausschußmännern und dem Schriftführer zu fertigen ist.

Jedem Gemeindegliede steht die Einsicht in dasselbe frei.

Dritter Abschnitt.

Von dem Wirkungskreise des Gemeindevorstandes.

§. 46.

Der Gemeindevorstand ist in den Angelegenheiten der Gemeinde das verwaltende und vollziehende Organ. (Art. XII. des Gesetzes vom 5. März 1862.)

§. 47.

Der Gemeindevorsteher leitet und beaufsichtigt alle dem Gemeindevorstande obliegenden Geschäfte. Die Gemeinderäthe haben ihn hierin zu unterstützen und die Geschäfte, die ihnen der Gemeindevorsteher zuweiset, nach der Anordnung und unter der Verantwortlichkeit desselben zu vollziehen.

§. 48.

Dem Gemeindevorsteher sind die Bediensteten der Gemeinde und der Gemeindeanstalten untergeordnet und er übt über sie die Disciplinar-Gewalt.

Er kann selbst solche Bedienstete, deren Ernennung sich der Ausschuß vorbehalten hat, vom Dienste suspendiren; das Recht der Entlassung derselben kommt jedoch dem Ausschuße zu.

§. 49.

In so weit es zur leichteren Versehung der ortspolizeilichen und anderer örtlicher Geschäfte erforderlich ist, kann der Ausschuß für einzelne Theile der Gemeinde dort wohnende wählbare Gemeindemitglieder zur Unterstützung des Gemeindevorstehers bei Besorgung der gedachten Geschäfte bestellen.

Die Bestellung erfolgt über Vorschlag des Gemeindevorstehers auf die Dauer der Wahlperiode.

Bezüglich der Annahme oder Ablehnung dieser Bestellung gelten die Vorschriften des §. 17.

Die Bestellten haben sich bei Besorgung der Geschäfte nach den Weisungen des Gemeindevorstehers zu benehmen.

§. 50.

Der Gemeindevorsteher vertritt die Gemeinde nach Außen zu und vermittelt den Geschäftsverkehr derselben. Urkunden, durch welche Verbindlichkeiten gegen dritte Personen begründet werden sollen, müssen vom Gemeindevorsteher und einem Gemeinderathe unterfertigt werden.

Betrifft die Urkunde ein Geschäft, zu dessen Eingehung die Zustimmung des Ausschusses oder eine höhere Genehmigung erforderlich ist, so muß überdieß diese Zustimmung oder Genehmigung in der Urkunde unter Mitfertigung von zwei Ausschußmännern ersichtlich gemacht werden.

§ 51.

Der Gemeindevorsteher bereitet die dem Ausschusse vorbehaltenen Gegenstände zur Berathung in demselben vor.

Er hat die vom Ausschusse gesetzmäßig gefaßten Beschlüsse in Vollzug zu setzen, falls aber die Beschlüsse an eine höhere Genehmigung gebunden sind, vorher diese Genehmigung einzuholen.

Glaubt jedoch der Gemeindevorsteher, daß ein gefaßter Beschluß den Wirkungskreis des Ausschusses überschreite, oder gegen die bestehenden Gesetze verstoße, so ist er verpflichtet, mit der Vollzugsetzung eines solchen Beschlusses inne zu halten und die Entscheidung der Frage, ob der Beschluß vollzogen werden kann oder nicht, von der politischen Bezirksbehörde einzuholen.

§. 52.

Der Gemeindevorsteher führt die Verwaltung des Gemeindevermögens und die Aufsicht über die Benützung und Verwaltung des Gemeindegutes, er verwaltet die Gemeinde-Anstalten und beaufsichtigt diejenigen, für welche eigene Verwaltungen bestehen, er leitet und überwacht die Ausführung aller Gemeinde-Unternehmungen, er verfügt in allen Gemeinde-Angelegenheiten, welche nicht zum Wirkungskreise des Ausschusses gehören, er besorgt das Armenwesen nach den bestehenden Einrichtungen.

Der Gemeindevorsteher bewilligt die Vornahme freiwilliger Feilbietungen beweglicher Sachen und sorgt für die Aufrechthaltung und genaue Erfüllung der in dieser Beziehung bestehenden Vorschriften.

§. 53.

Eine der wesentlichsten Aufgaben des Gemeindevorstehers ist die Handhabung der Ortspolizei (§. 25), insoferne nicht einzelne Geschäfte derselben landesfürstlichen Organen im Wege des Gesetzes zugewiesen sind.

Der Gemeindevorsteher hat sich hiebei nach den bestehenden Gesetzen und Vorschriften zu benehmen.

Er ist verpflichtet, die zur Handhabung der Ortspolizei erforderlichen Maßregeln und Verfügungen rechtzeitig zu treffen und für die Aufbringung der hiezu nöthigen Geldmittel zu sorgen.

In allen Fällen, wo, wie z. B. bei Epidemien, zum Schutze des öffentlichen Wohles blos ortspolizeiliche Vorkehrungen der Gemeinde nicht ausreichen, oder wo zur Abwendung von Gefahren die Kräfte der Gemeinde nicht auslangen, hat der Gemeindevorsteher unverzüglich die Anzeige an die politische Bezirksbehörde zu machen.

§. 54.

Der Gemeindevorsteher besorgt die Geschäfte des übertragenen Wirkungskreises der Gemeinde.

Er hat diese Geschäfte in der durch das Gesetz oder die Behörde vorgezeichneten Weise zu vollziehen.

Wird die Art der Ausführung ganz oder theilweise der Gemeinde überlassen, so ist er in dieser Beziehung an den Beschluß des Ausschusses gebunden. In äußerst dringenden Fällen jedoch, wo der Beschluß des Ausschusses ohne Schaden oder Gefahr nicht eingeholt werden kann, darf der Gemeindevorsteher nach eigenem Ermessen handeln, muß jedoch unverzüglich die nachträgliche Genehmigung des Ausschusses sich erwirken.

Die Regierung kann die Geschäfte des übertragenen Wirkungskreises ganz oder theilweise durch ihre Organe versehen lassen.

§. 55.

Insoweit die Gesetze und Vorschriften, welche über die zum Wirkungskreise der Gemeinde (§. 25) gehörige Ortspolizei bestehen, eine Straf-Sanktion aussprechen, und insoweit die Uebertretungen dieser Gesetze und Vorschriften nicht durch das Strafgesetz verpönt sind, steht dem

Gemeindevorsteher in Gemeinschaft mit zwei Gemeinderäthen das Strafrecht in derlei Uebertretungsfällen zu.

Dieses Strafrecht wird im übertragenen Wirkungskreise ausgeübt.

Andere Strafen als Geldstrafen, oder im Falle der Zahlungsunfähigkeit Arreststrafen, dürfen nicht verhängt werden.

§. 56.

Der Gemeindevorsteher kann in Handhabung der Ortspolizei eine Geldstrafe bis zu 10 fl. oder eine Arreststrafe bis zu 48 Stunden androhen, wenn die Vollziehung einer unaufschieblichen Maßregel eine solche Straf-Sanction nothwendig macht.

Bezüglich der Bestrafung gelten die Vorschriften des § 55.

§. 57.

Der Gemeindevorsteher ist für seine Amtshandlungen der Gemeinde und bezüglich des übertragenen Wirkungskreises auch der Regierung verantwortlich. (Art. XIII. des Gesetzes vom 5. März 1862.)

Durch diese Verantwortlichkeit des Gemeindevorstehers wird aber die Haftung der Gemeinderäthe und der nach §. 49 bestellten Personen für die unterlassene oder nicht gehörige Vollziehung der ihnen vom Gemeindevorsteher übertragenen Geschäfte nicht aufgehoben.

Fünftes Hauptstück.

Vom Gemeindehaushalte und von den Gemeindeumlagen.

§. 58.

Das gesammte bewegliche und unbewegliche Eigenthum und sämmtliche Gerechtsame der Gemeinde und ihrer Anstalten sind mittelst eines genauen Inventars in Uebersicht zu halten.

Jedem Gemeindemitgliede ist die Einsicht in dasselbe gestattet.

§. 59.

Zur Vertheilung des Stammvermögens und des Stammgutes unter die Gemeindemitglieder ist ein Landesgesetz erforderlich.

§. 60.

Das gesammte erträgnißfähige Vermögen der Gemeinden und ihrer Anstalten ist derart zu verwalten, daß die thunlich größte nachhaltige Rente daraus erzielt werde.

Die Jahresüberschüsse sind zur Deckung der Erfordernisse im nächsten Jahre zu verwenden, und insoferne sie hiezu nicht benöthigt werden, fruchtbringend anzulegen und zum Stammvermögen zu schlagen. Eine Vertheilung der Jahresüberschüsse unter die Gemeindemitglieder kann nur bei besonders rücksichtswürdigen Umständen und jedenfalls nur unter der Bedingniß stattfinden, daß sämmtliche Gemeinde-Erfordernisse ohne Gemeinde-Umlagen bestritten wurden und daß dieselben voraussichtlich auch in Hinkunft ohne Gemeinde-Umlagen bestritten werden können. (§. 85.)

§. 61.

In Bezug auf das Recht und das Maß der Theilnahme an den

Nutzungen des Gemeindegutes ist sich nach der bisherigen unangefochtenen Uebung zu benehmen, mit der Beschränkung jedoch, daß, soferne nicht spezielle Rechtstitel Ausnahmen begründen, kein zum Bezuge berechtigtes Gemeindemitglied aus dem Gemeindegute einen größeren Nutzen ziehe, als zur Deckung seines Haus- und Gutsbedarfes nothwendig ist.

Wenn und insoweit eine solche unangefochtene Uebung nicht besteht, hat der Ausschuß mit Beachtung der erwähnten beschränkenden Vorschrift die, die Theilnahme an den Nutzungen des Gemeindegutes regelnden Bestimmungen zu treffen.

Hiebei kann diese Theilnahme von der Entrichtung einer jährlichen Abgabe, und anstatt oder neben derselben von der Entrichtung eines Einkaufsgeldes abhängig gemacht werden.

Diejenigen Nutzungen aus dem Gemeindegute, welche nach Deckung aller rechtmäßig gebührenden Ansprüche erübrigen, sind in die Gemeindekasse abzuführen.

§. 62.

Das Verwaltungsjahr der Gemeinde fällt mit jenem des Landes zusammen.

§. 63.

Alljährlich sind die Voranschläge der Einnahmen und Ausgaben der Gemeinde und der Gemeinde-Anstalten für das nächstfolgende Verwaltungsjahr vom Gemeindevorsteher zu verfassen, und vom Gemeinde-Ausschusse längstens einen Monat vor Eintritt dieses Jahres festzustellen.

Längstens zwei Monate nach Beendigung des Verwaltungsjahres hat der Gemeindevorsteher die Rechnungen über die Empfänge und Ausgaben der Gemeinde und der Gemeinde-Anstalten dem Gemeinde-Ausschusse zur Prüfung und Erledigung vorzulegen.

Die Voranschläge und Jahresrechnungen müssen wenigstens vierzehn Tage vor der Prüfung durch den Ausschuß in der Gemeindekanzlei zur Einsicht der Gemeindemitglieder öffentlich aufgelegt werden, (Art. XIV. des Gesetzes vom 5. März 1862) und es sind die von denselben hierüber abgegebenen Erinnerungen in Erwägung zu ziehen

§. 64.

Bei der Vermögensgebarung ist sich genau an den festgestellten Voranschlag zu halten.

Kommen im Laufe des Verwaltungsjahres Auslagen vor, welche in der einschlägigen Rubrik des Voranschlages ihre Bedeckung gar nicht oder nicht vollständig finden, gleichwohl aber unverschieblich sind, so hat der Gemeindevorsteher hierüber den Beschluß des Ausschusses einzuholen.

In Fällen der äußersten Dringlichkeit, wo die vorläufige Einholung der Bewilligung ohne großen Schaden und ohne Gefahr nicht möglich ist, darf der Gemeindevorsteher die nothwendige Auslage bestreiten, muß jedoch unverzüglich die nachträgliche Genehmigung des Ausschusses sich erwirken.

§. 65.

Alle Ausgaben für Gemeindezwecke sind zunächst aus den in die Gemeindekassa einfließenden Einkünften zu bestreiten.

§. 66.

Besteht zur Bedeckung gewisser Auszaben ein besonders gewidmetes Vermögen, so sind hiezu vorerst die Einkünfte dieses Vermögens zu verwenden. Dieselben dürfen ihrer Widmung nicht entzogen werden.

§. 67.

Wenn zwei oder mehrere Ortsgemeinden mit Vorbehalt ihres Eigenthums zu Einer Ortsgemeinde vereinigt worden sind, so sind die Einkünfte des gesonderten Eigenthums nach dem bei der Vereinigung geschlossenen Uebereinkommen, in Ermanglung eines solchen aber zur Bestreitung des Aufwandes, der auf jede der früheren selbstständigen Gemeinden entfällt, zu verwenden.

§. 68.

Die mit dem Besitze und der Benützung des Gemeindegutes verbundenen Auslagen an Steuern und sonstigen Abgaben, dann an Aufsichts- und Culturkosten sind, insoweit die vom Gemeindegute in die Gemeindekasse einfließenden Nutzungen (§. 61) nicht hinreichen, diese Auslagen zu bedecken, von den Theilnehmern an den Nutzungen des Gemeindegutes nach dem Verhältnisse dieser Theilnahme zu tragen.

§. 69.

Insoweit nicht anderweitige Einrichtungen rechtsverbindlich bestehen, sind Auslagen, wie z. B. die Kosten zur Unterhaltung der Ortsplätze, Wege, Brücken, der Feldwege, Abzugsgräben u. dgl. bloß das Interesse einzelner Ortschaften, Grund- und Werksbesitzer betreffen, von den Betheiligten zu tragen, und ist sich bezüglich der Concurrenz zu Wasserbauten, welche im Interesse der Grund- und Werksbesitzer unternommen werden, an die Vorschrift vom 10. November 1830 zu halten.

§. 70.

Zur Bestreitung der nach §. 65 nicht bedeckten Ausgaben zu Gemeindezwecken kann der Ausschuß Gemeindeumlagen beschließen.

Die Arten dieser Umlagen sind:

1. Zuschläge zu den direkten Steuern oder zur Verzehrungssteuer;
2. Dienste für Gemeinde-Erforderniffe;
3. Auflagen und Abgaben, welche in die Categorie der Steuerzuschläge nicht gehören. (Art. XV. des Gesetzes vom 5. März 1862.)

§. 71.

Zuschläge zu den direkten Steuern sind auf alle in der Gemeinde vorgeschriebenen Steuern dieser Art ohne Unterschied, ob der Steuerpflichtige Gemeindemitglied ist oder nicht, aufzutheilen, und auf alle Gattungen dieser Steuern gleichmäßig umzulegen.

§. 72.

Von Zuschlägen zu den direkten Steuern und überhaupt von Gemeinde-Umlagen können nicht getroffen werden:

Hof-, Staats- und öffentliche Fondsbeamte und Diener und Militärpersonen, sowie deren Witwen und Waisen bezüglich ihrer Dienstbezüge und aus dem Dienstverhältnisse entsprungenen Pensionen, Provisionen, Erziehungsbeiträge und Gnadengenüsse.

Auch darf die gesetzliche Congrua der Seelsorger und öffentlichen Schullehrer durch Gemeinde-Umlagen nicht geschmälert werden.

§. 73.

Insoferne der §. 67 nicht zur Anwendung kommt, hat die Auftheilung der Zuschläge zu den direkten Steuern im ganzen Umfange der Gemeinde nach einem gleichem Ausmaße zu geschehen.

Es können jedoch Ausgaben für Einrichtungen, die nur dem Orte und seinen Bewohnern nützen können, wie z. B. für öffentliche Brunnen und Wasserleitungen für den Ort, für Straßenbeleuchtung, für Pflasterung u. s. w.; ferner für die Dienstverrichtungen, die nur im Interesse des Ortes liegen, wie z. B. für den Nachtwächter im Orte, nur auf jene direkten Steuern aufgetheilt werden, welche von dem im Orte selbst gelegenen Hausbesitze, von den im Orte selbst betriebenen Gewerbsunternehmungen und von dem Einkommen der Ortsbewohner entrichtet werden.

§. 74.

Für neue Erwerbungen und Unternehmungen, welche zunächst die Vermehrung der Gemeinde-Einkünfte zum Zwecke haben, sowie zur Tilgung und Verzinsung eines behufs solcher Erwerbungen oder Unternehmungen aufzunehmenden Darlehens, kann der Ausschuß Steuerzuschläge und überhaupt Gemeindeumlagen nur dann beschließen, wenn wenigstens drei Viertheile der Wahlberechtigten, welche zugleich mindestens drei Viertheile der gesammten in der Gemeinde vorgeschriebenen direkten Steuern entrichten, sich dafür erklären. Die Abstimmung geschieht mit Ja und Nein. Bezüglich der Vertretung der Wahlberechtigten gelten die für die Ausübung des Wahlrechtes durch Stellvertreter in der Gemeinde-Wahlordnung enthaltenen Vorschriften.

§. 75.

Durch den Zuschlag zur Verzehrungssteuer darf bloß der Verbrauch im Gemeindegebiete und nicht die Produktion und der Handelsverkehr getroffen werden. (Art. XV des Gesetzes vom 5. März 1862.) Es dürfen jedoch die auf die Verzehrungssteuer umzulegenden Prozente nie die Hälfte jener auf die direkten Steuern übersteigen.

§. 76.

Zuschläge, welche 20 Perzent der direkten Steuern oder 10 Perzent der Verzehrungssteuer übersteigen, sind an die Bewilligung des Landesausschusses gebunden.

Zuschläge, welche 50 Perzent der direkten Steuern, oder 25 Perzent der Verzehrungssteuer übersteigen, können nur Kraft eines Landesgesetzes stattfinden. (Art. XV des Gesetzes vom 5. März 1862.)

§. 77.

Durch Beschluß des Gemeindeausschusses können für Gemeinde-Erfordernisse Dienste (Hand- und Zugdienste) gefordert werden.

Die Dienste sind in Geld abzuschätzen; die Vertheilung geschieht mit Beachtung der Vorschriften der §§. 71—74 nach dem Maßstabe der direkten Steuern.

Die durch die Abschätzung der Dienste sich herausstellenden Geldbeträge sind zwar in das Gemeindepräliminare einzustellen; die Vorschriften des §. 76 haben aber auf dieselben keine Anwendung.

Die Dienste können durch taugliche Stellvertreter geleistet oder nach der Abschätzung an die Gemeindekasse gezahlt werden.

In Nothfällen, wo ein schleuniges gemeinschaftliches Zusammenwirken Aller erforderlich ist, sind alle tauglichen Personen in der Gemeinde zur unentgeltlichen Leistung von Diensten verpflichtet.

§. 78.

Zur Einführung neuer Auflagen und Abgaben, welche in die Categorie der Zuschläge zu den direkten Steuern oder der Verzehrungssteuer nicht gehören, sowie zur Erhöhung schon bestehender Auflagen und Abgaben dieser Art, ist ein Landesgesetz erforderlich. (Art. XV des Gesetzes vom 5. März 1862.)

§. 79.

Beschlüsse des Ausschusses über Gemeindeumlagen jeder Art müssen öffentlich kundgemacht werden.

Wer sich durch derlei Beschlüsse beschwert erachtet, hat seine Erinnerungen dagegen binnen der vom Tage der Kundmachung laufenden vierzehntägigen Fallfrist beim Gemeindevorsteher anzubringen.

Diese Erinnerungen sind, wenn der Beschluß der Ausschusses einer weiteren Genehmignng nicht bedarf, als Berufung zu behandeln (§. 86), im entgegengesetzten Falle aber dem Einschreiten um Genehmigung des Beschlusses beizuschließen.

§. 80.

Steuerzuschläge sind über Verlangen der Gemeinden durch dieselben Organe und Mittel, wie die Steuern selbst einzuheben, sonst werden sie wie andere Geldleistungen, welche nach dem Gesetze oder nach einem giltigen Gemeindebeschlusse für Gemeindezwecke stattzufinden haben, vom Gemeindevorsteher durch seine Organe eingehoben und im Weigerungsfalle durch die Mobilar-Execution, wie sie für Steuerrückstände besteht, eingetrieben. Verweigert der Verpflichtete die Leistung von Diensten, so läßt sie der Gemeindevorsteher auf Kosten des Verpflichteten durch einen Dritten vollziehen und treibt die Kosten wie andere Geldleistungen ein. Bei Gefahr am Verzuge können die Verpflichteten unmittelbar zur Leistung angehalten werden.

§, 81.

Die Concurrenz zu Kirchen- und Pfarrhof-, Schul- und Straßenbaulichkeiten ist Gegenstand besonderer Gesetze. Die für gewisse Erforderniſſe beſtehenden, auf ſpecielle Rechtstitel ſich gründenden Concurrenzen verbleiben aufrecht.

Sechstes Hauptſtück.

Von der Vereinigung der Gemeinden zur gemeinſchaftlichen Geſchäftsführung.

§. 82.

Den einzelnen Gemeinden desſelben politiſchen Bezirkes bleibt freigeſtellt, ſich ſowohl in Betreff des ſelbſtſtändigen (§. 25) als auch des übertragenen Wirkungskreiſes (§. 26) zu einer gemeinſchaftlichen Geſchäftsführung zu vereinigen. (Art. VII des Geſetzes vom 5. März 1862.)

Die über die Art und Weiſe der gemeinſchaftlichen Geſchäftsführung getroffene Vereinbarung iſt der Statthalterei zur Ertheilung der Genehmigung im Einverſtändniſſe mit dem Landesausſchuſſe vorzulegen.

§. 83.

Gemeinden, welche die Mittel zur Erfüllung der ihnen aus dem übertragenen Wirkungskreiſe (§. 26) erwachſenden Verpflichtungen nicht beſitzen, ſind für ſo lange, als dieß der Fall iſt, zu dieſem Behufe mit anderen Gemeinden desſelben politiſchen Bezirkes zu einer gemeinſchaftlichen Geſchäftsführung im Wege eines Landesgeſetzes zu vereinigen. (Art. VII des Geſetzes vom 5. März 1862.)

Nach Anhörung der betheiligten Gemeinden iſt durch das Landesgeſetz die Art und Weiſe der gemeinſchaftlichen Geſchäftsführung zu beſtimmen.

Kommt über die Vertheilung der bezüglichen Koſten ein Uebereinkommen zwiſchen den einzelnen Gemeinden nicht zu Stande, ſo hat der Landesausſchuß hierüber zu entſcheiden.

Siebentes Hauptſtück.

Von der Aufſicht über die Gemeinden.

§. 84.

Der Landtag wacht mittelſt ſeines Ausſchuſſes, daß das Stammvermögen und das Stammgut der Gemeinden und ihrer Anſtalten ungeſchmälert erhalten werde. (Art. XVIII des Geſetzes vom 5. März 1862.)

Der Landesausſchuß kann zu dieſem Ende Aufklärungen und Rechtfertigungen von den Gemeinden verlangen und durch Abſendung von Commiſſionen Erhebungen an Ort und Stelle veranlaſſen. Ihm kommt es in Handhabung dieſes Aufſichtsrechtes zu, erforderlichen Falles die entſprechende Abhilfe zu treffen.

§. 85.

Die Angelegenheiten in welchen die Beschlüsse des Gemeindeausschusses der Genehmigung des Landesausschusses unterzogen werden müssen, sind außer den an andern Orten dieses Gesetzes (§§. 2, 4, 76 und 82) bezeichneten:

1. Die Veräußerung, Verpfändung oder bleibende Belastung einer zum Stammvermögen oder Stammgute der Gemeinde oder ihrer Anstalten gehörige Sache;
2. die Vertheilung der Jahresüberschüsse unter die Gemeindemitglieder (§. 60);
3. die Aufnahme eines Darlehens oder die Uebernahme einer Haftung, wenn der Betrag des Darlehens oder der Haftung mit Einrechnung der bereits bestehenden Schulden, die Jahreseinkünfte der Gemeinde und bezüglich der Gemeindeanstalten übersteigt. (Art. XVIII des Gesetzes vom 5. März 1862.)

§. 86.

Der Landesausschuß entscheidet über Berufungen gegen Beschlüsse des Gemeindeausschusses in allen der Gemeinde nicht vom Staate übertragenen Angelegenheiten. (Art. XVIII des Gesetzes vom 5. März 1862.)

Die Berufung ist binnen der vom Tage der Kundmachung des Beschlusses oder der Verständigung hievon laufenden vierzehntägigen Fallfrist beim Gemeindevorsteher zur weiteren Vorlage an den Landesausschuß einzubringen.

§. 87.

Der Landesausschuß kann Mitglieder des Gemeindevorstandes, welche ihre Pflichten in den Geschäften des selbstständigen Wirkungskreises verletzen, mit Ordnungsstrafen bis 20 Gulden belegen. Bei grober Verletzung oder fortdauernder Vernachlässigung ihrer Pflichten können dieselben von der Statthalterei im Einverständnisse mit dem Landesausschusse ihres Amtes entsetzt werden.

§. 88.

Ist eine Angelegenheit privatrechtlicher Natur zwischen der Gemeinde und einer ganzen Classe von Gemeindemitgliedern oder Einzelnen derselben streitig, so hat bei Befangenheit des Gemeindeausschusses der Landesausschuß die Rechte der Gemeinde zu wahren und zu vertreten.

§. 89.

Die Staatsverwaltung übt das Aufsichtsrecht über die Gemeinden dahin, daß dieselben ihren Wirkungskreis nicht überschreiten und nicht gegen die bestehenden Gesetze vorgehen. (Art. XVI des Gesetzes vom 5. März (1862.)

Dieses Aufsichtsrecht wird zunächst von der politischen Bezirksbehörde geübt.

Dieselbe kann zu diesem Ende die Mittheilung der Beschlüsse des Gemeindeausschusses und die nothwendigen Aufklärungen verlangen.

§. 90.

Wenn der Gemeindeausschuß Beschlüsse faßt, welche seinen Wirkungskreis überschreiten, oder gegen die bestehenden Gesetze verstoßen, so ist die politische Bezirksbehörde berechtiget und verpflichtet, die Vollziehung solcher Beschlüsse zu untersagen, wogegen der Rekurs an die Statthalterei offen steht.

§. 91.

Die politische Bezirksbehörde hat auch, insoferne es sich nicht um solche Beschlüsse des Gemeindeausschusses handelt, gegen welche die Berufung nach §. 86 an den Landesausschuß zu richten ist, über Beschwerden gegen Verfügungen des Gemeindevorstandes zu entscheiden, durch welche bestehende Gesetze verletzt oder fehlerhaft angewendet werden. (Art. XVI des Gesetzes vom 5. März 1862.)

In den vom Staate der Gemeinde übertragenen Angelegenheiten geht die Berufung jedenfalls an die politische Bezirksbehörde. (Art. XVIII des Gesetzes vom 5. März 1862.)

§. 92.

Wenn der Gemeindeausschuß es unterläßt oder verweigert, die der Gemeinde gesetzlich obliegenden Leistungen und Verpflichtungen zu erfüllen, so hat die politische Bezirksbehörde, wenn diese Leistungen oder Verpflichtungen zum selbstständigen Wirkungskreise der Gemeinde (§. 25 der Gemeindeordnung) gehören, und wenn keine Gefahr am Verzuge ist, nach Einvernehmung des Landesausschusses, wenn sie aber im übertragenen Wirkungskreise liegen, auch ohne solches Einvernehmen auf Gefahr und Kosten der Gemeinde mit möglichster Schonung der Gemeindemittel die erforderliche Abhilfe zu treffen.

§. 93.

Wenn Pflichtverletzungen des Gemeindevorstandes im übertragenen Wirkungskreise vorkommen, so ist die politische Bezirksbehörde berechtigt, mit Ordnungsstrafen bis zu 20 Gulden vorzugehen.

Sind diese Pflichtverletzungen so beschaffen, daß die Besorgung der Geschäfte des übertragenen Wirkungskreises dem Gemeindevorsteher ohne Gefährdung des öffentlichen Interesses nicht weiterhin überlassen werden kann, und trifft der Ausschuß über ergangene Aufforderung keine Vorsorge oder Abhilfe, so kann die politische Behörde zur Besorgung dieser Geschäfte, bis die Hindernisse behoben sind, ein anderes Organ auf Kosten der Gemeinde mit möglichster Schonung der Gemeindemittel bestellen.

§. 94.

Die Gemeindevertretung kann durch die Statthalterei aufgelöst werden. Der Rekurs an das Staatsministerium, jedoch ohne aufschiebende Wirkung, bleibt der Gemeinde vorbehalten.

Längstens binnen 6 Wochen nach der Auflösung muß eine neue Wahl ausgeschrieben werden. (Art. XVI des Gesetzes vom 5. März 1862.)

Zur einstweiligen Besorgung der Geschäfte bis zur Einsetzung der neuen Gemeindevertretung hat die Statthalterei im Einverständnisse mit dem Landesausschusse die erforderlichen Maßregeln zu treffen.

Anhang über die Verwaltung des Sondervermögens.

Vermögenschaften jener Gemeinden, welche in Folge des Gesetzes vom 17. März 1849 mit Anderen in Eine Ortsgemeinde vereiniget wurden (§. 67), dann ganzer Classen oder einzelner Glieder einer Ortsgemeinde (§. 11), sind, insoferne dieselben eine Bestimmung zu öffentlichen Gemeindezwecken haben, dieser Widmung gemäß zu verwenden.

Dem Gemeindeausschusse steht demnach, unbeschadet der Privatrechte, ein Aufsichtsrecht dahin zu, daß das Stammvermögen seiner Widmung für Gemeindezwecke erhalten und dessen Einkünfte diesem Zwecke entsprechend verwendet werden.

Wo der Gemeindeausschuß gegenwärtig die Verwaltung eines solchen Vermögens besorgt, hat er dieselbe in so lange fortzuführen, als von den Theilnehmern nicht die Einsetzung einer selbstständigen Verwaltung begehrt wird.

Der Gemeindeausschuß hat dieses Sondervermögen abgesondert zu verrechnen, in Evidenz zu halten und zu jenen Zwecken zu verwenden, welche der Beschaffenheit und besonderen Widmung desselben entsprechen (§. 63). Den Theilnehmern an einem solchen Sondervermögen bleibt es unbenommen, eine abgesonderte Verwaltung desselben zu verlangen.

Ueber die Art dieser Verwaltung ist ein eigenes Statut dem Landesausschusse zur Genehmigung vorzulegen, welcher hiebei Sorge zu tragen hat, daß das allfällige Aufsichtsrecht der Gemeinde, soweit es nöthig ist, gewahrt bleibe.

Zur Vertheilung eines solchen Sondervermögens unter die Theilnehmer ist ein Landesgesetz erforderlich.

II.

Gemeinde-Wahlordnung für das Erzherzogthum Oesterreich ob der Enns.

Erstes Hauptstück.

Von der Wahl des Gemeindeausschusses.

Erster Abschnitt.

Von dem Wahlrechte und der Wählbarkeit.

§. 1.

Wahlberechtigt sind folgende Gemeindemitglieder:

1. Diejenigen, welche österreichische Staatsbürger sind und von ihrem Realbesitze, Gewerbe oder Einkommen seit wenigstens einem Jahre in der Gemeinde eine direkte Steuer entrichten;
2. unter den Gemeinde-Angehörigen, ohne Rücksicht auf eine Steuerzahlung:
   a) die in der Ortsseelsorge bleibend verwendeten Geistlichen;
   b) Hof-, Staats-, Landes- und öffentliche Fondsbeamte;
   c) Offiziere und Militärparteien mit Offiziertitel, welche sich im definitiven Ruhestande befinden, oder mit Beibehaltung des Militär-Charakters quittirt haben;
   d) dienende sowohl, als pensionirte Militärparteien ohne Offizierstitel, und dann dienende und pensionirte Militärbeamte, insoferne diese Personen in den Stand eines Truppenkörpers nicht gehören;
   e) die Vorsteher und Oberlehrer der in der Gemeinde befindlichen Volksschulen und die an höheren Lehranstalten in der Gemeinde angestellten Direktoren, Professoren und Lehrer;
3. die Ehrenbürger;
4. Doktoren, welche ihren akademischen Grad an einer inländischen Universität erhalten haben.

Den wahlberechtigten einzelnen Gemeindemitgliedern sind auch inländische Korporationen, Stiftungen, Vereine und Anstalten beizuzählen, wenn bei ihnen die Bedingung sub 1 eintritt.

§. 2.

Dienende Offiziere und Militärparteien mit Offizierstitel und die zum Mannschaftsstande oder zu den Unterparteien gehörigen Militärpersonen, ausschließlich der nicht einberufenen Reservemänner, sind von der Wahlberechtigung ausgenommen.

§. 3.

Das Strafgesetz wird die Bestimmungen festsetzen, ob und auf wie lange mit dem Straferkenntnisse auch der Ausspruch über den Verlust des aktiven und passiven Wahlrechtes zu verbinden sei.

Bis dahin bleiben von dem Wahlrechte ausgeschlossen:

a) Personen, welche wegen eines Verbrechens schuldig erkannt;

b) Personen, welche eines Verbrechens wegen in Untersuchung gezogen wurden, so lange diese dauert;

c) Personen, welche der Uebertretung des Diebstahles, des Betruges, der Veruntreuung oder Theilnahme an einer dieser Uebertretungen schuldig erkannt worden sind. (§§. 460, 461, 464 St. G. B.) (Art. IX des Gesetzes vom 5. März 1862.)

§. 4.

Das Wahlrecht ist in der Regel persönlich auszuüben.

Hievon bestehen folgende Ausnahmen:

1. Nicht eigenberechtigte Personen üben durch ihre Vertreter, eigenberechtigte Frauenspersonen durch einen Bevollmächtigten das Wahlrecht aus.
2. Personen, welche zur Besorgung von Gemeinde- oder öffentlichen Geschäften von der Gemeinde abwesend sind, können zur Ausübung des Wahlrechtes einen Bevollmächtigten bestellen.

Ebenso können

3. die Besitzer einer in der Gemeinde gelegenen Realität oder einer in der Gemeinde betriebenen Gewerbsunternehmung, wenn sie in einer anderen Gemeinde ansässig sind, ihren bestellten Verwalter oder Geschäftsleiter zur Ausübung des Wahlrechtes in ihrem Namen ermächtigen.

§. 5.

Der Staat, das Land und die öffentlichen Fonde werden als Grund- oder Hausbesitzer oder Inhaber einer Gewerbsunternehmung bei Ausübung des Wahlrechtes durch die von dem bezüglichen Verwaltungsorgane bestellte Person vertreten.

§. 6.

Corporationen, Vereine und Gesellschaften üben ihr Wahlrecht durch diejenigen Personen, welche sie nach den bestehenden gesetzlichen oder gesellschaftlichen Bestimmungen nach Außen zu vertreten berufen sind, oder durch einen Bevollmächtigten aus.

§ 7.

Die Mitbesitzer eines der im §. 1 Absatz 1 bezeichneten steuerpflichtigen Objekte haben nur Eine Stimme. Sind sie in ehelicher Gemeinschaft lebende Eheleute, so übt der Ehemann das Wahlrecht aus.

Sonst haben sie Einen aus ihnen oder einen Dritten zur Ausübung des Wahlrechtes zu bevollmächtigen.

§. 8.

Nur eigenberechtigte österreichische Staatsbürger, denen keiner der im §. 3 sub a), b) und c) angeführten Ausschließungsgründe entgegensteht, können als Bevollmächtigte oder Vertreter das Wahlrecht eines Andern in dessen Namen ausüben. Der Bevollmächtigte darf nur Einen Wahlberechtigten vertreten und muß eine in gesetzlicher Form ausgestellte Vollmacht vorweisen.

§. 9.

Unerläßliche Eigenschaften zur Wählbarkeit in die Gemeindevertretung (§. 15 der Gemeindeordnung) sind das zurückgelegte 24. Lebensjahr und der Vollgenuß der bürgerlichen Rechte.

Wer nicht wahlberechtigt ist, ist nicht wählbar.

§. 10.

Ausgenommen von der Wählbarkeit sind:

1. die Bediensteten der Gemeinde, so lange sie sich im wirklichen Dienste derselben befinden;
2. Personen, welche eine Armenversorgung genießen, in einem Gesindeverbande stehen, oder wie Taglöhner oder gewerbliche Gehilfen einen selbstständigen Erwerb nicht haben.

§. 11.

Ausgeschlossen von der Wählbarkeit sind außer den im §. 3 sub a), b) und c) Genannten:

a) Personen, welche eines aus Gewinnsucht oder gegen die öffentliche Sittlichkeit verübten Vergehens,
b) einer aus Gewinnsucht begangenen oder einer in den §§. 501, 504, 511, 512, 515 und 516 St. G. B. enthaltenen Uebertretung gegen die öffentliche Sittlichkeit schuldig erkannt worden sind;
c) Personen, über deren Vermögen der Konkurs oder das Ausgleichsverfahren eröffnet wurde, so lange die Krida- oder Ausgleichsverhandlung dauert, und nach deren Beendigung, wenn der Verschuldete des im §. 486 St. G. B. bezeichneten Vergehens schuldig erklärt worden ist;
d) Personen, welche wegen eines aus Gewinnsucht verübten Disciplinarvergehens ihres öffentlichen Amtes oder Dienstes entsetzt worden sind. (Art. X des Gesetzes vom 5. März 1862.)

Zweiter Abschnitt.

Von der Vorbereitung der Wahl.

§. 12.

Zum Behufe der Wahl des Gemeindeausschusses ist vom Gemeindevorsteher ein genaues Verzeichniß aller Wahlberechtigten in der Art anzufertigen, daß darin zu oberst die Ehrenbürger, dann die im §. 1 sub 2 a) und 4 bezeichneten Wähler unter Angabe ihrer allfällgen in der Gemeinde vorgeschriebenen Jahresschuldigkeit an direkten Steuern verzeichnet werden. Hierauf sind die im §. 1. sub 2 litt. b), c), d) und e angeführten Wahlberechtigten nach der Höhe und unter Beisetzung ihrer Besoldungen und Ruhegenüsse, und endlich die übrigen Wähler nach der Höhe der auf jeden entfallenden, in der Gemeinde vorgeschriebenen Jahresschuldigkeit an direkten Steuern in absteigender Ordnung gereiht anzusetzen, und neben den Namen die bezüglichen Steuerbeträge ersichtlich zu machen. Kommen zwei oder mehrere Wahlberechtigte mit gleichen Bezügen und Steuerschuldigkeiten vor, so ist im ersteren Falle der an Rang höhere oder an Dienstjahren ältere, im letzteren Falle der an Jahren Aeltere dem Jüngeren vorzusetzen.

Am Schlusse sind sowohl die Bezüge, als auch die Steuerschuldigkeiten abgesondert zu summiren.

§. 13.

Auf Grundlage dieses Verzeichnisses ist zur Bildung der Wahlkörper zu schreiten. In der Regel sind drei Wahlkörper zu bilden, nur ausnahmsweise, wenn die Zahl der Wahlberechtigten gering und der Abstand zwischen den einzelnen Steuerschuldigkeiten unbedeutend ist, können durch Gemeindebeschluß zwei Wahlkörper gebildet werden. Die Entscheidung hierüber steht der politischen Bezirks-Behörde im Einvernehmen mit dem Landesausschusse zu.

Behufs der Bildung der Wahlkörper sind die im obigen Verzeichnisse ausgewiesenen Summen der Bezüge und der Steuer abgesondert in drei, beziehungsweise zwei gleiche Theile zu theilen. Diejenigen Wahlberechtigten, welche nach den fortlaufenden Zahlen das erste Drittel der sämmtlichen Besoldungen und Ruhegenüsse beziehen und jene, welche das erste Drittel der Gesammtsteuer-Summe entrichten, gehören in den ersten; jene, welche das zweite Drittel beziehen und rücksichtlich entrichten, in den zweiten, und alle übrigen Wahlberechtigten in den dritten Wahlkörper.

Werden nur zwei Wahlkörper gebildet, so gehören die Wahlberechtigten, welche nach den fortlaufenden Zahlen des erwähnten Verzeichnisses die Hälfte der Bezüge genießen und die Hälfte der Steuersumme entrichten, in den ersten, alle übrigen in den zweiten Wahlkörper.

Läßt sich bei der Bildung der Wahlkörper die Besoldungs- und Steuersumme nicht nach Erforderniß theilen, ohne daß die Besoldungs- und Steuerschuldigkeit eines einzelnen Wahlberechtigten getrennt werden muß, so ist letzterer dem höheren Wahlkörper beizuzählen.

§. 14.

Die Ehrenbürger und die in der Ortsseelsorge bleibend verwendeten Geistlichen (§. 1 sub 2 a) und Doktoren (§. 1 sub 4) gehören in den ersten Wahlkörper.

§. 15.

Wenn der erste Wahlkörper nicht aus wenigstens zweimal soviel Wahlberechtigten besteht, als derselbe Ausschuß- und Ersatzmänner zu wählen hat, so ist dieser Wahlkörper aus den im Verzeichnisse (§. 12) nächstfolgenden Besteuerten bis auf diese Zahl zu ergänzen.

Die Steuerquote aller nach dieser Ergänzung den ersten Wahlkörper bildenden Steuerpflichtigen wird von der ganzen Steuersumme abgezogen und der Rest in zwei gleiche Theile getheilt. Jene Wahlberechtigten, welche die erste Hälfte dieses Restes entrichten, bilden den zweiten, die übrigen den dritten Wahlkörper. Hiebei findet auch die Schlußbestimmung des §. 13 ihre Anwendung.

Werden nur zwei Wahlkörper gebildet, so gehören alle nach der Ergänzung des ersten Wahlkörpers erübrigenden Wahlberechtigten zum zweiten Wahlkörper.

§. 16.

Die nach §. 13 der Gemeindeordnung entfallende Anzahl von Ausschuß- und Ersatzmännern wird auf die einzelnen Wahlkörper in gleichen Theilen vertheilt.

§. 17.

Der Gemeindevorsteher hat für jeden Wahlkörper abgesonderte Wählerlisten zu verfassen.

Diese Wählerlisten sind mindestens vier Wochen vor der Wahl zu Jedermanns Einsicht in der Gemeinde aufzulegen, und es ist dies durch öffentlichen Anschlag in der Gemeinde mit Festsetzung einer Präclusivfrist von acht Tagen zur Anbringung von Einwendungen dagegen kundzumachen.

Eine Commission, welche aus dem Gemeindevorsteher als Vorsitzenden und aus vier vom Ausschusse gewählten Mitgliedern der Gemeindevertretung besteht, entscheidet über die rechtzeitig angebrachten Einwendungen binnen längstens drei Tagen, und nimmt die zulässig erkannte Berichtigung sogleich vor.

Wird die begehrte Berichtigung verweigert, so steht die Berufung an die politische Bezirksbehörde offen. Die Berufung muß binnen längstens drei Tagen nach der Verständigung von der abschlägigen Entscheidung bei der Commission angebracht und von dieser der politischen Bezirksbehörde ungesäumt vorgelegt werden. Das Erkenntniß derselben ist für die im Zuge befindliche Wahl endgiltig. Acht Tage vor der Wahl darf in den Wählerlisten keine Veränderung mehr stattfinden.

§. 18.

Die Vornahme der Wahl ist wenigstens acht Tage vor deren Beginne von dem Gemeindevorsteher durch öffentlichen Anschlag mit der Angabe bekannt zu machen, an welchen Orten, an welchen Tagen und zu welchen Stunden sich die einzelnen Wahlkörper zu versammeln, und welche Zahl Gemeindevertreter sie zu wählen haben. Gleichzeitig ist hievon an die politische Bezirksbehörde die Anzeige zu machen.

§. 19.

Die politische Bezirksbehörde hat darüber zu wachen, daß alle Vorbereitungen zur Wahl derart rechtzeitig getroffen werden, daß mit Ablauf der Wahlperiode die neue Gemeindevertretung ihre Wirksamkeit beginnen könne.

Dritter Abschnitt.

Von der Vornahme der Wahl.

§. 20.

Die Wahlhandlung wird durch eine Wahlcommission geleitet.

Dieselbe besteht aus dem Gemeindevorsteher oder einem Gemeinderathe als Vorsitzenden und aus vier vom Gemeinde-Ausschusse als Vertrauensmänner zugezogenen wählbaren Gemeindemitgliedern. Die politische Bezirksbehörde kann zur Wahlhandlung einen Abgeordneten mit der Bestimmung absenden, die Befolgung des Gesetzes und die Aufrechthaltung der Ruhe und Ordnung wahrzunehmen.

§. 21.

Die Wahlkörper versammeln sich abgesondert.

Zuerst wählt der dritte, hierauf der zweite, zuletzt der erste Wahlkörper.

Jeder Wahlberechtigte kann aus allen wählbaren Gemeinde-Angehörigen und Genossen ohne Unterschied des Wahlkörpers wählen.

§. 22.

Der Wahlact ist öffentlich. Vor dem Beginne der Abstimmung hat der Vorsitzende der Wahlcommission den versammelten Wählern den Inhalt der §§. 9—11 dieser Wahlordnung über die zur Wählbarkeit erforderlichen Eigenschaften gegenwärtig zu halten, ihnen den Vorgang bei der Abstimmung und Stimmenzählung zu erklären, und sie aufzufordern, ihre Stimme nach freier Ueberzeugung ohne alle eigennützige Nebenrücksichten so abzugeben, wie sie es nach ihrem besten Wissen und Gewissen für das Gemeindewohl am zuträglichsten halten.

§. 23.

Die Abstimmung beginnt in dem einzelnen Wahlkörpern damit, daß die Mitglieder der Wahlkommission, welche in dem bezüglichen Wahlkörper wahlberechtigt sind, ihre Stimme abgeben. Hierauf werden durch ein Mitglied der Wahlcommission die Wähler in der Reihenfolge, wie ihre Namen in der Wählerliste eingetragen sind, zur Stimmgebung aufgerufen.

Wahlberechtigte, die nach geschehenem Aufrufe ihres Namens in die Wahlversammlung kommen, haben erst, wenn die ganze Wählerliste durchgelesen ist, ihre Stimme abzugeben und sich deshalb bei der Wahlcommission zu melden.

§. 24.

Jeder zur Stimmgebung aufgerufene Wähler hat jene Personen, welche nach seinem Wunsche für die Gemeindevertretung gewählt werden sollen, ohne Unterscheidung, ob er sie als Ausschuß- oder Ersatzmänner gewählt wissen will, in solcher Zahl zu nennen, als der Wahlkörper dem er angehört, Ausschuß- oder Ersatzmänner zu wählen hat.

§. 25.

Ein Dritter darf zur Abstimmung im Namen eines Wahlberechtigten blos in den Fällen der §§. 4—7 und nur unter der Bedingung zugelassen werden, daß er sich über seine Berechtigung hiezu gehörig ausweise.

§. 26.

Jede Abstimmung ist sogleich in Gegenwart des Wählers in die hiezu vorbereiteten Rubriken der Stimmliste neben dem Namen des Wählers einzutragen.

Gleichzeitig werden die genannten Namen in der Gegenliste derart verzeichnet, daß bei der ersten Stimme, die Jemand erhält, dessen Namen in die entsprechende Rubrik eingeschrieben und in der nebenstehenden Rubrik die Zahl 1, bei der zweiten Stimme, die auf ihn entfällt, die Zahl 2, u. s. w. beigesetzt wird.

§. 27.

Sobald alle anwesenden Wähler eines Wahlkörpers ihre Stimmen abgegeben haben, ist von dem Vorsitzenden der Wahlcommission die Stimmgebung für geschlossen zu erklären.

Die Wahlcommission hat sofort das Ergebniß, das sich nach beiden Stimmlisten herausstellt, zu vergleichen, allfällige Irrungen zu berichtigen, sohin die Stimmlisten zu unterfertigen und die Stimmzählung vorzunehmen.

§. 28.

In jedem Wahlkörper sind diejenigen, welche unter den Genannten die meisten Stimmen haben, als gewählte Ausschußmänner und die mit den nächstmeisten Stimmen Genannten als gewählte Ersatzmänner anzusehen.

Haben mehrere Personen, als zur Vollzähligkeit der auf den Wahlkörper entfallenden Ausschuß- oder Ersatzmänner erforderlich sind, die gleiche Anzahl Stimmen erhalten, so entscheidet das Los, wer von ihnen als Ausschuß oder Ersatzmann einzutreten hat.

§. 29.

Ist die Wahl auf Jemanden gefallen, der nicht wählbar ist, oder einen gesetzlichen Entschuldigungsgrund geltend macht, so hat derjenige als Ausschuß- oder beziehungsweise Ersatzmann einzutreten, welcher in dem betreffenden Wahlkörper nach den Ausschußmännern oder beziehungsweise nach den Ersatzmännern die meisten Stimmen erhalten hat.

Dasselbe hat unbeschadet der nach dem §. 17 der Gemeindeordnung zu verhängenden Geldbuße dann zu geschehen, wenn der Gewählte ohne einen gesetzlichen Entschuldigungsgrund die Wahl anzunehmen verweigert.

§. 30.

Ist Jemand von einem Wahlkörper bereits als Ausschußmann gewählt, so sollen ihm von dem später wählenden Wahlkörper keine weiteren Stimmen zugewendet werden.

Geschieht dies dennoch, so ist der Abstimmende darauf aufmerksam zu machen, daß eine solche Stimme nicht gezählt wird.

Wird dagegen ein als Ersatzmann bereits gewählter, von einem später wählenden Wahlkörper zum Ausschußmanne gewählt, so hat an seine Stelle als Ersatzmann derjenige einzutreten, der nach ihm in dem bezüglichen Wahlkörper die meisten Stimmen erhalten hat.

§. 31.

Ist die Wahl in allen Wahlkörpern vollendet, so wird das über die Wahlhandlung geführte Protokoll geschlossen und von den Gliedern der Wahlkommission unterfertigt.

Der Gemeindevorsteher hat dasselbe nebst allen Wahlakten in Aufbewahrung zu nehmen.

Derselbe verkündet das Gesammtergebniß der in allen Wahlkörpern stattgefundenen Wahl und bringt dasselbe zur Kenntniß der politischen Bezirksbehörde.

Letztere hat Wahlen, welche auf Personen gefallen sind, die von der Wählbarkeit ausgenommen oder ausgeschlossen sind, unter Offenlassung des Rekurses an die Statthalterei, als ungesetzlich außer Kraft zu setzen.

§. 32.

Einwendungen gegen das Wahlverfahren sind binnen der Präklusivfrist von acht Tagen nach beendigtem Wahlakte bei dem Gemeindevorsteher einzubringen, welcher dieselben der Statthalterei zur endgiltigen Entscheidung vorzulegen hat.

Werden binnen der obigen Frist keine Einwendungen eingebracht, oder die eingebrachten als unstatthaft zurückgewiesen, so ist zur Wahl des Gemeindevorstandes zu schreiten.

Zweites Hauptstück.

Von der Wahl des Gemeindevorstandes.

§. 33.

Ueber Berufung des an Jahren ältesten Mitgliedes des neu zusammengesetzten Ausschusses haben sich sämmtliche Mitglieder des letzteren am festgesetzten Tage und zur festgesetzten Stunde zur Wahl des Gemeindevorstandes zu versammeln.

Jene Ausschußmitglieder, die entweder gar nicht erscheinen oder vor Beendigung der Wahl sich entfernen, ohne ihr Ausbleiben oder ihre Entfernung durch hinreichende Gründe zu entschuldigen, verfallen in eine Geldbuße, welche der Ausschuß bis zu 20 Gulden bemessen kann.

§. 34.

Der Vorsteher der politischen Bezirksbehörde ist berechtigt, dem Wahlakte entweder selbst oder durch einen Abgeordneten zur Wahrnehmung der Gesetzlichkeit des Vorganges anzuwohnen.

Zu diesem Ende muß derselbe rechtzeitig in Kenntniß gesetzt werden, an welchem Tage und zu welcher Stunde die Wahl stattfindet.

§. 35.

Die Wahl wird durch das an Jahren älteste Mitglied des neu zusammengesetzten Ausschusses unter Zuziehung zweier Mitglieder aus der Versammlung geleitet.

§. 36.

Wählbar zu Mitgliedern des Gemeindevorstandes sind nur die Ausschußmitglieder.

Ausgenommen hievon sind:

1. Personen, welche nicht in der Gemeinde ihren Wohnsitz haben;
2. Hof-, Staats-, Landes- und öffentliche Fondsbeamte und Diener in der aktiven Dienstleistung;
3. Geistliche.

Auch können Verwandte und Verschwägerte im ersten und zweiten Grade nicht zugleich Mitglieder des Gemeindevorstandes sein.

§. 37.

Zur Giltigkeit der Wahl ist die Anwesenheit von wenigstens drei Viertheilen sämmtlicher Ausschußmitglieder und die absolute Stimmenmehrheit der Anwesenden erforderlich.

Die Wahl wird mittelst Stimmzetteln vorgenommen. Aus den gesammelten Stimmzetteln sind die darin verzeichneten Namen zu verlesen und in das zu führende Abstimmungs-Verzeichniß einzutragen.

§. 38.

Zuerst ist die Wahl des Gemeindevorstehers vorzunehmen. Kommt bei der Abstimmung zu dieser Wahl eine absolute Stimmenmehrheit nicht zu Stande, so ist eine zweite Abstimmung vorzunehmen, und falls auch bei dieser nicht die nöthige Stimmenmehrheit sich herausstellt, zu der engeren Wahl zu schreiten.

Bei der engeren Wahl haben die Wähler sich auf jene zwei Personen zu beschränken, welche bei der zweiten Abstimmung die relativ meisten Stimmen erhalten haben. Bei Stimmengleichheit entscheidet das Los, wer in die engere Wahl einzubeziehen ist.

Jede Stimme, die bei der dritten Abstimmung auf eine nicht in die engere Wahl gebrachte Person fällt, ist als ungiltig zu betrachten.

Ergiebt sich bei der engeren Wahl Stimmengleichheit, so entscheidet das Los.

§. 39.

Nach Beendigung der Wahl des Gemeindevorstehers ist zur Wahl der Gemeinderäthe zu schreiten.

Jeder Wähler bezeichnet so viele Namen, als Gemeinderäthe zu wählen sind. Die über diese Zahl bezeichneten Namen werden nicht berücksichtigt.

Auch bei dieser Wahl gelten die Vorschriften der §§. 37 und 38.

Die engere Wahl hat sich auf jene Personen zu beschränken, die bei der zweiten Abstimmung nach denjenigen, welche die absolute Mehrheit erlangten, die relativ meisten Stimmen für sich hatten. Die Zahl der in die engere Wahl zu bringenden Personen ist die doppelte von der Zahl der noch zu wählenden Gemeinderäthe.

§. 40.

Wird Jemand als Gemeinderath gewählt, der mit dem gewählten Gemeinde-Vorsteher im ersten oder zweiten Grade verwandt oder verschwägert ist, so ist diese Wahl ungiltig.

Werden zwei oder mehrere Personen als Gemeinderäthe gewählt, die in der angegebenen Weise untereinander verwandt oder verschwägert sind, so ist derjenige, für den sich die größere Stimmenzahl erklärte, und bei gleicher Stimmenzahl derjenige, für den das Los entscheidet, als gewählt beizubehalten.

Die noch unbesetzten Stellen sind durch Neuwahl auszufüllen.

§. 41.

Ueber die Vornahme der Wahl des Gemeindevorstandes ist ein Protokoll zu führen, welches von dem Leiter der Wahl und den übrigen Ausschußmitgliedern zu unterfertigen und mit allen Wahlakten bei der Gemeinde zu hinterlegen ist.

§. 42.

Die Vorschriften der §§. 33—41 kommen auch dann zur Anwendung, wenn im Laufe der Wahlperiode die Stelle eines Gemeinderathes oder des Vorstehers zu besetzen ist.

Nur haben im ersten Falle der Gemeindevorsteher und im zweiten Falle der Stellvertreter des Gemeindevorstehers die Versammlung zur Wahl zu berufen und die Wahlhandlung zu leiten. Auch trifft der Ausnahmsgrund der Verwandtschaft oder Schwägerschaft nicht die schon im Amte befindlichen, sondern die neugewählten Personen.

A.

Gesetz vom 5. März 1862,

wirksam für die Königreiche Böhmen, Dalmatien, Galizien und Lodomerien mit den Herzogthümern Auschwitz und Zator und dem Großherzogthume Krakau, für die Erzherzogthümer Oesterreich unter und ob der Enns, für die Herzogthümer Ober- und Nieder-Schlesien, Steiermark, Kärnthen und Krain, Salzburg und Bukowina, für die Markgrafschaft Mähren, für die gefürstete Grafschaft Tirol und das Land Vorarlberg, für die gefürstete Grafschaft Görz und Gradisca, für die Markgrafschaft Istrien und die Stadt Triest mit ihrem Gebiete,

womit die grundsätzlichen Bestimmungen zur Regelung des Gemeindewesens vorgezeichnet werden.

(Im IX. Stücke des Reichsgesetz-Blattes Nr. 18, Seite 36; ausgegeben am 11. März 1862.)

Mit Zustimmung beider Häuser Meines Reichsrathes finde Ich zur Regelung des Gemeindewesens die nachstehenden grundsätzlichen Bestimmungen vorzuzeichnen:

Artikel I.

Jede Liegenschaft muß zum Verbande einer Ortsgemeinde gehören.

Ausgenommen hievon sind die zur Wohnung oder zum vorübergehenden Aufenthalte des Kaisers und des Allerhöchsten Hofes bestimmten Residenzen, Schlösser und andere Gebäude, nebst den dazu gehörigen Gärten und Parkanlagen.

Das Landesgesetz bestimmt, ob und unter welchen Bedingungen der Großgrundbesitz von dem Verbande einer Ortsgemeinde geschieden behandelt werden könne.

Jedenfalls darf diese Behandlung nur unter der Bedingung Platz greifen, daß der geschiedene Grundbesitz die Pflichten und Leistungen einer Ortsgemeinde übernimmt, ohne daß ihm eine andere Amtswirksamkeit, als zur Erfüllung dieser Pflichten und Leistungen nothwendig ist, zugewiesen werden kann.

Artikel II.

Jeder Staatsbürger soll in einer Gemeinde heimatsberechtigt sein.

Die Heimatsverhältnisse werden durch ein besonderes Reichsgesetz bestimmt.

Artikel III.

Ueber das Ansuchen eines Auswärtigen um Verleihung des Heimatsrechtes entscheidet die Gemeinde.

Dieselbe darf jedoch Auswärtigen, welche sich über ihre Heimatsberechtigung ausweisen oder wenigstens darthun, daß sie zur Erlangung eines solchen Nachweises die erforderlichen Schritte gemacht haben, den

Aufenthalt in ihrem Gebiete nicht verweigern, so lange dieselben mit ihren Angehörigen einen unbescholtenen Lebenswandel führen, und der öffentlichen Mildthätigkeit nicht zur Last fallen.

Artikel IV.

Der Wirkungskreis der Gemeinde ist ein doppelter:

a) ein selbstständiger, und

b) ein übertragener.

Artikel V.

Der selbstständige, das ist derjenige Wirkungskreis, in welchem die Gemeinde mit Beobachtung der bestehenden Reichs- und Landesgesetze nach freier Selbstbestimmung anordnen und verfügen kann, umfaßt überhaupt Alles, was das Interesse der Gemeinde zunächst berührt und innerhalb ihrer Grenzen durch ihre eigenen Kräfte besorgt und durchgeführt werden kann.

In diesem Sinne gehören hieher insbesondere:

1. Die freie Verwaltung ihres Vermögens und ihrer auf den Gemeindeverband sich beziehenden Angelegenheiten;
2. die Sorge für die Sicherheit der Person und des Eigenthums;
3. die Sorge für die Erhaltung der Gemeindestraßen, -Wege, -Plätze, Brücken, sowie für die Sicherheit und Leichtigkeit des Verkehrs auf Straßen und Gewässern und die Flurpolizei;
4. die Lebensmittel-Polizei und die Ueberwachung des Marktverkehrs, insbesondere die Aufsicht auf Maß und Gewicht;
5. die Gesundheits-Polizei;
6. die Gesinde- und Arbeiter-Polizei und die Handhabung der Dienstboten-Ordnung;
7. die Sittlichkeitspolizei;
8. das Armenwesen und die Sorge für die Gemeinde-Wohlthätigkeits-Anstalten;
9. die Bau- und die Feuerpolizei, die Handhabung der Bauordnung und Ertheilung der polizeilichen Baubewilligungen;
10. die durch das Gesetz zu regelnde Einflußnahme auf die von der Gemeinde erhaltenen Mittelschulen, dann auf die Volksschulen, die Sorge für die Errichtung, Erhaltung und Dotirung der letzteren mit Rücksicht auf die noch bestehenden Schulpatronate;
11. der Vergleichsversuch zwischen streitenden Parteien durch aus der Gemeinde gewählte Vertrauensmänner;
12. die Vorname freiwilliger Feilbietungen beweglicher Sachen.

Aus höheren Staatsrücksichten können bestimmte Geschäfte der Ortspolizei in einzelnen Gemeinden besonderen landesfürstlichen Organen im Wege des Gesetzes zugewiesen werden.

Artikel VI.

Den übertragenen Wirkungskreis der Gemeinden, das ist die Verpflichtung derselben zur Mitwirkung für die Zwecke der öffentlichen Verwaltung, bestimmen die allgemeinen Gesetze und innerhalb derselben die Landesgesetze.

Artikel VII.

Den einzelnen Gemeinden bleibt freigestellt, sich sowohl in Betreff des selbstständigen (Artikel V), als auch des übertragenen Wirkungskreises (Artikel VI) zu einer gemeinschaftlichen Geschäftsführung zu vereinigen. Gemeinden, welche die Mittel zur Erfüllung der ihnen aus dem übertragenen Wirkungskreise (Artikel VI) erwachsenden Verpflichtungen nicht besitzen, sind, für so lange als dieß der Fall ist, zu diesem Behufe mit anderen zu einer gemeinschaftlichen Geschäftsführung im Wege eines Landesgesetzes zu vereinigen.

Ebenso können durch das Landesgesetz Gemeinden, welche in Folge des Gesetzes vom 17. März 1849*) mit anderen in eine Gemeinde vereiniget wurden, wieder getrennt und abgesondert zu Ortsgemeinden konstituirt werden, wenn jede dieser auseinander zu legenden Gemeinden für sich die Mittel zur Erfüllung der ihnen aus dem übertragenen Wirkungskreise (Artikel VI) erwachsenen Verpflichtungen besitzt.

Artikel VIII.

Die Gemeinde wird in ihren Angelegenheiten durch einen Gemeindeausschuß und einen Gemeindevorstand vertreten.

Die Gemeinde wählt periodisch ihre Vertretung.

Das Landesgesetz bestimmt, ob und in wieferne auch ohne Wahl Gemeindemitglieder, sei es persönlich oder durch Stellvertreter, an der Gemeindevertretung Theil nehmen können.

Artikel IX.

Um zur Wahl für die Gemeindevertretung oder zur Theilnahme an derselben berechtigt zu sein, ist nothwendig, daß man ein Gemeindeglied sei.

Das Strafgesetz wird die Bestimmungen festsetzen, ob und auf wie lange mit dem Straferkenntnisse auch der Ausspruch über den Verlust des activen und passiven Wahlrechtes zu verbinden sei. Bis dahin bleiben von dem Wahlrechte ausgeschlossen:

a) Personen, welche wegen eines Verbrechens schuldig erkannt;

b) Personen, welche eines Verbrechens wegen in Untersuchung gezogen wurden, so lange diese dauert;

c) Personen, welche der Uebertretung des Diebstahls, des Betruges, der Veruntreuung oder Theilnahme an einer dieser Uebertretungen schuldig erkannt worden sind (§§. 460, 461 464, des Strafgesetzbuches).

Artikel X.

Unerläßliche Eigenschaften zur Wählbarkeit sind das zurückgelegte vierundzwanzigste Lebensjahr und der Vollgenuß der bürgerlichen Rechte. Wer nicht wahlberechtigt ist, ist nicht wählbar. Außerdem sind von der Wählbarkeit ausgeschlossen:

a) Personen, welche eines aus Gewinnsucht oder gegen die öffentliche Sittlichkeit verübten Vergehens;

---

*) Ergänzungsband des Reichsgesetzblattes v. J. 1849, Nr. 170.

b) einer aus Gewinnsucht begangenen oder einer in den §§. 501, 504, 511, 512, 515 und 516 des Strafgesetzbuches enthaltenen Uebertretung gegen die öffentliche Sittlichkeit schuldig erkannt worden sind;
c) Personen, über deren Vermögen der Konkurs oder das Ausgleichsverfahren eröffnet wurde, so lange die Krida oder Ausgleichsverhandlung dauert, und nach deren Beendigung, wenn der Verschuldete des im §. 486 des Strafgesetzbuches bezeichneten Vergehens schuldig erklärt worden ist;
d) Personen, welche wegen eines aus Gewinnsucht verübten Disciplinarvergehens ihres öffentlichen Amtes oder Dienstes entsetzt worden sind.

Die in diesem Artikel enthaltenen Bedingungen beziehen sich auch auf die etwa ohne Wahl in den Ausschuß eintretenden Gemeindemitglieder.

Artikel XI.

Das Landesgesetz regelt die Bildung der Gemeindevertretung durch eine Wahlordnung mit gebührender Rücksichtnahme auf die Sicherung der Interessen der höher Besteuerten.

Artikel XII.

Der Gemeindeausschuß ist in den Angelegenheiten der Gemeinde das beschließende und überwachende, und der Gemeindevorstand das verwaltende und vollziehende Organ.

Artikel XIII.

Der Gemeindevorstand ist für seine Amtshandlungen der Gemeinde und bezüglich des übertragenen Wirkungskreises auch der Regierung verantwortlich.

Artikel XIV.

In allen Gemeindeangelegenheiten entscheidet die absolute Majorität der in beschlußfähiger Anzahl anwesenden Vertreter.

Die Ausschußsitzungen sind öffentlich, doch kann ausnahmsweise die Ausschließung der Oeffentlichkeit über Antrag des Gemeindevorstehers oder einer gewissen Anzahl von Ausschußmännern beschlossen werden, nie aber für jene Sitzungen, in welchen die Gemeinderechnungen oder das Gemeindepräliminare verhandelt werden.

Letztere sind zur Einsicht öffentlich aufzulegen.

Artikel XV.

Zur Bestreitung der durch die Einkünfte aus dem Gemeinde-Eigenthume nicht bedeckten Ausgaben zu Gemeindezwecken kann die Gemeinde die Abnahme von Zuschlägen zu den direkten Steuern oder zur Verzehrungssteuer, oder die Einhebung anderer Auflagen und Abgaben beschließen.

Das Landesgesetz wird bestimmen, inwieferne die Gemeinde hiebei mit Rücksicht auf ein bestimmtes Ausmaß dieser Zuschläge an die Genehmigung der Bezirks-, Gau- oder Kreisvertretung, oder des Landtages, oder an die Erwirkung eines besonderen Landesgesetzes gebunden ist.

Durch den Zuschlag zur Verzehrungssteuer darf bloß der Verbrauch im Gemeindegebiete und nicht die Produktion und der Handelsverkehr getroffen werden.

Zur Einführung neuer Auflagen und Abgaben, welche in die Categorie der obigen Steuerzuschläge nicht gehören, sowie zur Erhöhung schon bestehender Auflagen und Abgaben dieser Art ist ein Landesgesetz erforderlich.

Die Art, in welcher, und das Maß, nach welchem die einzelnen Gemeindemitglieder zu den Auslagen der Gemeinde konkuriren sollen, bestimmt die Gemeinde innerhalb der durch ein Landesgesetz festzusetzenden Grenzen.

Artikel XVI.

Die Staatsverwaltung übt das Aufsichtsrecht über die Gemeinden dahin, daß dieselben ihren Wirkungskreis nicht überschreiten und nicht gegen die bestehenden Gesetze vorgehen.

Sie hat auch, insoferne es sich nicht um solche Beschlüsse des Gemeindeausschusses handelt, gegen welche die Berufung nach Artikel XVIII. c) an die höhere Gemeindevertretung zu richten ist, über Beschwerden gegen Verfügungen des Gemeindevorstandes zu entscheiden, durch welche bestehende Gesetze verletzt oder fehlerhaft angewendet werden.

Die Gemeindevertretung kann durch die politische Landesstelle aufgelöst werden. Der Rekurs an das Staatsministerium, jedoch ohne aufschiebende Wirkung, bleibt der Gemeinde vorbehalten. Längstens binnen sechs Wochen nach der Auflösung muß eine neue Wahl ausgeschrieben werden.

Artikel XVII.

Zwischen die Gemeinde und den Landtag kann durch das Landesgesetz eine Bezirks-, Gau- oder Kreisvertretung eingefügt werden. Dieselbe tritt in periodisch wiederkehrenden Zeiträumen oder über Berufung ihres Vorstandes zusammen.

Ihre ständigen Angelegenheiten werden durch einen Ausschuß und Vorsteher besorgt.

Artikel XVIII.

In den Wirkungskreis der Bezirks-, Gau- oder Kreisvertretung, insoferne solche konstituirt wird, gehören alle inneren, die gemeinsamen Interessen des Bezirkes (Gaues, Kreises) und seiner Angehörigen betreffenden Angelegenheiten.

Außerdem können der Bezirks-, Gau- oder Kreisvertretung durch das Landesgesetz rücksichtlich der Gemeinden zugewiesen werden:

a) Die Ueberwachung, daß das Stammvermögen und Stammgut der Gemeinden und ihrer Anstalten ungeschmälert erhalten werde;

b) die Genehmigung wichtiger, insbesondere den Gemeindehaushalt betreffender Akte;

c) die Entscheidung über Berufungen gegen Beschlüsse der Gemeinde-ausschüsse in allen der Gemeinde nicht vom Staate übertragenen Angelegenheiten.

Wo keine Bezirks-, Gau- oder Kreisvertretung errichtet wird, oder insoweit diese Geschäfte der Bezirks-, Gau- oder Kreisvertretung nicht zugewiesen werden, hat der Landtag dieselben durch seinen Ausschuß zu besorgen.

In den vom Staate den Gemeinden übertragenen Angelegenheiten geht die Berufung an die Staatsbehörde.

Artikel XIX.

Die Bezirks- Gau,- oder Kreisvertretung hat aus Vertretern folgender Interessengruppen zu bestehen:

a) des großen Grundbesitzes,
b) der Höchstbesteuerten der Industrie und des Handels,
c) der übrigen Angehörigen der Städte und Märkte und
d) der Landgemeinden.

Jede Interessengruppe wählt periodisch die nach den Bestimmungen des Landesgesetzes auf sie entfallende Zahl von Vertretern.

Für den Fall, als die eine oder andere dieser Interessengruppen nicht vorhanden wäre, steht es dem Landtage zu, die Wahl der Vertreter im Wege der Landesgesetzgebung in einer die Interessen aller vorhandenen Gruppen gleichmäßig sichernden Weise zu regeln.

Artikel XX.

Die Bezirks-, Gau- oder Kreisvertretung wählt aus ihrer Mitte periodisch den Ausschuß und Vorsteher. Die Wahl des Vorstehers bedarf der kaiserlichen Bestätigung.

Artikel XXI.

Zur Bestreitung der durch die Einkünfte aus dem Stammvermögen nicht bedeckten Ausgaben kann die Bezirks-, Gau- oder Kreisvertretung Zuschläge zu den direkten Steuern bis zu einem bestimmten Maße umlegen und einheben.

Zuschläge über dieses Maß oder andere Umlagen bedürfen eines Landesgesetzes.

Artikel XXII.

Landeshauptstädte und über ihr Einschreiten auch andere bedeutendere Städte, sowie bedeutende Kurorte, erhalten durch Landesgesetze eigene Statute, soferne sie solche noch nicht besitzen. Abänderungen und Ergänzungen dermal bestehender Städtestatute bleiben der Landesgesetzgebung vorbehalten.

Die Wahl der Gemeindevorsteher in Städten und Kurorten, die ein eigenes Statut besitzen, bedarf der kaiserlichen Bestätigung.

Artikel XXIII.

Die mit einem eigenen Statute versehenen Städte und Kurorte besorgen ihre Angelegenheiten durch ihre Vertretung; sie stehen unmittelbar unter dem Landesausschusse, beziehungsweise Landtage, und bezüglich des ihnen vom Staate übertragenen Wirkungskreises unter der Landesstelle.

Artikel XXIV.

Der Landtag wacht mittelst seines Ausschusses, daß das Stammvermögen der Bezirke, Gaue oder Kreise, sowie der Städte und Kurorte, welche mit eigenen Statuten versehen sind, und das Vermögen ihrer Anstalten ungeschmälert erhalten werde.

An seine Genehmigung sind wichtigere, insbesondere den Haushalt betreffende Akte gebunden.

Die Landesvertretung entscheidet über Berufungen gegen Beschlüsse der Bezirks-, Gau- oder Kreisvertretung in den nach Artikel XVIII zum Wirkungskreise der letzteren gehörigen Angelegenheiten, sowie über Berufungen gegen Beschlüsse der mit eigenen Statuten versehenen Städte und Kurorte.

Artikel XXV.

Die sub Artikel IX, X, XIII, XIV und XVI aufgestellten Grundsätze finden auch auf die Bezirks-, Gau- oder Kreisvertretungen Anwendung.

Artikel XXVI.

Auf Grundlage der voranstehenden grundsätzlichen Bestimmungen sind für die im Eingange dieses Gesetzes genannten Königreiche und Länder Gemeindeordnungen durch Landesgesetze zu erlassen.

Mein Staatsminister ist mit der Durchführung dieses Gesetzes beauftragt.

Wien am 5. März 1862.

Franz Joseph m. p.

Erzherzog Rainer m. p. **Schmerling** m. p. **Lasser** m. p.

Auf allerhöchste Anordnung:

Freiherr v. Ransonnet m. p.

Gesetz,

wirksam für das Herzogthum Salzburg,

womit eine

Gemeindeordnung und eine Gemeinde-Wahlordnung

erlassen werden.

Mit Zustimmung des Landtages Meines Herzogthumes Salzburg finde ich auf Grundlage des Gesetzes vom 5. März 1862, Z. 18 R. G. Bl., die angeschlossene Gemeindeordnung und die dazu gehörige Gemeinde-Wahlordnung zu erlassen und zu verordnen, wie folgt:

Artikel I.

Diese Gemeindeordnung und die dazu gehörige Gemeinde-Wahlordnung gelten für alle Gemeinden Meines Herzogthumes Salzburg, welche ein eigenes Statut nicht besitzen.

Artikel II.

Die Bestimmungen des ersten, zweiten und dritten Hauptstückes der Gemeindeordnung treten sofort in Kraft.

Artikel III.

Auf Grundlage der Gemeinde-Wahlordnung und unter Anwendung der Bestimmungen des dritten Hauptstückes der Gemeindeordnung ist die Bestellung neuer Gemeindevertretungen unverzüglich zu veranlassen.

Artikel IV.

Sobald in einer Gemeinde die neue Gemeindevertretung ordnungsmäßig bestellt ist, hat in derselben die Gemeindeordnung, insoweit sie nicht schon nach Artikel II in Kraft getreten ist, zur vollen Anwendung zu kommen.

Artikel V.

Mein Staatsminister ist mit der Durchführung dieses Gesetzes beauftragt.

Wien, den 2. Mai 1864.

Franz Joseph m. p.

Erzherzog Rainer m. p. **Schmerling** m. p.

Auf allerhöchste Anordnung:

Freiherr von Ransonnet m. p.

I.

Gemeindeordnung für das Herzogthum Salzburg.

Erstes Hauptstück.

Von der Ortsgemeinde überhaupt.

§. 1.

Die dermaligen Ortsgemeinden haben als solche fortzubestehen, so lange nicht im gesetzmäßigen Wege eine Aenderung eintritt.

§. 2.

Zwei oder mehrere Ortsgemeinden desselben politischen Bezirkes können sich, wenn die politische Landesstelle aus öffentlichen Rücksichten dagegen keine Einwendung erhebt, mit Bewilligung des Landesausschusses nach vorausgegangenem Uebereinkommen über den Besitz und Genuß ihres Eigenthumes, ihrer Anstalten und Fonde in Eine Ortsgemeinde vereinigen, so daß sie als eigene Ortsgemeinden zu bestehen aufhören.

Eine solche Vereinigung von Gemeinden darf wider deren Willen nicht stattfinden.

§. 3.

Gemeinden, welche in Folge des Gesetzes vom 17. März 1849 mit anderen in Eine Gemeinde vereiniget wurden, können durch das Landesgesetz wieder getrennt und abgesondert zu Ortsgemeinden konstituirt werden, wenn jede dieser auseinander zu legenden Gemeinden für sich die Mittel zur Erfüllung der ihr aus dem übertragenen Wirkungskreise (§. 28) erwachsenen Verpflichtungen besitzt. (Art. VII des Gesetzes vom 5. März 1862.) Diese Trennung kann wider den Willen der zu trennenden Theile nicht stattfinden.

Dieser Trennung muß auch ein Uebereinkommen der auseinandergehenden Theile über eine vollständige Auseinandersetzung des Besitzes und Genusses des gemeinschaftlichen Eigenthumes, der Anstalten und Fonde und der gemeinschaftlichen Lasten vorhergehen.

Unter denselben Bedingungen kann eine Ortsgemeinde auch außer dem erwähnten Falle durch das Landesgesetz in zwei oder mehrere Ortsgemeinden aufgelöst werden.

§. 4.

Zu Aenderungen in den Grenzen einer Ortsgemeinde, wodurch diese als solche zu bestehen nicht aufhört, ist außer dem Einverständnisse der betreffenden Gemeinden und der Erklärung der politischen Landesstelle, daß dagegen aus öffentlichen Rücksichten kein Anstand obwaltet, die Bewilligung des Landesausschusses erforderlich. Wenn zwischen zwei oder mehreren Gemeinden die Grenzen streitig sind, so hat darüber nach Einvernehmen der betreffenden Gemeinden und nach eingeholter Erklärung der politischen Landesstelle, daß dagegen kein Anstand obwaltet, der Landes-Ausschuß zu entscheiden.

§. 5.

Jede Liegenschaft muß zum Verbande einer Ortsgemeinde gehören. Ausgenommen hievon sind die zur Wohnung oder zum vorübergehenden Aufenthalte des Kaisers und des Allerhöchsten Hofes bestimmten Residenzen und Schlösser und andere Gebäude, nebst den dazu gehörigen Gärten und Parkanlagen. (Artikel I des Gesetzes vom 5. März 1862.)

Zweites Hauptstück.

Von den Gemeindegliedern.

§. 6.

Zu den Gemeindegliedern werden die Gemeinde-Angehörigen, das sind diejenigen Personen, welche in der Gemeinde heimatberechtigt sind, dann diejenigen nicht in der Gemeinde heimatberechtigten Personen gezählt; welche im Gebiete derselben entweder einen Haus- oder Grundbesitz haben, oder von einem in der Gemeinde selbstständig betriebenen Gewerbe oder Erwerbe eine direkte Steuer entrichten.

Alle übrigen Personen in der Gemeinde werden Auswärtige genannt.

§. 7.

Die Heimatsverhältnisse sind durch das Gesetz vom 3. Dezember 1863 bestimmt.

§. 8.

In Städten und Märkten werden diejenigen Gemeinde-Angehörigen, welche bisher das Bürgerrecht durch Verleihung der Gemeinde erhalten haben, oder es in der Folge in gleicher Weise erwerben, Bürger genannt.

Für die Verleihung des Bürgerrechtes kann die Gemeinde eine Gebühr die jedoch den Betrag von 20 fl. nicht übersteigen darf, abnehmen.

§. 9.

Oesterreichische Staatsbürger, welche sich besonders verdient gemacht haben, können von Stadt- und Marktgemeinden zu Ehrenbürgern, und von anderen Gemeinden zu Ehrenmitgliedern ernannt werden.

§. 10.

Die Gemeindeglieder haben das Recht des ungestörten Aufenthaltes in der Gemeinde. Sie nehmen nach den Bestimmungen dieses Gesetzes an den Rechten und Vortheilen, wie an den Pflichten und Lasten der Gemeinde Theil.

Die Gemeindeangehörigen haben überdieß den Anspruch auf Armenversorgung nach Maßgabe der Dürftigkeit.

Den Bürgern bleibt der Anspruch auf die für sie besonders bestehenden Stiftungen und Anstalten vorbehalten.

Die Ehrenbürger und die Ehrenmitglieder der Landgemeinden haben die Rechte der Gemeindeglieder, ohne die Verpflichtungen derselben zu theilen.

§. 11.

Die Gemeinde darf Auswärtigen, welche sich über ihre Heimatberechtigung ausweisen oder wenigstens darthun, daß sie zur Erlangung eines solchen Nachweises die erforderlichen Schritte gemacht haben, den Aufenthalt in ihrem Gebiete nicht verweigern, so lange dieselben mit ihren Angehörigen einen unbescholtenen Lebenswandel führen und der öffentlichen Mildthätigkeit nicht zur Last fallen. (Art. III des Gesetzes vom 5. März 1862.)

Fühlt sich ein Auswärtiger in dieser Beziehung durch eine Verfügung der Gemeinde gedrückt, so kann er sich um Abhilfe an die politische Bezirksbehörde wenden.

§. 12.

Die privatrechtlichen Verhältnisse überhaupt und insbesondere die Eigenthums- und Nutzungsrechte ganzer Classen oder einzelner Glieder der Gemeinde bleiben ungeändert.

Drittes Hauptstück.

Von der Gemeindevertretung.

§. 13.

Die Gemeinde wird in ihren Angelegenheiten durch einen Gemeindeausschuß und einen Gemeindevorstand vertreten. (Art. III des Gesetzes vom 5. März 1862.)

§. 14.

Der Gemeindeausschuß besteht in Gemeinden mit weniger als 100 wahlberechtigten Gemeindegliedern aus 8 oder 9 Mitgliedern, je nachdem drei oder zwei Wahlkörper gebildet werden, in Gemeinden

mit 100—300 wahlberechtigten Gemeindemitgliedern aus 12
„ 301—600 „ „ „ 18
„ 601—1000 „ „ „ 24 und
mit mehr als 1000 „ „ „ 30 Mitgliedern.

§. 15.

In jeder Gemeinde haben zur Vertretung verhinderter oder abgängiger Ausschußmitglieder, Ersatzmänner zu bestehen, deren Zahl die Hälfte der Zahl der Ausschußmitglieder zu betragen hat.

Ist diese Zahl der Ersatzmänner durch die Zahl der Wahlkörper nicht theilbar, so muß dieselbe auf die nächste hiedurch theilbare Zahl erhöht werden.

§. 16.

Der Gemeindevorstand besteht aus dem Gemeindevorsteher und aus mindestens zwei Gemeinderäthen.

Wo es die Geschäfte und Verhältnisse nothwendig machen, kann der Ausschuß die Zahl der Gemeinderäthe entsprechend erhöhen. Es darf jedoch diese Zahl den dritten Theil der Ausschußmitglieder nicht überschreiten.

§. 17.

Die Mitglieder des Gemeindevorstandes gehören auch dem Ausschusse an, und es ist deren Anzahl in jener der Ausschußmitglieder begriffen.

§. 18.

Die Ausschuß- und Ersatzmänner werden von den Wahlberechtigten in der Gemeinde gewählt.

Die näheren Bestimmungen über die Wahlberechtigung und die Wählbarkeit, dann über das Wahlverfahren enthält die Gemeinde-Wahlordnung.

§. 19.

Der Gemeindeausschuß wählt aus seiner Mitte den Gemeindevorsteher und die Gemeinderäthe.

Die Gemeinde-Wahlordnung enthält hierüber die näheren Bestimmungen.

Die Gemeinderäthe werden nach der Zahl der Stimmen, mit welchen sie gewählt wurden, gereiht.

Bei Stimmengleichheit entscheidet das Los über den Vorzug in der Reihenfolge. In dieser Reihenfolge haben sie den Gemeindevorsteher in Fällen der Verhinderung zu vertreten.

§. 20.

Jedes wählbare und ordnungsmäßig gewählte Gemeindemitglied ist verpflichtet, die Wahl zum Ausschuß- oder Ersatzmanne oder zum Mitgliede des Gemeindevorstandes anzunehmen.

Das Recht, die Wahl abzulehnen, haben nur:

1. Geistliche und öffentliche Lehrer;
2. Hof-, Staats-, Landes- und öffentliche Fondsbeamte und Diener;
3. Militärpersonen, welche nicht in activer Dienstleistung stehen;
4. Personen, die über 60 Jahre alt sind;
5. diejenigen, welche eine Stelle im Gemeindevorstande durch eine volle Wahlperiode bekleidet haben, für die nächste Wahlperiode;
6. diejenigen, die an einem der Ausübung der Amtspflichten hinderlichen Körpergebrechen, oder einer anhaltenden bedeutenden Störung ihrer Gesundheit leiden;
7. Personen, welche vermöge ihrer ordentlichen Beschäftigung häufig und durch lange Zeit in jedem Jahre aus der Gemeinde abwesend sind.

Wer ohne einen solchen Entschuldigungsgrund die Wahl anzunehmen oder das angenommene Amt fortzuführen verweigert, verfällt in eine Geldbuße, welche der Gemeindeausschuß bis 100 fl. bemessen kann.

Die Geldbuße fließt in die Armenkasse der Gemeinde.

Ueber Beschwerden gegen die Gesetzmäßigkeit der verhängten Geldbuße entscheidet die politische Behörde.

§. 21.

Die Ausschuß- und Ersatzmänner, sowie die Mitglieder des Vorstandes werden auf 3 Jahre gewählt.

Nach Ablauf von 3 Jahren muß eine Neuwahl vorgenommen werden; die bisherige Gemeindevertretung bleibt auch nach Ablauf dieser Zeit bis zur Bestellung der neuen im Amte.

Die Austretenden können, wenn ihnen kein gesetzliches Hinderniß im Wege steht, wieder gewählt werden.

§. 22.

Wird die Stelle des Gemeindevorstehers oder eines Gemeinderathes im Laufe der drei Jahre erledigt, so hat der Ausschuß binnen längstens vierzehn Tagen eine neue Wahl für die noch übrige Zeit vorzunehmen.

Wird die Stelle eines Ausschußmannes erledigt, so hat der Gemeindevorsteher jenen Ersatzmann in den Ausschuß zu berufen, welcher in dem Wahlkörper, in welchem der abgängige Ausschuß gewählt worden war, die mehreren Stimmen erhalten hat.

Bei gleicher Stimmenzahl entscheidet das Los.

Sollte jedoch der Abgang von Ausschußmännern derart sein, daß die Zahl der von einem Wahlkörper gewählten Ausschußmänner selbst durch die Einberufung der Ersatzmänner nicht ergänzt werden kann, so hat der bezügliche Wahlkörper auf Grundlage der letzten Wählerliste eine Ergänzungswahl für die noch übrige Dauer der Wahlperiode unverzüglich vorzunehmen.

§. 23.

Die Bestimmungen des §. 21 über die Berufung eines Ersatzmannes gelten auch für den Fall einer blos zeitweisen Verhinderung eines Ausschußmannes.

§. 24.

Der Gemeindevorsteher und die Gemeinderäthe haben bei dem Antritte ihres Amtes Treue und Gehorsam dem Kaiser, Beobachtung der Gesetze und gewissenhafte Erfüllung ihrer Pflichten in die Hände des Vorstehers der Bezirksbehörde oder eines Abgeordneten desselben in Gegenwart des Gemeindeausschusses an Eidesstatt zu geloben, jedoch darf dadurch für die Gemeinde keine neue Auslage erwachsen.

§. 25.

Das Amt eines Ausschuß- oder Ersatzmannes ist unentgeltlich.

Durch Gemeindebeschluß ist festzusetzen, ob und welche Entlohnung der Gemeindevorsteher und die Gemeinderäthe aus Gemeindemitteln zu erhalten haben.

Allen Gemeindevertretern gebührt die Vergütung aus der Gemeindekasse für die mit der Geschäftsführung verbundenen baren Auslagen.

§. 26.

Ein Mitglied des Vorstandes, ein Ausschuß- oder Ersatzmann wird seines Amtes verlustig, wenn ein Umstand eintritt oder bekannt wird, welcher ursprünglich dessen Wählbarkeit gehindert hätte.

Verfällt ein Mitglied des Vorstandes, ein Ausschuß- oder Ersatzmann in eine Untersuchung wegen einer in den §§. 3 und 11 der Gemeinde-Wahlordnung genannten strafbaren Handlung, oder wird über dessen Vermögen der Konkurs eröffnet, oder das Ausgleichsverfahren eingeleitet, so kann dasselbe, so lange das Strafverfahren oder die Konkurs- oder Ausgleichsverhandlung dauert, sein Amt nicht ausüben.

Viertes Hauptstück.

Von dem Wirkungskreise der Ortsgemeinde.

Erster Abschnitt.

Von dem Umfange des Wirkungskreises.

§. 27.

Der Wirkungskreis der Gemeinde ist ein doppelter:

a) ein selbstständiger, und

b) ein übertragener. (Art. IV des Gesetzes vom 5. März 1862.)

§. 28.

Der selbstständige, d. i. derjenige Wirkungskreis, in welchem die Gemeinde mit Beobachtung der bestehenden Reichs- und Landesgesetze nach freier Selbstbestimmung anordnen und verfügen kann, umfaßt überhaupt Alles, was das Interesse der Gemeinde zunächst berührt, und innerhalb ihrer Grenzen durch eigene Kräfte besorgt und durchgeführt werden kann.

In diesem Sinne gehören hieher insbesondere:

1. Die freie Verwaltung ihres Vermögens und ihrer auf den Gemeindeverband sich beziehenden Angelegenheiten;
2. die Sorge für die Sicherheit der Person und des Eigenthumes;
3. die Sorge für die Erhaltung der Gemeindestraßen, -Wege, -Plätze, -Brücken, sowie für die Sicherheit und Leichtigkeit des Verkehrs auf Straßen und Gewässern und die Flurenpolizei;
4. die Lebensmittel-Polizei und die Ueberwachung des Marktverkehres, insbesondere die Aufsicht auf Maß und Gewicht;
5. die Gesundheitspolizei;
6. die Gesinde- und Arbeiterpolizei und die Handhabung der Dienstbotenordnung;
7. die Sittlichkeitspolizei;
8. das Armenwesen und die Sorge für Gemeinde-Wohlthätigkeitsanstalten;
9. die Bau- und Feuerpolizei, die Handhabung der Bauordnung und Ertheilung der polizeilichen Baubewilligungen;
10. die durch das Gesetz zu regelnde Einflußnahme auf die von der

Gemeinde erhaltenen Mittelschulen, dann auf die Volksschulen, die Sorge für die Errichtung, Erhaltung und Dotirung der Letzteren mit Rücksicht auf die noch bestehenden Schulpatronate;
11. der Vergleichsversuch zwischen streitenden Parteien durch aus der Gemeinde gewählte Vertrauensmänner;
12. die Vornahme freiwilliger Feilbietungen beweglicher Sachen.

Aus höheren Staatsrücksichten können bestimmte Geschäfte der Ortspolizei in einzelnen Gemeinden besonderen landesfürstlichen Organen im Wege des Gesetzes zugewiesen werden. (Art. V des Gesetzes vom 5. März 1862.)

§. 29.

Den übertragenen Wirkungskreis der Gemeinde, d. i. die Verpflichtung derselben zur Mitwirkung für die Zwecke der öffentlichen Verwaltung bestimmen die allgemeinen Gesetze und innerhalb derselben die Landesgesetze. (Art. VI des Gesetzes vom 5. März 1862.)

Zweiter Abschnitt.

Von dem Wirkungskreise des Gemeindeausschusses.

§. 30.

Der Gemeindeausschuß ist in den Angelegenheiten der Gemeinde das beschließende und überwachende Organ. (Art. XII des Gesetzes vom 5. März 1862.)

Eine vollziehende Gewalt kommt ihm nicht zu.

§. 31.

In Absicht auf den Haushalt der Gemeinde unterliegen der Berathung und Beschlußfassung des Ausschusses:
1. Jede Verfügung über das Stammvermögen und Stammgut der Gemeinde;
2. die Bestimmung über die Art der Benützung desselben;
3. der Voranschlag der Einnahmen und der Ausgaben, sowie die Vorsorge für die Bedeckung des Abganges;
4. die Erledigung der Jahresrechnung;
5. überhaupt alle Angelegenheiten, welche nicht zur gewöhnlichen Vermögensverwaltung gehören.

§. 32.

Der Ausschuß hat dem Gemeindevorstande zur Besorgung der ihm im selbstständigen und im übertragenen Wirkungskreise obliegenden Geschäfte das dem Bedarfe entsprechende Personale beizugeben.

Erkennt der Ausschuß zu diesem Behufe die Bestellung eigener Beamten und Diener für nothwendig, so beschließt er über die Zahl und Bezüge derselben, über die Art ihrer Ernennung und über ihre Ruhe- und Versorgungsgenüsse.

§. 33.

Die Bestimmungen der §§. 30 und 31 gelten auch für die Anstalten der Gemeinde, in soweit durch Stiftung oder Vertrag nicht etwas anderes vorgeschrieben ist.

§. 34.

Zur Wirksamkeit des Ausschusses gehört ferner:

1. Die Wahl des Vorstandes;
2. die Verleihung des Heimatsrechtes (Art. III des Gesetzes vom 5. März 1862); und des Bürgerrechtes; und die Ernennung der Ehrenbürger und Gemeinde-Ehrenmitglieder;
3) die Ausübung eines der Gemeinde zustehenden Patronats- oder Präsentationsrechtes, oder des Verleihungsrechtes von Stiftungen;
4. die Ertheilung der politischen Ehekonsenses.

Beschwert sich der Ehewerber gegen die von seiner Heimatgemeinde erfolgte Verweigerung, des Ehekonsenses, so entscheidet die politische Behörde.

§. 35.

In soweit die Handhabung der Ortspolizei nicht landesfürstlichen Organen im Wege des Gesetzes zugewiesen ist, kann der Ausschuß innerhalb der bestehenden Gesetze ortspolizeiliche, für den Umfang der Gemeinde giltige Vorschriften erlassen und gegen die Nichtbefolgung dieser Vorschriften eine Geldstrafe bis zum Betrage von zehn Gulden oder eine Arreststrafe bis zu 48 Stunden androhen.

Der Ausschuß ist verpflichtet, für die Anstalten und Einrichtungen, die zur Handhabung der Ortspolizei erforderlich sind, die nöthigen Geldmitteln zu bewilligen, und er ist für jede ihm in dieser Beziehung zur Last fallende Unterlassung verantwortlich.

§. 36.

Der Ausschuß hat der Armenversorgung seine besondere Aufmerksamkeit zu widmen. Wenn hiezu die Mittel der bestehenden Wohlthätigkeits- und Armenanstalten und Fonde nicht ausreichen, hat der Ausschuß den erforderlichen Bedeckungsbetrag zu beschaffen, und kann die Art der Verwendung desselben bestimmen.

§. 37.

Der Ausschuß wählt aus den Gemeindemitgliedern die Vertrauensmänner zum Vergleichsversuche zwischen streitenden Parteien.

Die näheren Bestimmungen über diese Einrichtung bleiben einem besonderen Reichsgesetze vorbehalten.

§. 38.

Der Ausschuß ist verpflichtet, die von der politischen Bezirksbehörde, oder in Angelegenheiten des selbstständigen Wirkungskreises der Gemeinden von dem Landesausschusse abgeforderten Gutachten abzugeben.

§. 39.

Der Ausschuß entscheidet über Beschwerden gegen Verfügungen des Gemeindevorstandes in den Angelegenheiten des selbstständigen Wirkungskreises der Gemeinde.

In welchen Fällen über derlei Beschwerden die politische Bezirksbehörde zu entscheiden hat, bestimmt der §. 94.

§. 40.

Der Ausschuß überwacht die Geschäftsführung des Gemeindevorstandes und der Verwaltungen der Gemeindeanstalten. Er ist berechtigt hiezu, sowie zur Ueberwachung von Gemeinde-Unternehmungen und zur Abgabe von Gutachten und Anträgen in Gemeinde-Angelegenheiten eigene Commissionen zu bestellen. Zu solchen Commissionen kann er auch Vertrauensmänner außer seiner Mitte berufen.

Der Ausschuß ist verpflichtet, öfters im Laufe des Jahres die Kassa untersuchen zu lassen.

§. 41.

Der Ausschuß tritt nach Maßgabe des Bedürfnisses, wenigstens aber in jedem Vierteljahre einmal zusammen.

Die Berufung zu einer Versammlung erfolgt durch den Gemeindevorsteher oder in Verhinderung desselben durch dessen Stellvertreter.

Jede Versammlung, der eine solche Berufung nicht zu Grunde liegt, ist ungesetzlich und es sind die gefaßten Beschlüsse ungiltig.

Der Gemeindevorsteher muß den Ausschuß berufen, wenn es wenigstens von einem Drittheile der Mitglieder, oder von der politischen Bezirksbehörde, oder in einer den selbstständigen Wirkungskreis der Gemeinde betreffenden Angelegenheit von dem Landesausschusse verlangt wird.

§. 42.

Der Ausschuß kann nicht beschließen, wenn nicht wenigstens zwei Drittheile seiner Mitglieder anwesend sind.

Eine Ausnahme hievon findet statt, wenn die Mitglieder des Ausschusses zum zweiten Male zur Berathung über denselben Gegenstand berufen, dennoch nicht in genügender Zahl erschienen sind, und diese Zahl selbst durch die bei der zweiten Zusammenberufung gleichzeitig vorzuladenden Ersatzmänner nicht ergänzt werden kann.

Bei der zweiten Zusammenberufung der Ausschußmänner und bezüglich der Vorladung der Ersatzmänner muß auf diese Bestimmung ausdrücklich hingewiesen werden.

Der Gemeindevorsteher ist berechtigt, gegen jeden bei dieser zweiten Sitzung nicht erscheinenden Ausschuß und Ersatzmann, welcher sein Ausbleiben nicht zu rechtfertigen vermag, eine in die Gemeindekasse fließende Geldbuße bis zu 10 fl. zu verhängen.

Ueber die Beschlußfähigkeit des Ausschusses zur Wahl des Vorstandes enthält die Wahlordnung die näheren Bestimmungen.

§. 43.

Wenn die Gebarung eines Mitgliedes des Vorstandes oder des Ausschusses den Gegenstand der Berathung und Schlußfassung bildet, haben sich die Betheiligten der Abstimmung zu enthalten, müssen jedoch, wenn es gefordert wird, der Sitzung zur Ertheilung der gewünschten Auskünfte beiwohnen.

§. 44.

Jedes Mitglied des Vorstandes und Ausschusses hat abzutreten, wenn der Gegenstand der Berathung und Schlußfassung seine privatrechtlichen Interessen oder jene seiner Ehegattin oder seiner Verwandten oder Verschwägerten bis einschließlich zum zweiten Grade, oder einer Person, die er zu vertreten übernommen hat, betrifft.

§. 45.

Der Gemeindevorsteher oder im Verhinderungsfalle sein Stellvertreter führt den Vorsitz im Ausschusse und jede Sitzung, bei welcher dies nicht beobachtet wird, ist ungiltig.

Der Vorsitzende eröffnet und schließt die Sitzungen, leitet die Verhandlungen und handhabt die Ordnung in der Versammlung.

§. 46.

Zu einem giltigen Beschlusse ist die absolute Stimmenmehrheit der anwesenden Ausschußmitglieder erforderlich.

Der Vorsitzende stimmt nur bei gleichgetheilten Stimmen und gibt mit seiner Stimme den Ausschlag.

Die Stimmgebung ist mündlich nach dem Ermessen des Vorsitzenden kann solche auch durch Aufstehen oder Sitzenbleiben stattfinden.

Wahlen und Besetzungen können nach Beschluß des Ausschusses durch Stimmzettel vorgenommen werden.

§. 47.

Die Ausschußsitzungen sind öffentlich, doch kann ausnahmsweise die Ausschließung der Oeffentlichkeit über Antrag des Gemeindevorstehers oder dreier Ausschußmänner beschlossen werden, nie aber für jene Sitzungen, in welchen die Gemeinderechnungen oder das Gemeinde-Präliminare verhandelt werden. (Art. XIV des Gesetzes vom 5. März 1862.)

Sollten sich die Zuhörer herausnehmen, in die Berathung des Ausschusses störend einzugreifen oder gar die Freiheit desselben zu beirren, so ist der Vorsitzende berechtiget und verpflichtet, nach vorausgegangener fruchtloser Ermahnung den Zuhörerraum leeren zu lassen.

§. 48.

Ueber die gefaßten Beschlüsse ist ein Protokoll zu führen, welches vom Vorsitzenden, von zwei Ausschußmännern und dem Schriftführer zu fertigen ist.

Jedem Gemeindegliede steht die Einsicht in dasselbe frei.

Dritter Abschnitt.

Von dem Wirkungskreise des Gemeindevorstandes.

§. 49.

Der Gemeindevorstand ist in den Angelegenheiten der Gemeinde das verwaltende und vollziehende Organ. (Art. XII des Gesetzes vom 5. März 1862.)

§. 50.

Der Gemeindevorsteher leitet und beaufsichtigt alle dem Gemeindevorstande obliegenden Geschäfte. Die Gemeinderäthe haben ihn hierin zu unterstützen und die Geschäfte, die ihnen der Gemeindevorsteher zuweiset, nach der Anordnung und unter der Verantwortlichkeit desselben zu vollziehen.

§. 51.

Dem Gemeindevorsteher sind die Bediensteten der Gemeinde und der Gemeindeanstalten untergeordnet und er übt über sie die Disciplinar-Gewalt.

Er kann selbst solche Bedienstete, deren Ernennung sich der Ausschuß vorbehalten hat, vom Dienste suspendiren; das Recht der Entlassung derselben kommt jedoch dem Ausschusse zu.

§. 52.

In so weit es zur leichteren Versehung der ortspolizeilichen und anderer örtlicher Geschäfte erforderlich ist, kann der Ausschuß für einzelne Theile der Gemeinde dort wohnende wählbare Gemeindemitglieder zur Unterstützung des Gemeindevorstehers bei Besorgung der gedachten Geschäfte bestellen.

Die Bestellung erfolgt über Vorschlag des Gemeindevorstehers auf die Dauer der Wahlperiode.

Bezüglich der Annahme oder Ablehnung dieser Bestellung gelten die Vorschriften des §. 20.

Die Bestellten haben sich bei Besorgung der Geschäfte nach den Weisungen des Gemeindevorstehers zu benehmen.

§. 53.

Der Gemeindevorsteher vertritt die Gemeinde nach Außen zu und vermittelt den Geschäftsverkehr derselben. Urkunden, durch welche Verbindlichkeiten gegen dritte Personen begründet werden sollen, müssen vom Gemeindevorsteher und einem Gemeinderathe unterfertigt werden.

Betrifft die Urkunde ein Geschäft, zu dessen Eingehung die Zustimmung des Ausschusses oder eine höhere Genehmigung erforderlich ist, so muß überdieß diese Zustimmung oder Genehmigung in der Urkunde unter Mitfertigung von zwei Ausschußmännern ersichtlich gemacht werden.

§ 54.

Der Gemeindevorsteher bereitet die dem Ausschusse vorbehaltenen Gegenstände zur Berathung in demselben vor.

Er hat die vom Ausschusse gesetzmäßig gefaßten Beschlüsse in Vollzug zu setzen, falls aber die Beschlüsse an eine höhere Genehmigung gebunden sind, vorher diese Genehmigung einzuholen.

Glaubt jedoch der Gemeindevorsteher, daß ein gefaßter Beschluß den Wirkungskreis des Ausschusses überschreite, oder gegen die bestehenden Gesetze verstoße, so ist er verpflichtet, mit der Vollzugsetzung eines solchen Beschlusses inne zu halten und die Entscheidung der Frage, ob der Beschluß vollzogen werden kann oder nicht, von der politischen Bezirksbehörde einzuholen.

§. 55.

Der Gemeindevorsteher führt die Verwaltung des Gemeindevermögens und die Aufsicht über die Benützung und Verwaltung des Gemeindegutes, er verwaltet die Gemeinde-Anstalten und beaufsichtigt diejenigen, für welche eigene Verwaltungen bestehen, er leitet und überwacht die Ausführung aller Gemeinde-Unternehmungen, er verfügt in allen Gemeinde-Angelegenheiten, welche nicht zum Wirkungskreise des Ausschusses gehören, er besorgt das Armenwesen nach den bestehenden Einrichtungen.

Der Gemeindevorsteher bewilligt die Vornahme freiwilliger Feilbietungen beweglicher Sachen und sorgt für die Aufrechthaltung und genaue Erfüllung der in dieser Beziehung bestehenden Vorschriften.

§. 56.

Eine der wesentlichsten Aufgaben des Gemeindevorstehers ist die Handhabung der Ortspolizei (§. 28), insoferne nicht einzelne Geschäfte derselben landesfürstlichen Organen im Wege des Gesetzes zugewiesen sind.

Der Gemeindevorsteher hat sich hiebei nach den bestehenden Gesetzen und Vorschriften zu benehmen.

Er ist verpflichtet, die zur Handhabung der Ortspolizei erforderlichen Maßregeln und Verfügungen rechtzeitig zu treffen und für die Aufbringung der hiezu nöthigen Geldmittel zu sorgen.

In allen Fällen, wo, wie z. B. bei Epidemien, zum Schutze des öffentlichen Wohles blos ortspolizeiliche Vorkehrungen der Gemeinde nicht ausreichen, oder wo zur Abwendung von Gefahren die Kräfte der Gemeinde nicht auslangen, hat der Gemeindevorsteher unverzüglich die Anzeige an die politische Bezirksbehörde zu machen.

§. 57.

Der Gemeindevorsteher besorgt die Geschäfte des übertragenen Wirkungskreises der Gemeinde.

Er hat diese Geschäfte in der durch das Gesetz oder die Behörde vorgezeichneten Weise zu vollziehen.

Wird die Art der Ausführung ganz oder theilweise der Gemeinde überlassen, so ist er in dieser Beziehung an den Beschluß des Ausschusses gebunden. In äußerst dringenden Fällen jedoch, wo der Beschluß des Ausschusses ohne Schaden oder Gefahr vorläufig nicht eingeholt werden kann, darf der Gemeindevorsteher nach eigenem Ermessen handeln, muß jedoch unverzüglich die nachträgliche Genehmigung des Ausschusses sich erwirken.

Die Regierung kann die Geschäfte des übertragenen Wirkungskreises ganz oder theilweise durch ihre Organe versehen lassen.

§. 58.

Insoweit die Gesetze und Vorschriften, welche über die zum Wirkungskreise der Gemeinde (§. 28) gehörige Ortspolizei bestehen, eine Straf-Sanktion aussprechen, und insoweit die Uebertretungen dieser Gesetze und Vorschriften nicht durch das Strafgesetz verpönt sind, steht dem

Gemeindevorsteher in Gemeinschaft mit zwei Gemeinderäthen das Strafrecht in derlei Uebertretungsfällen zu.

Dieses Strafrecht wird im übertragenen Wirkungskreise ausgeübt.

Andere Strafen als Geldstrafen, oder im Falle der Zahlungsunfähigkeit Arreststrafen, dürfen nicht verhängt werden.

§. 59.

Der Gemeindevorsteher kann in Handhabung der Ortspolizei eine Geldstrafe bis zu 10 fl. oder eine Arreststrafe bis zu 48 Stunden androhen, wenn die Vollziehung einer unaufschieblichen Maßregel eine solche Straf-Sanction nothwendig macht.

Bezüglich der Bestrafung gelten die Vorschriften des §. 58.

§. 60.

Der Gemeindevorsteher ist für seine Amtshandlungen der Gemeinde und bezüglich des übertragenen Wirkungskreises auch der Regierung verantwortlich. (Art. XIII des Gesetzes vom 5. März 1862.)

Durch diese Verantwortlichkeit des Gemeindevorstehers wird aber die Haftung der Gemeinderäthe und der nach §. 52 bestellten Personen für die unterlassene oder nicht gehörige Vollziehung der ihnen vom Gemeindevorsteher übertragenen Geschäfte nicht aufgehoben.

Fünftes Hauptstück.

Vom Gemeindehaushalte und von den Gemeindeumlagen.

§. 61.

Das gesammte bewegliche und unbewegliche Eigenthum und sämmtliche Gerechtsame der Gemeinde und ihrer Anstalten sind mittelst eines genauen Inventars in Uebersicht zu halten.

Jedem Gemeindemitgliede ist die Einsicht in dasselbe gestattet.

§. 62.

Das Stammvermögen und das Stammgut der Gemeinden und ihrer Anstalten ist ungeschmälert zu erhalten.

Zur Vertheilung des Stammvermögens und des Stammgutes unter die Gemeindemitglieder ist ein Landesgesetz erforderlich.

§. 63.

Das gesammte erträgnißfähige Vermögen der Gemeinden und ihrer Anstalten ist derart zu verwalten, daß die thunlich größte nachhaltige Rente daraus erzielt werde.

Die Jahresüberschüsse sind zur Deckung der Erfordernisse im nächsten Jahre zu verwenden, und insoferne sie hiezu nicht benöthigt werden, fruchtbringend anzulegen und zum Stammvermögen zu schlagen. Eine Vertheilung der Jahresüberschüsse unter die Gemeindemitglieder kann nur bei besonders rücksichtswürdigen Umständen und jedenfalls nur unter der Bedingung stattfinden, daß sämmtliche Gemeinde-Erfordernisse ohne Gemeinde-Umlagen bestritten wurden und daß dieselben voraussichtlich auch in Hinkunft ohne Gemeinde-Umlagen bestritten werden können. (§. 88.)

§. 64.

In Bezug auf das Recht und das Maß der Theilnahme an den Nutzungen des Gemeindegutes ist sich nach der bisherigen unangefochtenen Uebung zu benehmen, mit der Beschränkung jedoch, daß, soferne nicht spezielle Rechtstitel Ausnahmen begründen, kein zum Bezuge berechtigtes Gemeindemitglied aus dem Gemeindegute einen größeren Nutzen ziehe, als zur Deckung seines Haus- und Gutsbedarfes nothwendig ist.

Wenn und insoweit eine solche unangefochtene Uebung nicht besteht, hat der Ausschuß mit Beachtung der erwähnten beschränkenden Vorschrift die, die Theilnahme an den Nutzungen des Gemeindegutes regelnden Bestimmungen zu treffen.

Hiebei kann diese Theilnahme von der Entrichtung einer jährlichen Abgabe, und anstatt oder neben derselben von der Entrichtung eines Einkaufsgeldes abhängig gemacht werden.

Diejenigen Nutzungen aus dem Gemeindegute, welche nach Deckung aller rechtmäßig gebührenden Ansprüche erübrigen, sind in die Gemeindekasse abzuführen.

§. 65.

Das Verwaltungsjahr der Gemeinde fällt mit jenem des Staates zusammen.

§. 66.

Alljährlich sind die Voranschläge der Einnahmen und Ausgaben der Gemeinde und der Gemeinde-Anstalten für das nächstfolgende Verwaltungsjahr vom Gemeindevorsteher zu verfassen, und vom Gemeinde-Ausschusse längstens einen Monat vor Eintritt dieses Jahres festzustellen.

Längstens zwei Monate nach Beendigung des Verwaltungsjahres hat der Gemeindevorsteher die Rechnungen über die Empfänge und Ausgaben der Gemeinde und der Gemeinde-Anstalten dem Gemeinde-Ausschusse zur Prüfung und Erledigung vorzulegen.

Die Voranschläge sowohl wie die Jahresrechnungen müssen wenigstens vierzehn Tage vor der Prüfung durch den Ausschuß beim Gemeindevorsteher zur Einsicht der Gemeindemitglieder öffentlich aufgelegt werden (Art. XIV. des Gesetzes vom 5. März 1862) und es sind die von denselben hierüber abgegebenen Erinnerungen bei der Prüfung in Erwägung zu ziehen.

§. 67.

Bei der Vermögensgebarung ist sich genau an den festgestellten Voranschlag zu halten.

Kommen im Laufe des Verwaltungsjahres Auslagen vor, welche in der einschlägigen Rubrik des Voranschlages ihre Bedeckung gar nicht oder nicht vollständig finden, gleichwohl aber unverschieblich sind, so hat der Gemeindevorsteher hierüber den Beschluß des Ausschusses einzuholen.

In Fällen der äußersten Dringlichkeit, wo die vorläufige Einholung der Bewilligung ohne großen Schaden und ohne Gefahr nicht möglich ist, darf der Gemeindevorsteher die nothwendige Auslage bestreiten, muß jedoch unverzüglich die nachträgliche Genehmigung des Ausschusses sich erwirken.

§. 68.

Alle Ausgaben für Gemeindezwecke sind zunächst aus den in die Gemeindekassa einfließenden Einkünften zu bestreiten.

§. 69.

Besteht zur Bedeckung gewisser Ausgaben ein besonders gewidmetes Vermögen, so sind hiezu vorerst die Einkünfte dieses Vermögens zu verwenden. Dieselben dürfen ihrer Widmung nicht entzogen werden.

§. 70.

Wenn zwei oder mehrere Ortsgemeinden mit Vorbehalt ihres Eigenthums zu Einer Ortsgemeinde vereinigt worden sind, so sind die Einkünfte des gesonderten Eigenthums nach dem bei der Vereinigung geschlossenen Uebereinkommen, in Ermanglung eines solchen aber zur Bestreitung des Aufwandes, der auf jede der früheren selbstständigen Gemeinden entfällt, zu verwenden.

§. 71.

Die mit dem Besitze und der Benützung des Gemeindegutes verbundenen Auslagen an Steuern und sonstigen Abgaben, dann an Aufsichts- und Culturkosten sind, insoweit die vom Gemeindegute in die Gemeindekasse einfließenden Nutzungen (§. 64) nicht hinreichen, diese Auslagen zu bedecken, von den Theilnehmern an den Nutzungen des Gemeindegutes nach dem Verhältnisse dieser Theilnahme zu tragen.

§. 72.

Die Herhaltung von Feldwegen, Abzugsgräben u. dgl., welche bloß das Interesse einzelner Grundbesitzer betreffen, muß, insoweit nicht anderweitige Einrichtungen rechtsverbindlich bestehen, den Betheiligten nach Maßgabe ihres Bedarfes überlassen werden.

Bezüglich der Concurrenz zu Wasserbauten, welche im Interesse der Grundbesitzer übernommen werden, ist sich an die Vorschrift vom 10. November 1830 zu halten.

§. 73.

Zur Bestreitung der nach §. 68 nicht bedeckten Ausgaben zu Gemeindezwecken kann der Ausschuß die Einführung von Gemeindeumlagen beschließen.

Die Arten dieser Umlagen sind:

1. Zuschläge zu den direkten Steuern oder zur Verzehrungssteuer;
2. Dienste für Gemeinde-Erfordernisse;
3. Auflagen und Abgaben, welche in die Categorie der Steuerzuschläge nicht gehören. (Art. XV des Gesetzes vom 5. März 1862.)

§. 74.

In der Regel sind Zuschläge zu den direkten Steuern auf alle in der Gemeinde vorgeschriebenen Steuern dieser Art aufzutheilen, und auf alle Gattungen dieser Steuern gleichmäßig umzulegen.

§. 75.

Von Zuschlägen zu den direkten Steuern und überhaupt von Gemeinde-Umlagen können nicht getroffen werden:

1. Hof-, Staats-, Landes- und öffentliche Fondsbeamte und Diener, dann Militärpersonen, sowie deren Witwen und Waisen bezüglich ihrer Dienstbezüge und aus dem Dienstverhältnisse entsprungenen Pensionen, Provisionen, Erziehungsbeiträge und Gnadengenüsse.
2. Seelsorger und öffentliche Schullehrer bezüglich der Congrua;
3. Personen, welche in der Gemeinde nicht wohnen, bezüglich ihres weder aus einem Realbesitze, noch aus einer Gewerbsunternehmung fließenden Einkommens.

§. 76.

Insoferne der §. 70 nicht zur Anwendung kommt, hat die Auftheilung der Zuschläge zu den direkten Steuern im ganzen Umfange der Gemeinde nach einem gleichem Ausmaße zu geschehen.

Es können jedoch Ausgaben für Einrichtungen, die nur dem Orte und seinen Bewohnern nützen können, wie z. B. für öffentliche Brunnen und Wasserleitungen für den Ort, für Straßenbeleuchtung, für Pflasterung u. s. w.; ferner für die Dienstverrichtungen, die nur im Interesse des Ortes liegen, wie z. B. für den Nachtwächter im Orte, nur auf jene direkten Steuern aufgetheilt werden, welche von dem im Orte selbst gelegenen Hausbesitze, von den im Orte selbst betriebenen Gewerbsunternehmungen und von dem Einkommen der Ortsbewohner entrichtet werden.

§. 77.

Für neue Erwerbungen und Unternehmungen, welche zunächst die Vermehrung der Gemeinde-Einkünfte zum Zwecke haben, sowie zur Tilgung und Verzinsung eines behufs solcher Erwerbungen oder Unternehmungen aufzunehmenden Darlehens, kann der Ausschuß Steuerzuschläge und überhaupt Gemeindeumlagen nur dann beschließen, wenn wenigstens drei Viertheile der Wahlberechtigten, welche zugleich mindestens drei Viertheile der gesammten in der Gemeinde vorgeschriebenen direkten Steuern entrichten, sich dafür erklären. Die Abstimmung geschieht mit Ja und Nein. Bezüglich der Vertretung der Wahlberechtigten gelten die für die Ausübung des Wahlrechtes durch Stellvertreter in der Gemeinde-Wahlordnung enthaltenen Vorschriften.

§. 78.

Durch den Zuschlag zur Verzehrungssteuer darf bloß der Verbrauch im Gemeindegebiete und nicht die Produktion und der Handelsverkehr getroffen werden. (Art. XV des Gesetzes vom 5. März 1862.)

§. 79.

Zuschläge, welche 30 Perzent der direkten Steuern oder 15 Perzent der Verzehrungssteuer übersteigen, sind an die Bewilligung des Landesausschusses gebunden.

Zuschläge, welche 60 Perzent der direkten Steuern, oder 20 Perzent der Verzehrungssteuer übersteigen, können nur Kraft eines Landesgesetzes stattfinden. (Art. XV des Gesetzes vom 5. März 1862.)

§. 80.

Durch Beschluß des Gemeindeausschusses können für Gemeinde-Erfordernisse Dienste (Hand- und Zugdienste) gefordert werden.

Die Dienste sind in Geld abzuschätzen; die Vertheilung geschieht mit Beachtung der Vorschriften der §§. 74—77 nach dem Maßstabe der direkten Steuern.

Die Dienste können durch taugliche Stellvertreter geleistet oder nach der Abschätzung an die Gemeindekasse gezahlt werden.

Wenn der nach der Abschätzung sich ergebende Werth der Dienste entweder für sich allein oder im Vereine mit den gleichzeitig beschlossenen Zuschlägen zu den directen Steuern jenes Percent dieser Steuern übersteigt, welches der Ausschuß selbst bewilligen kann, so haben die Vorschriften des §. 79 zur Anwendung zu kommen.

In Nothfällen, wo ein schleuniges gemeinsames Zusammenwirken Aller erforderlich ist, sind alle tauglichen Personen in der Gemeinde zur unentgeltlichen Leistung von Diensten verpflichtet.

§. 81.

Zur Einführung neuer Auflagen und Abgaben, welche in die Categorie der Zuschläge zu den direkten Steuern oder der Verzehrungssteuer nicht gehören, sowie zur Erhöhung schon bestehender Auflagen und Abgaben dieser Art, ist ein Landesgesetz erforderlich. (Art. XV des Gesetzes vom 5. März 1862.)

§. 82.

Beschlüsse des Ausschusses über Gemeindeumlagen jeder Art müssen öffentlich kundgemacht werden.

Wer sich durch derlei Beschlüsse beschwert erachtet, hat seine Erinnerungen dagegen binnen der vom Tage der Kundmachung laufenden vierzehntägigen Fallfrist beim Gemeindevorsteher anzubringen.

Diese Erinnerungen sind, wenn der Beschluß der Ausschusses einer weiteren Genehmigung nicht bedarf, als Berufung zu behandeln (§. 89), im entgegengesetzten Falle aber dem Einschreiten um Genehmigung des Beschlusses beizuschließen.

§. 83.

Steuerzuschläge sind durch dieselben Organe und Mittel, wie die Steuern selbst einzuheben.

Andere Geldleistungen, welche nach dem Gesetze oder nach einem giltigen Gemeindebeschlusse für Gemeindezwecke stattzufinden haben, werden vom Gemeindevorsteher durch seine Organe eingehoben und im Weigerungsfalle durch die Mobilar-Execution, wie sie für Steuerrückstände besteht, eingetrieben. Verweigert der Verpflichtete die Leistung von Diensten, so läßt sie der Gemeindevorsteher auf Kosten des Verpflichteten durch einen Dritten vollziehen und treibt die Kosten wie andere Geldleistungen ein.

Bei Gefahr am Verzuge können die Verpflichteten unmittelbar zur Leistung angehalten werden.

§. 84.

Die Concurrenz zu Kirchen- und Pfarrhof-, Schul- und Straßenbaulichkeiten ist Gegenstand besonderer Gesetze. Die für gewisse Erfordernisse bestehenden, auf specielle Rechtstitel sich gründenden Concurrenzen verbleiben aufrecht.

Sechstes Hauptstück.

Von der Vereinigung der Gemeinden zur gemeinschaftlichen Geschäftsführung.

§. 85.

Den einzelnen Gemeinden desselben politischen Bezirkes bleibt freigestellt, sich sowohl in Betreff des selbstständigen (§. 28) als auch des übertragenen Wirkungskreises (§. 29) zu einer gemeinschaftlichen Geschäftsführung zu vereinigen. (Art. VII des Gesetzes vom 5. März 1862.)

Die über die Art und Weise der gemeinschaftlichen Geschäftsführung getroffene Vereinbarung ist der politischen Landesstelle zur Ertheilung der Genehmigung im Einverständnisse mit dem Landesausschusse vorzulegen.

§. 86.

Gemeinden, welche die Mittel zur Erfüllung der ihnen aus dem übertragenen Wirkungskreise (§. 29) erwachsenden Verpflichtungen nicht besitzen, sind für so lange, als dieß der Fall ist, zu diesem Behufe mit anderen Gemeinden desselben politischen Bezirkes zu einer gemeinschaftlichen Geschäftsführung im Wege eines Landesgesetzes zu vereinigen. (Art. VII des Gesetzes vom 5. März 1862.)

Nach Anhörung der betheiligten Gemeinden ist durch das Landesgesetz die Art und Weise der gemeinschaftlichen Geschäftsführung zu bestimmen.

Kommt über die Vertheilung der bezüglichen Kosten ein Uebereinkommen zwischen den einzelnen Gemeinden nicht zu Stande, so hat der Landesausschuß hierüber zu entscheiden.

Siebentes Hauptstück.

Von der Aufsicht über die Gemeinden.

§. 87.

Der Landtag wacht mittelst seines Ausschusses, daß das Stammvermögen und das Stammgut der Gemeinden und ihrer Anstalten ungeschmälert erhalten werde. (Art. XVIII des Gesetzes vom 5. März 1862.)

Der Landesausschuß kann zu diesem Ende Aufklärungen und Rechtfertigungen von den Gemeinden verlangen und durch Absendung von Commissionen Erhebungen an Ort und Stelle veranlassen. Jede Gemeindevorstehung hat alljährlich längstens bis letzten März den Extract der letzten Jahresrechnung sammt dem Stammvermögens-Ausweise dem Landesausschusse einzusenden. Ihm kommt es in Handhabung dieses Aufsichtsrechtes zu, erforderlichen Falls die entsprechende Abhilfe zu treffen.

§. 88.

Die Angelegenheiten, in welchen die Beschlüsse des Gemeindeausschusses der Genehmigung des Landesausschusses unterzogen werden müssen, sind außer den an andern Orten dieses Gesetzes (§§. 2, 4, 79 und 85) bezeichneten:

1. Die Veräußerung, Verpfändung oder bleibende Belastung einer zum Stammvermögen oder Stammgute der Gemeinde oder ihrer Anstalten gehörige Sache;
2. die Vertheilung der Jahresüberschüsse unter die Gemeindemitglieder (§. 63);
3. die Aufnahme eines Darlehens oder die Uebernahme einer Haftung, wenn der Betrag des Darlehens oder der Haftung mit Einrechnung der bereits bestehenden Schulden, die Jahreseinkünfte der Gemeinde und bezüglich der Gemeindeanstalten übersteigt. (Art. XVIII des Gesetzes vom 5. März 1862.)

§. 89.

Der Landesausschuß entscheidet über Berufungen gegen Beschlüsse des Gemeindeausschusses in allen der Gemeinde nicht vom Staate übertragenen Angelegenheiten. (Art. XVIII des Gesetzes vom 5. März 1862.)

Die Berufung ist binnen der vom Tage der Kundmachung des Beschlusses oder der Verständigung hievon laufenden vierzehntägigen Fallfrist beim Gemeindevorsteher zur weiteren Vorlage an den Landesausschuß einzubringen.

§. 90.

Der Landesausschuß kann Mitglieder des Gemeindevorstandes, welche ihre Pflichten in den Geschäften des selbstständigen Wirkungskreises verletzen, mit Ordnungsstrafen bis 20 Gulden zum Besten des betreffenden Gemeindearmenfondes belegen. Bei grober Verletzung oder fortdauernder Vernachlässigung ihrer Pflichten können dieselben von der politischen Landesstelle im Einverständnisse mit dem Landesausschusse ihres Amtes entsetzt werden.

§. 91.

Ist eine Angelegenheit privatrechtlicher Natur zwischen der Gemeinde und einer ganzen Classe von Gemeindemitgliedern oder Einzelnen derselben streitig, so hat bei Befangenheit des Gemeindeausschusses der Landesausschuß falls eine gütliche Ausgleichung nicht zu Stande kommt, einen Vertreter für die Gemeinde zur Austragung der Sache auf dem Rechtswege von Amtswegen bestellen

§. 92.

Die Staatsverwaltung übt das Aufsichtsrecht über die Gemeinden dahin, daß dieselben ihren Wirkungskreis nicht überschreiten und nicht gegen die bestehenden Gesetze vorgehen. (Art. XVI des Gesetzes vom 5. März (1862.)

Dieses Aufsichtsrecht wird zunächst von der politischen Bezirksbehörde geübt.

Dieselbe kann zu diesem Ende die Mittheilung der Beschlüsse des Gemeindeausschusses und die nothwendigen Aufklärungen verlangen.

Auch haben die Vorsteher der politischen Behörde oder dessen Abgeordneten das Recht, den Sitzungen des Gemeindeausschusses beizuwohnen und jederzeit das Wort zu ergreifen, an der Abstimmung nehmen sie nur Theil, wenn sie Mitglieder des Ausschusses sind.

§. 93.

Wenn der Gemeindeausschuß Beschlüsse faßt, welche seinen Wirkungskreis überschreiten, oder gegen die bestehenden Gesetze verstoßen, so ist die politische Bezirksbehörde berechtiget und verpflichtet, die Vollziehung solcher Beschlüsse zu untersagen, wogegen der Rekurs an die politische Landesstelle offen steht.

§. 94.

Die politische Bezirksbehörde hat auch, insoferne es sich nicht um solche Beschlüsse des Gemeindeausschusses handelt, gegen welche die Berufung nach §. 89 an den Landesausschuß zu richten ist, über Beschwerden gegen Verfügungen des Gemeindevorstandes zu entscheiden, durch welche bestehende Gesetze verletzt oder fehlerhaft angewendet werden. (Art. XVI des Gesetzes vom 5. März 1862.)

In den vom Staate der Gemeinde übertragenen Angelegenheiten geht die Berufung jedenfalls an die politische Bezirksbehörde. (Art. XVIII des Gesetzes vom 5. März 1862.)

§. 95.

Wenn der Gemeindeausschuß unterläßt oder verweigert, die der Gemeinde gesetzlich obliegenden Leistungen und Verpflichtungen zu erfüllen, so hat die politische Bezirksbehörde auf Kosten und Gefahr der Gemeinde die erforderliche Abhilfe zu treffen.

§. 96.

Die politische Bezirksbehörde ist berechtigt, Gemeindevorsteher, welche ihre Pflichten in den Geschäften des übertragenen Wirkungskreises verletzen, mit Ordnungsstrafen bis zu 20 Gulden zu Gunsten der Gemeinde-Armenkasse zu belegen.

Sind diese Pflichtverletzungen so beschaffen, daß die Besorgung der Geschäfte des übertragenen Wirkungskreises dem Gemeindevorsteher ohne Gefährdung des öffentlichen Interesses nicht weiterhin überlassen werden kann, und muß deshalb zur Besorgung dieser Geschäfte, ein anderes Organ bestellt werden, so hat die Gemeinde die mit dieser Bestellung verbundenen Kosten zu tragen.

§. 97.

Die Gemeindevertretung kann durch die politische Landesstelle aufgelöst werden. Der Rekurs an das Staatsministerium, jedoch ohne aufschiebende Wirkung, bleibt der Gemeinde vorbehalten.

Längstens binnen 6 Wochen nach der Auflösung muß eine neue Wahl ausgeschrieben werden. (Art. XVI des Gesetzes vom 5. März 1862.)

Zur einstweiligen Besorgung der Geschäfte bis zur Einsetzung der neuen Gemeindevertretung hat die politische Landesstelle im Einverständnisse mit dem Landesausschusse die erforderlichen Maßregeln zu treffen.

II.

Gemeinde-Wahlordnung für das Herzogthum Salzburg.

Erstes Hauptstück.

Von der Wahl des Gemeindeausschusses.

Erster Abschnitt.

Von dem Wahlrechte und der Wählbarkeit.

§. 1.

Wahlberechtigt sind:

1. Diejenigen Gemeindeglieder, welche österreichische Staatsbürger sind und von ihrem Realbesitze, Gewerbe oder Einkommen seit wenigstens einem Jahre in der Gemeinde eine direkte Steuer entrichten;
2. unter den Gemeinde-Angehörigen, ohne Rücksicht auf eine Steuerzahlung:
   a) die in der Ortsseelsorge verwendeten Geistlichen;
   b) Hof-, Staats-, Landes- und öffentliche Fondsbeamte;
   c) Offiziere und Militärparteien mit Offizierstitel, welche sich im definitiven Ruhestande befinden, oder mit Beibehaltung des Militär-Charakters quittirt haben;
   d) dienende sowohl, als pensionirte Militärparteien ohne Offizierstitel, dann dienende und pensionirte Militärbeamte, insoferne diese Personen in den Stand eines Truppenkörpers nicht gehören;
   e) Männer, welche von einer inländischen Lehranstalt ein Diplom erlangt haben, sowie diejenigen, welche die Richteramts- oder die politischen Prüfungen abgelegt haben;
   f) die Vorsteher und Oberlehrer der in der Gemeinde befindlichen Volksschulen und die an höheren Lehranstalten in der Gemeinde angestellten Direktoren, Professoren und Lehrer;
3. die Ehrenbürger und Ehrenmitglieder.

Den wahlberechtigten einzelnen Gemeindegliedern sind auch inländische Korporationen, Stiftungen, Vereine und Anstalten beizuzählen, wenn bei ihnen die Bedingung sub 1 eintritt.

§. 2.

Dienende Offiziere und Militärparteien mit Offizierstitel, dann die zum Mannschaftsstande oder zu den Unterparteien gehörigen Militärpersonen, ausschließlich der nicht einberufenen Reservemänner, sind von der Wahlberechtigung ausgenommen.

§. 3.

Das Strafgesetz wird die Bestimmungen festsetzen, ob und auf wie lange mit dem Straferkenntnisse auch der Ausspruch über den Verlust des aktiven und passiven Wahlrechtes zu verbinden sei.

Bis dahin bleiben von dem Wahlrechte ausgeschlossen:

a) Personen, welche wegen eines Verbrechens schuldig erkannt;
b) Personen, welche eines Verbrechens wegen in Untersuchung gezogen wurden, so lange diese dauert;
c) Personen, welche der Uebertretung des Diebstahles, des Betruges, der Veruntreuung oder Theilnahme an einer dieser Uebertretungen schuldig erkannt worden sind. (§§. 460, 461, 464 St. G. B.) (Art. IX des Gesetzes vom 5. März 1862.)

§. 4.

Das Wahlrecht ist in der Regel persönlich auszuüben.

Hievon bestehen folgende Ausnahmen:

1. Nicht eigenberechtigte Personen üben durch ihre Vertreter, die in ehelicher Gemeinschaft lebende Gattin durch ihren Ehegatten, andere eigenberechtigte Frauenspersonen durch einen Bevollmächtigten das Wahlrecht aus.
2. Personen, welche zur Besorgung von Gemeinde- oder anderen öffentlichen Geschäften von der Gemeinde abwesend, oder welche durch Krankheit gehindert sind, können zur Ausübung des Wahlrechtes einen Bevollmächtigten bestellen.

Ebenso können

3. die Besitzer einer in der Gemeinde gelegenen Realität oder einer in der Gemeinde betriebenen Gewerbsunternehmung, wenn sie in einer anderen Gemeinde ansässig sind, ihren bestellten Verwalter oder Geschäftsleiter zur Ausübung des Wahlrechtes in ihrem Namen ermächtigen.

§. 5.

Der Staat, das Land und die öffentlichen Fonde werden als Grund- oder Hausbesitzer oder Inhaber einer Gewerbsunternehmung bei Ausübung des Wahlrechtes durch die von dem bezüglichen Verwaltungsorgane bestellte Person vertreten.

§. 6.

Corporationen, Vereine und Gesellschaften üben ihr Wahlrecht durch diejenigen Personen, welche sie nach den bestehenden gesetzlichen oder gesellschaftlichen Bestimmungen nach Außen zu vertreten berufen sind, oder durch einen Bevollmächtigten aus.

§. 7.

Die Mitbesitzer einer steuerpflichtigen Realität haben nur Eine Stimme. Sind sie in ehelicher Gemeinschaft lebende Eheleute, so übt der Ehemann das Wahlrecht aus. Sonst haben sie Einen aus ihnen oder einen Dritten zur Ausübung des Wahlrechtes zu bevollmächtigen.

§. 8.

Nur eigenberechtigte österreichische Staatsbürger, denen keiner der im §. 3 sub a), b) und c) angeführten Ausschließungsgründe entgegensteht, können als Bevollmächtigte oder Vertreter das Wahlrecht eines Andern in dessen Namen ausüben. Der Bevollmächtigte darf nur Einen Wahlberechtigten vertreten und muß eine in gesetzlicher Form ausgestellte Vollmacht vorweisen.

§. 9.

Wählbar als Ausschuß- oder Ersatzmänner sind nur diejenigen Gemeindeglieder männlichen Geschlechts, welche wahlberechtigt sind, das 24. Lebensjahr zurückgelegt haben und im Vollgenusse der bürgerlichen Rechte sich befinden. Art. X des Gesetzes vom 5. März 1862.)

§. 10.

Ausgenommen von der Wählbarkeit sind:

1. die Bediensteten der Gemeinde, so lange sie sich im wirklichen Dienste derselben befinden;
2. Personen, welche eine Armenversorgung genießen, in einem Gesindeverbande stehen, oder wie Taglöhner oder gewerbliche Gehilfen einen selbstständigen Erwerb nicht haben.

§. 11.

Ausgeschlossen von der Wählbarkeit sind außer den im §. 3 sub a), b) und c) Genannten:

a) Personen, welche eines aus Gewinnsucht oder gegen die öffentliche Sittlichkeit verübten Vergehens,

b) einer aus Gewinnsucht begangenen oder einer in den §§. 501, 504, 511, 512, 515 und 516 St. G. B. enthaltenen Uebertretung gegen die öffentliche Sittlichkeit schuldig erkannt worden sind;

c) Personen, über deren Vermögen der Konkurs oder das Vergleichsverfahren eröffnet wurde, so lange die Krida- oder Ausgleichsverhandlung dauert, und nach deren Beendigung, wenn der Verschuldete des im §. 416 St. G. B. bezeichneten Vergehens schuldig erklärt worden ist;

d) Personen, welche wegen eines aus Gewinnsucht verübten Disciplinarvergehens ihres öffentlichen Amtes oder Dienstes entsetzt worden sind. (Art. X des Gesetzes vom 5. März 1862.)

Zweiter Abschnitt.

Von der Vorbereitung der Wahl.

§. 12.

Zum Behufe der Wahl des Gemeindeausschusses ist vom Gemeindevorsteher ein genaues Verzeichniß aller wahlberechtigten Gemeindeglieder in der Art anzufertigen, daß darin zuoberst die Ehrenbürger oder Ehrenmitglieder, dann die im §. 1 sub 2 bezeichneten Gemeindeangehörigen unter Angabe ihrer in der Gemeinde vorgeschriebenen Jahresschuldigkeit an direkten Steuern, dann die übrigen wahlberechtigten Gemeindemitglieder nach der Höhe der auf jeden entfallenden, in der Gemeinde vorgeschriebenen Jahresschuldigkeit an direkten Steuern in absteigender Ordnung gereiht, angesetzt und neben dem Namen die bezüglichen Steuerbeträge ersichtlich gemacht werden. Kommen zwei oder mehrere Wahlberechtigte mit gleicher Steuerschuldigkeit vor, so ist der an Jahren Aeltere dem Jüngeren vorzusetzen. Am Schlusse des Verzeichnisses ist die Summe aller Steuerjahresschuldigkeiten zu ziehen.

§. 13.

Auf Grundlage dieses Verzeichnisses ist zur Bildung der Wahlkörper zu schreiten.

Wenn die Zahl der wahlberechtigten Gemeindeglieder 300 übersteigt, sind drei Wahlkörper zu bilden, wenn sie aber nur 300 oder weniger beträgt, so werden zwei Wahlkörper gebildet.

Die Abtheilung der Wahlkörper hat jedoch ganz zu unterbleiben, wenn die Zahl der Mitglieder eines Wahlkörpers nicht einmal das Dreifache der durch sie zu wählenden Gemeindevertreter betragen würde.

Behufs der Bildung der Wahlkörper ist die im obigen Verzeichnisse ausgewiesene Gesammtsteuersumme in drei, beziehungsweise zwei gleiche Theile zu theilen.

Die Wahlberechtigten, welche nach den fortlaufenden Zahlen des gedachten Verzeichnisses das erste Drittel der Gesammtsteuersumme entrichten, gehören in den ersten, jene, welche das zweite Drittel der Gesammtsteuersumme entrichten, in den zweiten, alle übrigen Wahlberechtigten in den dritten Wahlkörper.

Werden nur zwei Wahlkörper gebildet, so gehören die Wahlberechtigten, welche nach den fortlaufenden Zahlen des erwähnten Verzeichnisses die Hälfte der Gesammtsteuersumme entrichten, in den ersten, alle übrigen in den zweiten Wahlkörper.

Läßt sich bei der Bildung der Wahlkörper die Gesammtsteuersumme nicht nach Erforderniß theilen, ohne daß die Steuerschuldigkeit eines einzelnen Wahlberechtigten getrennt werden muß, so ist letzterer demjenigen Wahlkörper beizuzählen, an welchem seine Steuerschuldigkeit dem größeren Theile nach gezogen werden müßte.

§. 14.

Die Ehrenbürger oder Ehrenmitglieder der Gemeinde, sodann die nach

§. 1 sub 2 wahlberechtigten Gemeindeangehörigen gehören in den ersten Wahlkörper.

§. 15.

Wenn der erste Wahlkörper nicht aus wenigstens zweimal soviel Wahlberechtigten besteht, als derselbe Ausschuß- und Ersatzmänner zu wählen hat, so ist dieser Wahlkörper aus den im Verzeichnisse (§. 12) nächstfolgenden Besteuerten bis auf diese Zahl zu ergänzen.

Die Steuerquote aller nach dieser Ergänzung den ersten Wahlkörper bildenden Steuerpflichtigen wird von der ganzen Steuersumme abgezogen und der Rest in zwei gleiche Theile getheilt. Jene Wahlberechtigten, welche die erste Hälfte dieses Restes entrichten, bilden den zweiten, die übrigen den dritten Wahlkörper. Hiebei findet auch die Schlußbestimmung des §. 13 ihre Anwendung.

Werden nur zwei Wahlkörper gebildet, so gehören alle nach der Ergänzung des ersten Wahlkörpers erübrigenden Wahlberechtigten zum zweiten Wahlkörper.

§. 16.

Die nach §. 14 der Gemeindeordnung entfallende Anzahl von Ausschuß- und Ersatzmännern wird auf die einzelnen Wahlkörper in gleichen Theilen vertheilt.

§. 17.

Der Gemeindevorsteher hat für jeden Wahlkörper abgesonderte Wählerlisten zu verfassen.

Diese Wählerlisten sind mindestens vier Wochen vor der Wahl zu Jedermanns Einsicht in der Gemeinde aufzulegen, und durch öffentlichen Anschlag in der Gemeinde mit Festsetzung einer Präclusivfrist von acht Tagen zur Anbringung von Einwendungen dagegen kundzumachen.

Eine Commission, welche aus dem Gemeindevorsteher oder dessen Stellvertreter als Vorsitzenden und aus vier vom Ausschusse gewählten Mitgliedern der Gemeindevertretung besteht, entscheidet über die rechtzeitig angebrachten Einwendungen binnen längstens drei Tagen, und nimmt die zuläßlich erkannte Berichtigung sogleich mittelst Protokoll vor.

Wird die begehrte Berichtigung verweigert, so steht die Berufung an die politische Bezirksbehörde offen. Die Berufung muß binnen längstens drei Tagen nach der Verständigung von der abschlägigen Entscheidung bei der Commission angebracht und von dieser der politischen Bezirksbehörde ungesäumt vorgelegt werden. Das Erkenntniß der politischen Bezirksbehörde ist für die im Zuge befindliche Wahl endgiltig.

Acht Tage vor der Wahl darf in den Wählerlisten keine Veränderung mehr stattfinden.

§. 18.

Die Vornahme der Wahl ist wenigstens acht Tage vor deren Beginn von dem Gemeindevorsteher durch öffentlichen Anschlag mit der Angabe bekannt zu machen, an welchen Orten, an welchen Tagen und zu welchen Stunden sich die einzelnen Wahlkörper zu versammeln, und welche Zahl

Gemeindevertreter sie zu wählen haben. Gleichzeitig ist hievon an die politische Bezirksbehörde die Anzeige zu machen.

§. 19.

Die politische Bezirksbehörde hat darüber zu wachen, daß alle Vorbereitungen zur Wahl derart rechtzeitig getroffen werden, daß mit Ablauf der Wahlperiode die neue Gemeindevertretung ihre Wirksamkeit beginnen könne.

Dritter Abschnitt.

Von der Vornahme der Wahl.

§. 20.

Die Wahlhandlung wird durch eine Wahlcommission geleitet.

Dieselbe besteht aus dem Gemeindevorsteher oder einem Gemeinderathe als Vorsitzenden und aus vier vom Gemeindevorsteher als Vertrauensmänner zugezogenen wählbaren Gemeindemitgliedern. Die politische Bezirksbehörde kann zur Wahlhandlung einen Abgeordneten mit der Bestimmung absenden, die Befolgung des Gesetzes und die Aufrechthaltung der Ruhe und Ordnung wahrzunehmen.

§. 21.

Die Wahlkörper versammeln sich abgesondert.

Zuerst wählt der dritte, hierauf der zweite, zuletzt der erste Wahlkörper.

Jeder Wahlberechtigte kann aus allen wählbaren Gemeinde-Mitgliedern ohne Unterschied des Wahlkörpers wählen.

§. 22.

Der Wahlact ist öffentlich. Vor dem Beginne der Abstimmung hat der Vorsitzende der Wahlcommission den versammelten Wählern den Inhalt der §§. 9—11 dieser Wahlordnung über die zur Wählbarkeit erforderlichen Eigenschaften gegenwärtig zu halten, ihnen den Vorgang bei der Abstimmung und Stimmenzählung zu erklären und sie aufzufordern, ihre Stimme nach freier Ueberzeugung ohne alle eigennützige Nebenrücksichten so abzugeben, wie sie es nach ihrem besten Wissen und Gewissen für das Gemeindewohl am zuträglichsten halten.

§. 23.

Die Abstimmung findet durch Stimmzettel Statt und beginnt in den einzelnen Wahlkörpern damit, daß die Mitglieder der Wahlkommission, welche in dem bezüglichen Wahlkörper wahlberechtigt sind, ihre Stimmzettel abgeben. Hierauf werden durch ein Mitglied der Wahlcommission die Wähler in der Reihenfolge, wie ihre Namen in der Wählerliste eingetragen sind, zur Abgabe ihrer Stimmzettel aufgerufen.

Wahlberechtigte, die nach geschehenem Aufrufe ihres Namens in die Wahlversammlung kommen, haben erst, wenn die ganze Wählerliste durchgelesen ist, ihre Stimmzettel abzugeben und sich deshalb bei der Wahlcommission zu melden.

§. 24.

Jeder Wähler hat auf seinem Stimmzettel jene Personen, zu verzeichnen, welche nach seinem Wunsche Ausschußmänner, und welche Ersatzmänner werden sollen, jedoch nur in solcher Zahl, als der Wahlkörper, dem er angehört, Ausschuß- und Ersatzmänner zu wählen hat. Diesen Stimmzettel hat der Wähler nach erfolgtem Aufruf seines Namens abzugeben.

§. 25.

Ein Dritter darf zur Abgabe des Stimmzettels im Namen eines Wahlberechtigten blos in den Fällen der §§. 4—7 und nur unter der Bedingung zugelassen werden, daß er sich über seine Berechtigung hiezu gehörig legitimire.

§. 26.

Sobald alle anwesenden Wähler eines Wahlkörpers ihre Stimmzettel abgegeben haben, wird von dem Vorsitzenden der Wahlcommission die Abstimmung für geschlossen erklärt, und dann das Scrutinium vorgenommen in der Art, daß bei der ersten Stimme, die Jemand als Ausschuß- oder Ersatzmann erhält, dessen Name in die hiezu vorbereiteten Rubriken des zweifachen Abstimmungs-Verzeichnisses eingeschrieben und in der nebenstehenden Rubrik die Zahl 1, bei der zweiten Stimme, die auf ihn entfällt, die Zahl 2, u. s. w. beigesetzt wird.

§. 27.

Wenn auf einem Stimmzettel mehr Namen verzeichnet sind, als Ausschuß- oder Ersatzmänner zu wählen sind, so werden nur diejenigen Namen von Wählbaren gezählt, welche zuerst geschrieben stehen.

Bedingungen und Aufträge, welche auf Wahlzetteln ausgedrückt erscheinen, sind ungiltig. Ueber die gänzliche oder theilweise Ungiltigkeit eines Wahlzettels entscheidet sogleich die Wahlcommission ohne Zulassung eines Recurses.

Nach Vollendung des zweifachen Abstimmungsverzeichnisses ist dasselbe von dem Vorsitzenden und den übrigen Mitgliedern der Wahlcommission zu unterzeichnen und vom Vorsitzenden das Resultat der Abstimmung sogleich bekannt zu geben.

§. 28.

In jedem Wahlkörper sind diejenigen, welche unter den als Ausschußmänner Verzeichneten die meisten Stimmen haben, als gewählte Ausschußmänner und jene, welche unter den als Ersatzmänner Verzeichneten die meisten Stimmen haben, als gewählte Ersatzmänner anzusehen.

Haben mehrere Personen, als zur Vollzähligkeit der auf den Wahlkörper entfallenden Ausschuß- oder Ersatzmänner erforderlich sind, die gleiche Anzahl Stimmen erhalten, so entscheidet das Los, wer von ihnen als Ausschuß- oder Ersatzmann einzutreten hat.

§. 29.

Ist die Wahl auf Jemanden gefallen, der nicht wählbar ist, oder einen gesetzlichen Entschuldigungsgrund geltend macht, so hat derjenige als Ausschuß- oder beziehungsweise Ersatzmann einzutreten, welcher in dem betreffenden Wahlkörper nach den Ausschußmännern oder beziehungsweise nach den Ersatzmännern die meisten Stimmen erhalten hat.

Dasselbe hat unbeschadet der nach dem §. 20 der Gemeindeordnung zu verhängenden Geldbuße dann zu geschehen, wenn der Gewählte ohne einen gesetzlichen Entschuldigungsgrund die Wahl anzunehmen verweigert.

§. 30.

Ist Jemand von einem Wahlkörper bereits als Ausschußmann gewählt, so sollen ihm von dem später wählenden Wahlkörper keine weiteren Stimmen zugewendet werden.

Die Wähler sind darauf aufmerksam zu machen, daß eine solche Stimme nicht gezählt wird.

Wird dagegen ein als Ersatzmann bereits Gewählter von einem später wählenden Wahlkörper zum Ausschußmanne gewählt, so hat an seine Stelle als Ersatzmann derjenige einzutreten, der nach ihm in dem bezüglichen Wahlkörper die meisten Stimmen erhalten hat.

§. 31.

Ist die Wahl in allen Wahlkörpern vollendet, so wird das über die Wahlhandlung geführte Protokoll geschlossen und von den Gliedern der Wahlkommission unterfertigt.

Der Gemeindevorsteher hat dasselbe nebst allen Wahlakten in Aufbewahrung zu nehmen.

Derselbe verkündet das Gesammtergebniß der in allen Wahlkörpern stattgefundenen Wahl und bringt dasselbe zur Kenntniß der politischen Bezirksbehörde.

Letztere hat Wahlen, welche auf Personen gefallen sind, die von der Wählbarkeit ausgenommen oder ausgeschlossen sind, unter Offenlassung des Rekurses an die politische Landesstelle als ungesetzlich außer Kraft zu setzen.

§. 32.

Einwendungen gegen das Wahlverfahren sind binnen der Präklusivfrist von acht Tagen nach beendigtem Wahlakte bei dem Gemeindevorsteher einzubringen, welcher dieselben der politischen Landesstelle zur endgiltigen Entscheidung vorzulegen hat.

Werden binnen der obigen Frist keine Einwendungen eingebracht, oder die eingebrachten als unstatthaft zurückgewiesen, so ist zur Wahl des Gemeindevorstandes zu schreiten.

Zweites Hauptstück.

Von der Wahl des Gemeindevorstandes.

§. 33.

Ueber Berufung des an Jahren ältesten Mitgliedes des neu gewählten Ausschusses haben sich sämmtliche Mitglieder des letzteren am festgesetzten Tage und zur festgesetzten Stunde zur Wahl des Gemeindevorstandes zu versammeln.

Jene Ausschußmitglieder, die entweder gar nicht erscheinen oder vor Beendigung der Wahl sich entfernen, ohne ihr Ausbleiben oder ihre Entfernung durch hinreichende Gründe zu entschuldigen, verfallen in eine Geldbuße, welche der Ausschuß bis zu 20 Gulden bemessen kann.

§. 34.

Der Vorsteher der politischen Bezirksbehörde ist berechtigt, dem Wahlakte entweder selbst oder durch einen Abgeordneten zur Wahrnehmung der Gesetzlichkeit des Vorganges anzuwohnen.

Zu diesem Ende muß derselbe rechtzeitig in Kenntniß gesetzt werden, an welchem Tage und zu welcher Stunde die Wahl stattfindet.

§. 35.

Die Wahl wird durch das an Jahren älteste Mitglied des neu gewählten Ausschusses unter Zuziehung zweier Mitglieder aus der Versammlung geleitet.

§. 36.

Wählbar zu Mitgliedern des Gemeindevorstandes sind nur die Ausschußmitglieder.

Ausgenommen hievon sind:

1. Personen, welche nicht in der Gemeinde ihren Wohnsitz haben;
2. Hof-, Staats-, Landes- und öffentliche Fondsbeamte und Diener in der aktiven Dienstleistung;
3. Geistliche.

Auch können Verwandte und Verschwägerte im ersten und zweiten Grade nicht zugleich Mitglieder des Gemeindevorstandes sein.

§. 37.

Zur Giltigkeit der Wahl ist die Anwesenheit von wenigstens drei Viertheilen sämmtlicher Ausschußmitglieder und die absolute Stimmenmehrheit der Anwesenden erforderlich.

Die Wahl ist mittelst Stimmzetteln vorzunehmen. Aus den gesammelten Stimmzetteln sind die darin verzeichneten Namen zu verlesen und in das zu führende Abstimmungs-Verzeichniß einzutragen.

§. 38.

Zuerst ist die Wahl des Gemeindevorstehers vorzunehmen. Kommt bei der Abstimmung zu dieser Wahl eine absolute Stimmenmehrheit nicht zu Stande, so ist eine zweite Abstimmung vorzunehmen, und falls auch bei dieser nicht die nöthige Stimmenmehrheit sich herausstellt, zu der engeren Wahl zu schreiten.

Bei der engeren Wahl haben die Wähler sich auf jene zwei Personen zu beschränken, welche bei der zweiten Abstimmung die relativ meisten Stimmen erhalten haben. Bei Stimmengleichheit entscheidet das Los, wer in die engere Wahl einzubeziehen ist.

Jede Stimme, die bei der dritten Abstimmung auf eine nicht in die engere Wahl gebrachte Person fällt, ist als ungiltig zu betrachten.

Ergibt sich bei der engeren Wahl Stimmengleichheit, so entscheidet das Los.

§. 39.

Nach Beendigung der Wahl des Gemeindevorstehers ist zur Wahl der Gemeinderäthe zu schreiten.

Jeder Wähler bezeichnet so viele Namen, als Gemeinderäthe zu wählen sind. Die über diese Zahl bezeichneten Namen werden nicht berücksichtiget.

Auch bei dieser Wahl gelten die Vorschriften der §. 38, wenn für den einen oder den anderen keine absolute Stimmenmehrheit zu Stande kommt.

Hiebei hat sich die engere Wahl auf jene Personen zu beschränken, die bei der zweiten Abstimmung nach denjenigen, welche die absolute Mehrheit erlangten, die relativ meisten Stimmen für sich hatten. Die Zahl der in die engere Wahl zu bringenden Personen ist die doppelte von der Zahl der noch zu wählenden Gemeinderäthe.

§. 40.

Wird Jemand als Gemeinderath gewählt, der mit dem gewählten Gemeinde-Vorsteher im ersten oder zweiten Grade verwandt oder verschwägert ist, so muß für die hiedurch offen gewordene Gemeinderathsstelle eine neue Wahl vorgenommen werden.

Werden zwei oder mehrere Personen als Gemeinderäthe gewählt, die in der angegebenen Weise untereinander verwandt oder verschwägert sind, so ist derjenige, für den sich die größere Stimmenzahl erklärte, und bei gleicher Stimmenzahl derjenige, für den das Los entscheidet, als gewählt beizubehalten.

Die Stellen der übrigen sind einer neuen Wahl zu unterziehen.

§. 41.

Ueber die Vornahme der Wahl des Gemeindevorstandes ist ein Protokoll zu führen, welches von dem Leiter der Wahl und allen Ausschußmitgliedern zu unterfertigen und mit allen Wahlakten bei der Gemeinde zu hinterlegen ist.

§. 42.

Die Vorschriften der §§. 33—41 kommen auch dann zur Anwendung, wenn im Laufe der Wahlperiode die Stelle eines Gemeinderathes oder des Vorstehers zu besetzen ist.

Nur haben im ersten Falle der Gemeindevorsteher und im zweiten Falle der Stellvertreter des Gemeindevorstehers die Versammlung zur Wahl zu berufen und die Wahlhandlung zu leiten. Auch trifft der Ausnahmsgrund der Verwandtschaft oder Schwägerschaft nicht die schon im Amte befindlichen, sondern die neugewählten Personen.

III.

Die freie Verwaltung des Gemeindevermögens und der auf den Gemeindeverband sich beziehenden Angelegenheiten.

Im fünften Hauptstücke der Gemeindeordnung von Oberösterreich und Salzburg sind die gesetzlichen Grenzen vorgezeichnet, innerhalb welcher sich die Gemeinde bei der freien Verwaltung ihres Eigenthumes zu bewegen hat.

Durch die nachfolgende Instruktion werden einzelne Paragrafe dieses Hauptstückes erläutert und es wird hiebei die mit Erlaß des k. k. Ministeriums vom 11. Dezember 1850, Z. 13.353 (Landesgesetzblatt vom J. 1851 Seite 5) gegebene Anleitung zur Verwaltung des Gemeinde-Eigenthumes mit den erforderlichen den bezüglichen Bestimmungen der neuen Gemeindeordnung entsprechenden Aenderungen zu Grunde gelegt.

Nach §. 58 der Gemeinde-Ordnung von Oberösterreich und §. 61 der G. O. von Salzburg „sind das gesammte bewegliche und unbewegliche Eigenthum und sämmtliche Gerechtsame der Gemeinde und ihrer Anstalten mittelst eines genauen Inventars in Uebersicht zu halten.

Das Gemeinde-Eigenthum ist entweder Gemeinde-Vermögen oder Gemeinde-Gut. Unter Gemeinde-Vermögen begreift man alle der Gemeinde eigenthümlichen Sachen, deren Einkünfte zur Bestreitung der Gemeinde-Auslagen bestimmt sind. Kein Mitglied der Gemeinde kann für sich den Gebrauch oder Genuß dieser Sachen ansprechen; jeder Nutzen, den sie abwerfen, geht der Gemeinde als moralische Person zu Guten und ist bestimmt, die Bedürfnisse und Auslagen derselben z. B. die Besorgung des Gemeindedieners, die Erhaltung der Feuerlösch-requisiten u. dgl. zu bedecken. Es ändert übrigens nichts im Begriffe des Gemeinde-Vermögens, ob der Ertrag aus der Sache unmittelbar in die Gemeindecasse fließt, oder ob sich der Nutzen der Sache für die Gesammtheit dadurch ergibt, daß durch ihre Verwendung eine Auslage in Ersparung gebracht wird, die sonst von der Gemeinde bestritten werden müßte. So z. B. gehört das zur Wohnung des Wächters bestimmte Gemeindehaus zum Gemeinde-Vermögen, weil durch dessen Verwendung für die Wohnung des Wächters die Gemeinde den Miethzins erspart, den sie sonst bezahlen müßte.

Dagegen bilden alle der Gemeinde eigenthümlichen Sachen, die entweder zum Gebrauche eines jeden in der Gemeinde oder ausschließend nur zum Gebrauche der Gemeindemitglieder dienen, das Gemeindegut im weiteren Sinne. Zu dem Gemeindegut der ersten Art gehören Gemeindewege, Gemeindebrücken, Brunnen, Spaziergänge, 2c., kurz alle Objecte, deren Natur und Zweck einen ausschließenden Gebrauch im Interesse der Gemeinde, oder auch selbst nur der einzelnen Gemeindemitglieder nicht zulassen. Auf ihre Benützung hat Jedermann in der Gemeinde Anspruch, ohne Unterschied, ob er Mitglied derselben ist oder nicht, nach Maß der bestehenden Einrichtungen z. B. gegen Entrichtung des Brückengeldes 2c. und namentlich mit Beobachtung der polizeilichen Vorschriften.

Jene der Gemeinde eigenthümlichen Sachen, welche bloß zum Gebrauche der Gemeindemitglieder dienen, bilden das Gemeindegut im engeren Sinne. Dahin gehören z. B. Viehweiden, insoweit jedes Gemeindemitglied berechtiget ist, sein Vieh darauf zu treiben. Ebenso sind die der Gemeinde gehörigen Wälder, Auen, Wiesen, u. s. w. Gemeindegut, wenn deren Nutzen unter die einzelnen Gemeindemitglieder vertheilt wird.

Die Nutzungen mancher Gemeindegüter bedecken nicht nur den Bedarf aller Gemeindemitglieder, sondern es erübrigt noch ein Erträgniß, das sohin für die Bedürfnisse der Gemeinde verwendet werden und daher in die Gemeindecasse fließen muß. Dieß ändert aber nichts in der Natur der Sache, sie bleibt Gemeindegut, weil ihre erste Bestimmung die ist, zum Gebrauche der Gemeindemitglieder zu dienen.

Gewisse Objecte des Gemeinde-Vermögens haben eine bestimmte Widmung, der sie nicht entzogen werden dürfen. Sie sind zur Erhaltung von gemeinnützigen Anstalten, oder für besondere gemeinsame Zwecke z. B. für Kranken-, Waisen-, Armenversorgungshäuser, Sparcassen u. s. w. bestimmt. Diese Objecte bilden das gewidmete oder gestiftete Gemeinde-Vermögen.

Jeder ordentliche Hausvater erhebt vorerst den Stand seines Vermögens, bevor er über dasselbe verfügt. Ohne seine Vermögenskräfte genau zu kennen, läuft man leicht Gefahr, entweder durch Nichtbenützung derselben um Vortheile zu kommen, die man sonst hätte erzielen können, oder aber über diese Kräfte hinaus sich in Auslagen einzulassen, die man zu tilgen dann außer Stande ist.

Die Gemeinde befindet sich in ganz gleicher Lage, sie muß vorerst wissen, was sie besitzt, um hiernach ihren Haushalt ordnen zu können. Deßhalb legt die Gemeindeordnung der Gemeinde die Pflicht auf, das gesammte, sowohl bewegliche als unbewegliche Eigenthum der Gemeinde und sämmtliche Gerechtsame mittelst eines genauen Inventars in Uebersicht zu halten.

Das Gemeinde-Eigenthum kann bestehen:

a) in Realitäten;
b) Gerechtsamen;
c) Capitalien und öffentlichen Fonden;
d) Privat-Capitalien und Activ-Rückständen;
e) Material- und Natural-Vorräthen;
f) Requisiten und Gerähschaften;
g) Barschaft.

Alle diese verschiedenen Zweige des Gemeinde-Eigenthumes müssen genau erhoben und nebst den Schulden und Lasten der Gemeinde in ein Inventarium gebracht werden, wozu das folgende Formulare als Muster dienen kann.

Inventarium

über das Eigenthum der Ortsgemeinde N. im politischen Bezirke N.

Posten-Zahl	Activ-Stand	Geldwerth einzeln fl.	Geldwerth einzeln kr.	Geldwerth zusammen fl.	Geldwerth zusammen kr.	Anmerkungen
	I. Realitäten.					
1.	Das Gemeindehaus in N. aufscheinend im Grundbuche N. Fol.	5000				
2.	20 Joch Waldung in der Steuergemeinde N. sub. Parz. N. aufscheinend im Grundbuche N. Fol.	6000		11000		
	II. Gerechtsame.					
3.	Das Fischereirecht der Gemeinde verpachtet um jährlich 10 fl. .	200		200		
	III. Capitalien in öffentlichen Fonden.					
4.	Die 5% National-Anlehens-Obligation N. ddo. 31. August 1854 . . . . . :	500		500		
	IV. Privatcapitalien und Activrückstände.					
5.	Das dem N. N. laut Schuldschein vom dargeliehene und auf dessen Haus Nr. primo loco einverleibt zu 5% verzinsliche Capital pr.	200		200		

Posten-Zahl	Activ-Stand	Geldwerth einzeln fl.	einzeln kr.	zusammen fl.	zusammen kr.	Anmerkungen
	V. Material- und Natural-Vorräthe.					
6.	100 Klafter buchenes Scheiterholz	1200		1200		
	VI. Requisiten u. Geräthschaften.					
7.	Einrichtung der Gemeindekanzlei bestehend aus: 3 Tischen . . 15 fl. 10 Sesseln . . 10 fl. 3 Bänken . . 9 fl. 3 Schränken . 30 fl. 5 Leuchter . . 5 fl. einer Cassatruhe . 30 fl. u. s. w.	99				
8.	1 Feuerspritze mit Zugehör . .	150				
9.	2 Wasserwägen mit Fässern . . u. s. w.	80		329		
	VII. Barschaft.					
10	In Banknoten	200		200		
	Summe des Activstandes			13629		
	Passiv-Stand.					
1.	Die Gemeinde schuldet den Erben des verstorbenen Zimmermeisters N. für die von demselben im v. J. unternommene Herstellung eines Straßengeländers . . .	200		200		
	Wird von dem Activstande pr. .			13629		
	der Passivstand pr. .			200		
	abgezogen, so verbleibt ein reines Activvermögen von			13429		

Gemeinde N. am

N. N.
Gemeindevorsteher.

N. N.
Gemeindeausschuß.

N. N.
Gemeindeausschuß.

Insbesondere ist darauf zu sehen, ob das Gemeinde-Vermögen gehörig gesichert sei, ob nämlich das Eigenthumsrecht der Gemeinde bezüglich ihrer Realitäten intabulirt sei, ob die Privatcapitalien eine genugsame Sicherheit genießen u. s. w. Das Fehlende hierin nachzuholen muß eine vorzügliche Aufgabe des Ausschusses sein. Sollte sich zeigen, daß ein Dritter in dem Besitze einer Sache sei, die nach den vorhandenen Beweisen unzweifelhaft der Gemeinde angehört, so ist es Pflicht des Ausschusses, nach fruchtlosem gütlichem Versuche dieselbe im gerichtlichen Wege zurück zu fordern. Damit das Inventarium einen vollständigen Ueberblick über das Gemeindeeigenthum gewähre, ist es zweckmäßig, die Realitäten und Gerechtsame näher zu beschreiben und deren Werth nach den localen Mittelpreisen, oder nach dem Durchschnitte eines mehrjährigen Erträgnisses anzusetzen. Zu den Gerechtsamen gehören Marktprivilegien, Mauth-, Jagd-, Forst-, Weide-, Fischereirecht u. s. w.

Die Capitalien in öffentlichen Fonden sind mit allen ihren Merkmalen als: Datum, Nummer, Betrag, Perzentenfuß, Name auf den sie lauten und Gattung zu welcher sie gehören, genau anzugeben. Die Privatcapitalien und Forderungen sind unter genauer Bezeichnung der Schuldscheine und sonstiger Urkunden worauf sie sich gründen, unter Angabe des Schuldners, der hiefür bestehenden Hypotheken, des Betrages und Percentes in das Inventarium aufzunehmen. Der Werth der Material- und Naturalvorräthe, der Requisiten und Geräthschaften wird nach Verschiedenheit des Gegenstandes entweder nach den Erzeugungs- oder Anschaffungspreisen oder nach den Marktdurchschnittspreisen oder endlich nach den localen Mittelpreisen anzusetzen sein.

Zuschläge zu den landesfürstlichen Steuern, oder andere unter die Gemeindeglieder repartirte Umlagen gehören, da sie kein Einkommen aus dem Gemeinde-Eigenthume bilden, unbestimmt und abwechselnd sind, mit keinem Capitalsbetrage, sondern nur soferne in das Inventar, als an der laufenden Jahresschuldigkeit mit Schluß des Jahres Rückstände geblieben sind, wo sodann die rückständig gebliebenen Beträge unter die Forderungen an Private nachgewiesen werden müssen.

Das Inventarium muß sowohl das Gemeindevermögen als das Gemeindegut umfassen. Auch das für besondere Zwecke gewidmete Gemeindeeigenthum ist in dem Inventar unter Angabe seiner Widmung in den betreffenden Rubriken ersichtlich zu machen. Ist jedoch dieses gewidmete Gemeinde-Eigenthum erheblich und besteht es aus verschiedenen Objecten, oder ist für selbes eine eigene Verwaltung aufgestellt, so wird es nothwendig sein, hiefür ein abgesondertes Inventarium zu errichten.

Das genehmigte Inventar wird vom Gemeindevorsteher und von zwei vom Ausschusse zu benennenden Mitgliedern desselben zu unterzeichnen sein.

Das Inventar muß vom Ausschusse jährlich geprüft werden. Alle im Laufe des Jahres vorfallenden Aenderungen in den verschiedenen Zweigen des Gemeindeeigenthums, jeder Zuwachs oder Abfall muß in dem Inventar ersichtlich gemacht werden. Hiezu dient in dem

Formulare die Rubrik „Anmerkung." In keinem Falle darf in dem Inventar etwas durchstrichen werden. Sind z. B. die im Inventar aufgeführten Einrichtungsstücke zu Grunde gegangen, so sind sie nicht zu durchstreichen, sondern es ist in der Rubrik „Anmerkung" anzugeben, daß sie im Laufe des Jahres zu Grunde gegangen sind.

Treten in dem Stande des Gemeindeeigenthums häufige Veränderungen ein, so ist es zweckmäßig, das Inventar zu erneuern, weil, wenn in dem alten Inventar zu viele Anmerkungen über den Zuwachs oder Abfall des Vermögens gemacht werden, die klare Uebersicht über den Stand desselben verloren geht.

In Gemeinden, die größeres Vermögen haben, wird das Inventar jährlich zu erneuern sein.

Die Gemeinde hat selbstständig ihr Eigenthum zu verwalten, sie legt diese Verwaltung in die Hände des durch ihr Vertrauen berufenen Gemeindeausschusses. Diese Selbstständigkeit in der Vermögensverwaltung darf jedoch mit Willkür und Ungebundenheit in der Gebahrung nicht verwechselt werden. Der Gemeindeausschuß kann sich bei Verwaltung des Gemeindeeigenthums nur innerhalb der Schranken bewegen, welche in dieser Beziehung das Gemeindegesetz gezogen hat. Er ist nicht minder an die Gesetze, z. B. das Forstpatent 2c. gebunden, welche gewisse Beschränkungen in der Eigenthumsverwaltung im Interesse der großen Staatsgesellschaft, dem sich jenes der Gemeinde unterordnen muß, aussprechen.

§. 59 der G.=O. von Oberösterreich und §. 62 der Salzb. G.=O. enthalten eine Beschränkung in der Verwaltung des Gemeindeeigenthums, da nach ihrer Bestimmung zur Vertheilung des Stammvermögens und des Stammgutes unter die Gemeindemitglieder ein Landesgesetz erforderlich ist. Weitere Beschränkungen sind im §. 85 der Gemeinde=Ordnung, resp. §. 88 der Salzb. G.=O. vorgezeichnet, nach welchem der Genehmigung des Landesausschusses vorbehalten ist:

1. Die Veräußerung, Verpfändung oder bleibende Belastung einer zum Stammvermögen oder Stammgute der Gemeinde oder ihrer Anstalten gehörigen Sache;

2. die Vertheilung der Jahresüberschüsse unter die Gemeindemitglieder;

3. die Aufnahme eines Darlehens oder die Uebernahme einer Haftung, wenn der Betrag des Darlehens oder der Haftung mit Einrechnung der bereits bestehenden Schulden, die Jahreseinkünfte der Gemeinde und bezüglich der Gemeindeanstalten übersteigt.

Die Beschränkungen, welche die Gemeindeordnung hinsichtlich der Verwaltung des Gemeindeeigenthums ausspricht, fließen aus der Natur der Gemeinde. Die Gemeinde ist eine unsterbliche Person, die sich immer wieder verjüngt. Ihr Eigenthum gehört nicht den jetzigen Gliedern der Gemeinde allein, sondern auch jenen aus denen die Gemeinde künftig bestehen wird.

Hieraus ergibt sich von selbst die Regel der Gemeindeordnung, daß jede Vertheilung, sowie jede Veräußerung, Verpfändung und bleibende Belastung des Gemeindevermögens und Gutes nur mit höherer Bewilligung gestattet sei.

Letztere wird dann ertheilet werden, wenn die Vertheilung des Gemeindeeigenthums, z. B. der Gemeindegründe, zur besseren Bewirthschaftung wesentlich und nachhaltig beiträgt; wenn die Veräußerung eines gewissen Gegenstandes des Gemeindeeigenthums nicht nur für jezt, sondern auch für die Zukunft von überwiegendem Vortheile für die Gemeinde ist, und wenn für die Verpfändung oder Belastung Gründe der Nothwendigkeit oder Rücksichten einer in die Zukunft hinaus greifenden Nützlichkeit sprechen.

Der Gemeindevorstand darf einen auf Vertheilung, Veräußerung, Verpfändung oder bleibende Belastung des Gemeindeeigenthums lautenden Beschluß vor eingeholter höherer Genehmigung nicht in Vollzug setzen. Ein solcher der höheren Bewilligung entbehrender Beschluß ist ein ungiltiger Act, aus welchem dritte Personen niemals Rechte erwerben können; die auf Grund derselben abgeschlossenen Verträge sind unwirksam, zur grundbücherlichen Eintragung nicht geeignet, es können die etwa schon übergebenen Gegenstände des Gemeindeeigenthums von dem Besitzer wieder zurückverlangt werden und es bleiben die Schuldtragenden für den Schaden verantwortlich, welcher der Gemeinde hieraus ergehen kann.

Aus der Natur der Gemeinde fließt die weitere Beschränkung hinsichtlich der Aufnahme von Darlehen und Uebernahme einer Haftung.

Ob den Nachkommen in der Gemeinde kein, oder ein ganz verschuldetes Vermögen hinterlassen werde, läuft auf dasselbe hinaus. Sie sollen nicht die Unwirthschaft und die Fehler ihrer Vorfahrer zu büßen haben. Dem leichtsinnigen Schuldenmachen soll daher vorgebeugt werden.

Der Gemeindeausschuß ist zur Aufnahme eines Darlehens oder Uebernahme einer Haftung ohne Genehmigung des Landesausschusses berechtiget, wenn der Betrag des Darlehens oder der Haftung mit Einrechnung der bereits bestehenden Schulden die Jahreseinkünfte der Gemeinde nicht übersteigt. Unter den Jahreseinkünften können nur die ordentlichen, d. i. die Einkünfte aus dem Gemeinde-Eigenthum ohne Rücksichtnahme auf Umlagen verstanden werden.

Zu Darlehen und Haftungen, welche mit Einrechnung der bestehenden Schulden das jährl. Einkommen der Gemeinde übersteigen, ist die Genehmigung des Landesausschusses erforderlich. Wird ein dießfälliger Beschluß des Gemeindeausschusses ohne höhere Genehmigung in Vollzug gesetzt, so ist das Darlehen oder die Haftung ungiltig und zur Intabulirung ungeeignet und es bleiben die Schuldtragenden für die nachtheiligen Folgen verantwortlich.

Der Gemeindeausschuß hat nach §. 60 der G. O. für Oberösterreich und §. 63 der Salzb. G. O. das gesammte erträgnißfähige Vermögen der Gemeinde und ihrer Anstalten derart zu verwalten, daß die thunlich größte nachhaltige Rente daraus erzielt werde. Er wird also dafür sorgen, daß der zur Beurbarung fähige Grund und Boden bebaut werde, daß die bebauten Realitäten die höchste sichere, anhaltende Rente abwerfen, und daß aller Ertrag daraus in die Gemeindecasse einfließe. Durch welche besondere Benützungsweise die möglich größte nachhaltige Rente gewonnen werden könne, bleibt dem klugen, die Zeit- und Ortsverhältnisse berücksichtigenden Ermessen des Gemeindeausschusses anheimgestellt, in soferne nicht die Gesetze selbst bei gewissen Objecten eine bestimmte Benüzungsart vorzeichnen; wie dieß bei dem Jagdrechte der Fall ist.

Bezüglich der Ausübung des Jagdrechtes bemerken wir folgende Gesetze und Verordnungen:

Kaiserliches Patent vom 7. März 1849. (R. G. B. 1849. Seite 173.) 1. Das Jagdrecht auf fremden Grund und Boden ist aufgehoben. 2. Eine Entschädigung für das aufgehobene Jagdrecht findet zu Gunsten des bisherigen Berechtigten nur in den Fällen Statt, wo es sich erweislich auf einen mit dem Eigenthümer des damit belasteten Grundes abgeschlossenen entgeldlichen Vertrag gründet. 3. Jagdfrohnen und andere Leistungen für Jagdzwecke sind ohne Entschädigung aufgehoben. 4. Die Jagdgerechtigkeit in geschlossenen Thiergärten bleibt in der Art, wie selbe bisher zugestanden, aufrecht, es mögen die in dem abgeschlossenen Jagdbezirke gelegenen Grundstücke dem Eigenthümer der Jagd oder dritten Personen gehören. 5. Jedem Besitzer eines zusammenhängenden Grundcomplexes von wenigstens 200 Joch wird die Ausübung der Jagd auf diesem eigentlichen Grundkomplexe gestattet. 6. Auf allen übrigen in den §§. 4 und 5 nicht ausgenommenen, innerhalb einer Gemeindemarkung gelegenen Grundstücken wird vom Zeitpunkte der Wirksamkeit dieses Patentes die Jagd der betreffenden Gemeinde zugewiesen. 7. Die Gemeinde ist verpflichtet, die ihr zugewiesene Jagd entweder ungetheilt zu verpachten, oder selbe durch eigens bestellte Sachverständige (Jäger) ausüben zu lassen. 8. Der jährliche Reinertrag der den Gemeinden zugewiesenen Jagd ist am Schlusse jedes Verwaltungs- oder Pachtjahres unter die Gesammtheit der Grundeigenthümer, auf deren in der Gemeindemarkung gelegenen Grundbesitze die Jagd von der Gemeinde ausgeübt wird, nach Maßgabe der Ausdehnung des Grundbesitzes zu vertheilen. 9. Jede Gemeinde ist bei einer Strafe von 10 bis 200 fl. dafür verantwortlich, daß keine andere Benützung der ihr zugewiesenen Jagd als die im §. 7 bezeichnete stattfinde.

Verordnung des Ministeriums des Innern vom 15. Dez. 1852. (L. G. B. 1852, Seite 1074.) 1. Das Jagdrecht auf dem, den Gemeinden nach §. 6 des a. h. Jagdpatentes vom 7. Mär, 1849 zur Ausübung der Jagd zugewiesenen, oder denselben eigenthümlichen Grundbesitze darf, den Fall des §. 10 dieser Verordnung ausgenommen, von nun an nicht anders, als im Wege der, durch die politische Bezirksbehörde vorzunehmende Verpachtung ausgeübt werden. 2. Die Verpachtung hat im Wege des öffentlichen Aufrufes in der Regel am Amtsorte der politischen Bezirksbehörde zu geschehen.

Die Ausschreibung ist soweit thunlich drei Monate vor Ablauf des früheren Pachtes durch öffentlichen Anschlag bei der genannten Behörde nach Umständen auch auf eine ausgedehntere Art kundzumachen. 3. Als Pächter der Jagd ist nur derjenige zuzulassen, gegen welchen in dieser Eigenschaft kein Bedenken obwaltet. Die Gemeinde als solche, ist von der Pachtung der Jagd ausgeschlossen, und alle die Umgehung dieser Vorschrift bezielenden Pachtverträge sind ungiltig. 4. Der Verpachtungsact unterliegt der Bestätigung der pol. Bezirksbehörde. 5. Kann die Verpachtung einer solchen Jagd nicht erzielt werden, so hat die pol. Behörde, mit Ausschluß der eigenen Ausübung durch die Gemeinde die entsprechende anderweitige Verfügung zu treffen. 6. Die Dauer der Pachtzeit soll in der Regel nicht unter 5 Jahre und nur aus erheblichen Gründen auf eine kürzere Zeit niemals aber unter 3 Jahre festgesetzt werden. 7. Der Jagdpächter hat einen zweijährigen, stets in Geld festzusetzenden Pachtbetrag in vorhinein zu erlegen, wovon die eine Hälfte als Caution, die andere Hälfte als Pachtschilling des ersten Jahres zu gelten hat. Die Caution kann auch in Staatspapieren nach dem Börsecurse des Erlagstages berechnet, erlegt werden. 8. Der einjährige Pachtbetrag muß immer vier Wochen vor Beginn eines jeden Pachtjahres, bei sonstiger neuerlicher Licitation des Pachtes auf Kosten und Gefahr des Pächters, in vorhinein entrichtet werden. 9. Die Cautions- und Pachtbeträge sind bei dem Steueramte zu erlegen. Vier Wochen nach Ablauf der Pachtzeit wird dem Pächter der Cautionsbetrag, insoweit er nicht für Ersatz- oder Strafbeträge in Anspruch genommen wird, über Anweisung der politischen Behörde erfolgt. 10. Ausnahmsweise, und wenn der Pächter selbst den, in der gegenwärtigen Verordnung vorgezeichneten Bedingungen entspricht, kann die pol. Behörde bereits bestehenden Pachtverträge nach Einvernehmung der betreffenden Gemeinde auch ohne Einleitung einer öffentlichen Lizitation nach Maßgabe der Vorschrift dieser Verordnung verlängern. 11. Hinsichtlich der Vertheilung des jährlichen Reinertrages der Jagd ist sich nach der Bestimmung des §. 8 des a. h. Jagdpatentens vom 7. März 1849 zu benehmen. 12. Die theilweise oder gänzliche Ueberlassung gepachteter Jagden in Afterpacht oder an Dritte gegen Vergütung in Geld oder Vorbehalt eines Theiles des Jagderträgnisses darf ohne Zustimmung der politischen Behörde bei sonstiger Ungiltigkeit des Geschäftes und Straffälligkeit der Parteien nicht stattfinden. Ebenso ist der Austausch einzelner Theile an einander grenzender Jagdgebiete von der Genehmigung der politischen Behörde abhängig. 13. Die Jagdpächter, sowie die im §. 5 des a. h. Jagdpatentes vom 7. März 1849 bezeichneten Grundbesitzer müssen unter eigener Verantwortung zur Beaufsichtigung der Jagd gelernte Jäger oder doch wenigstens von der politischen Behörde dazu als befähigt anerkannte sachkundige Personen bestellen und der genannten Behörde namhaft machen. 14. Mit Bewilligung der politischen Behörde kann auch der Jagdinhaber selbst (Grundeigenthümer oder Jagdpächter) als sachkundiger Aufseher bestellt werden. 15. Zu dieser Nachweisung, (§§. 13 und 14) wird den Jagdinhabern eine dreimonatliche Frist vom Tage der Kundmachung dieser Verordnung zugestanden. Erfolgt die Nachweisung nicht, so sind die selbstberechtigten Jagdbesitzer dazu durch die geeigneten Vollzugsmittel zu verhalten, gegen die Jagdpächter ist aber sofort mit Auflösung der Pachtung und Wiederverpachtung auf ihre Gefahr und Kosten vorzugehen. 16. Einwendungen aus einem privatrechtlichen Titel gegen den Vollzug der, in dieser Verordnung enthaltenen Bestimmungen finden nicht Statt. 17. Zur Ausübung der Jagd im eigenen oder fremden Namen ist Niemand berechtiget, der nicht in Gemäßheit des a. h. Patentes vom 24. October 1852 die Bewilligung zum Tragen der Jagdwaffen erhalten hat. 18. Jede Uebertretung oder Umgehung dieser Vorschriften ist von der politischen Behörde mit einer Geldstrafe von 25 bis 200 fl. zu belegen, welche dem Armeninstitute des Ortes, wo die Uebertretung begangen wurde, zufällt. Wenn die zu verhängende Geldstrafe an und für sich oder mit Rücksicht auf die Verhältnisse des Straffälligen nicht eingebracht werden kann, so ist sie in Arreststrafe von je Einem Tage für 5 Gulden zu verwandeln.

Mit Erlaß des Statthalters von Oberösterreich vom 11. April 1852, Z. 598 Prs. (L. G. B. 1852 Seite 365) wurde bestimmt, daß Niemand ohne Jagdkarte die Jagd ausüben dürfe. Für die Jagdkarte ist eine Taxe zu entrichten, welche mit Verordnung des Statthalterei-Präsidiums vom 4. August 1862, Z. 3738 Prs. von 4 fl. 20 kr. auf 2 fl. ö. W. herabgesetzt wurde. Nur den zur Ausübung der Jagd bestellten Sachverständigen wird die Jagdkarte unentgeldlich ausgefertigt. Die Jagdkarte wird durch die politische Behörde ausgestellt. Die Taxe hat dem Armenfonde des Ortes zuzufließen, wo der mit der Jagdkarte Betheilte wohnt. Uebertretungen dieser Verordnung werden von der politischen Bezirksbehörde bestraft.

Mit Verordnung der Ministerien des Innern und der Justiz vom 2. Jänner 1854 (L. G. B. 1854 I. Abth. Seite 4) wurde die Beeidigung des Jagd-Aufsichtspersonales für den Jagddienst durch die politische Behörde angeordnet. Das beeidete Personale genießt im Jagddienste die Rechte einer öffentlichen Wache und hat das auf Grund des §. 54 des Forstgesetzes vorgeschriebene Dienstkleid, oder die zur öffentlichen Kenntniß des Bezirkes gebrachte bezeichnende Kopfbedeckung oder Armbinde im Jagddienste zu tragen.

Mit Erlaß des Statthalters von Oberöst. v. 28. Dez. 1852, Z. 18419 (L. G. B. 1852 II. Abth. Seite 1) wurden in Folge ministerieller Anordnung die bestehenden jagdpolizeilichen Vorschriften kundgemacht.

In der Regel wird bei Brauereien, Gasthäusern, Aeckern, Wiesen u. dgl. die Verpachtung der eigenen Bewirthschaftung vorzuziehen sein.

Im Falle der Verpachtung dürfte auf dem Wege der öffentlichen Versteigerung der größtmögliche Pachtschilling erzielt werden.

Aufgabe des Gemeindevorstehers ist es, zu wachen, daß die Pächter die verpachteten Realitäten nicht vernachlässigen, oder von denselben einen andern als den etwa bedungenen Gebrauch machen, daß der Pachtzins zur gehörigen Zeit bezahlt und gegen den säumigen Pächter rechtzeitig unter Geltendmachung des nach §. 1101 b. G. B. dem Verpächter zustehenden Pfandrechtes eingeschritten werde, und daß die verpachteten Realitäten in dem etwa besonders bedungenen Zustande, oder wo eine solche Bedingniß fehlt, mit Rücksicht auf die Jahreszeit, in welcher der Pacht beendigt worden ist, in gewöhnlicher wirthschaftlicher Cultur (§. 1109 b. G. B.) zurückgestellt werden.

Gemeindewaldungen können in keinem Falle verpachtet werden.

Die Jahresüberschüsse sind zur Deckung der Erfordernisse im nächsten Jahre zu verwenden, und insoferne sie hiezu nicht benöthiget werden, fruchtbringend anzulegen und zum Stammvermögen zu schlagen.

Diese fruchtbringende Anlegung hat, wie sich von selbst versteht nicht nur bei den Jahresüberschüssen, sondern auch bei den Geldbeträgen, welche aus zurückbezahlten Privatcapitalien, veräußerten Realitäten 2c., einfließen, kurz bei allen Geldern, die zum Stammvermögen der Gemeinde gehören, einzutreten. Der Gemeindeausschuß hat zu bestimmen, wie die fruchtbringende Verwendung dieser Gelder zu geschehen hat, ob durch Ankauf von Realitäten, oder von Staatspapieren, oder durch Darlehen an Private. Er muß hiebei zunächst im Auge haben, daß das Capital sicher und unverkümmert erhalten werde, und unter mehreren Verwendungsarten, welche die gleiche Sicherheit gewähren, wird er jene wählen, die der Gemeinde den meisten erlaubten Nutzen einbringt. Der Gemeindeausschuß muß übrigens diese Bestimmung ohne Aufschub treffen, damit die Gemeinde nicht ohne Noth den Genuß des Stammvermögens entbehre.

Es dürfte zweckmäßig sein, Gemeinde-Capitalien zunächst bei Privaten und zwar bei Mitgliedern der eigenen Gemeinde, die ein Darlehen zur Verbesserung ihrer Landwirthschaft oder zu industriellen Zwecken aufzunehmen wünschen, anzulegen.

Kein Capital soll bei Privaten ohne pupillarmäßige Sicherheit angelegt werden, welche nach den §§. 230 u. 1374 b. G. B. nur dann vorhanden ist, wenn durch die Sicherstellung mit Einrechnung der etwa vorhergehenden Lasten, ein Haus nicht über die Hälfte und ein Grundstück nicht über zwei Drittheile seines wahren Werthes beschwert wird.

Wenn daher auf einem Hause im Werthe von 6000 fl. schon 2000 fl. Schulden einverleibt sind, so können auf dasselbe mit pupillarischer Sicherheit nur mehr 1000 fl. angelegt werden. Zur Beurtheilung der pupillarischen Sicherheit ist die Kenntniß des wahren Werthes der zu verpfändenden Realität und des auf derselben haftenden Schuldenstandes nothwendig. Um erstere zu erlangen, hat der Darlehenswerber eine gerichtliche Schätzung der zu verpfändenden Realität beizubringen. Der Schuldenstand ist aus dem Grundbuche ersichtlich.

Es muß übrigens den Gemeinden anempfohlen werden, zu verlangen, daß in jedem Schuldscheine über ein dargeliehenes Capital die

Bedingung aufgenommen werden, daß, falls die Zinsen 6 Wochen nach ihrer Verfallszeit nicht gezahlt werden sollten, das Capital sogleich ohne Rücksicht auf die bedungene Rückzahlungszeit eingetrieben werden könne.

Wenn der Ausschuß den Ankauf von öffentlichen Obligationen beschließt, so ist sich zu hüten, Obligationen, welche zu einem bestimmten Zwecke, z. B. als Caution vinkulirt sind, oder solche von unbekannten Personen einzuhandeln. Obligationen, welche zur Classe derjenigen gehören, deren Zinsen gegen Coupons ausgezahlt und die mit einem Talon zur Behebung der neuen Coupons hinausgegeben werden, sollen nicht gekauft werden, wenn sie nicht mit allen Coupons bis zur letzten Verfallszeit der Interessen und mit deren Talon versehen sind. Die auf Namen lautenden Obligationen sind über die vom Verkäufer beigefügte Zession auf den Namen der Gemeinde umschreiben zu lassen, und eben so räth es die Vorsicht, die Vinkulirung der auf Ueberbringer lautenden Obligationen für die Gemeinde zu erwirken, weil hiedurch im Falle des Verlustes die Amortisirung (Ungiltigerklärung) viel leichter durchgeführt, und selbst gegen dritte Besitzer die Eigenthumsklage wirksam angestrengt werden kann.

Gelder, die in einer gewissen Zeit zu irgend einem gewissen Gemeindezwecke verwendet werden müssen, können, damit sie bis dahin nicht unfruchtbar liegen bleiben, bei einer mit öffentlicher Genehmigung bestehenden Sparcasse angelegt werden, was auch rücksichtlich jener Beträge geschehen kann, die zwar zum Stammcapitale gehören, aber wegen ihrer Geringfügigkeit nicht anders angelegt werden können.

Nach §. 62 der G.-O. von Oberösterreich fällt das Verwaltungsjahr der Gemeinde mit jenem des Landes, und nach §. 65 der Salzburger G.-O. mit jenem des Staates zusammen.

Das Verwaltungsjahr des Staates und des Landes ist gegenwärtig das Sonnenjahr, welches mit 1. Jänner beginnt und mit Dezember endet.

§. 63 der G.-O. von Oberösterreich und §. 66 der Salzburger G.-O. handeln von dem Voranschlage der Gemeinde.

Schon vor Beginn eines jeden Jahres muß der Aufwand, der in demselben voraussichtlich zu bestreiten sein wird, veranschlagt, und um möglichen Geldverlegenheiten vorzubeugen, müssen auch die Mittel abgewogen werden, wodurch dieser Aufwand gedeckt werden kann.

Zu diesem Zwecke ist der Voranschlag (das Präliminare) zu verfassen. In demselben sind vergliedert alle Einnahmen und Ausgaben anzuführen, welche die Gemeinde voraussichtlich im kommenden Jahre haben wird.

Voranschlag

der Einnahmen und Ausgaben der Ortsgemeinde N., für das Jahr 18

Post-Nro.	Einnahmen	vorgeschlagen vom Gemeinde-Vorsteher fl.	kr.	genehmiget vom Gemeinde-Ausschusse fl.	kr.	Anmerkung
1.	Kassarest	200	50	200	50	
2.	Pachtschillinge	500	—	500	—	
3.	Kapitalszinsen . . . , . .	100	—	100	—	
	Summa .	800	50	800	50	

Post-Nr.	Ausgaben	vorgeschlagen vom Gemeinde-Vorsteher fl.	kr.	genehmiget vom Gemeinde-Ausschusse fl.	kr.	Anmerkung
1.	Landesfürstliche Steuern und Landesumlage	90	50	90	50	
2.	Brandassecuranz	15	—	15	—	
3.	Besoldungen	900	—	900	—	
4.	Kanzlei-Erfordernisse . . .	60	—	60	—	
5.	Beheizung der Kanzlei und Arreste	60	—	— 60	— —	
6.	Vorspannsaufzahlung . .	20	—	20	—	
7.	Armenversorgung	700	—	700	—	
8.	Baureparaturen	50	—	50	—	
9.	Erhaltung der Straßen . .	300	—	200	—	
10.	Verschiedene Auslagen . .	100	—	100	—	
	Summe .	2295	50	2285	50	
	In Entgegenhaltung der präliminirten Einnahmen pr.	—	—	800	50	
	Bleiben nicht bedeckte Ausgaben	—	—	1485	—	

Gemeinde N. am

N. N.
Gemeindevorsteher.
N. N.
Gemeindeausschuß.
N. N.
Gemeindeausschuß.

Der Gemeindevorsteher hat den Voranschlag für das künftige Jahr anzufertigen.

Die Einnahmen und Ausgaben sind entweder gewöhnliche oder außergewöhnliche, d. i. solche, die in der Regel jedes Jahr, oder solche, die nur aus besonderen Anlässen und Ereignissen vorkommen. Die gewöhnlichen sind bestimmt oder unbestimmt, je nachdem sich die Größe derselben schon im vorhinein mit Zuverlässigkeit angeben läßt, oder aber dieß der Fall nicht ist. Zu den gewöhnlichen bestimmten Einnahmen und Ausgaben gehören z. B. die Interessen aus den Stammkapitalien, die Besoldungen 2c. Gewöhnliche unbestimmte Einnahmen und Ausgaben sind z. B. Standgelder, Baureparaturen 2c.

Die gewöhnlichen bestimmten Einnahmen und Ausgaben hat der Gemeindevorsteher mit ihren schon im voraus bekannten Beträgen in den Voranschlag aufzunehmen. Bei den gewöhnlichen unbestimmten Einnahmen und Ausgaben hat sich der Gemeindevorsteher an das Ergebniß der erledigten Rechnung des letzt verflossenen Jahres zu halten, welches das Beobachtungsjahr heißt. Für das Präliminare des Jahres 1865 ist daher das Jahr 1863 das Beobachtungsjahr und die erledigte Rechnung aus diesem Jahre dient dem Präliminare zur Grundlage.

In das Präliminare sind demnach die gewöhnlichen unbestimmten Einnahmen und Ausgaben in jenen Beträgen einzustellen, wie sie im Beobachtungsjahre wirklich vorgekommen sind. Es hat dieß darin seinen Grund, weil derlei Einnahmen und Ausgaben nicht so schnell mit bedeutenden Unterschieden sich ändern.

Wenn jedoch seit Ablauf des Beobachtungsjahres bis zur Zeit der Präliminirung besondere Ereignisse eingetreten oder aber Verhältnisse vorauszusehen sind, die ein gleiches Resultat wie im Beobachtungsjahre nicht erwarten lassen, so sind die Ansätze im Präliminare mit Rücksicht auf diese Ereignisse und Verhältnisse zu machen, was der Gemeindevorsteher im Präliminare in der Rubrik „Anmerkung" kurz zu begründen hat.

Eine außergewöhnliche Einnahme kann sich ergeben, wenn z. B. der Gemeinde ein Vermächtniß zugefallen ist, dessen Entrichtung an die Gemeindekasse sich im kommenden Jahre gewärtigen läßt.

Außergewöhnliche Ausgaben sind z. B. neue Bauten 2c.

Wenn es der Gemeindevorsteher für nothwendig erachtet, daß im kommenden Jahre eine solche außerordentliche Ausgabe z. B. die Umlegung einer Gemeindestraße stattfinden soll, so wird er schon vor der Verfassung des Präliminares in einer Ausschußsitzung seinen Antrag auf Bestreitung dieser Ausgabe stellen und die Bewilligung des Gemeindeausschusses hiezu erwirken. Ist diese Bewilligung ertheilt, so wird er, insoweit dieß nicht schon früher geschehen wäre, den dießfälligen Kostenaufwand erheben, mithin bei einem vorzunehmenden Bau die Kostenüberschläge von Sachverständigen einholen. Die auf die eine oder die andere Art ausgemittelte Ziffer der wahrscheinlichen Beköstigung stellt der Gemeindevorsteher in das Präliminare ein.

In das Präliminare der Ortsgemeinde dürfen eben nur die Einnahmen und Ausgaben der Ortsgemeinde eingestellet werden. So gehören Auslagen für die Pfarrkirche, für das Pfarrhaus und den Seelsorger nicht in das Präliminare der Ortsgemeinde, sondern in jenes der Pfarrgemeinde.

Wenn in der Gemeinde besondere Gemeinde-Anstalten, (Spital, Sparcasse ꝛc.) bestehen, so sind rücksichtlich derselben eigene Voranschläge von den aufgestellten Verwaltern vorzulegen und von dem Gemeinde-ausschusse festzustellen.

Die Voranschläge der Gemeinde und der Gemeindeanstalten müssen wenigstens 14 Tage vor der Prüfung durch den Ausschuß in der Gemeindekanzlei zur Einsicht der Gemeindemitglieder öffentlich aufgelegt werden, und es sind die von denselben hierüber abgegebenen Erinnerungen bei der Prüfung in Erwägung zu ziehen.

Zur Verhandlung über die Präliminarien hat der Gemeindevorsteher längstens einen Monat vor Eintritt des nächsten Jahres somit längstens Ende November eine Ausschußsitzung anzuberaumen, und es hat in selber der Gemeindevorsteher über die Präliminarien Vortrag zu halten.

Post für Post ist anzufragen, ob etwas zu bemerken ist, und wie eine Bemerkung gemacht wird, darüber abzustimmen. In die betreffende Rubrik des Präliminares sind sohin die Ansätze der Einnahmen und Ausgaben so einzustellen, wie sie vom Gemeindeausschusse genehmiget worden sind.

Der Gemeindeausschuß wird bei dieser Verhandlung wohl zu erwägen haben, wie die Einnahmen zu erhöhen und welche Ersparungen zu erzielen wären. Bei dem Einen, wie bei den Andern wird er jedoch die richtige Mitte inne zu halten nicht unterlassen. Er wird nicht gleichgiltig für die Vermehrung der Gemeinde-Einkünfte sein; er wird aber auch nicht durch Bedrückung anderer oder gar durch Verletzung fremder Rechte diese Vermehrung zu erzielen streben; er wird eben so weit von Verschwendung wie von übertriebener Sparsamkeit entfernt sein, da beide in der Regel zum gleichen Resultate führen. Werden aus Sparsamkeit die Reparaturen eines Hauses unterlassen, so führt dies gar bald zum Ruin desselben und die Gemeinde wird nach wenigen Jahren genöthigt sein, dasselbe ganz neu zu erbauen, während es durch jährliche unbedeutende Reparaturen fortan im guten Stande hätte erhalten werden können.

Wenn die Ausscheidung einer Auslage beantragt wird, die der Gemeinde gesetzlich obliegt, oder wenn auf Einnahmsquellen hingedeutet wird, die gesetzlich unzulässig sind, so hat der Gemeindevorsteher das Zwecklose von derlei Anträgen und Hindeutungen dem Gemeindeausschusse vorzustellen. Würde aber Letzterer dennoch die Ausscheidung einer der Gemeinde gesetzlich obliegenden Ausgabe, oder die Aufnahme einer gesetzlich unzulässigen Einnahme beschließen, so hat der Gemeindevorsteher dieß der Bezirksbehörde anzuzeigen und er ist vor der Entscheidung derselben an den Beschluß nicht gebunden. (§. 51, resp. §. 51 der Salzbg. G. O.)

Der vom Gemeindeausschusse genehmigte Voranschlag ist vom Gemeindevorsteher, dann von zwei vom Ausschusse zu ernennenden Mitgliedern desselben zu unterfertigen.

Längstens zwei Monate nach Beendigung des Verwaltungsjahres, somit längstens am 1. März hat der Gemeindevorsteher die Rechnungen über die Empfänge und Ausgaben der Gemeinde und der Gemeindeanstalten dem Gemeindeausschusse zur Prüfung und Erledigung vorzulegen. Die Jahresrechnungen müssen ebenso wie die Voranschläge wenigstens 14 Tage vor der Prüfung durch den Ausschuß in der Gemeindekanzlei öffentlich aufliegen und es sind die hierüber gemachten Erinnerungen von Gemeindemitgliedern mit der Prüfung in Erwägung zu ziehen.

Die Rechnungen müssen in allen Einnahmen und Ausgaben mit den betreffenden Documenten gehörig belegt sein.

Formulare.

Rechnung

über die in der Gemeinde N. im Jahre 18 eingegangenen und verausgabten Gelder.

Nro. des Voranschlages	Nro. der Beilage	Einnahmen	Gebühr: an den Rückständen die mit Ende des dem Rechnungsjahre vorausgegangenen Jahres verblieben sind fl.	kr.	für das Rechnungsjahr fl.	kr.	Zusammen fl.	kr.	Von dieser Gebühr sind eingenommen worden fl.	kr.	im Rückstande verblieben fl.	kr.	Anmerkung
1		Cassarest übertragen aus dem Cassajournal	—	—	200	50	200	50	200	50	—	—	
2		Pachtschillinge											
	I	für die Verpachtung des Gemeindewirthshauses .	—	—	200	—	200	—	150	—	50	—	
	II	für die Verp. der Gem.-Wiese	—	—	30	—	30	—	30	—	—	—	
	III	für die Verpachtung des Gemeinde-Steinbruches . .	—	—	50	—	50	—	50	—	—	—	
		Capitals-Zinsen.											
3		Interessen von der 5% Met.-Obl. Nr. ddo. pr. 500 fl.	—	—	25	—	25	—	25	—	—	—	
4		Erlös aus dem Verkaufe von Naturalien	—	—	—	—	—	—	—	—	—	—	
	IV	f. d. bei der Lizitation am verkft. 100 K. buch. Scheiter	—	—	1200	—	1200	—	1200	—	—	—	
5		Außergewöhnliche Einnahmen											
	V	Vermächtniß	—	—	50	—	50	—	50	—	—	—	
	VI	Gemeindeumlage	—	—	1000	—	1000	—	1000	—	—	—	
		Summe der Einnahmen:	—	—	2755	50	2755	50	2705	50	50	—	

Nro. des Voranschlages	Nro. der Beilage	Ausgaben	Gebühr: von den Rückständen die mit Ende des dem Rechnungsjahre vorausgegangenen Jahres verblieben sind fl.	kr.	für das Rechnungsjahr fl.	kr.	zusammen fl.	kr.	Auf diese Gebühr sind: bezahlt worden fl.	kr.	im Rückstande verblieben fl.	kr.	Anmerkung
1		Landesfürst. Steuern, Landesumlage und Brand-Assecurranz											
	1 u. 2	laut Steuer- und Gabenbüchel bezahlt	—	—	80	—	80	—	80	—	—	—	
2		Besoldungen											
	3—26	laut Quittungen	—	—	800	—	800	—	800	—	—	—	
3		Kanzleierfordernisse											
	27b. 30	laut Quittungen	—	—	50	—	50	—	50	—	—	—	
4		Beheizung der Kanzlei und Arreste											
	31	laut Empfangsbestätigung .	—	—	62	—	62	—	62	—	—	—	
5		Armenversorgung											
	32	laut Verzeichniß vertheilt .	—	—	900	—	900	—	900	—	—	—	
6		Bauereparaturen											
	32	laut Kostenverzeichniß für Reparaturen im Gemeindehause	—	—	70	—	70	—	70	—	—	—	
7		Straßen											
	33	Bau der Mühlbrücke laut Bauacten	—	—	400	—	400	—	350	—	50	—	
	34	laut Verzeichniß für Erhaltung der Straßen . . .	—	—	253	50	253	50	253	50	—	—	
		Summe der Ausgaben.	—	—	2615	50	2615	50	2565	50	50	—	
		Hiezu der Cassarest dieses Js.	—	—	—	—	—	—	140	—		—	
		Summe der Einnahme gleich	—	—	—	—	—	—	2705	50	—	—	

Gemeinde N. am

N. N.
Gemeindevorsteher.

Bei der Ausschußsitzung sind die Einnahmen Rubrik für Rubrik mit Zuhandnahme des Inventars und des für das Rechnungsjahr genehmigten Voranschlages genau zu prüfen und es ist insbesondere darauf zu sehen, ob der baare Cassarest und die verbliebenen Activrückstände des verflossenen Verwaltungsjahres richtig übertragen, ob alle außerordentlichen Zuflüsse, oder die der Gemeinde au Schenkungen oder sonst zugegangenen Einkünfte richtig in Empfang gestellt sind.

Einer besonders eindringlichen Prüfung sind die Activ-Rückstände in der Richtung zu unterziehen, ob alle Schritte ordnungsmässig eingeleitet wurden, um den Rückstand einzubringen, oder ob und welches Versäumniß dem Gemeindevorsteher zur Last falle.

Der vom Gemeindevorsteher gestellte Antrag auf Abschreibung einer oder der andern Rückstandspost muß genau erwogen werden.

Die Ausgaben sind genau mit dem Inventar und dem genehmigten Präliminare zu vergleichen, und es ist darauf zu sehen, ob in jeder Rubrik der Präliminar-Ansatz eingehalten und wenn er überschritten wurde, ob dafür die vorgeschriebene Bewilligung des Gemeindeausschusses ertheilt worden ist.

Es ist sich zu überzeugen, ob die in Ausgabe gestellten Beträge wirklich zu dem in der Rechnung angegebenen Zwecke verwendet wurden, ob die Quittungen in der Ordnung sind.

In Gemeinden, die ein grösseres Vermögen haben, wo daher auch die Jahresrechnung nicht so einfach ist, wird es nothwendig sein, daß der Gemeindeausschuß aus seiner Mitte eigene Rechnungsrevidenten bestelle, denen die Rechnung einige Zeit vor der Sitzung vom Gemeindevorsteher übergeben wird. Dieselben haben in der angegebenen Weise die Rechnung der eingehendsten und ziffermäßigsten Prüfung zu unterziehen, wenn sie Anstände finden, dem Gemeindevorsteher um die nothwendigen Erläuterungen anzugehen, sohin in der Sitzung den Vortrag über die Rechnung zu halten und hiebei den Antrag zu stellen, ob die Rechnung genehmiget, ob diese oder jene Post zu rectifiziren oder auszuscheiden, oder dem Gemeindevorsteher zum Ersatze vorzuschreiben sei.

Nach jedem einzelnen Antrage steht es dem Gemeindevorsteher oder dem betheiligten Ausschusse frei, seine aufklärende oder rechtfertigende Aeußerung abzugeben, wornach zur Abstimmung zu schreiten ist. Hiebei hat sich der Gemeindevorsteher oder das betheiligte Ausschußmitglied der Abstimmung zu enthalten.

Nach Maßgabe der gefaßten Beschlüsse hat der Gemeindeausschuß dem Gemeindevorsteher die Enderledigung über die Rechnung hinaus zu geben.

Wird die Rechnung in Ordnung befunden, so kann diese Enderledigung also lauten:

„Der Ausschuß der Ortsgemeinde N. hat bei seiner Sitzung am die von dem Herrn Gemeindevorsteher vorgelegte Rechnung über alle Empfänge und Ausgaben der Gemeinde im Verwaltungsjahre 18 . . geprüft und durchaus in Ordnung befunden. Hievon setzen wir, als vom Gemeindeausschusse zur Ausstellung dieser Urkunde gewählt, den Herrn Gemeindevorsteher in Kenntniß.

Datum . . . . . .

N. N.	N. N.
Ausschuß.	Ausschuß.

Wäre in der Rechnung etwas vergessen worden, oder sonst ein Verstoß untergelaufen, so kann dieß ungeachtet dieses Zeugnisses weder der Gemeinde, noch dem Gemeindevorsteher zum Nachtheile gereichen und eben so wenig kann dieses Zeugniß von der Verbindlichkeit, aus einer erst später entdeckten arglistigen Handlung loszählen.

Wird der Gemeindevorsteher durch die Enderledigung zu einem Ersatze verhalten, so kann hiezu folgendes Formulare dienen:

„Der Ausschuß der Ortsgemeinde N. hat bei seiner Sitzung am die von dem Herrn Gemeindevorsteher gelegte Rechnung über die Empfänge und Ausgaben der Gemeinde für das Verwaltungsjahr 18 . . geprüft und hiebei befunden:

1. Daß der Herr Gemeindevorsteher gegen den Beschluß des Ausschusses vom . . . . die Klafter Holz statt um 12 fl. um 11 fl. 50 kr. verkauft, daher für 100 Klafter Holz um 50 fl. zu wenig in Empfang gestellt und 2. daß derselbe an Baureparaturen gegen das Präliminare um 30 fl. ohne genügender Rechtfertigung zu viel ausgegeben hat. Hiernach werden dem Herrn Gemeindevorsteher 80 fl. zum Ersatze vorgeschrieben. Wovon wir als vom Ausschusse zur Ausstellung dieser Erklärung gewählt, den Herrn Gemeindevorsteher in Kenntniß setzen.

Datum . . . . .

N. N.
Ausschuß.
N. N.
Ausschuß.

Läßt sich der Gemeindevorsteher zum Ersatze nicht herbei, so ist die Angelegenheit im Wege Rechtens vor dem competenten Gerichte auszutragen.

Der vom Gemeinde-Ausschusse genehmigte Voranschlag dient dem Gemeindevorsteher als Regulativ, an das sich derselbe nach §. 64 der G.-O. von Oberösterreich und nach § 67 der Salzburger G.-O. genau zu halten hat. Wenn also z. B. auf Baureparaturen nur 200 fl. bewilliget wären, so muß der Gemeindevorsteher dieselben so vornehmen, daß diese Summe nicht überschritten werde.

Kommen jedoch dringende Auslagen vor, welche in der einschlägigen Rubrik des Voranschlages ihre Bedeckung gar nicht oder nicht vollständig finden, z. B. der Sturmwind hätte das Dach des Gemeindehauses abgedeckt und es könnte diese Herstellung aus dem für Reparaturen oder Herstellung präliminirten Betrage nicht bestritten werden, so muß der Gemeindevorsteher hiezu die Bewilligung des Ausschusses erwirken. Sind jedoch diese Auslagen so dringend, daß die Einholung der Bewilligung ohne großen Schaden und ohne Gefahr nicht möglich ist, z. B. Auslagen für die bei Ueberschwemmungen zu treffenden Vorkehrungen, so darf der Gemeindevorsteher die nothwendigen Auslagen bestreiten, er muß jedoch unverzüglich die nachträgliche Genehmigung des Ausschusses sich erwirken. In dem einen wie in dem andern Falle hat der Gemeindevorsteher, insoferne es erforderlich ist, zugleich die Art vorzuschlagen, wie der allfällige Ausfall zu decken ist.

Nach §. 65 der G.-O. von Oberösterreich und §. 68 der Salzburger G.-O. sind alle Ausgaben für Gemeindezwecke zunächst aus den in die Gemeindekasse einfließenden Einkünften zu bestreiten.

Das Kassageschäft ist von einem Gemeindekassier zu führen, welcher entweder ein Mitglied der Gemeindevertretung oder ein Gemeindebeamter sein kann. Die dießfällige Bestimmung ist vom Gemeindeausschusse zu treffen, welcher überhaupt die Art und Weise der Kassagebahrung vorzuzeichnen hat.

Der Ministerial-Erlaß vom 11. Dezember 1850, Z. 13353 (L. G. B. 1851 Seite 5) enthält hierüber folgende Anleitungen, die sich zur Annahme empfehlen.

Der Ausschuß hat einen aus seiner Mitte mit der Gegensperre zu betrauen.

Die Gemeindecasse soll in einem möglichst sicheren feuerfesten Locale aufbewahrt werden. Sie muß mit zwei Schlössern verschlossen sein.

Der Gemeinde-Cassier erhält den Schlüssel zu dem einen Schlosse und das mit der Gegensperre betraute Ausschußmitglied den Schlüssel zu dem andern Schlosse.

In der Gemeindecasse sollen nebst dem baaren Gelde alle öffentlichen und Privat-Urkunden, alle Verträge und überhaupt alle für die Gemeinde wichtigen Urkunden und Schriften aufbewahrt werden.

Der Gemeinde-Cassier hat die Gemeindeeinkünfte einzuheben und die Zahlungen für Rechnung der Gemeinde zu leisten. Ueber die täglichen Einnahmen und Ausgaben hat er ein Tagebuch, Casse-Journal nach beistehendem Muster zu führen.

Cassa-Journal

der Ortsgemeinde N. für das Jahr 18

Journal-Artikel	Nr. der Beilage	Datum	Gegenstand	Einnahme				Ausgabe			
				Obligationen		Baar		Obligationen		Baar	
				fl.	kr.	fl.	kr.	fl.	kr.	fl.	kr.
1	—	1. Jän. 18 . .	Wird der Cassarest laut Rechnungsabschluß des vorigen Jahres übertragen mit	400	—	120	—	—	—	—	—
2	—	dto.	zahlt N N. die jährliche Pachtrate für den gepachteten Acker	—	—	50	—	—	—	—	—
3	—	dto.	wird dem Krämer N. N. für Papier, Spagat und Tinte laut Quittung bezahlt pr.	—		—	—	—	—	30	50
4	—	dto.	dem Gemeindeactuar der Monatsgehalt bezahlt pr.	—	—	—	—	—	—	41	66
5	—	dto.	dem Gemeindediener der Monatsgehalt bezahlt pr.	—	—	—	—	—	—	16	66
			Fürtrag:	400	—	170	—	—	—	88	82

Journ.-Artikel	Nr. der Beilage	Datum	Gegenstand	Einnahme Obligationen fl.	kr.	Einnahme Baar fl.	kr.	Ausgabe Obligationen fl.	kr.	Ausgabe Baar fl.	kr.
			Uebertrag:	400	—	170	—	—	—	88	82
6	—	1. Febr.	wird von N. N. das laut Schuldschein vom 1. Februar 1859 ihm dargeliehene Capital pr. 400 fl. nebst 5% Interessen vom 1. August v. J. bis 1. Febr. l. J. pr. 10 fl. bezahlt, zusammen	—	—	410	—	—	—	—	—
			und wird dagegen an N. N. der gedachte Schuldschein pr.	—	—	—	—	400	—	—	—
			verausgabt.								
			Nachdem soeben die Scontrirungs-Commission zur Casse gekommen ist, um sich von dem Stande derselben zu überzeugen, wurde dieses Journal abgeschlossen. Ueber Abzug der Auslagen pr. . .	400	—	88	82	—	—	—	—
			ergibt sich ein Cassarest mit . . . . welcher richtig vorgefunden wurde.	—	—	491	18	—	—	—	—
			1. Februar 18 . .								
			N. N. Gemeindevorsteher.								
			N. N. Ausschuß.								
			N. N. Ausschuß.								
		3. Febr.	N. N. zahlt den Miethzins von Michaeli bis Lichtmeß für die im Gemeindehaus innehabende Wohnung pr. . . .	—	—	10	—	—	—	—	—
			u. s. w.								
			Mit 31. Dezember 18 . . wurde dieses Journal abgeschlossen, wobei sich nach Abzug der Einnahmen pr. . . .								
			ein Cassarest pr.								
			zeigte, der in das Journal für das nächste Jahr 18 . . aufgenommen wurde.								
			N. N. Cassier.								

In das Cassa-Journal sind alle Einnahmen und Ausgaben, wie sie vorfallen, ungesäumt einzutragen und zwar in der Art, daß die fortlaufende Zahl oder der Journal-Artikel angemerkt, das Datum der Einnahme oder Ausgabe genau beigesetzt, und der Gegenstand derselben in gedrängter Kürze angeführt werde. Es ist auch zu bemerken, ob die Aus- und Einzahlungen auf Abschlag oder zur gänzlichen Tilgung der vorgeschriebenen Post und von welcher und an welche Parteien sie geschehen seien.

In Gemeinden, welche ein größeres Vermögen haben, wird zur vollständigen Uebersicht ein Hauptbuch anzulegen sein, in welchem für die verschiedenen Einnahms- und Ausgabsposten eigene Conto zu eröffnen sind, aus welchen das Sollen und Haben der Gemeinde ersichtlich ist. Da diese Gemeinden ohnedieß einen in Cassageschäften ganz betrauten Beamten anstellen werden, so ist es überflüssig, über die Art der Anlegung eines solchen Hauptbuches nähere Bestimmungen zu treffen.

Die direkten Steuern, welche der Gemeindevorsteher einzuheben hat, sind kein Gegenstand des Kassa-Journals, sie fließen nicht in die Gemeindekasse. Der Gemeindevorsteher hat sich bezüglich der Einhebung und Abfuhr derselben an die besondere Instruktion zu halten.

Der Gemeinde-Cassier wird bei der Einhebung die bezügliche Quittung ausfertigen.

Auszahlungen können nur über Auftrag des Gemeindevorstehers gegen ordnungsmäßig auf gehörigen Stempel ausgefertigte Quittung geschehen. Diese Quittungen sind mit dem Journals-Artikel zu versehen; und als Belege des Journals in der Casse aufzubewahren. Bei Zahlungen, welche an eine des Schreibens unkundige Partei geleistet werden, muß dieselbe zwei Zeugen, von welchen einer deren Namen unterfertiget, beiziehen und ihr gewöhnliches Handzeichen beirücken. Der Zeuge, der den Namen unterfertiget hat, unterschreibt sich als „Namensunterfertiger und ersuchter Zeuge," der andere als „ersuchter Zeuge."

Der Gemeinde-Cassier hat zu sorgen, daß die Einkünfte der Gemeinde sogleich nach der Verfallszeit eingebracht werden. Die Rückständler sind dem Gemeindevorsteher zur Einleitung der erforderlichen Schritte anzuzeigen.

Ebenso hat der Cassier zur gehörigen Zeit den Gemeindevorsteher von dem Ablaufe der Miethen und Pachtungen, von dem Rückzahlungstermine der Capitalien u. s. w. zu verständigen, damit bei Zeiten die geeigneten Vorkehrungen wegen der neuen Miethe oder Pachtung der Capitals-Anlegung u. s. w. getroffen werden können.

Es bleibt dem Ermessen des Gemeindeausschusses überlassen, zu bestimmen, welchen Betrag der Cassier in seinen Händen behalten darf. Was darüber ist, hat er von Fall zu Fall, wie er die Einbringung bewerkstelliget, in die Casse abzuführen.

Mit dem letzten Dezember eines jeden Jahres, ist das Cassa-Journal abzuschließen und der Cassarest in das Journal des kommenden Jahres zu übertragen.

Im Journale und in den sonst etwa geführten Büchern sollen keine Radirungen vorgenommen werden, jeder Fehler ist blos mit der Feder mittelst Ausstreichung in der Art zu verbessern, daß das Ausgestrichene noch gelesen werden kann.

Der Ausschuß ist nach §. 37 der o. ö. und nach §. 40 der Salzb. G.-O. verpflichtet, die Casse im Laufe eines Jahres öfters untersuchen (scontriren) zu lassen.

Er hat hiezu eine eigene Commission aus seiner Mitte zu bestimmen, welche aus dem Gemeindevorsteher und zwei Ausschußmitgliedern bestehen kann. Die Commission möge auf die Dauer eines Jahres ernannt und beauftragt werden, im Verlaufe desselben die Casse mindestens viermal zu scontriren. Diese Skontrirung hat jedesmal unerwartet zu geschehen, und es ist hiebei das Cassa-Journal abzuschließen und nachzusehen, ob der nach diesem Abschlusse sich zeigende Cassarest auch wirklich in der Casse vorhanden ist.

Die vorgenommene Scontrirung ist im Journale in der im Formulare eines Casse-Journals angezeigten Art ersichtlich zu machen.

Die bei §. 69 der G. O. von Oberösterreich (§. 72 der Slzbg. G. O.) zitirte Vorschrift v. 10. Nov. 1830 betrifft die Grundsätze über das Verfahren bei Wasserbauten und der Bedeckung des hiezu erforderlichen Aufwandes, welche mit a. h. Entschließung vom 30. Okt 1830 laut herabgelangten Hofkanzlei-Dekretes vom 10. Nov. 1830, Z. 25657 (P. G. S. 1830 S. 372) zur Richtschnur vorgezeichnet wurde. Die Vorschrift lautet:

Erstens: Vor jedem Wasserbau soll der relative Nutzen desselben im Verhältnisse zu dem dazu erforderlichen Aufwande mit Zuziehung der dazu gehörigen Interessenten ausgemittelt werden.

Unter der Nützlichkeit eines Baues wird sowohl der positive Vortheil, der davon erwartet wird, als die Abwendung der Nachtheile, die aus der Unterlassung des projektirten Baues zu besorgen sind, verstanden.

Unter den Interessenten sind sowohl das Aerarium, wenn es zu konkuriren berufen ist, also die das Aerarium vertretenden Behörden, wie auch die Privaten, deren Interesse in Berührung kommt, gemeint.

Zweitens: Ueber die Vollziehung eines projektirten Wasserbaues haben die dazu berufenen Behörden nach Maßgabe ihres Wirkungskreises zu entscheiden.

Drittens: Zur Bedeckung des Aufwandes eines als nothwendig oder nützlich erkannten, und gehörig beschlossenen Wasserbaues sind nach den weiter folgenden Bestimmungen der Staat, und die Privat-Interessenten berufen.

Viertens: Wasserbauten für reine Staatszwecke sind, ausschließend auf Kosten des Staats-Aerars zu vollziehen. Dahin gehören insbesondere alle Wasserbauten, welche ausschließend auf den Zweck der Befahrung der Flüsse mit Schiffen oder Flössen, oder bei Grenzflüssen gegen das Ausland oder Ungarn auf die Versicherung der Ufer als Staatsteritorium gerichtet sind.

Fünftens: Wasserbauten, welche nur allein zur Erreichung von Privatzwecken unternommen werden, sollen auch nur auf Kosten derjenigen Privaten, denen daraus ein Vortheil zugeht, oder von denen dadurch ein Nachtheil abgewendet wird, getragen werden.

Sechstens: Wenn ein Wasserbau, obgleich vorzugsweise aus Staatszwecken unternommen, auch Privaten zu Nutzen gereicht, oder wenn ein solcher Bau für Privatzwecke zunächst berechnet, auch dem Staate direkte und berechenbare Vortheile gewährt, so haben auch im ersten Falle die Privaten, und im letzten Falle auch der Staat zu den Kosten verhältnißmäßig beizutragen.

Siebentens: Die gehörig berechneten Kosten eines beschlossenen Wasserbaues sind, wenn dazu theils der Staat, theils Privat-Interessen beizutragen berufen sind, vor Allem mit Zuziehung der Interessenten von den dazu geeigneten Behörden von Fall zu Fall nach dem Verhältnisse des erwarteten Nutzens oder abgewendeten Schadens zwischen dem Staate und den Privat-Interessenten festzusetzen, in der Art, daß auch für die letzteren vorläufig nur die auf sie im Ganzen ausfallende Summe mit dem Vorbehalte der Subrepartition ausgemittelt wird.

Achtens. Die Subrepartition der Baukosten auf die Privat-Interessenten, diese mögen mit dem Staate gemeinschaftlich oder allein und ausschließend konkuriren, ist jedesmal mit ihrer Zuziehung von der dazu berufenen Behörde durch geeignete Kunstverständige auszumitteln.

Neuntens. Insoferne die Privat-Interessenten eines Flußwasserbaues vorzugsweise aus den Fluß-Anreinern bestehen, ist zu bemerken, daß darunter nur jene verstanden werden, deren Realbesitzthum inner dem Innundations-Gebiete des Flußes gelegen ist, daß aber dieser Begriff außer den unmittelbaren Grundbesitzern auch auf die Grund- und Zehent-Obrigkeiten nach dem Verhältnisse ihres Nutzantheiles an den bezeichneten Gründen und Realitäten anszudehnen sei.

Zehntens. Unter den Privat-Interessenten werden ferners auch jene öffentlichen Fonde verstanden, welche, obschon sie unter der Verwaltung der Staatsbehörde stehen, gleichwohl nach den Grundsätzen des Privatrechts administrirt werden, welche Fonde daher in Beziehung auf Wasserbauten, bei welchen sie interessirt sind, genau wie andere Private zu behandeln sein werden.

Eilftens. Zum Maßstabe der Beitragsleistung soll der Capitalswerth dienen, um welchen die Grundstücke oder Realitäten eines jeden einzelnen Interessenten entweder positiv durch Vermehrung desselben, oder negativ durch Verminderung ihrer Abwerthung erhöht werden.

Zwölftens. Jedem Privat-Interessenten ist von der Behörde der Betrag, der auf ihn entfällt, und der Maßstab, nach welchem derselbe berechnet worden ist, in einem gehörig verfaßten Ausweise bekannt zu geben.

Sollte ein Privat-Interessent durch die von der Behörde ihm zugestellte Berechnung seines Beitrages oder des Maßstabes der Ausmittlung sich beschwert finden, so steht es ihm frei, binnen einer Frist von höchstens 14 Tagen um eine gerichtliche Würdigung des auf ihn angewendeten Maßstabes anzusuchen, welche in jedem Falle zu bewilligen ist, und nach deren Ausspruch sich zu benehmen sein wird, ohne einen weiteren Rechtszug oder Beschwerde zuzulassen.

Die Kosten der gerichtlichen Schätzung wird der Recurent nur dann zu tragen haben, wenn die von ihm eingebrachte Beschwerde als ungegründet erkannt werden sollte.

Dreizehntens. Wer nach Verlauf der festgesetzten Frist von 14 Tagen das Ansuchen um eine gerichtliche Schätzung nicht gestellt haben sollte, ist zur Leistung des ihm zugetheilten Beitrages verpflichtet.

Vierzehntens. Sollte Jemand es vorziehen, den Grund oder die Realität, für welchen er einen definitiv ausgemittelten Beitrag zu leisten hätte, lieber ganz aufgeben, als sich diesem Beitrage zu unterziehen, so steht ihm solches frei, nur muß die Erklärung darüber in einer Frist von 14 Tagen nach definitiver Feststellung des Betrages abgegeben werden.

Solche überlassene Grundstücke oder Realitäten sind zum Vortheile der Baukosten-Concurrenz im Wege der öffentlichen Versteigerung *) zu veräußern.

Fünfzehntens. Um die Vollziehung eines beschlossenen Wasserbaues nicht aus Mangel an den dazu erforderlichen Geldmitteln ins Stocken zu bringen, ist sich nach der Beschaffenheit der Concurrenz darüber die vollkommene Sicherheit zu verschaffen, in welcher Beziehung folgende Bestimmungen festgesetzt werden:

a) In den Fällen, wo der Staat den Aufwand allein zu bestreiten hat, kann die angemessene Erfolglassung der erforderlichen Summen mit Rücksicht auf die bestehenden Vorschriften ohnehin keinem Anstande unterliegen,

b) In jenen Fällen, wo die Concurrenz zwischen dem Staate und den Privaten getheilt ist, der Bau jedoch für jeden Fall aus Staatsrücksichten unternommen werden muß, ist der ganze Kostenbetrag aus dem Aerarium vorschußweise zu berichtigen, und der auf die Privaten entfallende Antheil für das Aerarium gehörig einzubringen.

c) In allen andern Fällen ist den Behörden die Sorge überlassen, die von den Privaten einzuzahlenden Summen gehörig sicher zu stellen und einzubringen, ohne daß auf Aerarial-Vorschüsse gerechnet werden darf.

Die weiteren Bestimmungen des fünften Hauptstückes bedürfen keiner Erläuterung, nur soll zum Schlusse dieser Instruktion noch die kaiserliche Verordnung vom 20. April 1854 über die Vollstreckung der Verfügungen und Erkenntnisse der k. k. politischen und polizeilichen Behörden (R. G. B. v. J. 1854, S. 182) Aufnahme finden, indem dieselbe mit §. 80 der G. O. (§. 83 der Salzbg. G. O.) theilweise im Zusammenhange steht.

Die Verordnung lautet:

§. 1. Alle Anordnungen, Verfügungen und Erkenntnisse, welche die landesfürstlichen politischen und polizeilichen Behörden im Bereiche ihrer Amtswirksamkeit unmittelbar oder im Auftrage der vorgesetzten Behörden erlassen, werden von denselben durch die ihnen gesetzlich zustehenden Mittel zum Vollzuge gebracht.

§. 2. Liquide Leistungen, welche durch Zuschlag zu den direkten oder indirekten Steuern umgelegt werden, sind über Anordnung der politischen Behörden durch die für die Einhebung dieser Steuern berufenen Organe, und mittelst der dafür bestehenden Zwangsmittel einzubringen.

Ebenso sind im Wege der Steuer-Einhebung und der Steuer-Execution jene Leistungen, die durch das Gesetz hinsichtlich ihrer Einbringung den Steuern gleichgehalten werden, über Anordnung derjenigen Organe einzubringen, die über die Pflicht und den Umfang der Leistungen zu entscheiden haben.

§. 3. Vorschriftsmäßig auferlegte oder bestehende Geldleistungen anderer Art, welche im Geschäftskreise der politischen Verwaltung zu

*) Wäre gut in der meistgelesenen Zeitung der Provinz auszuschreiben.

öffentlichen Zwecken einzubringen sind, z. B. Curkosten und andere Sanitätsbeiträge, Geldbußen, Bezüge der von der Staatsverwaltung auf Kosten der Gemeinden angestellten Gemeinde-Beamten, Beiträge für Kirchen, Pfarren und Schulen, Schulgelder u. dgl. sind über Anordnung der Behörden durch deren eigene Organe oder in ihrem Namen und Auftrage durch die Organe der Gemeinden einzuheben. Dasselbe gilt von den bisher der Einbringung im politischen Wege zugewiesenen Naturalleistungen für Kirchen, Pfarren und Schulen, in soweit das Bezugsrecht unbestritten oder im Falle der Bestreitung der Berechtigte im Besitze geschützt ist.

Wenn die Leistung ganz oder theilweise versäumt oder verweigert wird, ist die politische Behörde berechtiget, nach fruchtloser, unmittelbar oder durch die Gemeinde-Organe geschehener Einmahnung, die Executionsmittel, welche sonst für die Eintreibung der Rückstände an direkten Steuern Platz greifen, in Anwendung zu bringen.

§. 4. Geldleistungen, welche nach dem Gesetze oder nach einem von der competenten politischen Behörde genehmigten Gemeinde-Beschlusse zu einem Gemeindezwecke stattzufinden haben, und nicht in Zuschlägen zu den direkten oder indirekten Steuern bestehen, haben die Gemeindevorsteher durch ihre eigenen Organe einzuheben; bleibt ein Verpflichteter im Rückstande, so ist derselbe unter Androhung der Execution an die Erfüllung seiner Schuldigkeit zu mahnen, und falls innerhalb der nächsten vierzehn Tage die Leistung nicht erfolgt, wird von der landesfürstlichen politischen Bezirksbehörde oder dem mit der politischen Geschäftsführung betrauten Gemeindeamte (Magistrate) die Execution verhängt, wobei der Gemeindevorsteher durch seine eigenen Organe die Pfändung und nöthigen Falles die Transferirung von beweglichen Gütern, Früchten und Fahrnissen des Rückständners bis zu einem den Rückstand und die Executionskosten deckenden Betrag, und nach fruchtlosem Verlaufe von weiteren acht Tagen, unter Aufsicht der die Execution bewilligenden Behörde, die öffentliche Feilbietung der gepfändeten Gegenstände einzuleiten hat.

Im Uebrigen ist sich bei einer solchen Pfändung, Transferirung und Feilbietung an die Bestimmungen zu halten, welche für die Mobilar-Execution bei Steuer-Rückständen bestehen.

Reichen die Kräfte und Mittel der Gemeinde zur Durchführung der Execution nicht aus, so steht es dem Gemeindevorsteher zu, sich mit dem Ansuchen um Assistenzleistung (§. 8) an die politische Behörde zu wenden.

§. 5. Wenn das Gesetz, die Anordnung einer politischen Behörde, oder der von der competenten Behörde genehmigte Beschluß einer Gemeinde die Verpflichtung zu einer Arbeits- oder Naturalleistung ausspricht, und dieser Verpflichtung über Aufforderung der mit der Vollziehung beauftragten Behörden oder Gemeindevorsteher entweder gar nicht, oder nicht vollständig, oder nicht zur gehörigen Zeit nachgekommen wird, so ist die mangelnde Leistung auf Gefahr und Kosten der Verpflichteten bewerkstelligen zu lassen, und der gemachte Aufwand, ohne daß gegen den von der politischen Behörde richtig zu stellenden Betrag der Aufrechnung eine Einwendung zulässig ist, von den Säumigen nach den in den §§. 2, 3 und 4 enthaltenen Bestimmungen einzubringen.

§. 6. Ist eine Leistung in der Art erforderlich, daß sie wegen Gefahr am Verzuge oder wegen ihrer eigenthümlichen Beschaffenheit durch dritte Personen, wenn auch auf Kosten der Verpflichteten sich nicht bewerkstelligen läßt, so sind die Verpflichteten unmittelbar zur Leistung zu verhalten.

§. 7. Ist im Wirkungskreise der politischen oder polizeilichen Behörden ein Verbot erlassen worden, solches mag sich auf eine einzelne Handlung oder auf eine bestimmte Gattung von Handlungen beziehen, so haben die betreffenden politischen oder polizeilichen Behörden zur Durchsetzung dieser Vorschrift unmittelbar gegen diejenigen, welche das Verbot zu übertreten suchen, oder in dessen Nichtbeachtung verharren, die zum Zwecke führenden Vollzugs- und Executionsmittel in Anwendung zu bringen, und die für den Fall der Uebertretung oder Widersetzlichkeit bestimmte oder in Ermanglung einer ausdrücklichen besonderen Strafsanction die im §. 11 festgesetzte Strafe zu verhängen.

Uebertretungen und Außerachtlassungen solcher Verbote unterliegen, wenn dafür nicht ausdrücklich eine besondere Strafsanction festgesetzt ist, der im §. 11 bestimmten Strafe.

§. 8. Bei der Vollziehung der durch die politischen oder polizeilichen Behörden erlassenen Anordnungen und Verbote und bei den eingeleiteten Executionsführungen hat die Gend'armerie oder die im Orte stehende Polizeiwache nach Maßgabe der dießfälligen Instruktionen die erforderliche Assistenz zu gewähren, und die Behörden sind berechtiget, ihren Anordnungen durch Aufbietung der Militär-Assistenz zureichenden Nachdruck zu geben.

§. 9. Die landesfürstlichen politischen oder polizeilichen Behörden sind berechtiget, die in ihrem Amtsgebiete befindlichen Personen, deren Erscheinen in einer Amtshandlung nöthig ist, vorzuladen.

In den Fällen, in welchen es nicht zuläßig ist, daß der Vorgeladene sich durch einen beglaubigten Bevollmächtigten vertreten lasse, ist in der Vorladung ausdrücklich zu bemerken, daß das persönliche Erscheinen erforderlich sei.

Wer nicht durch Krankheit, Gebrechlichkeit oder sonstige gegründete Hindernisse vom Erscheinen abgehalten zu sein nachweiset, hat die Verpflichtung, der Vorladung Folge zu leisten und die verlangten Auskünfte zu geben.

Erscheint ein Vorgeladener nicht, so wird er in der Regel neuerlich vorgeladen, unter Androhung einer Geldbuße von einem bis einschließig zwanzig Gulden Conventions-Münze und der Erlassung oder Erwirkung eines Vorführungsbefehls für den Fall des Nichterscheinens.

Bleibt der Vorgeladene ungeachtet der nachgewiesenen Vorladung, ohne giltige Entschuldigungsgründe vorzubringen, dennoch aus, so kann wider ihn die Geldbuße verhängt, und erforderlichen Falles der Vorführungsbefehl ausgefertiget werden.

Ausnahmsweise kann in dringenden Fällen schon in der ersten Vorladung, unter ausdrücklicher Hinweisung auf die Dringlichkeit des Erscheinens, die sonstige Erlassung eines Vorführungsbefehles in Aussicht gestellt werden, wornach es gestattet ist, die Vorführung gleich nach der ersten, nicht durch giltige Entschuldigungsgründe gerechtfertigten Ausbleiben eines Vorgeladenen zu veranlassen. Ist die Vorladung von Seite einer politischen Behörde erfolgt, so wird der Vorführungsbefehl von ihr selbst ausgefertiget. Der Gemeinde-Vorsteher aber hat die Erlassung eines Vorführungsbefehles gegen einen von ihm fruchtlos Vorgeladenen, unter Nachweisung der Nothwendigkeit des Erscheinens und der gehörig geschehenen Vorladung, bei der unmittelbar vorgesetzten Behörde nachzusuchen.

Der Vorführungsbefehl wird entweder durch die Diener der politischen oder polizeilichen Behörden, oder durch die Gend'armerie, oder die im Orte bestehende Polizeiwache und nöthigen Falles durch Militär-Assistenz vollstreckt.

Durch vorstehende Bestimmungen werden die sonstigen Folgen, welche nach dem Gesetze mit dem Nichterscheinen der Vorgeladenen verbunden sind, nicht aufgehoben, es mag die Vorladung der betreffenden Person entweder unmittelbar zugekommen, oder durch Einschaltung in öffentliche Blätter oder Anschlag an öffentlichen Orten erfolgt sein. Ebenso werden dadurch jene Fälle nicht berührt, wo Jemand nach gesetzlicher Vorschrift ohne Vorladung sogleich vor eine Behörde zu stellen oder festzunehmen ist.

§. 10. Die Gemeinde-Vorsteher haben, bei Vermeidung der in den bestehenden Vorschriften angedrohten nachtheiligen Folgen, den an sie ergehenden Aufträgen der politischen landesfürstlichen Behörden pünktlich und genau nachzukommen, und vor denselben, wenn sie vorgerufen werden, zu erscheinen.

Diese Behörden haben ihrerseits die Gemeinde-Vorsteher in der Durchführung der von ihnen in Vollziehung bestehender Gesetze oder besonderer Aufträge der Behörden getroffenen Verfügungen mit allem Nachdrucke zu unterstützen.

§. 11. Jedes polizeiwidrige Verhalten an öffentlichen Versammlungsorten, namentlich in Hörsälen, Theatern, Ballsälen, Wirths- und Kaffeehäusern u. s. w., dann auf Eisenbahnen, Dampfschiffen, Postwägen u. dgl., wodurch die Ordnung und der Anstand verletzt, das Vergnügen des Publikums gestört oder sonst ein Aergerniß gegeben wird, ferner jede demonstrative Handlung, wodurch Abneigung gegen die Regierung oder Geringschätzung ihrer Anordnungen ausgedrückt werden soll, wird unvorgreiflich der etwa eintretenden strafgerichtlichen Behandlung mit einer Ordnungsbuße von Einem bis einschließig Hundert Gulden

Conventions-Münze oder von sechsstündiger bis vierzehntägiger Anhaltung geahndet, je nachdem die eine oder andere Buße nach Umständen angemessener oder wirksamer erscheint.

Bei den in §. 248 des Strafgesetzes erwähnten Personen und unter den dort bestimmten Beschränkungen, kann statt der Anhaltung oder in Verschärfung derselben, auch körperliche Züchtigung in Anwendung kommen.

In Hinsicht der zu verhängenden Strafe ist jedoch von dem Grundsatze auszugehen, daß die Strafe nie höher, als der kleinste Grad jener Strafe zu bemessen sei, welche nach dem allgemeinen Strafgesetze hätte verhängt werden müssen, wenn die in Frage stehende Handlung die Eigenschaft eines Vergehens oder einer Uebertretung im Sinne dieses Strafgesetzbuches gehabt hätte.

§. 12. Sowie den politischen und polizeilichen Organen unter strenger Verantwortlichkeit im ämtlichen Verkehre mit Jedermann ein anständiges Benehmen zur Pflicht gemacht ist, ebenso ist auch denselben bei ihren Amtshandlungen von Jedermann mit Achtung zu begegnen.

Wer sich daher

a) gegen einen politischen oder polizeilichen Beamten in Ausübung gesetzlicher Amtshandlungen, oder gegen Wachen und obrigkeitliche Diener, welche an öffentlichen Orten oder in Privatwohnungen ämtliche Aufträge zu vollziehen haben, ungestüm und beleidigend benimmt, und ungeachtet vorausgegangener Ermahnung in einem den ämtlichen Charakter verletzenden Betragen beharrt, wer sich

b) gegen einen Gemeinde-Vorsteher bei Vollziehung eines Auftrages, welcher ihm nach dem Gesetze oder Kraft einer besonderen Weisung einer Behörde zu vollführen obliegt, beharrlich ein ungestümes und beleidigendes Verfahren zu Schulden kommen läßt, oder wer

c) in einer, von ihm selbst, oder über seinen Auftrag von einem dritten verfaßten Eingabe an eine Behörde sich eine, dieselbe beleidigenden Schreibart bedient, oder eine solche Eingabe für einen Dritten verfaßt, verfällt der im §. 11 festgesetzten Strafbehandlung.

§. 13. Der Thatbestand ist auf die möglichst einfache Art zu erheben.

In den Fällen des §. 12 lit. a) und b) kann die mit Berufung auf den Diensteid abgegebene Aeußerung des politischen und polizeilichen Beamten oder Dieners, sowie die gleichartige Aussage des Gemeinde-Vorstehers, insoferne dieselbe nicht durch irgend einen Umstand zweifelhaft gemacht wird, zum rechtlichen Beweise als hinreichend angesehen werden.

§. 14. Die Handhabung der Strafgewalt bezüglich der im §. 11 bezeichneten Handlungen steht in Orten, wo sich eine landesfürstliche Polizeibehörde befindet, dieser Behörde, und wo dieß nicht der Fall ist, der politischen Bezirksbehörde zu. Dagegen hat in den, im §. 12 bezeichneten Fällen, der Vorstand der politischen oder polizeilichen Behörde, bei deren Amtshandlung das zu ahnende Verfahren stattfand, und wenn dieses gegen einen Gemeinde-Vorsteher verübt wurde, der Vorstand jener politischen Bezirksbehörde, in deren Gebiet die betreffende Gemeinde gelegen ist, das Straferkenntniß zu schöpfen.

Ist die Beleidigung in einer schriftlichen Eingabe geschehen, und gegen die Behörde im Ganzen, oder gegen die Person des Vorstehers gerichtet, so hat die vorgesetzte Stelle eine andere Behörde zur Verhandlung des Gegenstandes und zur Urtheilsschöpfung zu delegiren.

§. 15. Beschwerden gegen die in Gemäßheit dieser Verordnungen erlassenen Verfügungen oder Disziplinar-Erkenntnisse sind an die politische Landesbehörde, in höherer Linie aber in der Regel an das Ministerium des Innern zu richten.

In den Fällen aber, wo gegen ein wegen einer Vorladung oder in Wahrung des ämtlichen Ansehens geschöpftes Disziplinar-Erkenntniß (§§. 9 und 12) einer Polizeibehörde recurrirt, oder über das Benehmen einer Polizeibehörde oder eines polizeilichen Organes Beschwerde geführt wird, ist die Beschwerde an die oberste Polizeibehörde zu richten.

Eine solche Berufung hat jedoch in den Fällen des §. 12, a) falls nicht durch die in erster Instanz erkennende Behörde auf die Strafe der körperlichen Züchtigung erkannt worden ist, keine die Vollstreckung der Verfügung oder des Erkenntnisses hemmende Kraft, und bildet für die höhere Behörde nur in soweit einen Gegenstand der Verhandlung, als jeder Beamte für die Gesetzmäßigkeit seiner Amtshandlungen verantwortlich ist.

Gegen Straferkenntnisse, die in den Fällen des §. 11, sowie nach §. 12, lit. b) und c) gefällt werden, oder wobei in den Fällen des §. 12, lit. a) auf körperliche Züchtigung erkannt worden ist, findet, es mögen diese Erkenntnisse von der eigenen oder einer delegirten Behörde erlassen sein, die Berufung an die höhere Stelle, und zwar mit aufschiebender Wirkung statt, jedoch muß dieselbe binnen der gesetzlichen Frist bei der Behörde, die das Erkenntniß gefällt hat, eingereicht werden.

§. 16. Den landesfürstlichen politischen Behörden werden in Betreff der Handhabung der in den vorherstehenden Paragraphen bestimmten Executiv- und Strafgewalt, auch diejenigen Gemeindeämter (Magistrate u. dgl.) gleichgestellt, welchen in dem ihnen zugewiesenen Amtsgebiete an der Stelle der landesfürstlichen Bezirksbehörden die politische Geschäftsführung anvertraut ist.

§. 17. Die Verordnungen vom 11. Mai 1851 (Reichs-Gesetz-Blatt, XXXIX. Stück, Nr. 127 und Landes-Gesetzblatt Nr. 213) und vom 14. August 1853 (Reichgesetz-Blatt, LI. Stück, Nr. 163 und Landes-Regierungsblatt, I. Abth. Nr. 170), werden in den Ländern, wofür sie erlassen worden sind, hiemit außer Wirksamkeit gesetzt.

In soferne andere, mittlerweile ergangene Verordnungen aus Anlaß der Hinweisung auf die politische Zwangs- und Disziplinargewalt sich auf die genannten Verordnungen vom Jahre 1851 und 1853 berufen, ist künftighin diese Berufung auf die Bestimmungen der gegenwärtigen Verordnung zu beziehen.

II.

Sorge für die Sicherheit der Personen und des Eigenthums.

Die Vorsorge für die Sicherheit der Personen und des Eigenthums umfaßt die meisten Arten der Ortspolizei (Gesundheits-Bau-Polizei u. s. w.) bei deren Besprechung die einschlägigen Gesetze und Verordnungen ihre Aufnahme finden. Hier muß sich auf jene gesetzlichen Bestimmungen beschränkt werden, die zu den übrigen Zweigen der Sicherheitspolizei in keiner oder nur theilweisen Beziehung stehe.

Mit Erlaß der Statthalterei Linz vom 4. Nov. 1851, Z. 17102 (L. G. B. 1851 Seite 967) wurde zum Schutze der persönlichen Sicherheit die Verzäunung oder Umplankung der Hauslaken angeordnet. Die Verzäunung ist in der Art herzustellen, daß Kinder weder den Zaun oder die Planke übersteigen, noch durchkriechen, noch den Zugang, welcher durch eine feste Thür mit einem Riegel zu verschließen ist, öffnen können. Auf die Unterlassung dieser Herstellung oder der nöthigen Ausbesserung wird eine Geldstrafe von 2 bis 10 fl. für den Hausbesitzer festgesetzt und es ist, wenn derselbe dem Auftrage zur Herstellung der entsprechenden Verzäunung nicht ungesäumt nachkommen sollte, diese ohne Weiters auf seine Kosten durch den Gemeindevorsteher zu veranlassen. In Fällen, wo die unterlassene oder nicht nach Vorschrift bewirkte Verzäunung der Hauslaken die schwere körperliche Beschädigung, oder den Tod eines Menschen zur Folge hat, wird die gerichtliche Straf-Amtshandlung wegen Uebertretung oder Vergehen gegen die Sicherheit des Lebens (§ 335 St. G. B.) eingeleitet werden.

Mit Statthalterei-Erlaß vom 16. Juni 1854, Z. 1938 Pr. (L. G. B. 1854 Seite 25) wurde den in Handhabung dieser Vorschrift säumigen Gemeindevorstehern eine Disziplinarstrafe von 10 — 25 fl. angedroht. Nach der Bestimmung des Statthalterei-Erlasses vom 24. April 1857, Z. 1746, Pr. (L. G. B. 1857 II. Abth. Seite 15) hat der Gemeindevorsteher über die Hauslaken im Gemeindebezirke und über den Zustand der Versicherung derselben eine Vormerkung zu führen und sich in dieser Uebersicht durch periodische Nachschau, die namentlich beim Eintritte des Frühjahres nöthig wird, zu erhalten.

Brunnen sollen entweder gedeckt, oder mit einem wenigstens 2½ Fuß hohen Geländer versehen und bei Nichtbefolgung diejenigen, welchen selbe zur Last fällt, unnachsichtlich bestraft werden (Verordnung vom 9. April 1792.)

Die Landesregierung Salzburg fand sich laut Erlasses vom 1. Dez. 1855 bestimmt, die bestehenden Verordnungen wegen vollständig sicherer Verzäunung der Hauslaken und Kothfänge, vom 3. September 1834, Z. 14.964 Prov. Gesetzsammlung Band 16 Nro. 169 S. 284, und vom 18. Nov. 1841, Z. 30.451, Band 23, Nro. 195, S. 351, zur genauesten Darnachachtung und behufs der geeigneten Ueberwachung durch die berufenen Behörden unter Mitwirkung der Gemeindevorstehungen mit der Weisung in Erinnerung zu bringen, daß die gehörige Verzäunung der etwa gar nicht oder nur mangelhaft versicherten Hauslaken und Kothfänge unverzüglich und längstens binnen eines nicht zu überschreitenden Termines von sechs Wochen einzuleiten und sich von dem pünktlichen Vollzuge der hierwegen erlassenen speciellen Aufträge, sowie von der entsprechenden Verwahrung der Hauslaken und Kothfänge überhaupt fortwährend die Ueberzeugung zu verschaffen ist.

Die Hausbrunnen sind entweder in gleicher Weise wie die Hauslaken und Kothfänge mittelst einer gehörig versicherten Verzäunung, oder wo dieß wegen der besonderen Beschaffenheit eines solchen Brunnens unthunlich wäre, mittelst einer Eindeckung mit gehörig starken und befestigten Brettern in der Art zu verwahren, daß dadurch jeder Gefahr des Hineinfallens vorgebeugt werde.

Die Bestrafung in allen gegen diese Verordnung begangenen Uebertretungsfällen hat, inwieferne nicht etwa nach Beschaffenheit der Uebertretung die Bestimmungen der §§. 335 oder 431 des Strafgesetzbuches vom 27. Mai 1852 anzuwenden sind — nach der kaiserlichen Verordnung vom 20. April 1854 stattzufinden.

Zur Hintanhaltung von Unglücksfällen, welche aus dem Mangel der Vorsichten bei der Benützung der Steinbrüche, Lehm-, Schotter- und Sandgruben entstehen, wurden mit Regierungs-Verordnung vom 22. September 1842, Z. 25.999 folgende Maßregel vorgezeichnet:

1. Sollen in den Steinbrüchen, und besonders zum Sprengen der Steine, nur solche Leute aufgestellt werden, welche diese Arbeiten ordentlich erlernet, Kenntniß der verschiedenen Steinarten haben, und mit den nöthigen Vorsichten, die sie dabei zu ihrer eigenen und überhaupt allgemeinen Sicherheit zu beobachten haben, bekannt sind, weil alle in den Steinbrüchen sich ereignenden Unglücksfälle wohl nur größtentheils in der Unkunde der angestellten Arbeiter, und in der aus dieser entspringenden Unvorsichtigkeit solcher Leute ihren Grund haben.

2. Sollen zum Sprengen, dann zur Anlegung und Entzündung der Minen immer nur werkverständige Individuen verwendet werden, welchen strengstens einzuschärfen ist, daß sie bei der Ladung der Minen nur das im Verhältnisse des Durchmessers und der Tiefe der gebohrten Oeffnung des Steines stehende Quantum Pulver, und den glühenden Schwamm nicht zu kurz nehmen, bei Legung desselben alle Vorsicht gebrauchen, und sich sodann so schnell als möglich von der Mine entfernen, wobei aber zugleich dafür gesorgt werden muß, daß auch die

übrigen Arbeiter vor der Entzündung der Mine an einen sicheren Ort sich begeben, und daß dort, wo Steinbrüche an öffentlichen Straßen bestehen, die Passanten durch in angemessener Entfernung an beiden Seiten auszustellende Posten zur gehörigen Zeit gewarnt werden.

3. Bleibt der Gebrauch der eisernen Ladnadeln und Ladstöcke, wenn diese nicht aus sehr weichen Eisen verfertiget sind, bei dem Steinsprengen ungeachtet aller Vorsicht und Aufmerksamkeit immer gefährlich, weil jene aus hartem Eisen leicht Funken geben, durch diese die Minen vor der Zeit entzünden und Unglücksfälle veranlassen.

Die Steinbruch-Unternehmer sind daher zu verpflichten, sich der Ladnadeln und Ladstöcke aus sehr weichem Eisen oder zur Erzielung vollkommener Sicherheit aus Kupfer oder Messing zu bedienen.

4. Müssen die Arbeiter in den Steinbrüchen unausgesetzt überwacht, daher der genauesten Aufsicht unterzogen werden. Den Behörden wird aufgetragen, die Unternehmer von Steinbrüchen in ihren Bezirken vorzurufen, über die ihnen obliegenden Verpflichtungen gegen ihre Arbeiter umständlich zu belehren, sie zur Einhaltung derselben unter Androhung der strengsten Verantwortung im Falle einer erwiesenen Schuld an etwa sich ereignenden Unglücksfällen mit allem Nachdrucke anzuweisen.

Insbesondere ist denselben zu bedeuten, daß ihnen nach Maßgabe der Umstände selbst die Behandlung nach dem II. Theile des St. G. B. bevorstehe, und die Verbindlichkeit der Entschädigung verunglückter Arbeiter und ihrer Familien zuerkannt werden müßte.

Hierüber ist ein Protokoll aufzunehmen und in den Akten aufzubewahren.

Aber auch bei den Arbeiten in den Sand- und Schottergruben muß die wegen der gewöhnlich lockeren Beschaffenheit des Grundes nothwendige Vorsicht beobachtet werden, daß diese Gruben eine mit ihrer Tiefe im Verhältnisse stehende Böschung mit einem Winkel von wenigstens 45 Graden erhalten, weil das zu senkrechte Graben des Schotters und Sandes das Abrollen und den Absturz einer zu großen Masse zur Folge haben könnte, und dadurch die Arbeiter gefährdet würden.

Mit Erlaß der o. ö. Statthalterei vom 10. Februar 1852, Z. 20416 (L. G. B. 1852 S. 205) wurde bestimmt:

1. Während des Ladens des Bohrschusses ist durch fortgesetztes Läuten mit einer Glocke die baldige Abfeuerung desselben kund zu geben, damit die nahenden Fuhrwerke oder Personen aufmerksam gemacht werden und Zeit finden, in angemessener Entfernung zu bleiben. Zugleich sind aber auch vor dem Anzünden des Schusses zu beiden Seiten auf der Straße außerhalb der Schußweite Arbeiter aufzustellen, welche die Straße so lange gesperrt zu halten haben, bis der Schuß abgefeuert ist.

Diese Warnung und Absperrung muß auch dann vorgenommen werden, wenn Steine aus den höheren Theilen des Bruches herabgelassen werden, da sie nicht selten auf die Straße fallen und das Scheuwerden der Pferde veranlassen oder sonst den Passagieren Gefahr drohen.

2. Daß bei dem Abräumen der Steinbrüche oder Schottergruben, oder bei der Steinsprengung gewonnene Materiale muß ohne Verzug von der Straße hinweggeschafft und es darf überhaupt die Fahrstraße durch Anhäufung oder Aufschlichten von derlei Vorräthe nicht beengt werden.

3. Es ist daher auch unter keiner Bedingung zulässig, daß die Stein- oder Schotterwägen auf der Straße beladen, oder daß derlei beladene Wägen auf der Straße stehen bleiben; das Stein- oder Schotterausladen muß vielmehr auf von der Straße abseits gelegenen Plätzen geschehen.

4. Sollten durch die Steinsprengung an Abhängen, oder durch die Wegschaffung solcher Materialien die Straßengeländer zerstört werden, so sind dieselben sogleich wieder herzustellen, und, wo dieß durchaus nicht möglich wäre, muß eine provisorische Sicherheits-Maßregel getroffen werden.

5. Bei mehreren nächst Flüssen gelegenen Steinbrüchen besteht der Unfug, daß die gewonnenen Vorräthe, selbst Steinblöcke von größerem Umfange über die Straße gewälzt und dann an den Abhängen in das Wasser hinabgelassen werden, wodurch oft bedeutende Beschädigungen an den Straßen verursacht werden. Zur Vermeidung derselben werden daher im Einvernehmen mit der Straßen-Aufsichtsbehörde die nach Umständen nothwendigen Vorkehrungen zu treffen sein.

Die Außerachtlassung der Vorsichten ist, insoferne nicht die bestehenden Strafgesetze Anwendung finden, polizeilich durch angemessene arbiträre Geld- oder Arreststrafen zu ahnden.

Mit Regierungs-Präsidial-Erlaß vom 17. April 1846, Z. 1195 (L. G. B. 1852, Seite 208) wurden auf Grund technischer Würdigung die Bestimmungen bekannt gegeben, in welcher Art die Steinbrüche zu bearbeiten sind, um einem durch den Druck und das Abstürzen der oberhalb befindlichen Erd- und Steinschichten entstehenden Ereignisse vorzubeugen.

Zur Vermeidung von Uebervortheilungen wurde im Interesse der Sicherheit des Eigenthums von der Landesregierung unterm 23. Juli 1818, Z. 13887 verordnet, daß jeder Gast- und Einkehrwirth und jeder Pächter eines Wirthshauses an Reichs- und Commerzialstraßen über die an die Gäste abzureichenden Getränke und Speisen einen ordentlich verfaßten Speisezettel mit dem darauf angemerkten Preise der Speisen und Getränke in den Gastzimmern zu Jedermanns Einsicht aufzulegen habe. Dieser Speiszettel muß von dem Wirthe unterschrieben auf Verlangen der Polizei-Aufsichts-Behörde vorgezeigt werden.

Die dagegen Handelnden sind mit einer Geldstrafe zu belegen und schuldig, dem Gaste das zu viel Bezahlte zurück zu ersetzen.

Die Verpflichtung zum Auflegen oder Anheften von Speisezetteln in den Gasthaus-Localitäten wurde mit Regierungs - Decret vom 26. November 1845, Z. 31392, auch auf jene Gewerbsleute ausgedehnt, welche Speisen und Getränke in der Nähe der Eisenbahn-Stationen zu verabreichen berechtiget sind.

Mit Erlaß der Landesregierung Salzburg vom 1. Dezember 1855 wurde verordnet, daß die Gast- und Einkehrwirthe und alle zur Verabreichung von Speisen und Getränken berechtigten Gewerbsleute in den Städten und Märkten, dann in jenen Orten, wo sich eine Poststation befindet, Speise- und Getränke-Tarife zu führen haben.

Nachdem die Erfahrung gezeigt hat, daß durch das Mitnehmen von Hunden bei Viehmärkten auf jenen Plätzen, wo das Vieh aufgestellt wird, letzteres, insbesondere die Kälberkühe häufig scheu gemacht werden, in Unordnung gerathen, und daß hiedurch nicht selten die Veranlassung zu Beschädigungen und Verletzungen von Menschen und Vieh gegeben wird, so fand sich die Landesregierung Salzburg laut Erlasses vom 15. Dezember 1855 zur Verhütung solcher Unglücksfälle bestimmt, zu verordnen, daß von nun an auf jene Plätze bei Viehmärkten, wo das Vieh zusammengetrieben und aufgestellt wird, keine Hunde mitgenommen werden dürfen, sowie daß alle Hunde und insbesondere jene, welche zum Auftrieb des Viehes benützt zu werden pflegen, während der Dauer des Viehmarktes von jenen Plätzen ferne gehalten werden müssen. Nachdem ferner ebenfalls nicht selten durch Viehtriebe auf den Straßen Hemmungen der Passage, ja selbst körperliche Verletzungen herbeigeführt werden und diese Uebelstände erfahrungsmäßig hauptsächlich in dem Mangel der Anzahl von Treibern bei größeren Viehtransporten ihren Grund haben, so wird verordnet, daß in Zukunft bei derlei Viehtrieben eine verhältnißmäßige und zur Aufrechthaltung der Ordnung vollkommen ausreichende Zahl von Treibern beigegeben werden müsse, wobei noch darauf aufmerksam gemacht wird, daß es nach dem Urtheile von Sachverständigen zur Vermeidung jedes Straßenhemmnisses sehr zweckmäßig ist, wenn einer der Treiber dem Triebe, welcher sodann willig zu folgen pflegt, vorangeht.

Uebrigens versteht es sich von selbst, daß zu Viehtreibern nur hiezu vollkommen geeignete Individuen, und nicht, wie dieß häufig zu geschehen pflegt, ganz alte und gebrechliche Leute oder Kinder bestellt werden.

Die Bestrafung in allen gegen diese Verordnung begangenen Uebertretungsfällen hat, insoferne dieselbe nicht etwa nach Beschaffenheit der Verhältnisse in Gemäßheit der §§. 335 und 431 des II. Theiles des Strafgesetzbuches vom 27. Mai 1852 einzutreten hat, nach der a. h. Verordnung vom 20. April 1854 stattzufinden.

In dem Waffenpatente vom 24. Oktober 1852 werden als verbotene Waffen erklärt:

Dolche, Stilete und hohlgeschliffene stiletartige Messer, dreischneidige Degen, Trombone, Terzerole unter dem Maße von 7 Wiener

Zoll mit Inbegriff des Schaftes und Laufes, Windbüchsen jeder Art, Hand- und Glasgranaten, Petarden und Brandraketen, endlich alle verborgenen, zu tükischen Angriffen geeigneten Waffen, was immer für einer Art, wie z. B. Stockflinten, Degenstöcke u. dgl. Zu den verbotenen Waffen sind auch alle jene Werkzeuge zu rechnen, deren urspüngliche und natürliche Form absichtlich veräudert erscheint, um damit schwerer verwunden zu können, sowie im Allgemeinen jedes versteckte, zu tükischen Anfällen geeignete Werkzeug, welches seiner Beschaffenheit nach weder zur Ausübung einer Kunst oder eines Gewerbes, noch zum häuslichen Gebrauch bestimmt ist.

Als verbotene Munition werden die Schießbaumwolle und ähnliche explodirende Stoffe erklärt.

Mit Regierungs-Erlaß vom 1. Juni 1826, Z. 13286 wurden folgende Vorsichten bezüglich des Giftverkaufes angeordnet:

1. Niemand ist berechtigt, ohne von der Behörde mit einem eigenen Erlaubnißscheine versehen zu sein, mit Arsenik, oder was immer für einer Gattung von Gift, Handel zu treiben.

2. Der Apotheker darf nur dann Gift verkaufen, wenn dasselbe von einem Arzte als ein Bestandtheil einer Arznei verordnet wird.

3. Alle Händler und Hausirer mit sogenanntem Ratten- und Mäusepulver oder anderen Gattungen des Giftes sind, wenn sie betreten werden, zu verhaften, und sammt den Feilschaften zur Untersuchung an die kompetente Behörde abzuliefern.

4. In Rücksicht des Aufbewahrens des Giftes sind von den Apothekern und von den zum Gifthandel berechtigten Kaufleuten die Vorräthe sowohl im Großen, als zum Handverkaufe im Kleinen sammt den Geräthschaften in wohlverschlossenen geeigneten Behältnissen abgesondert von anderen Medikamenten und Waaren, aufzubewahren und zu versperren.

Die Gefäße, in welchen sie enthalten sind, müssen sicher und zweckmässig gut erhalten, genau bedecket und mit dem Namen des Giftes, welches sie enthalten, deutlich bezeichnet sein. Selbst jene Werkzeuge, womit sie aus den Gefäßen genommen, gemessen, abgewogen, abgetheilt, oder gerieben werden, sind gleichfalls einzusperren, und zu Nichts Anderem zu verwenden.

5. Die Schlüssel zu diesen Behältnissen, wo die Gifte zum Vorrathe oder zum Handverkaufe aufbewahret werden, hat der Apotheker oder der zum Gifthandel berechtigte Kaufmann selbst zu verwahren und nur in seiner Abwesenheit hat er dieselben dem Stellvertreter in der Apotheke oder der Handlung zu überlassen, nie aber unverläßigen Individuen, oder Lehrlingen zu übergeben.

Jedermann, welcher Gift, von welcher Gattung und zu welchem Gebrauche es immer sei, kaufen will, hat bei der politischen Obrigkeit eine schriftliche Anweisung anzusuchen, und solche dem befugten Kaufmanne vorzuzeigen. In dieser Anweisung muß die Absicht, wozu das Gift und dessen Menge verwendet werden soll, nebst dem Namen, dem Charakter, Gewerbe und dem Wohnorte des Käufers bestimmt angegeben sein. Ohne eine solche Anweisung darf Niemand ein Gift, unter Gefahrung der gesetzlichen Strafe verabfolgt werden; der Verkäufer aber hat diese Anweisung zu behalten und zu seiner Rechtfertigung aufzubewahren.

6. Jeder zum Giftverkaufe berechtigte Kaufmann und jeder Apotheker hat ein eigenes Buch zu führen, worin der Name, Charakter oder das Gewerbe und der Wohnort des Käufers, dann der Endzweck oder Gebrauch, die Gattung und Menge des abgenommenen Giftes, endlich das Jahr, der Monat und der Tag des geschehenen Verkaufes deutlich einzutragen, und die obrigkeitliche Anweisung beizulegen ist. Ist der Käufer nicht zugleich der Abnehmer des Giftes, so ist auch der Name, Stand und Wohnort des Abnehmers beizusetzen, und diesem das verkaufte Gift nur versiegelt zu übergeben.

Personen, welche unbekannt sind, und auch ohne eine obrigkeitliche Anweisung Gift zu kaufen verlangen, sind nicht allein unter gesetzlicher Ahndung abzuweisen, sondern auch, wenn sie, oder ihr Endzweck verdächtig sind, der Obrigkeit anzuzeigen.

Weitere Bestimmungen bezüglich der Sicherheit der Person und des Eigenthumes sind in dem allgemeinen Strafgesetzbuche enthalten. Außerdem bestehen hierüber noch mehrere gesetzliche Vorschriften, deren Handhabung nicht in den selbstständigen Wirkungskreis der Gemeinde gehört.

III.

Sorge für die Erhaltung der Gemeindestraßen, Wege, Plätze, Brücken, Stege. Die Ueberwachung der Ortswege und ihrer Brücken, sowie die Sorge für die Sicherheit und Leichtigkeit des Verkehrs auf Straßen und Gewässern, ferner die Flurenpolizei.

Gesetz vom 3. Juni 1864, betreffend die Herstellung und Erhaltung der öffentlichen nicht ärarischen Straßen und Wege in Oberösterreich.*)

I. Von den Straßen und Wegen überhaupt.

§. 1.

Die öffentlichen Straßen und Wege, deren Bau und Erhaltung nicht aus dem Staatsschatze bestritten wird, sind:

*) Dieses Gesetz tritt erst nach Feststellung der neuen Straßeneintheilung durch ein Landesgesetz in Wirksamkeit. Bis dahin besteht die Straßenverordnung vom 1. Oktober 1851 in Kraft, deren Handhabung nicht in den selbstständigen Wirkungskreis der Gemeinden gehört, daher dieselbe in diesem Buche keine Aufnahme findet.

Landesstraßen;
Bezirksstraßen;
Gemeindestraßen und Wege.

§. 2.

Landesstraßen sind jene Straßen, welche wegen ihrer besonderen Wichtigkeit für den Verkehr des Landes durch ein Landesgesetz als solche (§§. 16 und 23) erklärt werden.

§. 3.

Bezirksstraßen sind jene Straßen, welche wegen ihrer Wichtigkeit für die Verbindung mehrerer Ortschaften oder Straßenzüge durch ein Landesgesetz als solche (§. 16 und 23) erklärt werden.

§. 4.

Gemeindestraßen und Wege sind jene öffentlichen Straßen und Wege, welche die Verbindung im Innern einer Gemeinde oder mit benachbarten Gemeinden herstellen, und nicht in eine der in den vorstehenden Paragraphen genannten Categorien von Straßen gereiht sind.

§. 5.

Brücken und andere Bauobjecte sind in der Regel als Theile der betreffenden Straße zu behandeln. Ausnahmsweise können dieselben aber auch mit Rücksicht auf ihre Wichtigkeit und Kostspieligkeit als selbstständige Bauobjecte einer höheren Categorie angehörig erklärt werden, als zu welcher die betreffende Straße gehört. (§. 16.)

§. 6.

Landesstraßen sind in der Regel chausséemäßig und in einer Fahrbreite von 18 Schuh herzustellen.

Bezirksstraßen erhalten 15 Schuh Breite.

Gemeindestraßen und Wege müssen für das in der Gemeinde gewöhnlich vorkommende Fuhrwerk entsprechend in gut fahrbarem, letztere aber, insoferne sie nur als Fußwege bestehen, in gut gangbarem Zustande hergestellt und erhalten werden.

II. Bestreitung der Kosten für den Bau, Umbau und die Erhaltung der Straßen und Wege.

§. 7.

Die Kosten des Neubaues, der Umlegung und der Erweiterung von Landesstraßen, sowie jene für die Grundvergütung überhaupt und insbesondere für die Schotter-Materialplätze werden von dem Landesfonde bestritten.

Die Kosten der Erhaltung dieser Straßen trägt gleichfalls der Landesfond; jedoch ist die Durchführung dieser Erhaltung mit Einschluß des Baues und der Erhaltung der Durchlässe von jenen Gemeinden, durch deren Gebiet die Landesstraße zieht, innerhalb ihrer Gemarkung gegen Entgelt zu übernehmen.

Dieses Entgelt, welches der Leistung gleichzukommen hat, ist, insoferne nicht ein freiwilliges Uebereinkommen stattfindet, mit Beachtung der Länge, Beschaffenheit, Lage, größeren oder geringeren Benützung der

Straße zu erheben, der hiernach entfallende jährliche Kostenbetrag wird von dem Landtage über Vorschlag des Landesausschusses bestimmt und den Gemeinden nur nach Vollzug ihrer Leistung ausgefolgt.

Ausnahmsweise kann die Erhaltung einer Landesstraße auch Gemeinden, welche nicht von der Straße durchzogen sind, übertragen werden.

Die übrigen Straßenbauobjecte, als Brücken-, Wand- und Stützmauern und Geländer baut und erhält der Landesfond ausschließend.

Dasselbe gilt auch für jene Objecte auf Bezirksstraßen, welche nach §. 5 dieses Gesetzes der höheren Categorie eingereiht werden.

§. 8.

Für die Herstellung neuer oder den Umbau bestehender Bezirksstraßen sind eigene Concurrenzbezirke aus den betheiligten Ortsgemeinden zu bilden, welche in der Regel die Hälfte der Kosten zu bestreiten haben. (§§. 9, 16, 17, 18.)

Die zweite Hälfte bestreitet der Landesfond.

Gemeinden, welchen die betreffende Straßenstrecke keinen Nutzen gewährt, sind in den Concurrenzbezirk nicht einzubeziehen. Die Geschäftsleitung für den Bau oder Umbau der Bezirksstraßen wird durch einen eigenen Ausschuß besorgt.

Die Erhaltung der Bezirksstraßen obliegt den Gemeinden, in deren Gebiete dieselben liegen; es können aber in besonders rücksichtswürdigen Fällen auch Gemeinden, welche nicht von der Straße durchzogen werden, als beitragspflichtig zu deren Erhaltung erklärt werden.

Für die Erhaltung der Bezirksstraßen mit Ausnahme der nach §. 5 ausgeschiedenen Bauobjecte werden vom Landesfonde Beiträge, (Subventionen) geleistet. Die Vergütung aus diesem Fonde an die erhaltungspflichtigen Gemeinden hat in der Regel die Hälfte jener Kosten zu betragen, welche der Landesfond für eine gleiche Länge der Landesstraßen (§. 7) unter gleichen Verhältnissen zahlt.

Zur Herhaltung der nicht im §. 5 begriffenen Bauobjekte auf den Bezirksstraßen wird das gleiche Beitragsverhältniß bestimmt.

Die Ausfolgung der Beiträge findet statt, nachdem sich der Landesausschuß von der guten Herstellung überzeugt hat.

In besonderen Fällen können aus dem Landesfonde auch Vorschüsse gegeben werden.

Die Grundvergütung überhaupt und insbesondere für die Schottermaterialplätze bestreitet der Landesfond.

Für Bezirksstraßen, welche vorwiegend zur Förderung der Interessen einzelner Grund- oder Werksbesitzer oder besonderer Unternehmungen dienen, wird über Einschreiten der betheiligten Gemeinden eine besondere Concurrenz (§§. 16 und 17) ausgemittelt.

§. 9.

Die Straßenverwaltung (Concurrenz-Ausschuß §. 8) hat mit Rücksicht auf die Verhältnisse und Wünsche der einzelnen Gemeinden festzusetzen, ob deren Leistung zum Neu- oder Umbau der Straßen in Geld oder in natura stattzufinden habe.

Jedenfalls ist die nach Art und Menge genau zu bestimmende Arbeitsleistung oder Materialbeistellung nach den laufenden Preisen zu bewerthen und als Geldleistung vorzuschreiben.

§. 10.

Wenn eine Landes- oder Bezirksstraße eine größere Ortschaft (Stadt oder Markt) durchzieht, so trifft die Gemeinde jener Theil der Auslagen allein und ausschließend, welcher sich aus einer kostspieligeren Construktionsart dieser Straßenstrecke blos aus Rücksicht für die Ortsbewohner durch Pflasterung, Errichtung von Kanälen und anderen Vorrichtungen ergibt, und als entbehrlich unterbleiben würde, wenn die Straße nicht im Orte, sondern im Freien sich befände.

§. 11.

Jede Ortsgemeinde ist verpflichtet, die nothwendigen Gemeinde-Straßen und Wege innerhalb ihres Gebietes herzustellen und entsprechend zu erhalten.

§. 12.

Die Herstellung und Erhaltung der Gemeindestraßen und Wege ist eine innere Angelegenheit der Gemeinden, für deren ordnungsmäßigen Vollzug jede Ortsgemeinde haftet.

Für die Aufbringung der hiezu erforderlichen Geld- und Arbeitsleistungen sind die Bestimmungen des Gemeindegesetzes maßgebend.

§. 13.

Die Schneeschauflung auf Landes- und Bezirksstraßen wird in der Regel von jenen Gemeinden besorgt, durch deren Gemarkung die Straße zieht, doch können auch andere benachbarte Gemeinden hiezu in die Concurrenz einbezogen werden.

Welche Gemeinden und bezüglich welcher Straßenstrecken dieselben concurrenzpflichtig sind, dann welche Gemeindevorsteher die bezügliche Anordnung zu erlassen haben, wird für jede einzelne Straße mit Rücksicht auf die örtlichen und sonstigen Verhältnisse ermittelt und festgesetzt. (§. 20.)

§. 14.

Das Erträgniß der Mauthen gehört zu den Einnahmen der Concurrenz und fließt bei Landesstraßen ganz, bei Bezirksstraßen zur Hälfte in den Landesfond. Hat eine Gemeinde jedoch eine Pflaster- oder Brückenmauth, so muß sie die betreffende Durchfahrtstrecke oder Brücke ganz auf eigene Kosten erhalten; wogegen ihr das Erträgniß dieser Mauth belassen bleibt. (§. 19.)

§. 15.

Die in besonderen Rechtstiteln oder Uebereinkommen gegründeten Verpflichtungen bleiben bezüglich jeder Categorie von Straßen und Wegen aufrecht.

III. Competenz in Straßen-Angelegenheiten.

§. 16.

Die Genehmigung neuer Landes- oder Bezirksstraßenanlagen, die

Feststellung der Trace bei neu anzulegenden Straßen in ihren Hauptpuncten, die völlige Auflassung einer schon bestehenden derlei Straße, die Einreihung bestehender nicht ärarischer Straßen und Straßenstrecken in die Categorie der Landes- oder Bezirksstraßen, sowie die Ausscheidung derselben, die Bildung oder Ausdehnung der Concurrenzbezirke in Absicht auf den Bau- oder Umbau und die Erhaltung der Bezirksstraßen unter Feststellung der bezüglichen Concurrenzpflicht der Gemeinden und der im §. 8 bezeichneten besonderen Interessenten, sowie der Beiträge (Subventionen) aus dem Landesfonde erfolgen durch ein Landesgesetz.

Die Hauptbestimmungen über die Baudurchführung, sowie die ausnahmsweise Erklärung von Brücken und anderen Bauobjekten als selbstständige Bauobjekte (§. 5) erfolgen durch Landtagsbeschluß. Vor Einbringung der betreffenden Vorlagen im Landtage hat sich der Landesausschuß in Bezug auf öffentliche und militärische Rücksichten mit der Staatsverwaltung in das Einvernehmen zu setzen.

In den Wirkungskreis des Landesausschusses gehören:

Die Baudurchführung sowie die gesammte technische und öconomische Verwaltung der Landesstraßen, die Vertheilung der vom Landtage (§. 7) bewilligten Erhaltungskosten, die Ueberwachung der Herstellung und Instandhaltung der Bezirksstraßen, die Vertheilung der genehmigten Beitragssumme aus dem Landesfonde, die Ertheilung von Vorschüssen innerhalb des vom Landtage genehmigten Voranschlags, die Entscheidung über Beschwerden von Seite der Gemeinden oder einzelner Gemeindeglieder gegen Verfügungen des Concurrenz-Ausschusses und die Bestimmung der Vergütung für die den Gemeinden obliegende Schneeschauflung.

Auch hat der Landesausschuß in dringenden Fällen von Verkehrsstörungen, innerhalb der bestehenden allgemeinen Gesetze und Anordnungen und mit Beachtung der Bestimmungen des §. 22 dieses Gesetzes jene Vorkehrungen und Einleitungen zu treffen, welche nothwendig sind, um das Verkehrsbedürfniß sicher zu stellen oder großen Schaden abzuwenden, es liegt ihm jedoch ob, wenn er hiebei seinen normalen Wirkungskreis zu überschreiten genöthiget ist, im nächsten Landtage sein Vorgehen zu rechtfertigen.

§. 17.

Jede in die Concurrenz einbezogene Gemeinde wählt durch ihren Gemeindeausschuß ein Mitglied in den zu bildenden Concurrenzausschuß.

Wer in den Gemeindeausschuß wählbar ist, ist es auch in den Concurrenz-Ausschuß.

Bei Straßen, zu deren Herstellung oder Instandhaltung ein Beitrag aus dem Landesfonde geleistet wird, (§. 8) ist der Landesausschuß berechtiget, einen Bevollmächtigten für den Concurrenzausschuß zu ernennen.

Ebenso steht im Falle besonderer Concurrenzen (§. 8) den betreffenden Interessenten oder ihren Bevollmächtigten der Beitritt zum Concurrenzausschusse frei. Der Concurrenzausschuß wählt aus seiner

Mitte einen Obmann und einen Obmann-Stellvertreter zur Ausführung seiner Beschlüsse. Dieser Ausschuß muß aus mindestens 5 Mitgliedern bestehen, widrigens der Abgang durch Gesammtwahl der Ausschüsse der concurrenzpflichtigen Gemeinden ersetzt wird.

Der Vertreter des Landesausschusses im Concurrenzausschusse hat das Recht, von der Gebahrung des Obmannes Einsicht zu nehmen.

Die Mitglieder des Concurrenzausschusses versehen ihr Amt unentgeltlich; sie können jedoch die Vergütung besonderer barer Auslagen beanspruchen.

Jedermann ist verpflichtet, die auf ihn gefallene Wahl anzunehmen. Im Weigerungsfalle haben die im Gemeindegesetze für den Fall der Nichtannahme einer Wahl geltenden Bestimmungen einzutreten.

§. 18.

Der Concurrenzausschuß repräsentirt sämmtliche Concurrenzgemeinden; er ist berufen, über den Abtheilungsmaßstab, sowie über die Art und Weise der Durchführung des Bauplanes überhaupt seine Wünsche und Bemerkungen auszusprechen. Er prüft den Voranschlag, erledigt die Rechnung und leitet sie zur Ueberprüfung an den Landesausschuß.

Jedes Mitglied des Concurrenzausschusses ist berechtigt, Einsicht in die Rechnung zu nehmen.

Der Concurrenzausschuß wird vom Obmann nach Bedarf berufen, und beschließt mit absoluter Stimmenmehrheit. Zur Beschlußfähigkeit ist die Anwesenheit von mehr als die Hälfte seiner Mitglieder erforderlich. Der Obmann führt die Casse unter Mitsperre eines Ausschußmitgliedes.

Die Landesstelle ist berechtigt, wenn sie es für nothwendig findet, den Concurrenzausschuß aufzulösen. Doch hat sie hierüber vorher mit dem Landesausschusse das Einvernehmen zu pflegen und gleichzeitig mit der Auflösung die Neuwahl zu veranlassen.

§. 19.

Die Errichtung von Mauthen für öffentliche nicht ärarische Straßen, (§. 1) und die auf denselben befindlichen Bauobjecte, sowie die Feststellung der darauf bezüglichen Tarife erfolgt durch die Landesgesetzgebung.

Die bereits bestehenden Mauthen bleiben für die Dauer ihrer Bewilligung aufrecht.

Die Entscheidung bei Streitigkeiten über die Befreiung von Mauthgebühren, Aufstellung oder Versetzung der Mauthschranken u. s. w. bleiben bezüglich jeder Categorie von Straßen der Staatsverwaltung vorbehalten. In Betreff der Aufstellung oder Versetzung von Mauthschranken ist der Landesausschuß einzuvernehmen.

§. 20.

Die Feststellung der Concurrenz für die Schneeschauflung auf Landes- und Bezirksstraßen, so wie die Bestimmung des dieselbe anordnenden Gemeindevorstehers (§. 13) gehört in den Wirkungskreis der politischen Behörde.

§. 21.

Das Erkenntniß über Expropriationen steht nach Maßgabe der diesfalls bestehenden Gesetze und Verordnungen den politischen Behörden zu.

§. 22.

Die politischen Behörden sind berechtigt und verpflichtet, darauf zu bringen, daß die öffentlichen Straßen im gesetzlich vorgeschriebenen Zustande erhalten werden, und daß die Benützung derselben für Jedermann ungehindert bleibe.

Es liegt ihnen ob, in Fällen, wo durch das vorgefundene Straßengebrechen die Communication gehemmt, oder die Sicherheit der Person oder des Eigenthumes gefährdet ist, die erforderliche Abhilfe von den hiezu zunächst verpflichteten Organen in Anspruch zu nehmen, und wenn selbe nicht rechtzeitig geleistet wird, oder bei Gefahr am Verzuge unter gleichzeitiger Mittheilung an den Landesausschuß die dringendste Abhilfe mit möglichster Schonung der Zahlungspflichtigen zu leisten.

§. 23.

Die Einreihung der Straßen in die Categorie von Landes- und Bezirksstraßen erfolgt durch ein besonderes Landesgesetz. (§. 16.)

§. 24.

Die Vorkehrungen, welche bei der Einführung dieses Gesetzes nothwendig erscheinen, bilden den Gegenstand einer speciellen Vereinbarung zwischen der k. k. Statthalterei und dem Landesausschusse.

Gesetz vom 10. Mai 1863, wirksam für das Herzogthum Salzburg, betreffend die Herstellung und Erhaltung der nicht ärarial öffentlichen Straßen und Wegen.

I. Von den Straßen und Wegen überhaupt.

§. 1.

Die öffentlichen Straßen und Wege, deren Bau und Erhaltung nicht aus dem Staatsschatze bestritten wird, sind:

Landesstraßen, oder

Gemeindestraßen und Wege.

§. 2.

Landesstraßen sind jene Straßen, welche nicht nur mehrere Bezirke oder benachbarte Länder miteinander verbinden, sondern auch wegen ihrer Wichtigkeit für den Verkehr des Landes durch ein Landesgesetz als solche erklärt werden (§. 13).

§. 3.

Gemeindestraßen und Wege sind jene öffentlichen Straßen und Wege, welche die Verbindung nur im Innern der Gemeinde oder mit benachbarten Gemeinden herstellen.

§. 4.

Brücken und andere Kunstbauten sind in der Regel als Theile der betreffenden Straße zu behandeln.

Ausnahmsweise können aber auch dieselben mit Rücksicht auf ihre Wichtigkeit und Kostspieligkeit vom Landtage als selbstständige Bauobjekte erklärt und so behandelt werden, als wenn sie zu einer Landesstraße gehören würden.

§. 5.

Landesstraßen sind in der Regel chausseemäßig, und nach Bedarf in einer Fahrbreite von mindestens 12′ und höchstens 18′ herzustellen. Gemeindefahrtwege müssen für das in der Gemeinde gewöhnlich vorkommende Fuhrwerk entsprechend hergestellt und erhalten werden.

II. Bestreitung der Kosten für den Bau, Umbau und die Erhaltung der Straßen und Wege.

§. 6.

Die Kosten des Neubaues, der Umlegung und Erweiterung von Landesstraßen werden, insoweit sie nicht durch freiwillige Concurrenz aufgebracht werden, vom Landesfonde bestritten.

Die Instandhaltung der Landesstraßen fällt theils dem Landesfonde, theils den betreffenden Gemeinden zur Last, und zwar in der Weise, daß die Gemeinden für die innerhalb ihrer Gemarkung gelegenen Straßenstrecken den Deckstoff zu liefern, aufzuführen und einzubetten, das Aufstecken der Schneestangen auf Landesstraßen und andere Taglöhner-Arbeiten zu verrichten haben, während der Landesfond alle übrigen Auslagen zu tragen hat, insoweit sie nicht durch allfällige Mautherträgnisse gedeckt sind.

In Fällen einer Ueberbürdung der Gemeinden kann der Landtag auch zur Lieferung des Deckstoffes einen Beitrag aus dem Landesfonde bewilligen.

Auch kann vom Landtage den Gemeinden die ganze Instandhaltung einer Landesstraßenstrecke gegen eine jährliche Aversualsumme überlassen werden.

Innerhalb der einzelnen Gemeinden wird die Aufbringung der ihnen auferlegten Naturalleistungen wie jedes andere Gemeindeerforderniß behandelt.

§. 7.

Wenn eine Landesstraße eine Ortschaft durchzieht, so trifft die Gemeinde jener Theil der Auslagen allein und ausschließlich, welcher sich aus einer kostspieligeren Constructionsart dieser Straßenstrecke blos aus Rücksicht für die Ortsbewohner durch Pflasterung, Errichtung von Canälen und andere Vorrichtungen 2c. ergibt, und als entbehrlich unterbleiben würde, wenn die Straße nicht im Orte sondern im Freien sich befände.

Hat diese Gemeinde eine Pflastermauth, so muß sie die Durchfahrtsstrecke ganz auf eigene Kosten bestreiten.

§. 8.

Die Schneeschauflung auf Landesstraßen ist von den Gemeinden unentgeltlich und zwar in der Regel von jenen Gemeinden zu besorgen, durch deren Gemarkung die Straße zieht. In außerordentlichen Fällen können aber auch andere Gemeinden, deren Gebiet nicht eine Meile von der Straße entfernt ist, durch die politische Behörde zur Schneeschauflung verhalten werden.

§. 9.

Jede Ortsgemeinde ist verpflichtet, die nothwendigen Gemeindestraßen und Wege innerhalb ihres Gebietes herzustellen und zu erhalten.

§. 10.

Einzelnen Gemeinden können, wenn sie entweder sehr dürftig, oder wenn ihre Gemeindestraßen besonders kostspielig sind, Beiträge zu deren Bau oder Erhaltung aus dem Landesfonde bewilliget werden.

§. 11.

Die Herstellung und Erhaltung der Gemeindestraßen und Wege ist eine innere Gemeindeangelegenheit, und sind für die Aufbringung der hiezu erforderlichen Geld- und Arbeitsleistungen die Bestimmungen des Gemeindegesetzes maßgebend.

§. 12.

Straßen, welche ausschließlich zum Betriebe von Bergwerken, Fabriken oder andern Unternehmungen, oder nur als Zufahrt zu einer Privatbesitzung erforderlich sind, werden als Privatstraßen, deren Herstellung und Erhaltung weder dem Lande, noch den Gemeinden obliegt, durch dieses Gesetz nicht betroffen.

Diejenigen Verpflichtungen, welche Privaten, Gemeinden, Gesellschaften, Bergwerks- und andern Unternehmungen in Betreff der Beitragsleistung zu einzelnen Landes- oder Gemeindestraßen aus besonderen Rechtstiteln oder wegen des ihnen aus der Benützung dieser Straßen vorzugsweise zukommenden Nutzens obliegen, bleiben aufrecht.

III. Competenz in Straßen-Angelegenheiten.

§. 13.

Die bisher aus dem Landesfonde erhaltenen Straßen werden als Landesstraßen erklärt.

Die Aufnahme einer neuen Straße in die Categorie der Landesstraßen, und die Auflassung einer schon bestehenden Landesstraße erfolgt durch ein Landesgesetz.

Der Einbringung eines solchen Landesgesetzes muß die erforderliche Verhandlung mit den Betheiligten und in Absicht auf die öffentlichen und militärischen Rücksichten in Vernehmung der einschlägigen Behörden vorangehen.

§. 14.

Die Baudurchführung, sowie die gesammte technische und ökonomische Verwaltung der Landesstraßen gehören in den Wirkungskreis des Landes-Ausschusses. Die unmittelbare Aufsicht über die Landesstraßen liegt den betreffenden Gemeinden ohne Anspruch auf eine Vergiltung ob. Die Oberaufsicht übt der Landes-Ausschuß. Ein hiebei beanspruchter Beistand der Staatsorgane muß durch Uebereinkommen mit der Staatsverwaltung geregelt werden.

§. 15.

Die Bewilligung zur Straßen- und Brückenbemauthung, sowie die Entscheidung bei Streitigkeiten, bezüglich der Befreiung von Mauthgebühren, Aufstellung oder Versetzung der Mauthschranken u. s. w. bleiben bezüglich beider Categorien von Straßen der Staatsverwaltung vorbehalten.

§. 16.

Das Erkenntniß über Expropriationen steht nach Maßgabe der dießfalls bestehenden Gesetze und Verordnungen den politischen Verwaltungsbehörden zu.

§. 17.

Die politischen Behörden sind berechtiget und verpflichtet, darauf zu dringen, daß die öffentlichen Straßen im gesetzlich vorgeschriebenen Zustande erhalten werden, und daß die Benützung derselben für Jedermann ungehindert bleibe.

Es liegt ihnen ob, in Fällen, wo durch das vorgefundene Straßengebrechen die Communication gehemmt oder die Sicherheit der Personen oder des Eigenthumes gefährdet ist, die erforderliche Abhilfe von den hiezu zunächst verpflichteten Organen in Anspruch zu nehmen, und bei Gefahr am Verzug, oder wenn die Abhilfe nicht rechtzeitig geleistet wird, dieselbe unmittelbar auf Kosten der Verpflichteten zu treffen.

§. 18.

Die Uebergangsbestimmungen, welche bei Einführung dieses Gesetzes nothwendig erscheinen, bilden den Gegenstand einer speciellen Vereinbarung zwischen dem Landes-Ausschusse und der Landesregierung.

Bezüglich der Straßenpolizei, enthält für die Commerzialstraßen in Oberösterreich der Statthalterei-Erlaß vom 1. Okt. 1851, Z. 13744 (L. G. B. 1851, S. 889) folgende Bestimmungen, die größtentheils auch auf Gemeindestraßen Anwendung finden:

Oeffentliche Straßen sollen für die allgemeine Benützung stets offen sein, es sind die Hemmnisse, welche die Benützung erschweren, zu beseitigen und Beschädigungen der Straße und ihrer Bestandtheile fern zu halten. Häuser oder sonstige Gebäude und Behältnisse dürfen nicht zu nahe an den Straßen angebaut oder in selbe vorgerückt werden, damit die Straßen nicht beengt, oder der Einwirkung der Sonne und der Luft nicht beraubt werden. Dachrinnen dürfen nicht über die Straßen überhängen, sondern sind bis zum Abfalle des Wassers in die Straßengräben abzukürzen. So ferne der Hauseigenthümer die Befolgung unterläßt, ist derselbe mit einer Geldstrafe von 1 fl. 50 kr. zu belegen und die Abkürzung ist auf seine Kosten einzuleiten. Aecker und andere Grundstücke und deren Zäune dürfen nicht in den Straßengrund vorgerückt oder die Straßengräben verengt werden. Die Zäune der Grundstücke sind mindestens so weit zurückzusetzen, daß der Raum von der Straße zu selben mit Einrechnung der Straßengräben mindestens 4 Schuh beträgt. Uebertreter sind mit einer Geldstrafe von 2 fl. zu belegen. Von den bestehenden Obst- und anderen Bäumen sind die über die Straßen überhängenden Aeste abzustümmeln. Von den so dicht gesetzten Bäumen, daß sie Luftzug und Sonnenstrahlen von der Straße abhalten, sind einige in gleichem Verhältnisse auszustocken. Neue Obst- oder andere Bäume dürfen nur so gepflanzt werden, daß ihre Aeste im Anwachsen nicht über die Straßengräben reichen, und dem Luftzuge und dem Einfallen der Sonnenstrahlen auf die Straße nicht hinderlich sind. In Uebertretungsfällen ist die Abstümmlung der Aeste oder die Abhauung der zu nahe an die Straßen gesetzten Bäume auf Kosten des Grundbesitzers vorzunehmen. Die durch die Wälder führenden Straßen sind auf beiden Seiten in einer Breite von 3 Klaftern baum- und buschfrei zu halten. Nur in dem Falle, wenn ein Grundbesitzer nur einen wenige Klafter breiten, neben der Straße laufenden Holzgrund besitzt, und durch dessen Abholzung dem Wirthschaftsbetriebe ein auffallender Nachtheil zuginge, kann gestattet werden, daß die Bäume nur gegen die Straßenseite ausgeästet werden. Fallgattern dürfen auf öffentlichen Straßen nicht angebracht werden, es sind daher auch die zu ihrem Einhängen bestimmten steinernen Gatternsäulen zu beseitigen. Zur Ausfuhr von der Straße auf die einzelnen Grundstücke dürfen die Straßengräben nicht mit Erde ausgefüllt werden, sondern es sind zu den Feldarbeiten von den Grundbesitzern Brücken über die Straßengräben zu legen. Das Ausleeren und Auswerfen des Unrathes, das Auslegen des Düngers und der Holzvorräthe auf die Straße und die Seitengräben ist untersagt und bei Uebertretungen die Wegräumung auf Kosten der Uebertreter zu veranlassen. Die Hemmung des Verkehrs durch Verstellung der Straßen vor den Wirthshäusern ist bei einer Strafe von 1 fl. bis 4 fl. verboten. Die Breite der Ladung der Lastwägen soll das Maß von 7 Wiener Schuhen bei einer Strafe von 2 bis 25 fl. nicht übersteigen. Das Gewicht der Ladung von Wägen mit weniger als 6 Wiener Zoll breiten Radfelgen darf bei einer Strafe von 10 fl. 60 Wiener Zentner nicht übersteigen. Eine Ausnahme findet nur bei Verführung solcher untheilbarer Gegenstände statt, deren Breite oder Gewicht das normalmäßige Maximum überschreitet. Alle Fuhrwerke sind verpflichtet, sich über Berge bei Vermeidung einer Strafe von 1 fl. 50 kr. der Radschuhe zu bedienen. Das Einlegen von Reißketten oder der Gebrauch von was immer für Mitteln, womit ein Aufreißen der Straßenbahnen verursacht wird, ist ausnahmsweise nur dann gestattet, wenn diese zeitweilig mit Glatteis oder Schnee bedeckt sind, sonst aber gegen einen Strafbetrag von 20 fl. und gegen Verlust der Ketten oder sonst angewendeten Vorrichtungen verboten. Die den Vekturanten über Berge Vorspann leistenden Fuhrleute dürfen bei der Rückkehr die Wage bei Verlust derselben nicht von den Pferden nachschleppen lassen, sondern haben sie den Pferden anzulegen. Unbespannte Wägen dürfen an dergigen Straßenstrecken nicht stehen gelassen werden. Zur Zeit der Schlittenbahn oder bei Schneeverwehungen ist die Aussteckung der Straßenbahn nothwendig. Die Gemeindevorstände haben die Vorsichtsmaßregel vorhinein ausführen zu lassen, es sind jedoch hiezu nur abgelaufene Schwarzholzstämme oder Aeste von Schwarz- oder Laubholz, nicht aber frische Stämme von Schwarzholz zu verwenden.

Die Beschädigung der an den öffentlichen Wegen jeder Art gepflanzten Bäume oder Alleen, sie möge aus böser Absicht, Muthwillen, Unachtsamkeit, oder bei Viehtreiben und anderen Gelegenheiten aus vernachlässigter Aufsicht entspringen, ist, wenn sich dieselbe zur Ahndung nach dem Strafgesetzbuche nicht eignen sollte, als ein Polizei-Vergehen mit einer Geldstrafe zu ahnden, welche nach Beschaffenheit der dieselbe begleitenden Umstände und Folgen mit einem bis fünf Gulden für jeden beschädigten Baum zu bemessen und dem Ergreifer des Thäters, oder dem Angeber, wenn dessen Anzeige zur Entdeckung und Ergreifung des Thäters führt, als Belohnung zu erfolgen ist. (Reg. Cirk. vom 3. Febr. 1837, Z. 3430.

Zur Beseitigung von Beschädigungen der Straßen-Banquets darf das Vieh nur unter Aufsicht von Hirten auf die Reichs- und Commerzialstraßen getrieben werden, und es sind die Uebertreter dieser Vorschrift zu bestrafen und die Eigenthümer des Viehes zum Ersatz des von ihrem Vieh an der Straße angerichteten Schadens zu verhalten. Wenn die Straßengräben durch ausgetriebenes Borstenvieh beschädiget werden, ist das bei der Beschädigung betretene Vieh zu pfänden und der Besitzer zur Auslösung mit 12 kr. zu verhalten. Jene Vieheigenthümer und Viehtreiber, welche das Vieh nicht von dem Zertreten der Straßen-Banquets und der Schotterhaufen abhalten, sind zu einer Geldstrafe von 1 bis 3 fl. oder zu einer entsprechenden Arreststrafe zu verhalten. (Erlaß der o. ö. Statthalterei vom 10. Nov. 1856, Z. 14.485 L. G. B. 1856, II. Abth. Seite 111.)

Die Gemeinde hat zugleich für die Sicherheit und Leichtigkeit des Verkehrs auf Gewässern (Wasserpolizei) Sorge zu tragen.

Unter den hierüber in Kraft bestehenden gesetzlichen Bestimmungen, insoweit ihre Handhabung den selbstständigen Wirkungskreis der Gemeinden nicht überschreitet, ist vor allem die mit Regierungsdecret vom 12. Mai 1822, Z. 9849 republizirte Schiffahrts-Ordnung vom 20. März 1770 bemerkenswerth, welche auszugsweise lautet wie folgt:

1. Die zum Transport von Personen oder Frachten bestimmten Schiffe müssen vollkommen fest, dauerhaft und zur Ertragung ihrer Belastung tauglich sein.

2. Die Schiffe sind öfters zu untersuchen und es ist ihnen bei dem Abgange eines Anstandes die Jahreszahl der Untersuchung einzubrennen. Bei wahrgenommener Gefährlichkeit ist der Schiffeigenthümer zur Verbesserung anzuweisen, vor welcher der Brand nicht vorgenommen und der Gebrauch des Schiffes nicht gestattet werden darf.

3. Bei 12 Reichsthalern Strafe muß jedes Schiff $^3/_4$ Schuh im Lichte außer Wasser stehn.

4. Die Schiffe sind mit dem erforderlichen Schiffzeug von guter Qualität zu versehen.

5. Die mit der Leitung des Schiffes betrauten Personen müssen in Wasserfahrten wohlerfahrene Männer sein.

6. Insbesondere sollen die Seßthaler oder Nauführer ehrliche, wachsame, nüchterne und friedliche Menschen sein.

7. Die Schiffmeister dürfen sich keiner der Trunkenheit ergebenen Schiffleute bedienen. Die bei Wasserfahrten in der Betrunkenheit betretenen Schiffleute sind sogleich anzuhalten und zu bestrafen.

8. Schiffmeister, welche einen Schiffknecht ohne ein entsprechendes Zeugniß seines früheren Dienstherrn aufnehmen, verfallen in eine Geldstrafe.

9. Seßthaler oder Nauführer sind verpflichtet, betrunkene Schiffleute sogleich an das Land führen zu lassen. Wird durch deren Abgang die Weiterfahrt verhindert, so kann der Schiffmeister für die hiedurch verursachten Kosten von den betrunkenen Schiffknechten Schadloshaltung begehren und es liegt ihm ob, Schiffknechte, die in der Trunkenheit verharren, ohne Zeugniß entsprechender Dienstleistung zu entlassen.

10. Bei großem Nebel, Wind und Hagelwetter vom Lande zu stoßen, ist verboten. Wenn während der Fahrt ein solches widriges Wetter eintreten sollte, so ist nach Thunlichkeit am nächsten Orte anzulanden und eine günstigere sicherere Witterung abzuwarten.

11. Wenn Auf- und Naufahrende einander begegnen und zum gegenseitigen Ausweichen der Raum zu enge ist, dann soll der Naufahrende anlanden und dem Auffahrenden die Fahrt frei überlassen. Würde die Gegend dem Naufahrenden die Anlandung nicht gestatten, so hat der Auffahrende anzulanden und dem Naufahrenden den Wasserraum frei zu machen.

12. Kein Floß darf bei Vermeidung einer Geldstrafe von 50 Ducaten mehr als 7 Klafter Breite und über 17 Klafter Länge haben.

13. Wenn ein Schiffmeister im Wasser verborgene Stöcke, oder an Schiffmühlen etwas der Fahrt schädliches, oder bei der Zulandung einen Mangel an festen Haftstöcken entdecken sollte, so hat er allsogleich hievon die Anzeige zu erstatten.

14. Die Besitzer von Ufergründen, auf welchen Stöcke und Bäume stehen, die unter Wasser gesetzt der Schifffahrt gefährlich werden können, haben dieselben zu beseitigen, widrigens sie mit 12 Reichsthalern bestraft werden.

15. Schiffmühlen dürfen nur an Orten, wo durch sie die Schiffahrt nicht behindert oder gefährdet wird, angeheftet werden.

16. An bestimmten Landungsplätzen dürfen keine leeren unnöthig stehenden Fahrzeuge geduldet werden. Die Landungsplätze sind ferner mit starken, tief eingegrabenen Haftstöcken zu versehen und es sind dieselben, sowie die Hufschläge und Ufer-Beschlächte in gutem Stande zu erhalten.

Jedes zum Transport von Personen bestimmte Schiff muß bei sonstiger Bestrafung des Dawiderhandelnden mit einer sogenannten Bodenbrücke versehen sein. (Regierungs-Decret vom 18. Oct. 1832, Z. 26576.)

Die Schiffmeister und Ueberfuhr-Inhaber haben unter ihrer Haftung und schweren Verantwortung nicht nur die vollkommen sichere und schifffahrts-ordnungsmäßige Beschaffenheit, dann für die gehörige Bemannung der zur Transportirung von Menschen bestimmten Fahrzeuge, sondern auch insbesondere dafür Sorge zu tragen, daß nicht zu viele Menschen aufgenommen werden. (Regierungs-Decret vom 31. Mai 1833, Z. 16021.)

Die Ruderschiffe auf der Donau müssen an den Seiten mit Windläden versehen werden, welche wenigstens 12 Zoll über den Rand des Schiffes emporragen und das Eindringen der Wellen in das Innere des Schiffes verhindern sollen. (Reg.-Decret vom 8. August 1845, Z. 22506.)

Jedes Schiff, zu dessen gehöriger Leitung mehr als zwei Schiffleute erforderlich sind, und jede Wallfahrtfuhre muß bei Vermeidung einer Strafe von 36 fl. eine leere, mit den nöthigen Schiffsrequisiten versehene Waldzille in gutem Zustande von 4 Klaftern in der Länge, drei Fuß in der Breite und 18—20 Zoll in der Tiefe bei sich führen. (Reg. Decr. vom 9. Febr. 1846, Z. 1566.)

Bezüglich der Flurenpolizei wurde unterm 30. Jänner 1860 folgende Verordnung der k. k. Ministerien des Innern und der Justiz erlassen, deren Handhabung durch die neue Gemeindeordnung auf die Gemeinden übergegangen ist.

Um die Hintanhaltung und Entdeckung der Beschädigungen oder widerrechtlicher Eingriffe, welchen das Feldgut ausgesetzt ist, zu erleichtern, und dem dringenden Bedürfnisse eines Schutzes des Feldbaues eine wirksame Abhilfe zu gewähren, wird auf Grund der von Sr. k. k. apostolischen Majestät mit a. h. Entschließung vom 28. Jänner 1860 ertheilten Ermächtigung, die Bestellung eines beeideten Feldschutzpersonales (Feldhüter, Flurwächter) gestattet, und zur Regelung des Institutes der für den Feldschutzdienst beeideten Feldhüter oder Flurwächter, sowie des Verfahrens über Feldfrevel verordnet, wie folgt:

§. 1.

Unter Feldgut werden alle Gegenstände begriffen, welche mit dem Betriebe der Land- und Feldwirthschaft im weitesten Sinne im unmittelbaren oder mittelbaren Zusammenhange stehen, in so lange sie sich auf offenem Felde befinden.

Es sind daher eben so wohl die Grundstücke selbst, wie Aecker, Wiesen, Gärten, Weingärten, Obstbäume und Pflanzungen aller Art, Preßhäuser, Heustadeln, Bienenhäuser, Feldhütten, Zäune, Hecken, Alleen, Fischteiche, Be- und Entwässerungsanlagen, Dämme, Wasserwerke und Leitungen, Feldwege und Stege, Feldbrunnen u. s. w. zum Feldgute zu rechnen, als auch alle noch nicht eingebrachten Früchte und Saaten, Heu- und Fruchtschober, die auf dem Felde zurückgelassenen landwirthschaftlichen Geräthe und Werkzeuge, das Zug- und Weidevieh, der Dünger u. s. w.

§. 2.

Auf den Feldschutzdienst können nur jene Feldhüter oder Flurwächter beeidet werden, welche:

a) Entweder von einer Gemeinde zur Ueberwachung des Feldgutes aller oder einzelner, in der Gemeindegemarkung gelegenen Fluren; oder

b) von dem Besitzer eines größeren Guts- oder Wirthschafts-Complexes zur Ueberwachung seines Feldgutes bestellt werden.

In dem letzteren Falle muß der Besitzstand in der Regel mindestens 100 niederösterreichische Joche an dem Feldbaue gewidmeten Grundstücken betragen; ausnahmsweise kann jedoch auch den Besitzern von Realitäten, welche diesen Umfang nicht erreichen, die Bewilligung von der politischen Behörde ertheilt werden, wenn nach den persönlichen Verhältnissen und den übrigen Umständen eine entsprechende Beachtung der in dieser Verordnung enthaltenen Vorschriften mit Grund erwartet werden kann.

§. 3.

Der aus dem Gemeindeverbande ausgeschiedene, vormals herrschaftliche, „größere" Grundbesitz, welcher ein eigenes Gutsgebiet bildet, ist im Sinne dieser Verordnung einer Gemeinde gleich zu halten, und der Vorstand des Gutsgebietes hat alle jene Rechte und Pflichten, welche nach dieser Verordnung dem Gemeinde-Vorstande zukommen oder obliegen.

Im Verfolge dieser Verordnung wird der Gemeinde-Vorsteher und der Vorstand des selbstständigen Gutsgebietes mit der gemeinschaftlichen Benennung „Ortsvorstand" bezeichnet.

§. 4.

Die Vornahme der Beeidigung auf den Feldschutzdienst steht der untersten politischen Behörde des Bezirkes zu, und kann nur über Verlangen des Dienstherrn, beziehungsweise Bestellers des zu beeidenden Feldhüters oder Flurwächters erfolgen.

Der Eid ist nach der beiliegenden Eidesformel abzunehmen.

§. 5.

Jedem auf den Feldschutzdienst Beeideten ist eine schriftliche Bestätigung des geleisteten Eides zu erfolgen, welche nebstbei den Namen des Bestellers und die genaue Beschreibung des Umfanges des, dem Feldhüter oder Flurwächter zugewiesenen Ueberwachungsbezirkes zu enthalten hat. Diese Bestätigung hat dem beeideten Feldhüter oder Flurwächter zur Legitimation zu dienen.

§. 6.

Für den Feldschutzdienst dürfen von den politischen Behörden nur Personen von unbescholtenem Benehmen, welche das 20. Lebensjahr zurückgelegt haben, in Eid und Pflicht genommen werden.

§. 7.

Personen, welche wegen eines Verbrechens, eines aus Gewaltthätigkeit gegen die Person eines Andern verübten Vergehens oder einer solchen Uebertretung, ferner eines aus Gewinnsucht entspringenden, oder der öffentlichen Sittlichkeit zuwider laufenden Vergehens oder einer Uebertretung dieser Art schuldig erkannt, oder blos wegen Unzulänglichkeit der Beweismittel freigesprochen worden sind, endlich Personen, welche wegen einer andern Gesetzesübertretung zu einer, wenigstens sechsmonatlichen Freiheitsstrafe verurtheilt worden sind, dürfen für den Feldschutzdienst nicht in Eid und Pflicht genommen werden.

§. 8.

Die Zulassung zur Beeidigung kann wegen Schwäche des Wahrnehmungs- und Erinnerungsvermögens, wegen Hanges zur Trunkenheit, zum Spiele, zu Raufhändeln und Exzessen, wegen Verdachtes der Bestechlichkeit oder des Schleichhandels, überhaupt wegen solcher phisischen und moralischen Gebrechen verweigert werden, die nach dem Dafürhalten der Behörden zur Ausübung des Feldschutzdienstes mit dem Rechte einer obrigkeitlichen Person und Civilwache minder geeignet, oder ganz unfähig machen.

§. 9.

Das auf den Feldschutzdienst beeidete Personale wird in der Ausübung dieses Dienstes als öffentliche Wache angesehen und genießt in dieser Beziehung alle in den Gesetzen gegründeten Rechte, welche den obrigkeitlichen Personen und Civilwachen zukommen. Die mit Berufung auf ihren Diensteid abgegebenen Aussagen der beeideten Feldhüter oder Flurwächter über Thatsachen oder Umstände, die sich auf die Ausübung ihres Dienstes beziehen, und die sie bei Ausübung desselben wahrgenommen haben, sind nach Maßgabe des §. 426 lit. c. der Strafprozeßordnung vom 29. Juli 1853 beweiskräftig.

§. 10.

Damit das für den Feldschutzdienst beeidete Personale erkannt und als öffentliche Wache geachtet werden könne, hat es im Dienste einen Armschild zu tragen, dessen bezeichnende Form zur öffentlichen Kenntniß des Bezirkes zu bringen ist.

Zugleich ist das beeidete Feldschutzpersonale befugt, im Dienste ein kurzes Seitengewehr zu tragen, von welchem jedoch nur im Falle gerechter Nothwehr Gebrauch gemacht werden darf.

§. 11.

Die für den Feldschutzdienst beeideten Personen verlieren im Falle des Eintrittes eines der im §. 7 festgestellten Ausschließungsgründe, die durch die Beeidigung erlangten Rechte einer obrigkeitlichen Person und Civilwache kraft des Gesetzes.

§. 12.

Die zur Beeidigung für den Feldschutzdienst berufenen politischen Behörden (§. 4) haben auch über die Zulassung zur Eidesablegung und über den Verlust der mit der Beeidigung erworbenen Rechte (§. 11) zu erkennen.

Gegen diese Erkenntnisse findet das Rechtsmittel des Rekurses statt.

§. 13.

Jedermann ist gehalten, den dienstlichen Aufforderungen des beeideten Feldschutzpersonales Folge zu leisten, wogegen dasselbe sich aller gesetzwidrigen Vorgänge bei strenger Verantwortung zu enthalten hat.

§. 14.

Wenn eine Person bei Verübung eines Felddiebstahles oder einer andern Beschädigung des Feldgutes betreten wird, so ist dieselbe, wenn sie unbekannt ist, oder keinen festen Wohnsitz hat, festzunehmen. Andere Personen dürfen nur dann festgenommen werden, wenn sie sich der dienstlichen Aufforderung des beeideten Feldschutzpersonales widersetzen, es beschimpfen oder sich an ihm vergreifen, oder bedeutende Beschädigungen verübten.

§. 15.

Ist eine Person, welche nach Zulassung des §. 14 festgenommen werden darf, von dem Orte, an welchem sie auf der That betreten wurde, entflohen, so kann sie von dem beeideten Feldschutzpersonale verfolgt und auch außerhalb des Aufsichtsgebietes festgenommen werden.

§. 16.

Das Feldschutzpersonale hat den bei Verübung eines Felddiebstahles oder einer andern Beschädigung des Feldgutes Betretenen die entwendeten Gegenstände, sowie die zur Verübung des Diebstahles oder Frevels verwendeten Werkzeuge abzunehmen.

Es ist demselben gestattet, auch den, der Verübung eines Feldfrevels dringend verdächtigen Personen, wenn sie auf fremdem Grunde betreten werden, die gewöhnlich zur Gewinnung der Bodenproducte verwendeten Werkzeuge, falls sie deren Mitnahme nicht zu rechtfertigen vermögen, abzunehmen.

§. 17.

Jede festgenommene Person muß ohne Verzug dem Ortsvorstande zur weiteren Stellung vor die competente Behörde eingeliefert werden.

Die abgenommenen Gegenstände und Werkzeuge sind gleichfalls ohne Verzug dem Ortsvorstande zu übergeben, welcher sie dem Beschädigten, wenn er bekannt ist, sogleich gegen Empfangsbestätigung zu erfolgen hat.

Ist der Beschädigte unbekannt, so hat der Ortsvorstand, wegen dessen Ausforschung das Geeignete zu verfügen und jedenfalls die Vorsorge zu treffen, daß die abgenommenen Gegenstände, wenn sie dem Verderben unterliegen, zum Besten des noch nicht ermittelten Beschädigten verwerthet werden.

Die aus einem Felddiebstahle oder Flurenfrevel herrührenden Gegenstände oder der dafür erzielte Erlös verfallen dem Ortsarmenfonde, wenn der unbekannte Eigenthümer deren Ausfolgung binnen der vom Tage des begangenen Frevels zu berechnenden Frist von einem Jahre nicht begehrt.

Demselben Fonde verfallen auch die abgenommenen Werkzeuge, wenn nicht von der competenten Behörde die Rückstellung derselben wegen ungerechtfertigter Beschlagnahme ausgesprochen wird.

§. 18.

Wird das Feldgut durch Thiere beschädigt, so hat das beeidete Feldschutzpersonale die Privatpfändung für den Beschädigten zu vollziehen (§. 1321 des allgemeinen bürgerl. Gesetzbuches.) Diese Pfändung hat von Seite des von der Gemeinde bestellten Feldschutzpersonales dann zu unterbleiben, wenn die Beschädigung durch die zu der Gemeindeherde gehörigen und einem von der Gemeinde bestellten Hirten zur Ueberwachung anvertrauten Thiere geschieht.

§. 19.

Das von einer Gemeinde oder von dem Besitzer eines selbstständigen Gutsgebietes (§. 3) bestellte beeidete Forstschutzpersonale hat das gepfändete Vieh ohne Verzug dem Ortsvorstande zu übergeben, welcher hievon sowohl dem Eigenthümer des gepfändeten Viehes, wenn dieser bekannt ist, als auch dem Beschädigten, und diesem letzteren insbesondere mit dem Bedeuten sogleich zu verständigen hat, daß er sein Recht auf den Schadenersatz längstens binnen acht Tagen geltend zu machen habe, widrigens das gepfändete Vieh dem sich meldenden Eigenthümer zurückgestellt werden würde.

Der Ortsvorstand hat über die Höhe der Entschädigung zwischen dem Beschädigten und dem Eigenthümer des gepfändeten Viehes ein gütliches Uebereinkommen zu vermitteln und ist im Falle, wenn beide Parteien ihm unterstehen, und keine Abfindung zu Stande kommt, berechtigt, die Sicherstellungssumme festzusetzen, gegen deren Erlag das gepfändete Vieh dem Eigenthümer noch vor der behördlichen Entscheidung über den Schadenersatz ausgefolgt wird (§. 1322 des allg. b. Gesetzb.)

Ist der Beschädigte zugleich Vorstand des selbstständigen gutsherrlichen Gebietes, so ist derselbe verpflichtet, binnen acht Tagen entweder mit dem Eigenthümer des Viehes sich abzufinden, oder seine Entschädigungsansprüche bei der Behörde anhängig zu machen, widrigenfalls das gepfändete Vieh zurückgestellt werden muß.

§. 20.

Das von dem, im §. 2 unter b) angeführten Privatpersonen bestellte beeidete Feldschutzpersonale hat das gepfändete Vieh ohne Verzug seinem Dienstherrn zu übergeben, und gleichzeitig dem Ortsvorstande die geschehene Pfändung anzuzeigen.

Der beschädigte Dienstherr hat sich binnen acht Tagen entweder mit dem Eigenthümer des Viehes abzufinden, oder seine Entschädigungsansprüche bei der Behörde anhängig zu machen, widrigenfalls das gepfändete Vieh zurückgestellt werden muß.

§. 21.

Das beeidete Feldschutzpersonale hat alle von ihm entdeckten Felddiebstähle und sonstigen Beschädigungen des Feldgutes selbst dann, wenn der Thäter unbekannt ist, zur Kenntniß seines Dienstherrn zu bringen und zwar das von einer Gemeinde oder einem selbstständigem Gutsgebiete bestellte Personale zur Kenntniß des Ortsvorstandes, und das von Privaten bestellte Personale zur Kenntniß seines Bestellers und gleichzeitig des Ortsvorstandes.

§. 22.

Der Ortsvorstand ist verpflichtet, von allen zu seiner Kenntniß gebrachten Verletzungen der Sicherheit des Feldgutes die Beschädigten, soweit sie bekannt sind, ungesäumt in Kenntniß zu setzen und diejenigen Verletzungen, welche in dem allgemeinen Strafgesetze vorgesehen sind, ohne Verzug der Strafbehörde zur weiteren Behandlung anzuzeigen.

Das von Privaten bestellte Feldschutzpersonale oder dessen Dienstherr ist verpflichtet, derartige nach dem allgemeinen Strafgesetze zu behandelnde Verletzungen des Feldgutes unmittelbar der Strafbehörde anzuzeigen.

§. 23.

Alle wie immer geartete Verletzungen oder Beschädigungen des Feldgutes, welche nicht unter die Bestimmungen des allgemeinen Strafgesetzes fallen, werden als Feldfrevel erklärt, über welche von der competenten Behörde das Verfahren nur auf Verlangen des Beschädigten oder auf die unmittelbare Anzeige eines auf den Feldschütz beeideten Individuums einzuleiten ist.

§. 24.

Die Feldfrevel sind nach Verhältniß der Milderungs- oder Erschwerungsgründe in der Regel mit einer Geldstrafe von fünfundzwanzig Kreuzer bis vierzig Gulden öst. W. oder einer Arreststrafe bis zur Dauer von acht Tagen, oder mit jenen Strafen zu ahnden, welche die in einzelnen Kronländern in Wirksamkeit bestehenden feldpolizeilichen Verordnungen für bestimmt bezeichnete Feldfrevel festsetzen.

§. 25.

Die Untersuchung und Bestrafung der Feldfrevel steht der politischen Behörde des Bezirkes zu, in welchem sie begangen wurden.

Das dabei zu beobachtende Verfahren ist durch die Verordnung des Ministeriums des Innern vom 5. März 1858 Nr. 34 des Reichsgesetzblattes geregelt.

§. 26.

Das Erkenntniß hat auch den zu leistenden Schadenersatz festzustellen und im Falle dritte Personen, welchen eine Mitschuld nicht zur Last fällt, aus dem Feldfrevel Nutzen gezogen haben, wie bei Beschädigungen durch Abweiden u. dgl. auch zu bestimmen, inwiefern diese Personen dem Beschädigten Ersatz zu leisten haben.

Bei Feldfreveln, welche von mehreren Personen begangen wurden, haftet jede derselben für den ganzen Schaden zur ungetheilten Hand (1301 und 1302 des allg. bürgerl. Gesetzbuches.)

§. 27.

Bei Beschädigungen des Feldgutes durch Thiere haftet der Eigenthümer für den Schadenersatz, es mag eine Pfändung vorgenommen sein oder nicht und zwar auch dann, wenn die Thiere mit andern in einer Herde vereinigt und einem Hirten anvertraut waren.

Wenn bei Beschädigungen, welche durch eine gemeinschaftliche Herde geschehen, die Thiere, durch welche die Beschädigung verursacht wurde, oder deren Eigenthümer nicht ermittelt sind, so haften die Eigenthümer aller in der Herde befindlichen Thiere dem Beschädigten für den Schadenersatz zur ungetheilten Hand, unter sich aber tragen sie dazu nur nach Gattung und Zahl des Viehes bei, welches ein jeder von ihnen zur Zeit der Beschädigung in der gemeinschaftlichen Herde gehabt hat.

§. 28.

Der zuerkannte Schadenersatz, welcher wegen Armuth des Schuldigen nicht beigetrieben werden kann, ist von der Behörde über Begehren des Beschädigten in Arbeitstage umzuwandeln, wobei der in der Gemeinde des Beschädigten übliche Taglohn zum Maßstabe zu dienen hat.

Verweigert der Schadenersatzpflichtige dem Beschädigten die Leistung dieser Arbeitstage, so ist über denselben ein 24 stündiger Arrest verschärft mit Fasten zu verhängen, was bei fortdauernder Weigerung in Zwischenräumen von drei Tagen so lange wiederholt werden kann, bis der Schadenersatz geleistet wird.

§. 29.

Zur Schätzung des durch einen Feldfrevel verursachten Schadens ist zunächst das beeidete Feldschutzpersonale berufen.

Uebersteigt der Schade nach dem Dafürhalten des beeideten Feldhüters 5 fl. ö. W., so hat er sogleich die Abschätzung desselben durch besonders beeidete Schätzleute bei dem Ortsvorstande zu begehren, und letzterer ist verpflichtet, die Schätzung sogleich vornehmen zu lassen und über den Schätzungsbefund eine schriftliche Bescheinigung dem beeideten Feldhüter zu erfolgen.

Die Vornahme der Schätzung des Schadens durch die beeideten Schätzleute kann in allen Feldfrevelfällen sowohl von dem Beschädigten, als auch vom Ersatzpflichtigen beim Ortsvorstande binnen acht Tagen, vom Zeitpunkte des begangenen oder entdeckten Feldfrevels an gerechnet, begehrt werden.

§. 30.

Durch Verjährung erlischt Untersuchung und Strafe der Feldfrevel, wenn der Frevler binnen drei Monaten vom Tage des begangenen Frevels nicht in Untersuchung gezogen worden ist.

Die aus einem durch Verjährung erloschenen Feldfrevel herrührenden Schadenersatzansprüche sind auf dem Civilrechtswege auszutragen.

§. 31.

Die zur Beeidigung berufenen politischen Behörden haben über alle in ihrem Bezirke befindlichen auf den Feldschutzdienst beeideten Personen genaue Vormerkungen zu führen und in steter Evidenz zu halten. Die Dienstherren oder deren Stellvertreter sind bei Vermeidung einer Ordnungsstrafe von zwei bis zehn Gulden ö. W. verpflichtet, jede Veränderung in dem Stande ihres auf den Feldschutzdienst beeideten Dienstpersonales innerhalb einer Frist von längstens sechs Wochen zur Kenntniß der betreffenden politischen Behörde zu bringen.

Eidesformel

für das Feldschutz-Personale.

Ich schwöre, das meiner Aufsicht anvertraute Feldgut stets mit möglichster Sorgfalt und Treue zu überwachen und zu beschützen, all' diejenigen, welche dasselbe auf irgend eine Weise zu beschädigen trachten oder wirklich beschädigen, ohne persönliche Rücksicht gewissenhaft anzuzeigen, nach Erforderniß in gesetzmäßiger Weise zu pfänden oder festzunehmen, keinen Unschuldigen fälschlich anzuklagen oder zu verdächtigen, jeden Schaden möglichst hintanzuhalten und die verursachten Beschädigungen nach meinem besten Wissen und Gewissen anzugeben und abzuschätzen, sowie deren Abhilfe im gesetzlichen Wege zu verlangen, mich den mir aufliegenden Pflichten ohne Wissen und Genehmigung meiner Vorgesetzten oder ohne unvermeidliche Verhinderung niemals zu entziehen und über das mir anvertraute Gut jederzeit gehörig Rechenschaft zu geben.

So wahr mir Gott helfe!

IV.

Die Lebensmittelpolizei und die Ueberwachung des Marktverkehres, insbesondere die Aufsicht auf Maß und Gewicht.

Die Lebensmittelpolizei umfaßt die Obsorge, daß die unentbehrlichen Lebensmittel in hinlänglicher Menge vorhanden seien, und daß der Gesundheit schädliche Eßwaaren nicht verkauft werden.

In Ueberwachung des Marktverkehres ist dafür Sorge zu tragen, daß die Marktordnungen genau beobachtet und daß alle Störungen der Ruhe und Ordnung, sowie die Gefahren der Sicherheit des Eigenthums durch Feuer, Diebstähle und Betrügereien fern gehalten werden.

Von den die Märkte besuchenden Parteien kann ein mässiges Standgeld abgefordert werden.

Die Standgelder wurden mit Reg. Decret vom 26. Nov. 1830 Z. 32179 in nachstehender Art regulirt: An Jahrmärkten wird für einen Stand oder Verkaufplatz die Gebühr bei einer Länge von 2 Klafter und darüber auf 40 kr. CM., von einer Klafter und darüber auf 20 kr. CM. von einer halben Klafter und darüber auf 10 kr. und von weniger als einer halben Klafter auf 5 kr. CM. festgesetzt und zugleich bestimmt, daß, wenn der Jahrmarkt länger als einen Tag dauert, für die ganze übrige Zeit noch die Hälfte dieser Gebühr abgenommen werden darf. An Kirchtagen und Wochenmärkten wird die Gebühr für Verkaufsplätze und Stände von 2 Klaftern Länge und darüber auf 20 kr. CM., von einer Klafter Länge und darüber auf 10 kr. CM., von einer halben Klafter Länge und darüber auf 5 kr. CM. und für noch kleinere Verkaufspläze auf 3 kr. CM. festgesetzt. Die an einigen Orten unter der Benennung Victualien-, Platz- und Wochenmarktsgefäll, Körbelgeld, u. dgl. bisher an Wochenmärkten oder beim täglichen Verkaufe der Feilschaften abgenommenen Gebühren werden in der Art regulirt, daß künftig für jeden Wagen, worauf Feilschaften sich befinden, 3 kr. CM. und von jedem Korbe, Karren, Schaffe, jeder Steige u. dgl., worin Feilschaften zum Verkaufe ausgestellt sind, 1 kr. CM. abgenommen werden darf. Auch kann für das auf den Markt gebrachte und zum Verkaufe aufgestellte Vieh in den dazu berechtigten Orten ein Platzgeld und zwar für jedes Stück Vieh größerer Gattung als: Ochsen, Pferde Kühe, Terzen von 3 kr. CM. und für jedes Stück Vieh kleinerer Gattung als: Kälber, Schafe, Lämmer, Ziegen und Schweine von 1 kr. CM. gefordert werden. Der an einigen Orten beobachtete Unterschied in der Gebühren-Abnahme zwischen den Ortsbewohnern und den Auswärtigen wird aufgehoben. Nur der Eigenthümer des Platzes kann für die Benützung desselben ein Stand- oder Platzgeld fordern.

Mit Erlaß der o. ö. Statthalterei vom 9. Dez. 1854, Z. 17757, wurde angeordnet, die Pächter von Jahrmarkt-Standgeldern und ihre Bestellten mit verificirten Einhebungs-Tarifen zu versehen, und sie zu verhalten, die Marktparteien auf ihr Verlangen davon Einsicht nehmen zu lassen. Den Gemeindeämtern der Jahrmarktorte wurde zur Pflicht gemacht, solche Tarife in dem Marktorte immer vor dem Marktbeginne auf zweckdienlichste Art zu Jedermanns Einsicht öffentlich anzuheften, wodurch Conflikten und dem hie und da gegen die Einhebung der Marktstandgelder vorkommenden Mißtrauen vorgebeugt werden soll.

In Handhabung der Aufsicht auf Maß und Gewicht haben die Gemeindevorsteher in ihrem Gemeindebezirke die in Gebrauch stehenden Maße und Gewichte öfters zu untersuchen, und die mit keinem Zimentirungszeichen versehenen, oder als unecht befundenen sogleich abzunehmen. Zeigt sich hiebei eine nach dem Strafgesetz verpönte Handlung, so ist der Gerichtsbehörde die Anzeige zu erstatten; außerdem hat der Gemeindevorsteher das weitere Verfahren zu pflegen und Schuldtragende zu bestrafen. Die Aufsicht auf Maß und Gewicht erstreckt sich auf die Beaufsichtigung der Wagen.

Von den vielen hierüber bestehenden Vorschriften erwähnen wir folgende:

Nach der Hofverordnung vom 20. September 1761 darf kein Bindermeister ein neues Faß anders, als nach dem Drittel, bei Strafe der Confiscation und 12 Reichsthaler an Geld, verfertigen. Er hat demselben seinen Namen oder sein Meisterzeichen nebst dem Namen des Ortes, der Jahreszahl und des haltenden Maßes einzuschneiden oder einzubrennen und vor dem Verkaufe das Faß der Obrigkeit zur Visirung und Einbrennung ihres Namens anzuzeigen. Kein unvisirtes und nicht vorschriftsmäßig gezeichnetes Faß soll auf Märkten zu verkaufen gestattet werden. Alte Fässer sind gleichfalls der Visirung zu unterziehen und mit dem Namen der visirenden Obrigkeit und der Bezeichnung ihres Inhaltes zu versehen. Die ohne solcher Bezeichnung öffentlich gebrauchten Fässer sollen confiszirt und es soll der Schuldtragende noch besonders gestraft werden.

Nach der Regierungs-Verordnung vom 12. September 1795 haben Zinngießer, Kupferschmiede, Klampferer und Hafner die von ihnen verferkigten, als Maß zur öffentlichen Ausschank bestimmten Geschirre mit ihrem Meisterzeichen zu versehen und obrigkeitlich zimentiren zu lassen. Die mit solchen unzimentirten Geschirren in Verkauf betretenen Gewerbsleute, sowie die Wirthe und Wirthschaftseigenthümer, die ein solches Geschirr ohne Zeichen kaufen und sich mit solchen als Maß im Ausschank oder auf dem Markte betreten lassen, sind nebst Zerschlagung des Geschirres mit drei Reichsthalern zu bestrafen.

Mit Hofkanzlei-Decret vom 18. August 1787 wurde angeordnet, daß sich die Obrigkeiten mit echten Maßen und Gewichten (Muster Maße und Gewichte) zu versehen haben, um hiernach jene Maße und Gewichte, deren die Parteien zum Verkaufe gebrauchen, in Rücksicht auf ihre Richtigkeit zu beurtheilen, und wenn sie solche für echt erkannt haben, zum allgemeinen Beweise der Echtheit mit dem obrigkeitlichen Stempel unentgeltlich bezeichnen zu können. Ohne einer solchen Bezeichnung sind keine Maße und Gewichte in Städten und auf dem Lande zu gestatten und den dagegen handelnden Parteien das unbezeichnete Maß und Gewicht sogleich abzunehmen, auch ist denselben aller Handel und Verkauf insolange einzustellen, bis sie sich mit echterkannten Maß und Gewicht versehen haben.

Mit Regierungs-Decret vom 13. Dez. 1806 wurde bestimmt, daß alle Parteien nach Ablauf von 3 Jahren die Maße und Gewichte zur Zimentirungs-Obrigkeit zu bringen haben, und daß diese jedesmal die

Jahreszeit der geschehenen Zimentirung oder Rezimentirung nebst dem Stempel beizufügen hat, damit hieraus die in der festgesetzten Zeit geschehene, oder etwa unterbliebene Rezimentirung entnommen werden könne. Die Obrigkeiten (Gemeindevorsteher) haben einigemale des Jahres unversehens auf den richtigen Vollzug der alle 3 Jahre zu erneuern kommenden Rezimentirung sowohl, als auch überhaupt, ob nicht vielleicht unzimentirte und unbezeichnete Gewichte und Maße gebraucht oder selbe nicht etwa vorsätzlich unecht gemacht worden sind, nachzusehen und bei gefundenen derlei Gebrechen nach Maßgabe der Vorschrift vom 18. August 1787 sich zu benehmen.

Gewichte von Messing sind die eigentlich gesetzlich erlaubten. Gewichte von Blei, sowie auch die damit adjustirten sind verboten, (Verordnung vom 16. Nov. 1784) ebenso jene von Stein (Verord. vom 8. August 1787.) Gußeiserne Gewichte dürfen nur dann zimentirt werden, wenn sie mittelst eines eisernen Ringes, auf dem der Approbations-Stempel anzubringen ist, adjustirt sind und es sind solche Gewichte mit einem Blei- oder anderem Zusatze zu confisciren. (Ministerial-Verordnung vom 5. Mai 1856, L. G. B. 1856, I. Abth. Seite 158.)

In Folge a. h. Entschließung vom 3. Nov. 1855 wurde verordnet, daß sich die Zimentirungsanstalten als allgemeines Verificationszeichen des k. k. Reichsadlers mit Beisetzung der ersten Anfangsbuchstaben des Ortes, wo das Zimentirungsamt seinen Sitz hat, zu bedienen haben. (L. G. B. 1855, I. Abth. Seite 469.)

Mit Erlaß der o. ö. Statthalterei vom 5. Juli 1850, Z. 13195, (L. G. B. 1850, Seite 385), wurde eine Ministerial-Vorschrift über den Gebrauch und die Prüfung der Brückenwagen kund gemacht, welche von zwei zu zwei Jahren einer Prüfung zu unterziehen sind.

Mit Ministerial-Verordnung vom 2. März 1857, (L. G. B. 1857, I. Abth., Seite 131), wurde der Gebrauch der einstehenden, sowie der nicht einstehenden Schnellwagen beim Detail-Verkauf an das Publicum allgemein verboten. Nur für den Verkauf im Großen wurde die Anwendung der ordentlich zimentirten einstehenden Schnellwagen bei Zustimmung des Käufers noch gestattet, welchem das Recht vorbehalten bleibt, die Anwendung einer Schalwage zu verlangen, wo sodann der Verkäufer seiner Forderung Folge zu geben verpflichtet ist. Nicht einstehende Schnellwagen dürfen auch beim Verkaufe im Großen nicht angewendet werden.

Uebertretungen sind nach der kais. Verordnung vom 20. April 1854 (Siehe Seite 31) zu bestrafen und es sind die in verbotener Anwendung betretenen Schnellwägen als verfallen zu erklären.

V.

Gesundheitspolizei.

Die Gesundheitspolizei bezieht sich auf die Aufsicht und Beseitigung alles dessen, was der Gesundheit der Gemeindemitglieder gefährlich werden kann.

Von besonderer Wichtigkeit für die Gemeindevorstände erscheint in dieser Beziehung die von der Statthalterei unterm 23. Jänner 1856, Z. 20.363, (L. G. B. 1856, II. Abth. Seite 9) erlassene Verordnung über die Vornahme der Fleischbeschau auf dem Lande folgenden Inhaltes:

I. Aufstellung geeigneter Fleischbeschauer.

Die Fleischbeschau hat an allen Orten, und sonach sowohl in den Städten und Märkten, als in allen übrigen Ortschaften des ganzen Landes stattzufinden, und ist nicht nur bei den Fleischhauern, sondern bei allen mit der Zubereitung des Fleisches gegen Entgelt sich abgebenden Gewerbsleuten, als bei den Selchern, Fleckfiedern, Wirthen und Garköchen u. s. w. vorzunehmen; dieselbe ist nicht auf das Hornvieh zu beschränken, sondern auch auf das Borstenvieh und alles andere Stechvieh auszudehnen. Bei Privatschlachtungen ist jedoch diese Beschau nicht vorgeschrieben.

Zum Behufe der Vornahme der Fleischbeschau sind in jeder Ortsgemeinde eigene Fleischbeschauer aufzustellen, doch können auch dieselben Personen für mehrere Gemeinden als Fleischbeschauer aufgestellt werden.

Die Zahl der Fleischbeschauer in jeder Gemeinde ist nach der Zahl der Fleischhauer und der übrigen mit der Zubereitung des Fleisches sich abgebenden Gewerbsleuten zu bemessen, und es ist jedem Fleischbeschauer für den Fall der Verhinderung ein Stellvertreter beizugeben.

Die Ernennung der Fleischbeschauer hat durch die Gemeindevorsteher zu geschehen, welche sich hierüber bei dem k. k. Bezirksamte auszuweisen, und die Bestätigung der ernannten Fleischbeschauer einzuholen haben.

Nach erfolgter Bestätigung sind die gewählten Fleischbeschauer, sowie ihre Stellvertreter bei der Gemeindevorstehung mittelst Handschlages und Angelobung zu verpflichten, und mit einem Exemplare dieser Verordnung und der beiliegenden Belehrung zu betheilen.

Für den Dienst eines Fleischbeschauers sind nur solche Männer zu wählen, welche mit strenger Rechtlichkeit und Unbefangenheit auch die nöthigen Kenntnisse in diesem Geschäfte verbinden, und des Lesens und Schreibens kundig sind; auch sind dieselben, wo möglich in der Nähe des Wohnortes der Fleischhauer aufzustellen, und hiezu vorzüglich Wundärzte, Thierärzte Kurschmiede, und nur in deren Ermanglung andere Sachverständige zu bestimmen.

II. Bestreitung der mit der Fleischbeschau verbundenen Auslagen.

Da das Geschäft der Fleischbeschau mit manchen Unannehmlichkeiten und Zeitverluste verbunden ist, so haben die Fleischbeschauer eine ihrer Mühewaltung angemessene Entschädigung zu erhalten.

Die Entschädigung ist von den Gemeindevorstehern im Wege eines Uebereinkommens mit den Fleischbeschauern auszumitteln; wenn jedoch ein solches Uebereinkommen nicht zu Stande kommt, so hat das k. k. Bezirksamt den Entschädigungsbetrag festzusetzen.

Diese Entschädigung, sowie sämmtliche aus Anlaß der Fleischbeschau sich ergebenden Kosten sind aus Gemeindemitteln zu bestreiten; da die Fleischbeschau eine Gemeindepolizei-Anstalt ist, und die Handhabung der Gesundheitspolizei in dem natürlichen Wirkungskreise der Gemeinde gelegen ist.

III. Pflichten der Fleischbeschauer.

Sobald eine Schlachtung angemeldet wird, hat der Fleischbeschauer oder in dessen Verhinderung sein Stellvertreter sich an Ort und Stelle zu begeben und das zu schlachtende Vieh einer ordentlichen und gewissenhaften Beschau zu unterziehen.

Die Beschau ist nur bei Tage, und dort, wo eigene Schlachtlocale bestehen, nur in diesen vorzunehmen.

In den Städten und größeren Märkten sind eigene Orte und Stunden zur Vornahme der Fleischbeschau zu bestimmen.

Die Schlachtung ist dem Fleibeschauer bekannt zu geben.

In jenen Fällen, wo das Vieh nach allen äußeren Merkmalen und Kennzeichen ganz zweifellos als vollkommen gesund angesehen werden kann, genügt die äußere Beschau, jedoch hat der Beschauer jederzeit die sogleich vorzunehmende Schlachtung des beschauten Viehes abzuwarten, damit nicht etwa nach dessen Entfernung statt des beschauten ein anderes umgestandenes Stück Vieh unterschoben werde.

In allen anderen Fällen ist nebst der äußeren auch die innerliche eigentliche Fleischbeschau des getödteten Thieres, jedoch erst nach dessen Erkaltung vorzunehmen.

Ueber die Krankheiten, welche den Genuß des Fleisches des mit denselben behafteten Viehes schädlich machen, gibt die im Anschluße mitfolgende Belehrung Aufschluß, welche sich jeder Fleischbeschauer sorgfältig eigen zu machen, und zur genauen Ausübung der Fleischbeschau zu nehmen hat.

Außer dem auf gesundheitsschädliche Weise erkrankten, soll auch das, durch Treiben oder Hetzen abgemattete, in fieberhafte Aufregung gebrachte Vieh, dessen Fleisch zum Genusse bestimmt ist, so lange nicht geschlachtet werden, bis es sich wieder vollständig erholt hat. Die mit frischen Beinbrüchen behafteten, oder durch andere Unglücksfälle gefährdeten Thiere dürfen nur vor dem Eintritte der Fieberreaction geschlachtet werden.

Wenn schon bei der äußeren Beschau auf Krankheiten deutende Erscheinungen wahrgenommen werden, so ist bei der innerlichen, jedoch wie schon erwähnt, erst nach dem Erkälten des getödteten Thieres vorzunehmenden Fleischbeschau mit einer besonderen Genauigkeit und Umsicht vorzugehen, und wenn dabei bedenkliche Zeichen einer Krankheit vorkommen, hievon dem Gemeindevorsteher ungesäumt die umständliche Anzeige zu erstatten, welcher den Verkauf zu verhindern, und bei Entdeckung von seuchenartigen oder sonst bedenklichen Krankheiten hierüber ohne Verzug an das Bezirksamt zu berichten hat.

Haben sich jedoch bei der innerlichen Fleischbeschau durchaus keine verdächtigen Krankheits-Symptome vorgefunden, so ist das Fleisch eines solchen Thieres, ungeachtet der bei der äußerlichen Beschau wahrgenommenen bedenklichen Erscheinungen von Seite des Beschauers nicht zu beanständen.

Die Fleischbeschauer haben ein eigenes Protokoll über die vorgenommene Beschau zu führen, in welches jeder Beschauakt einzutragen ist.

Findet der Fleischbeschauer das zu schlachtende Vieh, und nach dessen Tödtung das Fleisch unbedenklich, so wird den Parteien zur ungehinderten Verfügung mit dem Fleische der vorgeschriebene Beschauzettel unentgeldlich verabfolgt.

Wird hingegen das Thier krank, oder das Fleisch verdächtig gefunden, so darf kein Beschauzettel ausgefolgt werden.

Wer sich durch die Erklärung des Fleischbeschauers, daß das zu schlachtende Vieh krank sei, oder durch die Verweigerung des Beschauzettels beschwert findet, hat seine Beschwerde bei dem Gemeindevorsteher anzubringen, welcher dann die fernere Untersuchung mit Beiziehung eines anderen Sachverständigen, welcher in der Regel ebenfalls ein Wundarzt, Thierarzt oder Kurschmied sein muß, auf Kosten des Beschwerdeführers einzuleiten, und nach Maßgabe des Befundes zu bestimmen hat, ob die Schlachtung vorgenommen, und das Fleisch zum Genusse verwendet werden dürfe oder nicht.

Insofern geschlachtetes Vieh oder das Fleisch davon nach den bestehenden polizeilichen Vorschriften aus andern Orten auf den Markt hereingebracht werden darf, muß der Verkäufer mit dem Beschauzettel über die am Orte der Schlachtung vorgenommene Beschau sich ausweisen.

Die Fleischbeschauer sind mit den Formularien der Fleischbeschau-Protokolle und der Beschauzettel durch die Gemeinden zu betheilen.

Nach Verlauf eines jeden Monates haben die Fleischbeschauer die Beschauprotokolle, die Schlächter aber die Beschauzettel dem Gemeindevorsteher zum Behufe der Controlirung der ordentlichen Vornahme der Fleischbeschau zu übergeben, welcher dieselben in der Gemeindekanzlei aufzubewahren hat.

Die Fleischbeschauer haben aber auch öfters, und zwar wenigstens alle 14 Tage unvermuthet in den Verkaufslocalitäten der Fleischhauer,

Stechviehhändler, und anderer Gewerbtreibenden, welche Fleisch zum Genusse verkaufen, Nachsicht zu pflegen, um sich zu überzeugen, ob nur Fleisch von gehörig beschauten Thieren verkauft werde, wenn sie in dieser Beziehung etwas Vorschriftswidriges wahrnahmen, die erforderlichen Vorkehrungen zu treffen, und nöthigenfalls hievon dem Gemeindevorsteher die Anzeige zu erstatten.

IV. Strafen gegen die Uebertretung der Fleischbeschau-Vorschriften.

Wenn bei einem Gewerbe, welches zum Verkaufe von rohen, oder auf irgend eine Art zubereiteten oder verkochtem Fleische berechtiget ist, etwas von einem nicht beschauten Viehe verkauft wird, so ist nach §. 399 des allgem. Strafgesetzes vom 27. Mai 1852 die Strafe dieser Uebertretung das Erstemal nebst dem Verluste des nicht beschauten Fleisches, oder des daraus gelösten Geldes 25 bis 200 Gulden, bei der zweiten Uebertretung ist die Geldstrafe zu verdoppeln, bei einem dritten Falle soll der Uebertreter seines Gewerbes verlustig, und zu einem Gewerbe dieser Art für verlustig erklärt werden.

Alle übrigen Uebertretungen der Vorschriften über die Fleischbeschau sind nach Maßgabe der Verordnung der Ministerien der Innern, der Justiz und der obersten Polizeibehörde vom 3. April 1855 (Landesregierungsblatt Jahr 1855 I. Abth. Nr. 61) von der hiezu berufenen politischen Behörde mit einer angemessenen Geld- oder Arreststrafe zu belegen.

V. Ueberwachung der Vorschriften über die Fleischbeschau.

Die Ueberwachung der genauen Befolgung dieser Vorschriften liegt zunächst den Gemeindevorständen und Ausschüssen, sowie den Gemeindedienern ob.

Der Verordnung ist im Landesgesetzblatte zugleich eine Belehrung für die Fleischbeschauer beigefügt.

Formulare A.

Laufende Zahl	Zeit der vorgenommenen Beschau	Name, Stand, Wohnort und Haus-Nr. der Partei, welche die Beschau nachgesucht hat	Gattung des beschauten Viehes											Befund der Beschau	Anmerkung
			Stiere	Ochsen	Kühe	Terzen	Kälber	Schweine	Schafe	Lämmer	Böcke	Ziegen	Kitze		

Formulare B.

Nro. des Beschau-Protokolles.

Fleischbeschau-Zettel.

Dem (Vor- und Zuname, Stand, Wohnort und Haus-Nr. der Partei, welche die Beschau nachgesucht hat) wird hiermit bestätiget, daß nachbezeichnete Stück Vieh heute um Uhr (Vor- oder Nachmittag) der vorgeschriebenen Beschau unterzogen und vollkommen gesund befunden worden sind, nämlich: (Zahl und Gattung des beschauten Viehes.)

Datum.

Name des Fleischbeschauers.

Zur Gesundheitspolizei gehören auch die Vorsichten zum Schutze des Lebens und der Gesundheit vor der Gefährdung durch verwahrloste, wüthende oder wuthverdächtige Hunde. Mit Erlaß der o. ö. Statthalterei vom 26. Februar 1852, Z. 2089 (L. G. B. 1852, Seite 233) wurde hierüber folgendes angeordnet:

1. Die Bauern und Wirthschaftsbesitzer sind zu verhalten, daß ihre Hunde stets an der Kette angetroffen werden.

2 Bösartige Hunde sind von dem Eigenthümer auch bei Hause so zu verwahren, daß Niemand durch sie beschädigt werden kann.

3. Das Mitnehmen der Hunde auf das Feld, wie es durch die Bauern und deren Dienstgesinde öfter geschieht, ist untersagt.

4. Die dawider Handelnden, insoweit sie nicht schon dem allgemeinen Strafgesetze unterliegen, sind von dem Bezirkshauptmanne im polizeilichen Wege mit einer arbiträren Geld- oder Arreststrafe zu belegen.

5. Alle frei ohne Aufsicht herumlaufenden Hunde sind ohne weiters zu vertilgen. Zu diesem Behufe sind zunächst die Wasenmeister strenge zu verpflichten, daß sie unausgesetzte Streifungen in ihren Bezirken vornehmen und derlei Hunde sogleich einfangen und abtödten.

Eine Auslösung derselben ist nicht statthaft.

6. Für jeden derlei vertilgten Hund hat nach dem Ausspruche des Bezirkshauptmannes der Eigenthümer einen Strafbetrag von 3 fl. CM. zu entrichten, wovon $^1/_3$ dem betreffenden Armenfonde, $^2/_3$ zur Entschädigung des Wasenmeisters für die gehabte Mühewaltung oder bare Auslagen bestimmt wird.

7. Wenn der Eigenthümer nicht zu ermitteln ist, so hat die Gemeinde, in deren Bezirke der Hund vertilgt wurde, den Theilbetrag für den Wasenmeister zu entrichten.

8. Diesem zu Folge sind die Gemeindediener, Jäger und sonstige Aufsichtsindividuen der Gemeinde zu verpflichten, daß sie solche frei ohne Aufsicht herumlaufende Hunde gleichfalls verfolgen und vertilgen.

9. Wer an seinem Hunde Kennzeichen der wirklichen Wuth, oder auch nur solche wahrnimmt, welche vermuthen lassen, daß die Wuth erfolgen könne, hat hievon sogleich bei der Gemeinde Anzeige zu machen, bei Vermeidung der im St. G. B. bestimmten Strafe.

10. Wenn ein wüthender oder wuthverdächtiger Hund herumläuft, so ist derselbe eifrigst zu verfolgen, damit er abgetödtet werde. Ebenso sind alle Hunde, mit denen er irgendwie in Berührung gekommen ist, ja selbst, wenn nur ein gegründeter Verdacht hierwegen vorliegt, unnachsichtlich zu vertilgen.

11. Die Gemeindevorstände werden strenge dafür verantwortlich gemacht, daß diesen Maßregeln unverweigerlich Folge geleistet werde.

12. Die k. k. Gendarmerie wird aufgefordert, daß sie diese unerläßlichen Vorsichtsmaßregeln durch wachsame Aufsicht und thätige Mitwirkung kräftigst unterstütze.

13. Um der allenthalben vorhandenen übermäßigen Anzahl der Hunde zu steuern, wird nebst der strengen Handhabung dieser Maßregel auch die Einführung einer Abgabe von jedem Hunde Seitens der Gemeinde dienlich sein.

Mit Erlaß der o. ö. Statthalterei vom 18. October 1851, Z. 17511 (L. G. B. 1851, S. 946) wurde das Einspannen der Hunde und ihre Verwendung als Zugvieh allgemein verboten, indem eine solche Verwendung zur Hervorrufung der Hundswuth beitragen kann.

Mit Erlaß des Ministeriums des Innern vom 26. Mai 1854, (L. G. B. 1854, I. Abth. Seite 209) wurde eine längere Belehrung über die nothwendigen Vorsichtsmaßregeln und Mittel, um den Ausbruch der Wuth bei Thieren und der Wasserscheu bei Menschen zu verhüten, zur Darnachachtung hinausgegeben.

Zur Abstellung der sanitätswidrigen Quälereien von Thieren, deren Fleisch zum menschlichen Genusse bestimmt ist, sowie jener Thierquälereien, durch welche öffentliches Aergerniß gegeben wird, wurde von der o. ö. Statthalterei unterm 29. Mai 1853, Z. 2136, (L. G. B. 1853, II. Abth. Seite 237) folgende Vorschrift erlassen:

Die ob der ennsische Landesregierung hat bereits unterm 23. Mai 1845, Z. 9845, die politischen Behörden angewiesen, möglichst auf die Abstellung der vorkommenden Thierquälereien, namentlich auf diejenigen einzuwirken, welche einen sanitätswidrigen Einfluß auf das zum menschlichen Genusse bestimmte Fleisch von Thieren ausüben.

Leider kommen solche Thierquälereien noch immer häufig vor.

Insbesondere ist dies rücksichtlich des Transportes der Kälber und des Stechviehes der Fall, indem diese Thiere gewöhnlich an den Füßen fest gebunden derart auf den Wagen oder Schubkarren geladen werden, daß die Köpfe vom Wagen herabhängen und nicht selten an den Rädern oder an der Erde geschleift werden, mithin während des Transportes auf eine empörende Weise gemartert werden. Die gewöhnlich fest aneinander gebundenen Füße laufen den Kälbern an, das Fleisch ist oft bis an die Knochen eingeschnitten, den Thieren wird durch die gekrümmte Lage der Urin krampfhaft zurückgehalten, und die Blase und Lunge sind öfters von Blut unterlaufen.

Es ist klar und ist auch durch die gepflogenen Erhebungen sichergestellt, daß ein solcher Transport auf das zum Genusse bestimmte Fleisch der Thiere nachtheilig wirkt.

Dasselbe gilt auch von dem vorkommenden Transporte der Kälber auf Schiffen, wo dieselben oft zu 4 bis 5 Stücken gebunden auf einandergelegt werden, und oft den ganzen Tag so liegen, wobei manches Stück zum Tode erkrankt oder auch ganz zu Grunde geht.

Deßgleichen werden oft die Lämmer und Ziechen an den Füßen geknebelt und weite Strecken geschleppt.

Hieher gehört auch das Hetzen von Schlacht- oder Stechvieh mit bissigen Hunden, worauf ich die Bezirkshauptmannschaften bereits mit meinem Erlasse vom 14. Jänner 1852, Z. 19270, aufmerksam gemacht habe, indem die solchergestalt gehetzten Thiere durch das anhaltende Bellen und öftere Zwicken und Beißen der Hunde in beständige Angst, und oft in einen Zustand der Wildheit versetzt werden, in welchem das Fleisch krankhaft und zum Genusse minder zuträglich wird.

Aus Rücksichten der Gesundheitspolizei finde ich mich veranlaßt, hiemit ausdrücklich zu erklären, daß diese und alle ähnlichen Thierquälereien, welche auf das zum menschlichen Genusse bestimmte Fleisch von Thieren nachtheilig wirken, als Uebertretungen der Gesundheitspolizei zu behandeln, und mit Geldstrafen von 2 bis 10 Gulden, oder im Falle der Zahlungsunfähigkeit mit verhältnißmäßigem Arreste zu ahnden sind.

Ich fordere die Aufsichtsbehörden und Organe, insbesondere die k. k. Gendarmerie auf, Jedermann, die sich eine solche Uebertretung zu Schulden kommen läßt, anzuhalten, die Fortsetzung der Thierquälerei einzustellen und die Strafamtshandlung bei der competenten Behörde anhängig zu machen.

Nebst den erwähnten gesundheitsschädlichen Thierquälereien werden oft auch solche verübt, wodurch das menschliche Gefühl empört, und ein öffentliches Aergerniß gegeben wird. Hieher gehört insbesondere das grausame Antreiben der Zugthiere vor überladenen Wägen.

Es gehört zu den Aufgaben der Sittlichkeitspolizei, solche von bedenklicher Rohheit zeigende Thierquälereien nicht zu dulden; daher ich im Grunde des Hofkanzlei-Decretes vom 14. October 1847, Z. 28116, auch in dieser Richtung die Behörden und Aufsichtsorgane zur Aufmerksamkeit und zum energischen Einschreiten mit dem Beisatze auffordere, daß solche Thierqälereien ebenso, wie oben rücksichtlich der Gesundheitsschädlichen verordnet wurde, zu bestrafen seien.

Mit Erlaß der o. ö. Statthalterei vom 30. Juli 1853, Z. 12456, (L. G. B. 1853, II. Abth. Seite 262) wurden bezüglich des Transportes und des Führens der Kälber und des Stechviehes folgende nachträgliche Bestimmungen kundgemacht:

Im Nachhange zu meiner Kundmachung vom 29. Mai d. J., Z. 2136, wegen Abstellung der sanitätswidrigen Quälereien von Thieren, deren Fleisch zum menschlichen Genusse bestimmt ist, sowie der Thierquälereien, durch welche öffentliches Aergerniß gegeben wird, finde ich bezüglich des Transportes und des Führens der Kälber und des Stechviehes nachstehende Art, welche von Sachverständigen als zweckmäßig und mindest kostspielig anerkannt wurde, zur Richtschnur bekannt zu geben.

Zur Verführung und zum Transporte der Kälber und des Stechviehes auf weitere Strecken, sind die sogenannten Zeiselwägen, denen man sich hierlands zum Transporte der Kälber nach Wien bedient, zu benützen.

Dieselben müssen jedoch zu diesem Zwecke derart eingerichtet sein, daß parallel mit der oberen Stange der Leiter, eine zweite Stange in einer Entfernung eines halben Schuhes in etwas schiefer Richtung über die Räder derart angebracht und mit Stroh verflochten wird, daß die Köpfe auf diesem Stroh gleichsam als wie auf einem Polster liegen und unmöglich auf die Räder herabfallen können, indem diese Zeiselwägen sehr flach und breit gebaut sind.

Um die Ueberfüllung dieser Wägen zu beseitigen, müßten dieselben in der Länge 6′ 4″ in der Bodentiefe 2″ und die obere Breite mit Ausnahme der oben angebrachten 2 Bäume 3′ betragen, damit 6 ausgewachsene Kälber bequem neben einander liegen können.

Die Tiefe von dem obersten Leiterwagen soll höchstens 8 bis 9″ betragen, und nach diesem Maßstabe die Wägen nach dem Verhältnisse der zu verführenden Kälber ꝛc. einzurichten.

Die zum Transporte auf kurze Strecken benützten kleineren Wägen müssen auf dieselbe Art vorgerichtet, und die Unterlage hinlänglich mit Stroh belegt werden.

Ebenso wird das Führen und der Transport der Kälber ꝛc. auf dem Schubkarren nur unter der Bedingung gestattet, daß höchstens auf einem Schubkarren 2 Stück Kälber oder Schafe, oder 4 Stück Lämmer aufgelegt, und die Unterlage mit Rohrdecken oder Stroh versehen werde.

Die Befestigung dieser Thiere bei dem Transporte hat statt mit Stricken mit Gurten in einer Breite von 2″ mit einer Schnalle versehen, zu geschehen, indem hiedurch die Cirkulation des Blutes nicht gehemmt und den Thieren kein Schmerz verursacht wird.

Die Landfleischhauer haben den im gebundenen Zustande auf den Markt gebrachten Kälbern und Stechvieh sogleich die Gurte zu lösen und sie frei zu machen, damit sie zur Erholung kommen.

Ferners finde ich aus Sanitätsrücksichten zu verbieten:

a) Das Tragen der Kitzeln und Lämmer auf den Schultern und Rücken;

b) Das Hereinbringen der abgestochenen Kälber, Schafe, Schweine ꝛc. vom Monate Mai bis Ende September, weil das Fleisch in dieser Jahreszeit sich weniger hält, und leicht in Fäulniß übergeht.

Die Uebertretung dieser Anordnungen wird nach den Strafbestimmungen in dem bezogenen Erlasse vom 29. Mai d. J., Z. 2136, geahndet.

Um den gesundheitsschädlichen Folgen von Ueberschwemmungen vorzubeugen, wurden mit Reg. Dekret vom 29. Dez. 1819, Z. 24309, folgende Vorsichtsmaßregeln bei dem Wiederbeziehen der überschwemmten Wohnungen kund gemacht: 1. Mauern und Boden sind gleich nach dem Zurückziehen das Wassers mit frischem Bach- oder Brunnenwasser zu waschen, da hiedurch der zurückgebliebene Schlamm-, und die den Boden und Mauern anhängende, klebrige, schädliche Feuchtigkeit am sichersten weggeschafft wird. 2. Dieses Waschen, wenn nach einiger Zeit sich wieder eine solche klebrige Feuchtigkeit oder Schimmel an Mauern und Boden zeigt, ist zu wiederholen. 3. Sobald die Mauern die erste Nässe verloren haben, sind sie mit Kalk zu bestreichen. 4. Die Wohnungen sind sogleich zu heitzen, wobei jedoch eine schädlich wirkende starke Hitze und ein die Feuchtigkeit vermehrender Rauch in der Wohnung zu vermeiden ist. 5. Ist so viel wie möglich Luft, Licht und Sonne in die Wohnung zu bringen. 6. Betten und Hausgeräthe sind von den Mauern entfernt zu halten, und es erscheint räthlich, Strohmatten oder Bretter die Nacht über gegen die Mauer zu legen. 7. Die in noch feuchten Wohnungen aufbewahrten Speisen sind dem sicheren Verderben ausgesetzt. 8. Nach geschehener Waschung des Bodens ist derselbe mit Stroh oder Kotzen zu belegen. Diese Vorschriften sind zum Theile auch für die Stallungen anzuwenden.

Da der Gebrauch der zur Hervorbringung eines künstlichen Schaumes auf dem Biere dienenden Spritzen von gesundheitsschädlichen Folgen ist, indem durch den in denselben sich erzeugenden Schimmel Diarrhöen und ähnliche Krankheiten verursacht werden können, so fand die o. ö. Statthalterei mit Erlaß vom 21. September 1855, Z. 14507, (L. G. B. 1855, II. Abth., Seite 124) die Anwendung dieser Spritzen in Gasthäusern und andern Schanklokalitäten strengstens zu untersagen. Die Gastwirthe und Schänker, in deren Lokalitäten solche Spritzen sich vorfinden, welche jedenfalls der Confiscation unterliegen, sind mit Geldstrafen zu belegen.

Hinsichtlich des Gebrauches kupferner und messingener Eß- und Trinkgeschirre, Wurstspritzen u. dgl. wurde mit Erlaß des Ministeriums des Innern vom 19. September 1848, Z. 3075 (kundgemacht mit dem Regierungsdekrete vom 4. October 1848, Z. 24507) dann mit der Regierungsverordnung vom 21. Oktober 1848, Z. 28412 folgendes vorgeschrieben:

1. Der Gebrauch unverzinnter kupferner und messingener Geschirre wird den Zucker- und Mandolettibäckern, sowie den Kuchenbäckern, Caffeesiedern und allen mit der Erzeugung und dem Verkaufe an Eßwaaren sich befassenden Geschäftsleuten bei ihrem Gewerbsbetriebe gänzlich untersagt; bei den Arbeiten, zu welchen verzinnte kupferne oder messingene Gefäße nicht wohl verwendet werden können, sind nur Gefäße aus blank gehämmerten Eisen oder aus Porzellan in Gebrauch zu ziehen, rücksichtlich der übrigen Arbeiten aber, welche keine große Hitze erfordern, ist der vorgeschriebene Gebrauch gut verzinnter Geschirre aufrecht zu erhalten. Ebenso wird den vorerwähnten Gewerbsleuten der Gebrauch messingener Mörser, sowie derlei oder kupferner Wagschalen bei ihrem Geschäfte untersagt, und statt der ersteren sind eiserne oder steinerne Mörser, statt der letzten verzinnte Wagschalen zu gebrauchen.

Die Verwendung irdener Geschirre wird bis zur allgemeinen Einführung einer metallfreien Glasur derselben auch fernerhin unter den bestehenden Vorschriften belassen.

2. Der Gebrauch von kupfernen oder messingenen Wurstspritzen ist den Fleischern, Fleischselchern, Gastwirthen und überhaupt allen mit der Bereitung von Würsten sich befassenden Gewerbsleuten unbedingt verboten, und es sind hiezu nur Spritzen aus verzinntem Eisenbleche oder aus Holz zu verwenden.

3. Den Gewerbsleuten, welche sich mit dem Einmachen der Früchte in Essig befassen, werden die Vorschriften des §. 403—405 und des §. 407 des neuen Strafgesetzes in Erinnerung gebracht.

4. Sowohl die im Inlande erzeugten als die aus dem Auslande eingeführten in Essig eingemachten Früchte sind bei allen damit Handel treibenden Gewerbsleuten durch das hiezu berufene öffentliche Sanitätspersonale öfter bezüglich ihrer Schädlichkeit oder Unschädlichkeit für die menschliche Gesundheit zu untersuchen und die gesundheitsschädlich befundenen zu vertilgen.

5. Zum Bemalen der genußbaren Zuckerbäckerwaaren, der Tragantwaaren, sowie aller von Zuckerbäckern erzeugten sogenannten Schaustücke, die nicht zum Genuße bestimmt sind, dürfen nur folgende Farben verwendet werden:

a) Weiß — der Tragant selbst,
b) Roth — Cochenill, Carmin, Alkermes, rothe Kornblumen;
c) Gelb — Safran, Safler, Kurkumewurzel;
d) Blau — Märzenveilchen, blaue Kornblumen, das Indigo, Berlinerblau, Ultramarin und Bleu de mer (eine Art künstlichen Ultramarins.)
e) Grün — der Saft vom Spinat, dann die Mischung von erlaubter blauer und rother Farbe;
f) Violett — die Zusammenmischung unschädlicher blauer und rother Farbe; ein Cochenillaufguß mit Kalkwasser;
g) Goldfarbe — echtes Blattgold.
h) Silberfarbe — echtes Blattsilber.

Alle übrigen wie immer Namen habenden Farben werden in der Art verboten, daß selbst das Vorhandensein verbotener Farben bei den fraglichen Gewerbsleuten in dem Arbeits- oder Verkaufslokale schon die Uebertretung der in dieser Beziehung bestehenden gesetzlichen Vorschriften und das hiernach Platz greifende Strafverfahren begründet.

6. Allen mit der Erzeugung und dem Verkaufe von Eßwaaren sich beschäftigenden Gewerbsleuten wird die größte Reinlichkeit zur Pflicht gemacht, und selbe sind in dieser Hinsicht durch die betreffenden Organe strenge zu überwachen.

7. Um jedem Mißbrauche zu steuern, sind alle diese Bestimmungen nicht nur den betreffenden Gewerbsleuten, sondern auch den Hilfsarbeitern bekannt zu geben, und erstere werden dafür verantwortlich gemacht, sich die Ueberzeugung zu verschaffen, daß ihre Hilfsarbeiter in

genauer Kenntniß der auf ihr Gewerbe Bezug nehmenden sanitätspolizeilichen Vorschriften sind, weßhalb es auch den Arbeitsgebern zur Pflicht gemacht wird, diese Verordnung in dem Arbeitslokale an einem augenfälligen Orte zur Einsicht des Arbeitspersonales anzuheften, wobei jedoch die in Beziehung der Verantwortlichkeit des Arbeitsgebers für die Handlungen der Hilfsarbeiter bestehenden gesetzlichen Bestimmungen aufrecht erhalten bleiben.

Die Todtenbeschau ist eingeführt zur Vorbeugung der Gefahr, lebendig begraben zu werden, zur Entdeckung gewaltthätiger Todesarten, dann der allgemeinen (Epidemien) und Ortskrankheiten und Unterdrückung durch zweckmäßige Sanitäts-Vorkehrungen, endlich zur Evidenzhaltung der vermehrten oder verminderten Sterblichkeit. Nach diesem mehrfachen Zwecke berührt die Todtenbeschau die Ortspolizei in Bezug auf Leben und Gesundheit.

Dem hierüber erlassenen Regierungs-Circulare vom 18. März 1816, Z. 3175 entnehmen wir folgendes:

Das Geschäft der Todtenbeschau ist: 1. Die Bestimmung der Krankheit, woraus zu ersehen ist, ob an einem Orte, oder in einer Gemeinde mehrere Menschen an einerlei Krankheit sterben, deren Verbreitung durch polizeiliche Sanitätsanstalten vorgebeugt werden könne. 2. Die äußerliche Besichtigung des todten Körpers, um sich zu überzeugen, ob der Tod wirklich erfolgt sei, ob die Krankheit des Verstorbenen nicht von der Gattung sei, welche sich durch Ansteckung verbreite, und ob der Verstorbene nicht durch Gift oder angebrachter Gewalt aus der Welt geschifft wurde. Jede Gemeinde muß einen Todtenbeschauer haben, dessen Wahl der Gemeinde überlassen bleibt. Das Amt eines Todtenbeschauers kann Niemand unentgeltlich übertragen werden, daher die Gemeinden demselben etwas Bestimmtes abzureichen haben, über dessen Betrag jede Gemeinde für sich mit ihrem Todtenbeschauer übereinzukommen hat. Im Falle nach dem Uebereinkommen etwas Bestimmtes für jede einzelne Beschau zu bezahlen ist, haben die Erben des Verstorbenen die Beschaukosten zu tragen; bei ganz Armen müssen dieselben von der Gemeinde übernommen werden. In den Kranken- und Versorgungs-Anstalten haben die dort angestellten Wundärzte die Beschau zu besorgen. Wenn ein Mensch auf was immer für eine Art gestorben ist, haben seine Angehörigen, oder jene, die den Todten zuerst entdeckten, dem Gemeindevorsteher sogleich die Anzeige zu machen. Ist der Tod auf eine Krankheit erfolgt, in welcher der Verstorbene von einem Arzte behandelt wurde, so haben die Verwandten und Angehörigen, oder in deren Ermanglung der Gemeindevorsteher von dem Arzte einen Todtenschein, worin der Name, das Alter, der Sterbetag und die letzte Krankheit des Verblichenen angezeigt sein muß, abzufordern, nur eine allzugroße Entfernung des Wohnortes des Arztes von einer oder mehreren Meilen kann von dieser Vorsicht entschuldigen. Der Todtenschein wird dem Todtenbeschauer eingehändigt und von ihm dem Beschauzettel beigelegt, welches an den Gemeindevorsteher abgegeben werden muß. Wenn der Todtenbeschauer den Todten selbst behandelt hat, so hat er die Krankheit nach seiner Ansicht in dem Beschauzettel aufzuführen, wenn aber der Verstorbene von keinem Arzte behandelt worden ist, oder die Entfernung des Arztes, welcher ihn besorgt hat, die Einholung des Todtenscheines unmöglich oder zu kostspielig macht, so hat der Todtenbeschauer die Angehörigen des Verblichenen über die Zufälle seiner letzten Krankheit auszufragen und dieselben sammt den an der Leiche bemerkten Zeichen in seinem Todtenzettel anzuzeigen. Sobald dem Gemeindevorsteher angezeigt wird, oder dieser wie immer erfährt, daß Jemand in der Gemeinde gestorben ist, so hat er den Todtenbeschauer sogleich zu seiner Amtshandlung herbeirufen zu lassen, dieser aber sich unverzüglich in die Wohnung des Verstorbenen zu begeben und sein Amt zu handeln. Sollte der Todtenbeschauer durch unaufschiebliche Berufsgeschäfte, durch Krankheit, oder durch andere nicht zu beseitigende Zufälle verhindert werden, so hat er den nächst gelegenen Todtenbeschauer zu ersuchen, daß er in dieser Amtspflicht seine Stelle vertrete. Bei dieser Amtshandlung hat der Todtenbeschauer sein Augenmerk darauf zu richten, ob der Tod gewiß sei, damit kein Scheintodter begraben werde; ferner, ob die Krankheit des Verstorbenen keine ansteckende war. Ist eine ansteckende Seuche die Ursache des Todes, so muß das Bett und Leinenzeug sowohl, als auch die Kleidung, welche der Verstorbene an und um sich hat, verbrannt werden. Wenn der Verstorbene mit Scorbut, venerischer Krankheit, sonstigem Verderbniß der Säfte, Lungensucht, bösartigen äußerlichen oder innerlichen Geschwüren behaftet war, wenn an dem Leichnam Petechen, Friesel, (sobald diese keine Begleiter einer ansteckenden Seuche sind) Blattern oder sonst ein Ausschlag bemerkt wird, so kann die Kleidung, Bett- und Leinenzeug nach mehrmals vorgenommenen Waschen, Reinigung durch Mineralsäure und Durchlüften den Angehörigen gelassen werden. Bei den übrigen Krankheiten sind die Betten, Leinenzeug und Kleidungen des Verstorbenen nach geschehener Reinigung und Auslüftung wieder brauchbar. Die Leichname, welche geschwind in Fäulung übergehen, und jene der an ansteckenden Krankheiten Verstorbenen, sind sogleich aus dem Hause zu schaffen, und nach Befund des Todtenbeschauers zu begraben. Endlich hat der Todtenbeschauer sein Augenmerk darauf zu richten, ob sich keine gewaltsame Todesart entdecke. Die Leichen der Todtgefundenen, plötzlich Gestorbenen und der offenbar auf eine gewaltsame Art Umgekommenen sind der gerichtlichen Beschau zu unterziehen. Nach vollendeter Besichtigung hat der Todtenbeschauer seinen B e s c h a u z e t t e l zu verfassen, worin anzumerken ist: Der Name, das Alter, der Sterbetag, die Krankheit mit Beifügung der Angabe eines allfällig gewaltsamen Todes, die Zeit, binnen welcher der Leichnam zu begraben, und was mit der Kleidung, Bett, Leinenzeug des Verstorbenen zu geschehen hat.

Der Beschauzettel ist doppelt auszufertigen und einer dem Gemeindevorsteher, der zweite dem Pfarrer zu verabreichen. Auch hat der Todtenbeschauer ein eigenes Sterberegister zu führen.

Vor Verlauf von 48 Stunden, den besonderen Fall einer außerordentlichen und ansteckenden Krankheit ausgenommen, soll Niemand begraben werden. (Hofdekret 10. April 1787.)

Die an einer hitzigen und bösartigen oder epidemischen Krankheit Verstorbenen sollen jedoch innerhalb 24 Stunden begraben werden, welches besonders bei denjenigen Leuten, deren Wohnungen enge sind, und wo die Verstorbenen nicht abgesondert werden können, zu geschehen hat. (Hofverordnung, 14. August 1772.)

Bei jeder Kirche soll eine geräumige Todtenkammer vorhanden sein. Die Leichenkammern sollen von Stein gebaut, die Fenster mit Drahtgittern, die Kammern selbst aber mit Oefen versehen werden, um im Winter das Erfrieren eines vielleicht nur scheinbar Todten zu verhindern. Auf dem Boden ist eine 6 bis 7 Zoll hohe Niederlage anzubringen, um die Särge darauf stellen zu können. In diesen Kammern müssen die Leichen, welche man im Hause durch die vorgeschriebenen 48 Stunden nicht behalten kann, mit offenem Sarge beigesetzt und an ihre Hand eine Schnur befestigt werden, die an einer Glocke hängt, welche in dem Zimmer des nächst wohnenden Todtengräbers befindlich. Diese Kammern sind auch zur Nachtzeit zu beleuchten und die Thür soll von außen nicht verschlossen, von innen aber leicht zu eröffnen sein. (A. h. Entschließung vom 19. Februar 1787.)

Die Leichenkammern sind als eine lokale Sanitätspolizei-Maßregel zu behandeln, daher die Kosten für die Errichtung und Erhaltung aus den für derlei Maßregeln bestimmten Fonden zu bestreiten ist. (A. h. Entschließung vom 8. April 1845.)

Die Leichenhöfe sind außerhalb den Ortschaften in einer angemessenen Entfernung anzulegen. (Hofdekret vom 20. August 1764.) Bei der Auswahl der Begräbnißplätze ist jene Lage vorzuziehen, wo die Leichendünste durch die gewöhnlichen Winde von den Menschenwohnungen abgeleitet werden, dann wo das Erdreich bis zur Tiefe von 6 Schuh im ganzen Umfange des anzulegenden Leichenhofes trocken ist. Zum Maßstabe der erforderlichen Größe dient das jährliche Sterblichkeitsverhältniß. Für jede Leiche wird der Raum einer Quadratklafter und mindestens zehn Jahre als Verwesungsdauer zur Berechnung der gesammten Kirchhofarea als nöthig angenommen. (Instruktion für die k. k. Bezirksärzte 11. August 1851, L. G. B. 1851, Seite 649.) Die Mauern oder Umzäunungen der Leichenhöfe müssen immer eine solche Höhe haben, damit dem Vieh der Eintritt in die Kirchhöfe versperrt und besonders das Ausscharren der Erde an den Gräbern durch die Schweine verhindert werde. Jedes Grab muß 6 Fuß tief und 4 Fuß breit sein und zwischen jedem Grabe muß ein Zwischenraum von 4 Fuß gelassen werden. (Hofdekret vom 23. Aug. 1784 und vom 6. September 1787.)

In Handhabung der Gesundheitspolizei hat auch der Gemeindevorsteher bei ausgebrochenen Epidemien und Viehseuchen, bezüglich welcher auch der zweite Theil des Strafgesetzes Bestimmungen enthält, sogleich die Anzeige an die Bezirksbehörde zu erstatten. Nachdem die hierüber zu treffenden Maßregeln das Interesse mehrerer Gemeinden und oft des ganzen Landes oder mehrerer Länder berühren, somit über das Gebiet der Ortspolizei hinausgreifen und zur Abwendung der Gefahren die Kräfte der Gemeinden nicht ausreichen, so haben sich die Gemeindevorsteher in diesen Fällen im übertragenen Wirkungskreise nach den Weisungen der Bezirksbehörde zu benehmen und die angeordneten Maßregeln genau zu überwachen.

VI.

Die Gesinde- und Arbeiterpolizei und die Handhabung der Dienstboten-Ordnung.

Die Gesinde- und Arbeiterpolizei hat vorzüglich die Ueberwachung der fremden Dienstleute und Arbeiter zum Gegenstande.

Dienstboten-Ordnung

für Oberösterreich und Salzburg mit Ausschluß der Landeshauptstädte Linz und Salzburg.*)

§. 1.

Der Dienstvertrag erhält seine Giltigkeit durch die vom Dienstherrn gegebene, und vom Dienstboten angenommene Darangabe. — Dieselbe darf den 20. Theil des im Gelde bedungenen Jahreslohnes nicht überschreiten und kann in denselben eingerechnet werden.

§. 2.

Die Bedingungen des Dienstvertrages bleiben der freien Uebereinkunft beider Theile überlassen.

Bedingungen, welche mit einer guten Hauszucht nicht verträglich sind, oder bestimmten Verbotsvorschriften zuwider laufen, sind nichtig, und sollen an den Dienstherrn und an den Dienstboten angemessen geahnt werden.

---

*) Die mit Erlaß des oberösterreichischen Statthalterei-Präsidiums vom 5. März 1856, Z. 827, Prs. (L. G. B. für Oberösterreich 1856, II. Abth. Seite 25) und mit Erlaß des Landes-Präsidiums Salzburg vom 18. April 1856, Z. 2113 (L. G. B für Salzburg 1856, II. Abth. Seite 35) kundgemachten Dienstbotenordnungen sind mit Ausnahme des §. 9 ganz gleichlautend. Der abweichende Wortlaut der Salzburger D. O. ist bei §. 9 angeführt.

§. 3.

Wo in dieser Dienstboten-Ordnung des Dienstherrn gedacht ist, gelten die bezüglichen Bestimmungen auch von dessen Stellvertreter, insoweit nicht einzelne derselben der Natur der Sache nach ausschließend nur auf die Person des Dienstherrn Anwendung erleiden.

§. 4.

Hat ein Dienstbote von mehreren Dienstherren das Darangeld angenommen, so ist er bei jenem Dienstherrn einzutreten verpflichtet, von welchem er das Darangeld zuerst angenommen hat.

Den übrigen, insoferne sie von der früheren Verdingung nichts wußten, hat er die erhaltene Darangabe zurückzuersetzen, und den erweislichen Schaden zu vergüten. Außerdem ist er mit einer angemessenen Strafe zu belegen.

Lauft jedoch hiebei eine Handlung mitunter, die durch die Strafgesetze verpönt ist, so ist er nach diesen zu behandeln.

Der Dienstherr, der von der früheren Verdingung wußte, verfällt gleichfalls in eine angemessene Strafe und verliert den Anspruch auf das gegebene Darangeld. Gleichwohl muß aber dasselbe vom Dienstboten zurückersetzt und an die Gemeindecasse (§. 43) abgeführt werden.

§. 5.

Wer einen Dienstboten verleitet, den Dienst, zu dem er sich verdungen hat, nicht anzutreten, oder einen angetretenen Dienst aufzukündigen oder zu verlassen, unterliegt einer angemessenen Strafe und haftet für den Schaden, der dem Dienstherrn hieraus erwächst.

§. 6.

Nach geschlossenem Dienstvertrage ist zur bestimmten Zeit der Dienstherr den Dienstboten aufzunehmen und dieser einzustehen verpflichtet.

§. 7.

Weigert sich der Dienstherr den Dienstboten aufzunehmen, so verliert er die Darangabe und muß dem Dienstboten Lohn und Kost, falls der Dienstvertrag durch ein Jahr zu dauern gehabt hätte, für ein viertel Jahr, sonst aber für einen Monat vergüten.

Der Dienstherr kann jedoch von dem Vertrage aus denselben Gründen zurücktreten, aus welchen er berechtigt wäre, den Dienstboten vor Ablauf der Dienstzeit zu entlassen. In diesem Falle gebührt ihm der Rückersatz der Darangabe.

Kann der Dienstherr wegen eines Zufalles, der sich in seiner Person, oder seinen Wirthschaftsverhältnissen ereignet hat, den Dienstboten nicht aufnehmen, so hat er denselben sogleich davon zu benachrichtigen, und ihm nicht nur die Darangabe zu belassen, sondern auch, falls der Dienstvertrag durch ein Jahr zu dauern gehabt hätte, einen Monatslohn, sonst aber einen 14tägigen Lohn zu bezahlen.

§. 8.

Weigert sich der Dienstbote den Dienst anzutreten, so ist er nach Beschaffenheit der Umstände zu bestrafen, und auf Verlangen des Dienstherrn zum Dienstantritte selbst mit Anwendung von Zwangsmaßregeln zu verhalten.

Der Dienstherr kann jedoch auch in diesem Falle vom Vertrage abgehen, und nebst der Zurückstellung der Darangabe den Ersatz des ihm hiedurch zugehenden Schadens verlangen.

Machen unverschuldete, länger andauernde Hindernisse dem Dienstboten den Dienstantritt unmöglich, so muß sich der Dienstherr mit der Zurückstellung der Darangabe begnügen. Ist jedoch das Hinderniß vorübergehend, so ist der Dienstbote verpflichtet, nach dessen Behebung auf Verlangen des Dienstherrn den Dienst anzutreten.

§. 9.

Die Aufnahme der Dienstboten für landwirthschaftliche Arbeiten hat stets zu Lichtmeß, und zwar auf die Dauer eines Jahres zu geschehen; hinsichtlich der übrigen Dienstboten wird die Dauer der Dienstzeit auf drei Monate festgesetzt.*) — Von dieser Bestimmung kann zwar durch besondere Verabredung abgegangen werden. Eine solche Verabredung muß jedoch in einem schriftlichen Vertrage, oder vor dem Gemeindevorsteher geschehen, widrigens darauf kein Bedacht zu nehmen ist.

§. 10.

Der Dienstbote ist dem Dienstherrn zum Gehorsam, zum Fleiße, zur Treue, Ehrerbietung, Aufmerksamkeit und Wahrhaftigkeit verpflichtet.

Er muß den Angehörigen des Dienstherrn anständig begegnen, mit dem Nebengesinde verträglich sein, und sich aller Zänkereien, Klatschereien und übler Nachrede gegen den Dienstherrn oder dessen Familie enthalten.

Er hat sich der häuslichen Ordnung, wie sie vom Dienstherrn bestimmt wird, zu unterziehen.

Befehle, Ermahnungen und Verweise des Dienstherrn muß er mit Ehrerbietung und Bescheidenheit annehmen.

§. 11.

Der Dienstbote ist schuldig alle Dienste, zu denen er sich verdungen hat, wie nicht minder alle, die unter den verdungenen billig und vernünftiger Weise verstanden werden können, nach Anordnung des Dienstherrn pünktlich und unverdrossen zu leisten.

Bei Streitigkeiten unter den Dienstboten, welcher von ihnen eine gewisse Arbeit, oder einen gewissen Dienst zu verrichten habe, entscheidet allein der Wille des Dienstherrn.

Selbst der nur zu gewissen Geschäften aufgenommene Dienstbote muß auf Verlangen des Dienstherrn andere Verrichtungen übernehmen,

*) Der erste Satz des §. 9 lautet nach der Salzburger Dienstboten-Ordnung: „Die Dauer der Dienstzeit wird hinsichtlich jener Dienstboten, welche für landwirthschaftliche Arbeiten aufgenommen werden, auf Ein Jahr, von Lichtmeß oder Michaeli an gerechnet, festgesetzt; hinsichtlich der übrigen Dienstboten gelten als Ein- und Austritts-Termine Lichtmeß, Georgi, Jakobi und Michaeli."

wenn das hiezu bestimmte Gesinde durch Krankheit, oder sonst daran verhindert ist, oder andere Umstände, wie z. B. unaufschiebbare Feldarbeiten dieß dringend erfordern.

Der Dienstbote darf sich an den abgebrachten Feiertagen der Arbeit in keiner Weise entziehen.

An Sonn- und den gebotenen Feiertagen müssen die gewöhnlichen häuslichen, sowie jene Arbeiten, die ohne Gefahr nicht verschoben werden können, geleistet werden.

Dem Besuche des Gottesdienstes darf jedoch hiedurch kein Abbruch geschehen.

§. 12.

Dem Dienstboten ist ohne Erlaubniß des Dienstherrn nicht gestattet, die ihm übertragenen Geschäfte durch einen andern verrichten zu lassen. Er darf ohne Erlaubniß des Dienstherrn in eigenen Angelegenheiten vom Hause sich nicht entfernen, und nicht über die bewilligte Zeit ausbleiben.

Er darf gegen das Verbot des Dienstherrn Besuche überhaupt oder von gewissen Personen nicht annehmen, und es ist ihm bei Strafe strengstens untersagt, ohne Erlaubniß des Dienstherrn Jemanden übernachten zu lassen.

§. 13.

Der Dienstbote hat jeden, seinen Verhältnissen unangemessenen Aufwand in der Kleidung, in Vergnügungen oder sonst zu vermeiden, und dem Dienstherrn kömmt es zu, solchen Aufwand zu verbieten.

§. 14.

Der Dienstbote hat sich bei jeder Gelegenheit das Beste seines Dienstherrn angelegen sein zu lassen, und so viel in seinen Kräften steht, Nachtheil und Schaden von ihm abzuwenden.

Er hat insbesondere mit Feuer und Licht vorsichtig umzugehen, das Tabakrauchen in Scheuern, Ställen, auf Böden, oder an andern feuergefährlichen Orten zu unterlassen, und solche Orte auch nicht mit offenem Lichte zu betreten.

Wahrgenommene Betrügereien, Veruntreuungen und Entwendungen des Nebengesindes ist er dem Dienstherrn anzuzeigen verpflichtet.

Für den durch ihn zugefügten Schaden haftet er nach Maßgabe der Bestimmungen des allg. bürgerl. Gesetzbuches.

Für Betrügereien, Veruntreuungen und Entwendungen ist er nach dem Strafgesetzbuche zu behandeln.

§. 15.

Ohne Vorwissen und Bewilligung des Dienstherrn darf der Dienstbote seine Kleidungs- und Wäschstücke und seine sonstigen Habseligkeiten außer dem Hause wo er dient, nicht aufbewahren.

Er muß sich die Durchsicht seiner Truhen, Koffer oder sonstigen Behältnisse von Seite des Dienstherrn in seiner und eines Zeugen Gegenwart gefallen lassen.

§. 16.

Der Dienstbote ist bei seinem Austritte verpflichtet, Alles, was ihm zur Aufsicht, Besorgung oder Verwahrung übergeben oder sonst anvertraut wurde, dem Dienstherrn ordentlich zurückzustellen, und auf Verlangen desselben die Gegenstände, die er als sein Eigenthum mit sich nimmt, vor deren Wegbringung in Augenschein nehmen zu lassen.

§. 17.

Der Dienstbote wird durch den Eintritt in den Dienst ein Mitglied der Hausgenossenschaft, und daher unter die besondere Aufsicht des Dienstherrn gestellt.

Der Dienstherr hat die Dienstboten zu einem sittlichen und anständigen Betragen in, wie außer dem Hause zu verhalten, und er ist zu diesem Ende, sowie zur Aufrechthaltung der häuslichen Ruhe und Ordnung, und zur Erzielung des ihm schuldigen Gehorsams befugt, wenn ernstliche Ermahnungen, Verweise oder sonstige mildere Zurechtweisungsmittel nichts fruchten, von den strengeren Mitteln der häuslichen Zucht auf eine mäßige und der Gesundheit des Dienstboten nicht schädliche Weise Gebrauch zu machen.

Dieses Recht der häuslichen Zucht darf jedoch in keinem Falle bis zu Mißhandlungen, wodurch der Gezüchtigte am Körper Schaden nimmt, ausgedehnt werden, bei sonstiger Behandlung nach Maßgabe des Strafgesetzes.

Der Dienstherr ist insbesondere verpflichtet, den Dienstboten zum Besuche des Gottesdienstes an Sonn- und Feiertagen anzuhalten.

§. 18.

Der Dienstherr darf dem Dienstboten nicht mehrere und schwerere Arbeiten aufbürden, als derselbe nach seinen Kräften zu leisten vermag.

§. 19.

Der Dienstherr hat den bedungenen Lohn zur bestimmten Zeit zu verabfolgen.

Ist über die Art und Größe des Lohnes keine bestimmte Verabredung getroffen worden, so ist der für dieselbe Classe von Dienstboten ortsübliche Lohn zu verabreichen.

Geschenke und Trinkgelder, die der Dienstherr zu besonderen Zeiten oder aus besonderen Anlässen, aus freiem Willen ein- oder mehrere Male gegeben hat, begründen keine Verpflichtung, dieselben fernerhin zu geben.

Der Lohn ist, wenn eine Zahlungszeit nicht bedungen ist, in den ortsüblichen Terminen, und wenn darüber nichts hergebracht wäre, bei ganzjähriger Dienstdauer vierteljährig, sonst aber monatlich verfallen zu entrichten.

§. 20.

Die Kost, wo sie gebührt, muß gesund und hinreichend sein.

Besondere Bedingungen über die Art und Menge der Kost sind untersagt.

Kleidungs- und Wäschstücke, wenn solche bedungen sind, müssen den Verhältnissen der dienenden Classe angemessen, verabfolgt werden.

Kleidungs- und Wäschstücke die nur zum Putze dienen, oder den Verhältnissen der dienenden Classe unangemessen sind, dürfen nicht bedungen werden.

§. 21.

Erkrankt der Dienstbote, so hat der Dienstherr für Pflege und Heilung desselben zu sorgen, und es können die aufgewendeten Kosten vom Lohne nur dann abgezogen werden, wenn der Dienstbote durch sein eigenes Verschulden erkrankt ist.

Dauert die Krankheit länger als 4 Wochen, so ist der Dienstbote nach Ablauf dieser Zeit, wenn er aus dem Dienste entlassen wird, (§. 28 sub 11) und wenn er vermögenslos ist, wie ein anderer, in keinem Dienstverhältnisse stehender erkrankter Arme zu behandeln, und es ist daher der Gemeindevorsteher hievon rechtzeitig zu verständigen.

§. 22.

Ist die Erkrankung des Dienstboten erwiesener Mässen aus einem Verschulden des Dienstherrn erfolgt, so hat dieser unbeschadet der, dem Dienstboten sonst zustehenden Entschädigungsansprüche ausschließlich für Pflege und Heilung zu sorgen, ohne daß ein Abzug am Lohne stattfinden darf.

§. 23.

Der Dienstherr kann den Kranken im eigenen Hause verpflegen, er kann ihn aber auch in einer öffentlichen Anstalt oder an einem anderen Orte unterbringen, wenn dieses ohne Gefahr für den Kranken möglich ist.

§. 24.

Der Dienstvertrag kann durch beiderseitiges Einverständniß zu jeder Zeit aufgelöset werden.

§. 25.

Durch den Tod des Dienstherrn erlischt der Dienstvertrag nur insoferne, als die Erben denselben nicht fortsetzen wollen. In diesem Falle haben sie aber dem abziehenden Dienstboten, falls der Dienstvertrag auf ein Jahr geschlossen war, den Lohn und die bedungene Kost für drei Monate, sonst aber für einen Monat zu vergüten.

War dem Dienstboten bereits vom Verstorbenen der Dienst aufgekündigt, so gebührt demselben diese Entschädigung nur für jene geringere Zeit, als der Dienstvertrag noch zu dauern gehabt hätte.

§. 26.

Diese Bestimmung hat auch in dem Falle, wo die Wirthschaft durch Kauf, Tausch, Pachtung oder sonstige Verträge an eine andere Person übergeht, rücksichtlich des für die Wirthschaft bestellten Gesindes zu gelten.

§. 27.

Insoferne nicht ausdrücklich verabredet wird, daß nach Ablauf der bedungenen Zeit der Dienstvertrag nicht weiter fortgesetzt werden soll, bewirkt der Ablauf der Zeit die Aufhebung des Dienstvertrages nur nach vorgängiger Aufkündigung.

Die Aufkündigung hat bei ganzjährigen Diensten spätestens sechs Wochen, sonst aber spätestens 14 Tage vor Ablauf der Dienstzeit zu geschehen.

Geschieht von keinem Theile rechtzeitig eine Aufkündigung, so ist der Dienstvertrag auf diejenige Zeit stillschweigend erneuert, welche vorher durch denselben bestimmt war.

§. 28.

Der Dienstherr kann den Dienstboten ohne Aufkündigung und sofort entlassen:

1. Wenn der Dienstbote zur Verrichtung des Dienstes, für welchen er aufgenommen wurde, aus was immer für einer Ursache völlig unbrauchbar ist.

2. Wenn er seine Dienstespflichten gröblich verletzt, insbesondere den Befehlen des Dienstherrn, oder des bestellten Aufsehers über das Dienstpersonale beharrlichen Ungehorsam oder Widerspänstigkeit entgegensetzt.

3. Wenn er den Dienstherrn, oder dessen Angehörige, oder den aufgestellten Aufseher über das Dienstgesinde durch Thätlichkeiten, durch Schimpf- und Schmähworte, oder ehrenrührige Nachreden beleidiget, die Mitdienstboten gegen den Dienstherrn, oder gegen einander aufhetzt, oder überhaupt den Hausfrieden boshafter Weise zu stören sucht.

4. Wenn er sich des Diebstahls, des Betruges oder der Veruntreuung schuldig macht, oder die Mitdienstboten hiezu verleitet, oder die wahrgenommenen Betrügereien, Veruntreuungen oder Entwendungen des Nebengesindes dem Dienstherrn nicht anzeigt.

5. Wenn er ungeachtet vorausgegangener Warnung mit Feuer und Licht unvorsichtig umgeht, das ihm anvertraute Vieh durch schlechte Wartung Schaden nehmen läßt oder mißhandelt, oder aus Bosheit, Muthwillen, oder grober Nachlässigkeit das Eigenthum des Dienstherrn beschädigt.

6. Wenn er auf Rechnung des Dienstherrn ohne dessen Vorwissen Geld oder Waaren borgt.

7. Wenn er auf länger als acht Tage gefänglich eingezogen wird.

8. Wenn er der Trunkenheit, dem Spiele, oder andern Ausschweifungen und Unsittlichkeiten sich ergibt, insbesondere, wenn er die Kinder oder Verwandten des Dienstherrn zu verleiten sucht.

9. Wenn er ohne Erlaubniß des Dienstherrn über Nacht ausbleibt, oder Fremde übernachten läßt, oder sonst die häusliche Ordnung gröblich verletzt.

10. Wenn er sich durch sein Verschulden eine ansteckende oder Ekel erregende Krankheit zuzieht, und

11. Wenn er ohne Verschulden des Dienstherrn über vier Wochen krank ist.

In allen diesen Fällen hat der Dienstherr sogleich die Anzeige dem Gemeindevorsteher zu machen.

Der Dienstbote hat in diesen Fällen nur Lohn und Kost bis zum Zeitpunkte seiner Entlassung zu fordern, unbeschadet der dem Dienstherrn etwa zustehenden Entschädigungsansprüche.

§. 29.

Der Dienstbote kann den Dienst vor der Zeit ohne Aufkündigung verlassen:

1. Wenn er ohne Schaden für seine Gesundheit dem Dienste nicht weiter vorzustehen vermag.

Die Schwangerschaft allein berechtiget den Dienstboten nicht, den Dienst zu verlassen.

2. Wenn der Dienstherr die Grenzen der ihm zustehenden häuslichen Zucht überschreitet, und dadurch das Leben, oder die Gesundheit des Dienstboten Gefahr läuft.

3. Wenn der Dienstherr den Dienstboten zu unsittlichen oder gesetzwidrigen Handlungen verleitet, oder zu verleiten sucht, oder ihn vor solchen Zumuthungen gegen Hausgenossen oder Personen, die im Haus aus- und eingehen, nicht schützt.

4. Wenn der Dienstherr auf länger als die Dienstzeit dauert, eine Reise zu unternehmen im Begriffe steht, oder seinen Wohnsitz in einem andern über sechs Meilen entfernten Orte aufschlägt, und in diesen Fällen den Dienstboten gegen dessen Willen mitnehmen will.

Diese Gründe müssen jedoch dem Gemeindevorsteher angezeigt, und falls sie vom Dienstherrn widersprochen würden, glaubwürdig dargethan werden.

Ohne Bewilligung des Gemeindevorstehers darf der Dienstbote den Dienst nicht verlassen, den Fall einer augenscheinlichen Gefahr des Lebens oder einer Beschädigung ausgenommen.

In den Fällen ad 2 und 3 ist dem Dienstboten Lohn und Kost für die noch übrige Dienstzeit, und wenn diese länger als ein Vierteljahr dauert, wenigstens für ein Vierteljahr zu vergüten.

In den Fällen ad 1 und 4 kann Kost und Lohn nur bis zum Diensteaustritte gefordert werden.

§. 30.

Der Dienstbote kann den Dienst vor der Zeit, jedoch bei ganzjährigen Diensten nur nach vorausgegangener sechswöchentlicher; sonst aber nur nach vorangegangener vierzehntägiger Aufkündung verlassen:

1. Wenn der weibliche Dienstbot zur Verehelichung, und der männliche zum Antritte einer eigenen Wirthschaft, oder eines eigenen Gewerbes vortheilhafte Gelegenheit erhält, welche durch Aushaltung der Dienstzeit versäumt werden würde;

2. wenn die Ueberkommung einer Erbschaft, oder eine andere wichtige Angelegenheit die längere Abwesenheit des Dienstboten an einem anderen Orte nothwendig macht;

3. wenn die Eltern des Dienstboten wegen einer erst nach Antritt des Dienstes vorgefallenen Veränderung ihrer Umstände denselben zur Führung ihrer Wirthschaft oder ihres Gewerbes oder zur Pflege benöthigen, und mit der Abberufung desselben bis zum Ausgange der Dienstzeit nicht zuwarten können.

Auch diese Gründe müssen dem Gemeindevorsteher angezeigt und beim Widerspruche des Dienstherrn glaubwürdig dargethan werden.

Ohne Bewilligung des Gemeindevorstehers darf sich der Dienstbote nicht entfernen.

Unter Beobachtung dieser Vorschrift kann der Dienstbote im Falle der Dringlichkeit die Entlassung selbst vor Ausgang der sechswochentlichen bezüglich vierzehntägigen Aufkündigungsfrist verlangen, wenn er statt seiner einen anderen tauglichen Dienstboten stellt, und sich mit demselben wegen Kost und Lohn für diese Zeit ohne Schaden des Dienstherrn abfindet.

Dienstboten, welche erwiesener Massen ihre Dienste schlecht, träg und unwillig verrichten, oder sonst ein, ihrem Dienstverhältnisse unangemessenes Betragen in der Absicht beobachten, um dadurch den Dienstherrn zur Ertheilung der verweigerten Entlassung zu zwingen, sind besonders strenge zu bestrafen, und zur genauen Erfüllung ihrer Dienstpflichten mit aller Schärfe zu verhalten.

§. 31.

Der Dienstherr, der ohne gesetzmäßigen Grund (§. 28) einen Dienstboten vor Ablauf der Dienstzeit entläßt, kann zwar nicht genöthiget werden, denselben gegen seinen Willen wieder aufzunehmen, er ist aber verpflichtet, demselben Lohn und Kost für die noch übrige Dienstzeit, und wenn diese länger als ein Vierteljahr dauerte, für ein Vierteljahr zu vergüten.

§. 32.

Dienstboten, die vor Ablauf der Dienstzeit ohne gesetzmäßigen Grund den Dienst eigenmächtig verlassen, sind dem Gemeindevorsteher anzuzeigen, von diesem zu verfolgen und auf Verlangen des Dienstherrn selbst durch Zwang zur Rückkehr in den Dienst anzuhalten.

Sie sind überdieß einer angemessenen Strafe zu unterziehen, und sind verpflichtet, den aus der unerlaubten Dienstesverlassung entstandenen Schaden zu ersetzen.

Will aber der Dienstherr den entlaufenen Dienstboten nicht wieder aufnehmen, so kann er statt desselben einen andern Dienstboten aufdingen, und von dem entlaufenen die Vergütung der dadurch verursachten mehreren Kosten verlangen.

§. 33.

Wer einem Dienstboten, von dem er weiß, oder doch aus den Umständen vermuthen mußte, daß er entlaufen sei, in Dienst nimmt, Unterkommen oder Aufenthalt gestattet, ist angemessen zu bestrafen, und zum Ersatze des dem Dienstherrn durch die Flucht des Dienstboten erwachsenen Schadens, sowie der durch die Aufnahme eines andern Dienstboten verursachten Mehrbeköstigung zur ungetheilten Hand mit dem entlaufenen Dienstboten verpflichtet.

§. 34.

Jeder Dienstbote hat sich mit einem Dienstbotenbuche zu versehen, welches, wenn weder hinsichtlich des Befugnisses sich zu verdingen, noch sonst ein Hinderniß obwaltet, gegen Leistung des Stempels pr. 6 kr., und des Kostenbetrages der Druckauflage von seiner politischen Heimatsbehörde ausgefolgt wird. — Ist diese nicht zugleich die politische Behörde seines Aufenthaltes, so hat sich die Letztere über Ansuchen des Dienstboten an die Erstere um die Ermächtigung zur Ausfertigung des Dienstbotenbuches zu wenden.

Dienstboten, die aus Ländern zureisen, wo Dienstbotenbücher nicht bestehen, werden solche von der politischen Behörde ihres Aufenthaltes auf Grund ihrer Reise-Legitimation ausgefertigt.

Ueber die ausgestellten Dienstbotenbücher ist eine genaue Vormerkung zu führen.

§. 35.

Kein Dienstherr darf einen Dienstboten, der kein Dienstbotenbuch besitzt, bei sonstiger Strafe aufnehmen.

Dasselbe ist vom Dienstherrn beim Antritte des Dienstes in Aufbewahrung zu nehmen.

§. 36.

Beim Dienstaustritte hat der Gemeindevorsteher auf Grund des mündlichen oder schriftlichen Zeugnisses des Dienstherrn die Rubriken des Dienstbotenbuches auszufüllen, seine Namensfertigung beizusetzen, und das beigebrachte schriftliche Zeugniß des Dienstherrn zurück zu behalten.

Das Zeugniß über Treue, Geschicklichkeit, Fleiß und Sittlichkeit ist nur insoweit aufzunehmen, als es für den Dienstboten günstig lautet. Lautet es aber hinsichtlich der einen oder der andern Eigenschaft ungünstig, so ist die bezügliche Rubrik blos mit Strichen auszufüllen.

Gründet sich das ungünstige Zeugniß des Dienstherrn auf Beschuldigungen und Verdachtgründe, die nach der vom Dienstboten verlangten Untersuchung der Gemeindevorsteher unbegründet findet, so kann letzterer nach dem Ergebnisse der Untersuchung, jedoch unter der ausdrücklichen Anmerkung „nach gepflogener Untersuchung" die Rubrik ausfüllen.

Der Dienstherr, welcher einem Dienstboten ein wahrheitswidriges Zeugniß wissentlich ertheilt, ist unbeschadet seiner Haftung für den hieraus entspringenden Nachtheil mit einer angemessenen Strafe zu ahnden.

§. 37.

Die Dienstbotenbücher sind öffentliche Urkunden. Wer solche nachmacht oder verfälscht, oder wer sich zu seinem Fortkommen eines fremden Dienstbotenbuches bedient, oder sein Dienstbotenbuch zu diesem Zwecke einem andern überläßt, wird nach dem Strafgesetzbuche behandelt.

§. 38.

Geht ein Dienstbotenbuch verloren, so ist hievon bei der politischen Behörde, in deren Bezirk der Dienstbote sich aufhält die Anzeige zu machen. Dieselbe hat die obwaltenden Umstände sorgfältig zu erheben, und insoferne diese Erhebung den Verlust nicht bezweifeln läßt, ein neues Dienstbotenbuch auszufertigen, oder wenn eine andere politische Behörde das verlorne Dienstbotenbuch ausgestellt hat, bei diesen die Ausfertigung eines neuen zu veranlassen.

In dem neuen Dienstbotenbuche ist ausdrücklich zu bemerken, daß es ein Duplicat sei.

§. 39.

Die politische Behörde überwacht das Gesindewesen und vollzieht die gegenwärtige Dienstbotenordnung. Zur Unterstützung hiebei dienen ihr die Gemeindevorsteher, die nach den Weisungen der politischen Behörde, auf Zucht, Ordnung und Sittlichkeit der Dienstboten zu wachen, und insbesondere das dienstlose Gesinde zu beaufsichtigen haben.*)

Dienstlos gewordene Dienstboten die zur Gemeinde gehören, hat der Gemeindevorsteher mit allem Ernste anzuhalten, Dienste oder andere erlaubte Arbeiten zu suchen.

Wenn sie sich ungeachtet vorhandener Gelegenheit hiezu nicht vorstehen, so sind sie insolange zur Gemeinde oder öffentlichen Arbeiten zu verhalten, bis sie in einen Dienst oder in eine Arbeit getreten sind.

Hiebei darf auf den Vorwand, daß sie sich ihren Eltern oder andern Leuten, insbesondere jenen, bei denen sie Unterstand finden, zur Arbeit verpflichtet haben, keine Rücksicht genommen werden, wenn es offenbar ist, daß sie bei diesen keine, oder doch keine angemessene Arbeit finden.

Fremde, dienstlose Dienstboten, welche die vorhandene Gelegenheit zu neuen Diensten, oder zu einer andern erlaubten Beschäftigung nicht benützen, die ein anstößiges, sittenloses Leben führen, oder die eine Aussicht zur baldigen Erlangung eines Dienstes, oder einer andern, ihren Unterhalt deckenden Arbeit nicht haben, sind aus der Gemeinde zu weisen.

§. 40.

Wer das Gesindezubringen als Geschäft betreibt, ist mit einer angemessenen Strafe zu belegen.

Um jedoch die Unterbringung der Dienstboten im Dienste, und die Auffindung dienstsuchender Personen zu erleichtern, ist am Sitze des Gemeindevorstehers ein Register zur Einsicht aufzulegen, in welchem die dienstsuchenden Dienstboten, und die Dienstherren, die sich um Dienstboten melden, eingetragen werden.

§. 41.

Streitigkeiten zwischen Dienstherrn und Dienstboten, welche aus dem Dienstvertrage entstehen, gehören vor die competente Gerichtsbe-

*) Die Handhabung der Dienstboten-Ordnung obliegt nach der neuen Gemeindeordnung nicht mehr den politischen Behörden, sondern den Gemeinden.

hörde. Alle anderen Klagen und Beschwerden in Dienstbotensachen sind von der politischen Bezirksbehörde im kürzesten Wege abzuthun. Diese Behörde erkennt auch über die Uebertretungen der Vorschriften der gegenwärtigen Dienstbotenordnung.

§. 42.

Die in dieser Dienstbotenordnung angedrohten Strafen sind mit Geld- oder Arreststrafen zu vollziehen.*)

Geldstrafen dürfen bei Dienstboten den Betrag von 5 fl. CM. und bei andern Personen den Betrag von 25 fl. CM. nicht übersteigen.

Arrest kann bis zu 14 Tagen verhängt, und mit Beobachtung der Bestimmungen des Strafgesetzes durch Fasten verschärft werden.

§. 43.

Die Geldstrafen sind in der Gemeindecasse aufzubewahren, und abgesondert zu verrechnen. — Sie haben die ausschließliche Bestimmung zur Unterstützung kranker, oder armer arbeitsunfähiger Dienstboten.

§. 41.

Die dem Gemeindevorsteher in dieser Dienstbotenordnung übertragenen Amtshandlungen können, wenn es die Umstände erfordern, an eine andere vertrauungswürdige Person übertragen werden.

§. 45.

In Gemeinden, welche zum Rayon einer k. k. Polizeibehörde gehören, hat diese Letztere die in der vorstehenden Gesindeordnung bezeichneten Amtshandlungen der politischen Behörde und des Gemeindevorstehers auszuüben.

Laut Verordnung des Ministeriums des Innern vom 7. Dez. 1856 (R. G. B. Seite 755) sind in Folge a. h. Entschließung vom 31. Okt. 1856 die a. h. Bestimmungen von 22. März 1828 und vom 24. Okt. 1846, wornach die Dienststreitigkeiten zwischen Dienstgebern und Dienstboten, dann zwischen Gewerbsleuten oder Fabriksinhabern und ihren Gesellen, Lehrjungen oder anderen Hilfsarbeitern, welche aus dem Dienstverhältnisse oder Lohnvertrage hergeleitet werden und während des Bestandes des Dienstverhältnisses oder wenigstens vor Verlauf von 30 Tagen vom Tage, als das Dienstverhältniß aufgehört hat, angebracht werden, von den politischen Behörden zu verhandeln sind und jene Streitigkeiten, die nach Verlauf dieser Frist erhoben werden, zur ordentlichen Amtshandlung der Gerichtsbehörden gehören, wieder in Wirksamkeit gesetzt werden.

---

*) Körperliche Züchtigung kann von dem Gemeindevorsteher nicht verhängt werden.

VII.

Sittlichkeitspolizei.

Die Sittlichkeitspolizei begreift in sich die Aufsicht auf Heiligung der Sonn- und Feiertage, die Aufsicht auf Schänken, Tanzmusiken, auf verbotene Spiele, öffentliche Produktionen, Unzucht und Kuppelei, Hintanhaltung nächtlicher Schwärmerei, des Bettels, der Thierquälerei, Trunkenheit und gröbliches, öffentliches Aergerniß verursachender Verletzung der Sittlichkeit oder Schamhaftigkeit.

Mit a. h. Entschließung vom 18. April 1850, (R. G. B. 1850, S. 1036) wurden die Behörden angewiesen, darüber zu wachen, daß an allen Orten, wo die katholische Bevölkerung die Mehrzahl bildet, die Feier der Sonn- und katholischen Festtage nicht durch geräuschvolle Arbeiten oder durch öffentlichen Handelsbetrieb gestört werde.

Jahr-, Wochen- und Kirchweihmärkte dürfen an Sonn- und Feiertagen nicht abgehalten werden. (Hofverordnung vom 15. Febr. 1772.)

Während des vor- und nachmittägigen Gottesdienstes soll in den Wirthshäusern Niemanden etwas verabreicht, noch sonst öffentlich verkauft werden. (Verordnung vom 5. Juli 1785.)

An Sonn- und Festtagen soll vor 4 Uhr Nachmittags keine Gattung Spiel mit Inbegriff des Billards und Kegelspieles in Gast- und Caffeehäusern geduldet und es sollen die dagegen Handelnden mit einer Geldstrafe belegt werden. (Verordnung der o. ö. Landesregierung vom 26. März 1802.)

Treibjagden an Sonn- und Feiertagen sind abzustellen. (Hofkanzlei-Decret vom 27. August 1812.)

Das Hofdecret vom 3. Juli 1783 verbietet knechtische Arbeiten an Sonn- und Feiertagen; Nothfälle sind von diesem Verbote ausgenommen.

Gewerbsleute sollen an Sonn- und Feiertagen ihre Arbeiten nicht fortsetzen. (Decret der o. ö. Landesregierung vom 31. März 1825, Z. 7677, P. G. S. Seite 64.)

Der Verschleiß des Tabakes an Sonn- und Feiertagen, mit Ausnahme der sechs größten Feiertage, an welchen derselbe gänzlich zu unterbleiben hat, darf während der Zeit des ortsüblichen Hauptgottesdienstes nicht stattfinden. (Erlaß des Finanzministeriums vom 3. April 1852, Z. 11425. L. G. B. v. Jahre 1852 Seite 369.)

Die o. ö. Landesregierung hat unterm 17. Sept. 1826, Z. 21586, (P. G. S. Seite 129) Folgendes bekannt gegeben:

Nach einer unterm 24. August 1826, Z. 24337 herabgelangten Eröffnung der k. k. Hofkanzlei, haben Se. Majestät in Ansehung der Lustbarkeiten tempore sacrato (in geheiligter Zeit) am 19. August Folgendes zu entschließen geruht:

Ich will, daß künftig das sogenannte tempus sacratum vom Advent bis zum Feste der h. 3 Könige einschließig und vom Anfange der Fasten, bis zum Sonntage nach Ostern einschließig gehalten werde.

Weder Bälle noch Tanzmusiken haben an allen gebotenen Fasttagen als Quatembertagen, an den strengen Virgilien vor den höchsten Festtagen des Jahres und an Freitagen und Samstagen stattzufinden; dann haben weder Bälle, noch Tanzmusiken, noch Theater, wo immer, an den bisher bestandenen Normatagen, nämlich den 22. 23. 24. und 25. December, Aschermittwoch, von Palmsonntag an bis einschließig Ostersonntag, am Pfingstsonntag, Frohnleichnahmstag, Maria Verkündigung und Maria Geburt, statt zu finden.

In Absicht auf den Ort, auf die Zeit und Dauer der Lustbarkeiten wird Folgendes verordnet:

1. Bälle mit Masken, Redouten, dürfen in der Regel nur in der Residenz und den Provinzial-Hauptstädten und nur vom Tage nach h. 3 Königen bis einschließig dem Faschingdienstag und nur ausnahmsweise und mit besonderer Erlaubniß in einer oder der andern großen Stadt an einem oder dem andern Tage außer jener Zeit statt finden.

2. Tanzmusiken und Schauspiele sind untersagt vom 22. bis einschließig den 25. December, am Aschermittwoch, vom Palmsonntag bis einschließig den Ostersonntag, am Pfingstsonntag, Frohnleichnahmstag, an den Festen Maria Verkündigung und Maria Geburt.

3. Tanzmusiken, sowohl öffentliche als Privatbälle, werden untersagt in der ganzen Adventzeit und in den darauf folgenden Tagen bis einschließig h. 3 Könige, in der ganzen Fastenzeit und der darauf folgenden Woche bis einschließig den 1. Sonntag nach Ostern, an allen kirchlichen Fast- und an den Freitagen und Samstagen des ganzen Jahres.

4. Tanzmusiken und Schauspiele dürfen nur eine Stunde nach geendigtem nachmittägigen Gottesdienste beginnen, jene dürfen an den Vorabenden der Freitage, der Fasttage und gebotenen Feiertagen nicht über 12 Uhr Mitternacht dauern. Wie lange sich ihre Dauer außer diesen Tagen erstrecken dürfe, wird von der betreffenden Obrigkeit besonders bestimmt und in dem hiezu ausgefertigten Erlaubnißschein ausgedrückt.

Gast-, Schank- und Caffeehäuser sind in Bezug auf Ruhe und Ordnung, Sittlichkeit und Beobachtung der Polizeistunde zu überwachen. Nach §. 11 der kais. Verordnung vom 20. April 1854, (R. G. B. 1854, I. Abth. Seite 185) ist jedes polizeiwidrige Verhalten an öffentlichen Versammlungsorten, namentlich in Wirths- und Caffeehäusern, Theatern, Ballsälen u. s. w. auch auf Eisenbahnen, Dampfschiffen, Postwägen u. s. w., wodurch die Ordnung und der Anstand verletzt, das Vergnügen des Publikums gestört oder sonst ein Aergerniß gegeben wird, unvorgreiflich der etwa eintretenden strafgerichtlichen Behandlung mit einer Ordnungsbuße von ein bis 100 fl. oder mit einer Arreststrafe von 6 Stunden bis zu 14 Tagen zu ahnden.

In Betreff der Polizeistunde ist maßgebend die nachstehende Verordnung des Ministeriums des Innern und der Justiz und der obersten Polizeibehörde vom 3. April 1855, (L. G. B. v. J. 1855, I. Abth. Seite 230.)

1. Zu einer bestimmten Stunde der Nacht müssen Gast- und Schanklocalitäten, sowie Caffeehäuser geschlossen werden, und es darf nach dieser Stunde Gästen weder der Zutritt zu denselben, noch das längere Verweilen daselbst gestattet werden.

Dieses Verbot findet jedoch in Einkehrwirthshäusern auf ankommende Reisende und Fahrleute keine Anwendung. Der Landeschef hat diese Stunde (Polizeistunde) mit Rücksicht auf die Landes- und Ortsverhältnisse festzusetzen. Es steht in dem Ermessen desselben, die Bestimmung hierüber für einzelne Gebietstheile oder Orte den untergeordneten Behörden zu überlassen.

2. Die Bewilligung zum Offenhalten der Gast- und Schanklokalitäten über die Polizeistunde ist in der Regel von Fall zu Fall für einzelne Nächte und nur bei besonderen Verhältnissen für gewisse bestimmte Zeitabschnitte zu ertheilen. Für diese Bewilligung ist zu Handen der Gemeindekasse für Armenzwecke eine Taxe zu entrichten, deren Betrag der Landeschef mittelst besonderer Vorschrift festzusetzen hat.

3. Werden Gast- und Schanklocalitäten oder Caffeehäuser über die festgesetzte oder nach §. 2 erweiterte Polizeistunde offen gehalten, oder werden sie zwar nach dieser Stunde versperrt, wird aber dennoch Gästen der Zutritt dahin oder das längere Verweilen in denselben gestattet, so sind die Inhaber derselben nach der kaiserlichen Verordnung vom 20. April 1854 zu behandeln.

4. Die Sicherheitsorgane haben bei wahrgenommenen Uebertretungen dieser Vorschrift zunächst den dafür verantwortlichen Inhaber des Gast-, Schank- oder Caffeehauses an die Erfüllung seiner Pflicht zu erinnern. Bleibt diese Erinnerung selbst nach Verlauf einiger Zeit fruchtlos, so sind jene Gäste, welche über die von den Sicherheitsorganen an sie gemachte unmittelbare Aufforderung sich nicht entfernen, hiezu zu verhalten, und unterliegen, insoferne nicht eine durch das allgemeine Strafgesetz verpönte Handlung mitunterläuft, der Behandlung und Ahndung nach der im §. 3 bezogenen Verordnung.

5. In Betreff des Verfahrens, des Rekurses und der Verjährung gelten die Bestimmungen der §§. 3 und 4 der Verordnung vom 3. April 1855 (L. G. B. 1855, Seite 228.)

Mit Erlaß der Statthalterei vom 11. März 1851, Z. 6265 (L. G. B. 1851, S. 192) wurde als Polizeistunde die zwölfte Stunde Nachts und mit Erlaß der o. ö. Statthalterei vom 2. Juni 1857, Z. 6493, Prs. (L. G. B. 857, S. 23) die Taxe für die Bewilligung zur Offenhaltung über die Polizeistunde für den Polizei-Rayon Linz mit 1 fl. 30 kr. C. M., und für alle übrigen Orte mit 30 kr. C. M. mit dem Bemerken festgesetzt, daß die Vorschriften über die Ertheilung von Tanzmusik-Lizenzen die Entrichtung der Gebühren für dieselben hiedurch nicht berührt werden und fortan in Wirksamkeit bleiben.

Für das Kronland Salzburg mit Ausnahme der Landeshauptstadt wurde mit Erlaß der Statthalterei Salzburg vom 1. August 1851 die Polizeistunde im Winter, d. i. vom 1. November bis Ende April, für die Landgemeinden auf 10 Uhr, für die Städte und Märkte aber auf 11 Nachts, und im Sommer, d. i. vom 1. Mai bis Ende Oktober, im Allgemeinen auf 11 Uhr Nachts mit dem Bemerken festgesetzt, daß es in Städten und Märkten den Gemeindevorstehern überlassen ist, an Sonn- und Feiertagen zur Sommerszeit, oder in besonders rücksichtswürdigen Fällen und Anlässen auch zu andern Zeiten diese Polizeistunde auf 12 Uhr Nachts zu verlängern. In der Landeshauptstadt Salzburg und in den zum städtischen Bezirke gehörigen Ortschaften ist in Folge Erlasses des Landes-Präsidiums Salzburg vom 16. Februar 1856, Z. 753 die Polizeistunde für Gast- und Schankhäuser 12 Uhr und für Caffeehäuser 1 Uhr Nachts. Die Taxe für die Bewilligung zur Offenhaltung über die Polizeistunde wurde mit demselben Erlasse für die Landeshauptstadt Salzburg und die zum städt. Bezirke gehörigen Ortschaften mit 1 fl. CM., und für die übrigen Gemeinden im Kronlande Salzburg mit Erlaß des Regierungs-Präsidiums vom 8. Juli 1857 mit 30 kr. CM. bestimmt. In dem Falle jedoch, wenn mit der Bewilligung der Tanzmusik auch die Verlängerung der Polizeistunde verbunden ist, darf im Kronlande Salzburg nur die höhere Gebühr, nämlich für die Tanzmusik-Bewilligung, nicht aber auch die besondere Taxgebühr für die Polizeistunde, eingehoben werden.

Nach §. 515 des Strafgesetzes ist Unterschleif zur Unzucht von Seite der Gast- und Schankwirthe und ihrer Dienstleute als eine Uebertretung zu ahnden.

Die Tanzmusiken sind zu überwachen, daß hiebei die Schranken der Ruhe und Ordnung, der Sittlichkeit und des Anstandes nicht überschritten werden.

Bezüglich der Bewilligung zu Tanzmusiken wurde mit a. h. Genehmigung von der o. ö. Landesregierung unterm 8. Juni 1827, Z. 13.846 (P. 9. S. 1827, S. 221) folgende Verordnung erlassen:

1. Redouten, öffentliche Bälle und Tanzmusiken dürfen nicht ohne Bewilligung gehalten werden. Auch Hausbälle sind in den Städten vorläufig zu melden.

2. An Feiertagen, an welchen Tanzmusiken nicht verboten sind, dürfen solche erst eine Stunde nach dem nachmittägigen Gottesdienste anfangen und müssen in jedem Falle in den Provinzial-Haupt- und Kreisstädten um 12 Uhr, in allen kleineren Orten und auf dem Lande um 10 Uhr Nachts geschlossen sein. Die Dauer der Redouten und öffentlichen Bälle wird von Fall zu Fall bestimmt oder genehmiget, jedoch müssen auch Redouten, und sowohl öffentliche als Hausbälle am

Vorabende, worauf ein Norma Fest- oder Fasttag fällt, um 12 Uhr Nachts geendet werden.

3. Bei Ertheilung der Bewilligung ist auf die Beschaffenheit des Ortes und der Unternehmer die gehörige Rücksicht zu nehmen.

4. Wer in verbotenen Zeiten Bälle oder Tanzmusiken hält, oder die im 1. Paragrafe enthaltenen Verordnungen nicht befolgt, oder die für die Bälle und Tanzmusiken vorgeschriebene Dauer überschreitet, macht sich straffällig.

5. Gewerbetreibende und Unternehmer sind auch für die gute Ordnung bei ihren Tanzmusiken und Bällen verantwortlich. Wenn Unordnungen vorfallen, die der Unternehmer selbst zu heben nicht vermag, oder wenn auf seine Erinnerung zur gehörigen Zeit vom Tanzen nicht abgelassen wird, hat er die Anzeige zu machen.

6. Strafbar machen sich auch jene Tanzgäste, die auf die Erinnerung des Wirthes oder Unternehmers zur vorgeschriebenen Zeit vom Tanze nicht ablassen.

7. Ferner sind auch strafbar die Spielleute, welche sich zu verbotener oder über die vorgeschriebene Zeit Tanzmusiken gebrauchen lassen.

8. Die Strafen der Uebertretung oder Unterlassung der in dem Hofkanzlei-Dekrete vom 24. August 1826, Z. 24337 (Siehe Seite 85) und in der gegenwärtigen Verordnung hinsichtlich der Redouten, öffentlicher sowohl als Hausbälle- und Tanzmusiken enthaltenen Vorschriften ist für die Unternehmer öffentlicher Bälle und Wirthe das erste Mal 5 bis 50 Gulden, das zweite Mal das Doppelte der zuerst bemessenen Strafe, das dritte Mal die persönliche Unfähigkeit, fernere Bälle und Tanzmusiken zu halten oder zu unternehmen. Für jene, welche Hausbälle geben, von 10 bis 100 Gulden. Für Tanzgäste 2 bis 10 Gulden. Für Spielleute ein Arrest von 3 bis 24 Stunden, welcher in wiederholten Fällen auf 2 bis 3 Tage verlängert werden kann.*)

Mit Verordnung der o. ö. Landesregierung vom 6. Februar 1827, Z. 2679, (P. G. S. 1827, Seite 40) wurde die Gebühr für die Ertheilung der Bewilligung zur Abhaltung von Tanzmusiken in den Städten und Märkten mit Einem Gulden und auf dem Lande mit Vierzig Kreuzer C. Mze. zu Gunsten der Local-Armen-Institute festgesetzt.

So lange und wo die Musikimpost besteht, ist dieselbe außer der angeführten Taxe an das betreffende k. k. Steueramt abzuführen.

Nach dem a. h. Spielpatente vom 1. Mai 1784 und dem Regierungs-Circulare vom 14. Jänner 1841, Z. 35790 sind nachstehende Spiele als Hazard- oder Glücksspiele bezeichnet:

*) Die Arreststrafe ist gegen Spielleute nur in dem Falle zu verhängen, als dieselben eine Geldstrafe nicht zu zahlen vermögen.

Macao, Wallacho, Pharaon, Basset, Würfel, Passadieci, Lansquenet, Quindici, Trenta, Quaranta, Rauschen, Färbeln, Straschak, Sincere, Brennten, Molina, Halbzwölf oder Mezzoduodeci, Vingt un, Zwicken, Drähbret, Häufeln, Trischaken, Wirbisch, Biribis, das sogenannte Billard-Kegelspiel, das Anbieten, Freibieten oder Sticheln, das Levelferen oder Ramschen, das sogenannte Vierzehnerln und das Zapperln; dann das sogenannte Mauscherln und Pumsen. Im Allgemeinen werden aber als verbotene Hazardspiele alle jene Spiele erklärt, bei welchen Gewinn oder Verlust nicht sowohl von der Geschicklichkeit der Spielenden, als vom bloßen Zufalle abhängt.

(Statthalterei-Erlaß vom 12. Juli 1853, Z. 9185, L. G. B. 1853, II. Abth. S. 259).

Das Spielen verbotener Spiele ist durch das Strafgesetz verpönt.

Mit Erlaß der o. ö. Statthalterei vom 29. Dezember 1852, Z. 13.567 (L. G. B. 1853, II. Abth. S. 4) wurde die Verordnung der o. ö. Landesstelle vom 27. November 1792, dann das Hofkanzlei-Dekret vom 16. Juli 1801 republizirt, nach welchen den Dienstboten, Handwerksgesellen, Lehrjungen und den Personen, die vom Taglohne leben, das Spielen um Geld in Gast- und Schankhäusern verboten und hievon nur zu Gunsten des Kegelspieles, wenn um einen mäßigen Geldbetrag gespielt wird, eine Ausnahme gestattet ist.

Die öffentlichen Produktionen sind zu überwachen, daß hiebei Gesetz, Moral, Ehre und Anstand in keiner Weise verletzt werden.

Theaterunternehmungen, dann Schau- und Musikproduktionen von wandernden Personen bedürfen der Bewilligung des Statthalterei-Präsidiums, auf Grund welcher die politische Bezirksbehörde die Produktion für bestimmte Gemeinden ihres Amtssprengels gestattet.

Die Bewilligung zu andern Produktionen, (Concerten, Produktionen von einheimischen Musikanten, Feuerwerken u. dgl.) ertheilt der Gemeindevorsteher.

Mit a. h. Entschließung vom 11. April 1834 wurde den Gemeindevorstehern zur Pflicht gemacht, genau darauf zu sehen, daß nächtliche Schwärmerei hintangehalten werde.

Bezüglich des Bettels siehe Abtheilung IX.

Mit Ministerialerlaß vom 15. Februar 1855, (L. G. B. 1855, I. Abtheilung, Seite 129) wurde zur Hintanhaltung der Thierquälerei verordnet, daß Derjenige, welcher öffentlich auf eine Aergerniß erregende Weise Thiere, sie mögen ihm eigenthümlich angehören oder nicht, mißhandelt, mit einer Geldstrafe von 1 bis 100 fl. oder mit einer Arreststrafe von 6 Stunden bis 14 Tagen zu bestrafen sei.

Unzucht und Kuppelei, Trunkenheit, dann gröbliche und öffentliches Aergerniß verursachende Verletzung der Sittlichkeit und Schamhaftigkeit ist nach dem Strafgesetze zu behandeln.

VIII.

Das Armenwesen und die Sorge für die Gemeinde-Wohlthätigkeits-Anstalten.

Unterm 3. Dezember 1863 wurde folgendes Gesetz über das Heimatsrecht und die Armenversorgung erlassen:

Erster Abschnitt.

Allgemeine Bestimmungen.

§. 1. Das Heimatsrecht in einer Gemeinde gewährt in derselben das Recht des ungestörten Aufenthaltes und den Anspruch auf Armenversorgung.

§. 2. Nur Staatsbürger können das Heimatsrecht in einer Gemeinde erwerben.

Jeder Staatsbürger soll in einer Gemeinde heimatsberechtigt sein. Das Heimatsrecht kann ihm aber nur in Einer Gemeinde zustehen.

§. 3. Das Heimatsrecht erstreckt sich auf den ganzen Umfang des Gemeindegebietes.

Wird daher eine Gemeinde mit einer anderen zu Einer Gemeinde vereinigt, oder durch Einverleibung eines Theiles einer anderen Gemeinde erweitert, so wird das Heimatsrecht, welches bisher nur in einem Theile der in solcher Weise vergrößerten Gemeinde zustand, auf den ganzen Umfang der letzteren von selbst ausgedehnt.

§. 4. Wird eine Gemeinde in zwei oder mehrere Gemeinden getrennt oder mit einem Theile einem andern Gemeindegebiete einverleibt, so sind die Heimatsberechtigten dieser Gemeinde mit allen ihnen im Heimatsrechte folgenden Personen jener Gemeinde als heimatsberechtigt zuzuweisen, welche in dem Besitze desjenigen Gebietes ist, in dem sie zur Zeit der Trennung, beziehungsweise Einverleibung, wohnten oder, falls sie sich zu dieser Zeit in der Gemeinde nicht mehr aufhielten, vor ihrem Abzuge aus derselben zuletzt gewohnt hatten.

Insoweit die Zuweisung nicht nach diesen Bestimmungen durchgeführt werden kann, ist für dieselbe der Wohnsitz maßgebend, den Derjenige, welchem die Zuzuweisenden im Heimatsrechte folgten, zuletzt in der Gemeinde hatte.

Heimatsberechtigte, bei welchen auch dieser Anhaltspunkt fehlt, sind, insoferne nicht zwischen den betreffenden Gemeinden eine Vereinbarung zustandekommt, einer dieser Gemeinden durch die politische Behörde zuzuweisen.

Zweiter Abschnitt.

Von der Begründung, Veränderung und dem Verluste des Heimatsrechtes.

§. 5. Das Heimatsrecht wird begründet:
1. durch die Geburt (§. 6);
2. durch die Verehelichung (§. 7);
3. durch die Aufnahme in den Heimatsverband (§§. 8 und 9);
4. durch die Erlangung eines öffentlichen Amtes (§. 10).

§. 6. Eheliche Kinder erlangen in jener Gemeinde das Heimatsrecht, in welcher der Vater zur Zeit ihrer Geburt heimatsberechtigt ist, oder, falls er früher verstorben, zur Zeit seines Ablebens heimatsberechtigt war.

Uneheliche Kinder sind in jener Gemeinde heimatsberechtigt, in welcher ihrer Mutter zur Zeit der Entbindung das Heimatsrecht zusteht.

Legitimirte Kinder, insoferne sie nicht eigenberechtigt sind, werden in jener Gemeinde heimatsberechtigt, in welcher ihr Vater zur Zeit der stattfindenden Legitimation das Heimatsrecht besitzt.

Durch Annahme an Kindesstatt oder Uebernahme in die Pflege wird das Heimatsrecht nicht begründet.

§. 7. Frauenspersonen erlangen durch die Verehelichung das Heimatsrecht in der Gemeinde, in welcher ihr Ehegatte heimatsberechtigt ist.

§. 8. Das Heimatsrecht wird durch ausdrückliche Aufnahme in den Heimatsverband erworben.

Ueber das Ansuchen hierum entscheidet mit Ausschluß jeder Berufung lediglich die Gemeinde.

Die Aufnahme in den Heimatsverband darf jedoch weder auf eine bestimmte Zeit beschränkt, noch unter einer den gesetzlichen Folgen des Heimatsrechtes abträglichen Begingung ertheilt werden.

Jede solche Beschränkung oder Bedingung ist nichtig und als nicht beigesetzt zu betrachten.

§. 9. Zur Einführung einer Gebühr für die ausdrückliche Aufnahme in den Heimatsverband, sowie zur Erhöhung einer solchen schon bestehenden Gebühr ist ein Landesgesetz erforderlich.

Die Gebühr hat in die Gemeindecasse einzufließen.

§. 10. Definitiv angestellte Hof-, Staats-, Landes- und öffentliche Fondsbeamte, Geistliche und öffentliche Lehrer erlangen mit dem Antritte ihres Amtes das Heimatsrecht in der Gemeinde, in welcher ihnen ihr ständiger Amtssitz angewiesen wird.

§. 11. Bei Veränderungen in dem Heimatsrechte folgt die Ehefrau, insoferne sie nicht gerichtlich geschieden ist, dem Ehemanne und sie behält auch als Witwe das Heimatsrecht in jener Gemeinde, in welcher der Gatte zur Zeit seines Ablebens heimatsberechtigt war.

Gerichtlich geschiedene oder getrennte Ehefrauen behalten das Heimatsrecht, welches sie zur Zeit der gerichtlichen Scheidung oder Trennung hatten.

Wird eine Ehe für ungiltig erklärt, so tritt die Frauensperson, die in dieser Ehe gestanden war, in jene Heimatsverhältnisse zurück, in welchen sie sich bis zum Eingehen der Ehe befunden hat.

§. 12. Bei Veränderungen in dem Heimatsrechte der Eltern folgen eheliche und legitimirte Kinder dem Vater und uneheliche der Mutter, wenn sie nicht eigenberechtigt sind.

Die eigenberechtigten Kinder bleiben aber in jener Gemeinde heimatsberechtigt, in welcher sie bei Erlangung der Eigenberechtigung heimatsberechtigt waren.

Uneheliche Kinder, welche bei der Verehelichung ihrer Mutter nicht legitimirt werden, behalten, wenn sie auch zur Zeit dieser Verehelichung nicht eigenberechtigt sind, das Heimatsrecht, welches sie bis dahin hatten.

§. 13. Der Tod des ehelichen Vaters oder der unehelichen Mutter ändert nichts an dem Heimatsrechte der Kinder.

§. 14. Militärpersonen werden bezüglich des Heimatsrechtes, welches ihnen bei ihrem Eintritte in den Militärdienst und nach ihrem Austritte aus demselben zusteht, nach dem gegenwärtigen Gesetze beurtheilt.

§. 15. Wer die Staaatsbürgerschaft verliert, wird seines Heimatsrechtes verlustig.

§. 16. Sollte eine Person, welche die Staatsbürgerschaft verloren hat, in Folge von Staatsverträgen wieder übernommen werden müssen, oder sollte sie in den österreichischen Staat, um daselbst zu verbleiben, wiederkehren und kann deren Uebernahme von einem andern Staate nicht erzielt werden, so tritt sie in das Heimatsrecht zurück, welches sie vor dem Verluste der Staatsbürgerschaft hatte.

§. 17. Das Heimatsrecht in einer Gemeinde erlischt durch die Erwerbung des Heimatsrechtes in einer anderen Gemeinde.

Die Verzichtleistung auf das Heimatsrecht ist ohne Wirkung, so lange nicht der Verzichtleistende anderwärts ein Heimatsrecht erworben hat.

Dritter Abschnitt.

Von der Behandlung der Heimatlosen.

§. 18. Heimatslose, d. i. solche Personen, deren Heimatsrecht zur Zeit nicht erweislich ist, werden nach den Bestimmungen der folgenden Paragrafe einer Gemeinde zugewiesen, in welcher sie so lange als heimatsberechtigt zu behandeln sind, bis das ihnen zustehende Heimatsrecht ausgemittelt ist oder bis sie anderswo ein Heimatsrecht erworben haben.

§. 19. Die Heimatslosen sind in nachstehender Reihenfolge zuzuweisen:

1. derjenigen Gemeinde, in welcher sie sich zur Zeit ihrer Abstellung zum Militär oder ihres freiwilligen Eintrittes in dasselbe befunden haben;

2. derjenigen Gemeinde, in welcher sie sich vor dem Zeitpunkte des zur Frage gekommenen Heimatsrechtes am längsten, wenigstens aber ein halbes Jahr ununterbrochen und bei gleichem Aufenthalte in zwei oder mehreren Gemeinden zuletzt nicht unfreiwillig aufgehalten haben;

3. derjenigen Gemeinde, in welcher sie geboren sind; oder bei Findlingen, in welcher sie aufgefunden wurden; oder bei solchen in der Verpflegung einer öffentlichen Findelanstalt stehenden oder gestandenen Personen, deren Geburts- oder Fundort unbekannt ist, in welcher sich diese Anstalt befindet;

4. derjenigen Gemeinde, in welcher sie zur Zeit des zur Frage gekommenen Heimatsrechtes angetroffen werden.

§. 20. Die Ehefrau eines Heimatslosen ist derjenigen Gemeinde zuzuweisen, welcher ihr Ehemann zugetheilt wird, vorausgesetzt, daß sie mit diesem in Gemeinschaft lebt.

Dagegen sind die Ehefrauen der Heimatslosen, bei welchem diese Bedingung nicht eintritt, sowie die Witwen derselben nach den Bestimmungen des §. 19 zuzutheilen, insoferne sie nicht bereits ein Heimatsrecht erworben haben.

§. 21. Die nicht eigenberechtigten Kinder der Heimatslosen sind jener Gemeinde zuzutheilen, welcher ihr Vater und bei unehelichen oder auch bei ehelichen, deren Vater verstorben ist, ihre Mutter zugewiesen wird, vorausgesetzt, daß sie mit dem Vater und bezüglich mit der Mutter in Gemeinschaft leben.

Die eigenberechtigten, die mit ihrem Vater und bezüglich mit ihrer Mutter nicht in Gemeinschaft lebenden nicht eigenberechtigten, so wie die von beiden Eltern verwaisten Kinder der Heimatslosen sind nach den Bestimmungen des §. 19 zuzuweisen, wenn sie nicht bereits ein Heimatsrecht erworben haben.

Vierter Abschnitt.

Von der der Gemeinde obliegenden Armen-Versorgung.

§. 22. In den Einrichtungen und Verpflichtungen der bestehenden Armen- und Wohlthätigkeits-Anstalten und Stiftungen wird durch das gegenwärtige Gesetz nichts geändert.

Soweit die Armenversorgung in der Gemeinde die Pflichten und Mittel dieser Anstalten und Stiftungen übersteigt, ist es Aufgabe der Gemeinde, ihre Heimatsberechtigten im Verarmungsfalle zu unterstützen.

Der Landesgesetzgebung bleibt es unbenommen, Einrichtungen zu treffen, wodurch den Gemeinden die ihnen gesetzlich obliegende Verpflichtung der Armenversorgung erleichtert wird.

§. 23. Diese Obliegenheit der Gemeinde besteht auch nur insoweit, als nicht dritte Personen, nach dem Civilrechte oder nach anderen Gesetzen zur Versorgung des Armen verpflichtet sind.

Sind diese Personen vermögend, ihre Verbindlichkeiten zu erfüllen, so sind sie im Weigerungsfalle hiezu im gesetzmäßigen Wege zu verhalten;

inzwischen hat aber die Gemeinde die Versorgung zu übernehmen, vorbehaltlich des Rechtes, den Ersatz des gemachten Aufwandes von dem hiezu Verpflichteten zu verlangen.

§. 24. Die der Gemeinde obliegende Armenversorgung beschränkt sich die Verabreichung des nothwendigen Unterhaltes und die Verpflegung im Falle der Erkrankung.

Die Armenversorgung der Kinder begreift auch die Sorge für deren Erziehung.

§. 25. Die Art und Weise der Armenversorgung bestimmt innerhalb der bestehenden Gesetze die Gemeinde.

Der Arme kann eine bestimmte Art der Unterstützung nicht verlangen.

§. 26. Die Armenversorgung von Seite der Gemeinde tritt auch nur insoweit ein, als sich der Arme den nothwendigen Unterhalt nicht mit eigenen Kräften zu verschaffen vermag.

Arbeitsfähige Bewerber um Armenversorgung sind zur Leistung geeigneter Arbeit nöthigenfalls zwangsweise zu verhalten.

§. 27. Die Versorgung der nach §. 19 sub 1 zugewiesenen Personen im Verarmungsfalle haben sämmtliche Gemeinden des Stellungsbezirkes, welchem dieselben zugutegerechnet wurden, zu übernehmen.

Den Gemeinden gebührt aus Landesmitteln die Vergütung des Aufwandes für die Armenversorgung derjenigen Personen, welche denselben vermöge ihrer Geburt in einer im Gemeindegebiete befindlichen öffentlichen Gebäranstalt nach §. 19 sub 3 zugewiesen werden.

§. 28. Die Gemeinde darf auch auswärtigen Armen im Falle augenblicklichen Bedürfnisses die nöthige Unterstützung nicht versagen, vorbehaltlich des Ersatzes, den sie nach ihrer Wahl von der Heimatsgemeinde oder von dem nach dem Civilrechte oder nach anderen Gesetzen hiezu Verpflichteten verlangen kann.

§. 29. Unter dem gleichen Vorbehalte hat die Gemeinde auswärtige Arme, welche in ihrem Gebiete erkranken, so lange zu verpflegen, bis sie ohne Nachtheil für ihre oder Anderer Gesundheit aus der Verpflegung entlassen werden können.

§. 30. Die Gemeinde, in welcher der Kranke sich befindet, hat der Heimatsgemeinde desselben, falls solche bekannt oder durch sofort anzustellende Nachforschung ohne erhebliche Schwierigkeit zu ermitteln ist, unverzüglich Anzeige zu machen und ist bei deren Verzögerung für alle daraus entstehenden Nachtheile verantwortlich.

§. 31. Die in Bezug auf die Verpflegung erkrankter und auf die Beerdigung verstorbener Ausländer bestehenden Staatsverträge werden durch dieses Gesetz nicht berührt.

Fünfter Abschnitt.

Von den Heimatsscheinen.

§. 32. Der Heimatsschein ist die Urkunde, welche bestätigt, daß der Person, welcher er ertheilt wird, das Heimatsrecht in der Gemeinde zusteht.

§. 33. Die Heimatsscheine werden von der Heimatsgemeinde nach dem diesem Gesetze angeschlossenen Formulare ausgefertigt.

Denselben ist das Siegel der Gemeinde aufzudrücken.

Für die Ausfertigung darf eine Gebühr an die Gemeinde nicht abgenommen werden.

§. 34. Die Ertheilung eines Heimatsscheines darf keinem Heimatsberechtigten verweigert werden.

§. 35. Ein Heimatsschein ist ungiltig, wenn die Gemeinde nachzuweisen vermag, daß der Inhaber des Heimatsscheines zur Zeit der Ausstellung desselben das Heimatsrecht in einer anderen Gemeinde hatte.

Sechster Abschnitt.

Von der Competenz und dem Verfahren in Heimats-Angelegenheiten.

§. 36. Die Verhandlung und Entscheidung in Angelegenheiten, welche das Heimatsrecht betreffen, gehören, die in diesem Gesetze bezeichneten Fälle ausgenommen, zur Competenz der politischen Behörden.

§. 37. Insoweit bei diesen Angelegenheiten streitige Fragen des Civilrechtes, z. B. über die eheliche oder uneheliche Geburt, mit einfließen, steht die Entscheidung über diese Fragen dem Gerichte zu.

§. 38. Vor das Gericht gehören auch diejenigen Ersatzansprüche, welche Gemeinden wegen des Aufwandes von Verpflegskosten gegen die zur Versorgung nach dem Civilrechte verpflichteten Personen erheben.

§. 39. Ueber Ersatzansprüche, welche Gemeinden wegen des Aufwandes von Verpflegskosten wider die nicht nach dem Civilrechte, sondern nach anderen Gesetzen verpflichteten Personen, oder wider Gemeinden erheben, ist im politischen Wege zu entscheiden. Selbst in dem Falle des §. 38 hat die politische Behörde vorerst den Betrag der aufgewendeten Verpflegskosten zu bestimmen und es kann hierüber im Rechtswege nicht weiter mehr verhandelt werden.

§. 40. Die politische Bezirksbehörde kann mit einer Entscheidung über die, sei es auf Ansuchen einer Partei oder einer Gemeinde oder vom Amtswegen zu lösende Frage des zuständigen Heimatsrechtes nur insoweit vorgehen, als hiedurch eine Gemeinde ihres Bezirkes als die Heimatsgemeinde erkannt wird.

Erachtet jedoch dieselbe, daß Derjenige, um dessen Heimatsrecht es sich handelt, nach den gepflogenen Erhebungen in einer Gemeinde des Verwaltungsbereiches einer anderen politischen Bezirksbehörde heimatsberechtigt sei, so hat sie sich an diese Behörde zu wenden. Stimmen beide Behörden in ihrem Erkenntnisse überein, so haben sie die Angelegenheit einverständlich zu erledigen.

Kommt aber zwischen denselben eine Uebereinstimmung nicht zu Stande, so ist die Verhandlung der vorgesetzten politischen Landesstelle vorzulegen, welche, wenn ihr beide Behörden untergeordnet sind, darüber entscheidet, wenn aber dieselben zu dem Verwaltungsgebiete verschiedener Landesstellen gehören, sich mit der Landesstelle des anderen Verwaltungsgebietes in das Einvernehmen setzt.

Findet zwischen den Landesstellen ein einverständliches Erkenntniß statt, so wird dasselbe ausgefertigt, im entgegengesetzten Falle aber der Gegenstand der Entscheidung des Staatsministeriums unterzogen.

§. 41. Gegen die in den Angelegenheiten dieses Abschnittes ergangenen Entscheidungen der politischen Bezirksbehörde steht der Instanzenzug an die politische Landesstelle offen.

Gegen zwei gleichlautende Entscheidungen findet eine Berufung an das Staatsministerium nicht statt.

§. 42. Wenn die Gemeinde die Ertheilung eines Heimatsscheines verweigert (§. 34), so kann sich die hiedurch beschwerte Partei an die politische Bezirksbehörde wenden, welche, wenn das Heimatsrecht des Beschwerdeführers in der Gemeinde durch ein rechtskräftiges Erkenntniß außer Zweifel gesetzt ist, die Gemeinde zur Ausfertigung des Heimatsscheines zu verhalten hat.

§. 43. Keine Gemeinde darf gegen Personen, deren Heimat unbekannt, zweifelhaft oder streitig ist, bevor ihr Heimatsrecht nach den Bestimmungen des gegenwärtigen Gesetzes endgiltig festgestellt wurde, mit einer Abschiebung in eine andere Gemeinde oder, wenn eine solche dennoch geschehen wäre, mit einer Zurückschiebung bei Haftung für alle Schäden und Kosten vorgehen.

Wurde jedoch die Uebernahme von der hiezu nachmals als verpflichtet erkannten Gemeinde ohne Grund verweigert, so hat dieselbe allen durch eine solche Weigerung verursachten Aufwand zu ersetzen.

Sowohl über die Verpflichtung zum Ersatze, als über den Betrag desselben haben die politischen Behörden zu erkennen.

§. 44. Einen Anspruch auf Versorgung kann der Arme gegen eine Gemeinde im Rechtswege nicht geltend machen.

Derlei Ansprüche an die Gemeinde, in welcher der Arme das Heimatsrecht unbestritten besitzt, sind in dem durch die Gemeindeordnung festgesetzten Beschwerdezuge auszutragen.

Siebenter Abschnitt.

Anwendung des gegenwärtigen Gesetzes auf die vom Gemeinde-Verbande ausgeschiedenen Gutsgebiete.

§. 45. Auf ausgeschiedenen Gutsgebieten kann ein Heimatsrecht nicht begründet werden.

§. 46. Treten die im §. 19 bezeichneten, die Zuweisung eines Heimatslosen bestimmenden Umstände in einem vom Gemeindeverbande geschiedenen Gutsgebiete ein, so ist der Heimatslose mit Berücksichtigung aller maßgebenden Verhältnisse einer der angrenzenden, in demselben politischen Bezirke gelegenen Gemeinden zuzuweisen.

§. 47. Die Armenversorgung der nach dem vorigen Paragrafe zugewiesenen Heimatslosen haftet auf dem ausgeschiedenen Gutsgebiete.

§. 48. Im Uebrigen haben die in dem gegenwärtigen Gesetze rücksichtlich der Gemeinden enthaltenen Bestimmungen dem Artikel 1 des Gesetzes vom 5. März 1862, Nr. 18 R. G. Bl., gemäß auch auf ausgeschiedene Gutsgebiete Anwendung zu finden.

Achter Abschnitt.

Schlußbestimmungen.

§. 49. Mit der Wirksamkeit des gegenwärtigen Gesetzes treten in Beziehung auf die Gegenstände, worüber dasselbe verfügt, alle früheren mit demselben nicht im Einklange stehenden Gesetze außer Kraft.

Heimatsrechte jedoch, welche am Tage der beginnenden Wirksamkeit dieses Gesetzes nach den früheren Vorschriften bereits erworben waren, verbleiben insolange in Kraft, bis sie nach den Bestimmungen dieses Gesetzes verloren gehen.

§. 50. Durch das gegenwärtige Gesetz wird an denjenigen gesetzlichen Bestimmungen nichts geändert, welche das vom Heimatsverbande unabhängige Recht zum Aufenthalte in einer Gemeinde (Gesetz vom 5. März 1862, R. G. Bl. Nr. 18, Art. 3), sowie zum Gewerbetriebe in derselben (§§. 9, 45 bis 48 der Gewerbe-Ordnung vom 20. Dezember 1859, R. G. Bl. Nr. 227) betreffen.

Formulare.

Land . . . .
Politischer Bezirk . . . .

Heimatschein,

womit von der Gemeinde N. N. bestätiget wird, daß

Name . . . .
Charakter oder Beschäftigung . . . .
Alter . . . .
Stand (ledig oder verheiratet)
in dieser Gemeinde das Heimatsrecht besitzt.

. . . . . den . . . . . 18 . .

Eigenhändige Unterschrift der Partei:

Für die Gemeinde:
(Folgen die Unterschriften)

Nach dem angeführten neuen Heimatsgesetze haben Diejenigen Heimatsrechte, welche am Tage der beginnenden Wirksamkeit dieses Gesetzes nach den früheren Vorschriften bereits erworben waren, insolange in Kraft zu verbleiben, bis sie nach den Bestimmungen dieses Gesetzes verloren gehen.

Die Erwerbungsarten der Zuständigkeit sind in dem neuen Heimatsgesetze beschränkt, in den meisten Fällen von Zuständigkeits-Verhandlungen muß auf die Heimat des ehelichen Vaters oder der unehelichen Mutter zurückgegangen werden, die nach den früheren Zuständigkeitsnormen erworben wurden, und nach diesen zu beurtheilen ist.

Eine genaue Kenntniß dieser Normen ist demnach durch das neue Heimatsgesetz für die Praxis nicht weniger unentbehrlich geworden. *)

Die bei Zuständigkeits-Entscheidungen maßgebenden positiven Grundlagen sind folgende:

1. Die vor Erscheinen des provisorischen Gemeindegesetzes vom Jahre 1849 erlassenen Bettler- und Schubordnungen, die Gesetze und Verordnungen hinsichtlich der Armenversorgung und die Conscriptions-Vorschriften.

2. Das provisorische Gemeindegesetz vom Jahre 1849 und die Städteordnungen:

3. das Zuständigkeitsgesetz vom 24. April 1859; und

4. das neue Heimatsgesetz vom 3. December 1863.

Soll demnach die Zuständigkeit eines Individuums ausgemittelt werden, so ist zunächst in Erwägung zu ziehen, ob dasselbe nach dem neuen Gesetze ein Heimatsrecht unmittelbar, das ist selbstständig für sich erworben habe.

Nach dem neuen Heimatsgesetze wird eine Zuständigkeit unmittelbar nur durch freiwillige Aufnahme in die Gemeinde und durch Erlangung eines öffentlichen Amtes erworben.

Stellt sich aus der Erhebung heraus, daß das fragliche Individuum weder auf die eine noch andere Weise ein Heimatsrecht erworben hat, so muß im Weiteren untersucht werden, ob dasselbe nicht schon früher eine Zuständigkeit nach dem Gesetze vom 24. April 1859 begründet habe.

Dieses Gesetz kennt gleichfalls nur zwei Arten der unmittelbaren Zuständigkeits-Erwerbung: Aufnahme und Erlangung eines öffentlichen Amtes.

Nach §. 39 des Gesetzes vom 24. April 1859 konnte die Aufnahme in die Zuständigkeit zur Gemeinde demjenigen österreichischen Staatsbürger über dessen Ansuchen nicht versagt werden, welcher 1. die volle Befugniß hatte, über sein Vermögen zu verfügen; 2. in dem Rechte zum Aufenthalte in der Gemeinde weder durch die Polizeivor-

*) Der Verfasser verweist diesfalls auf sein im Jahre 1861 bei Herrn Johann Haas in Wels erschienenes „Heimatsrecht“, in dem sich eine geordnete Zusammenstellung der Gesetze, Verordnungen und Special-Entscheidungen über die Zuständigkeit findet.

schriften, noch durch andere gesetzliche Anordnungen beschränkt war; 3. wenigstens vier Jahre unmittelbar vorher ununterbrochen und freiwillig in der Gemeindegemarkung seinen Wohnsitz hatte, und während dieser Zeit der Armenversorgung nicht zur Last fiel; 4. sich eines unbescholtenen Rufes erfreute; 5. mit landesfürstlichen Steuern und Gemeindeabgaben nicht im Rückstande haftete, und 6. den Besitz eines den Unterhalt für ihn und seine Familie sichernden Vermögens, oder den wenigstens durch vier Jahre fortgesetzten selbstständigen Betrieb eines Nahrungszweiges nachwies, wodurch sein und seiner Familie Unterhalt gedeckt war.

Nach §. 42 desselben Gesetzes erlangten definitiv angestellte Hof- und Staatsbeamte, Geistliche und öffentliche Schullehrer mit dem Antritte ihrer Dienststelle die Zuständigkeit zu der Gemeinde, in welcher ihre Stelle ihnen den ständigen Aufenthalt anwies.

Bei dem Mangel einer Heimatsbegründung nach den angeführten Bestimmungen des Zuständigkeitsgesetzes vom Jahre 1859 ist auf das provisorische Gemeindegesetz vom Jahre 1849 zurück zu gehen, dessen Wirksamkeit von der Zeit der im Jahre 1850 erfolgten Constituirung der Ortsgemeinden zu rechnen ist. Auch dieses Gesetz beschränkte die unmittelbare Erwerbung der Zuständigkeit auf die Aufnahme in den Gemeindeverband und Erlangung einer öffentlichen Anstellung.

Die Aufnahme erfolgte entweder: a) durch förmlichen Gemeindebeschluß, oder b) stillschweigend durch Duldung eines ohne Heimatschein, oder mit einem erloschenen Heimatschein sich durch 4 Jahre ununterbrochen in der Gemeinde aufhaltenden, die österreichische Staatsbürgerschaft besitzenden Fremden.

Hiebei sind folgende Special-Entscheidungen entnommene Grundsätze zu beobachten: Die stillschweigende Aufnahme in den Gemeindeverband konnte auch dann nicht erfolgen, wenn das betreffende Individuum wohl keinen Heimatschein hatte, jedoch im Besitze eines Wanderbuches, Passes oder einer sonstigen noch giltigen Reise-Urkunde war. Der vierjährige Aufenthalt ist von der Zeit der Constituirung der Ortsgemeinden zu rechnen, und es kann zur Ergänzung dieses Aufenthaltes ein vor diesem Zeitpunkt in einer Gemeinde vollstreckter Aufenthalt dem nachträglichen Aufenthalte nicht zugezählt werden.

Eine ununterbrochene Duldung eines Fremden ohne Heimatschein kann nicht mehr angenommen werden, wenn über dessen Zuständigkeit während des vierjährigen Aufenthaltes die Verhandlung eingeleitet wurde. Die bloße Aufforderung zur Beibringung eines Heimatscheines ohne einer wirklich eingeleiteten Zuständigkeits-Verhandlung ist jedoch nicht als Unterbrechung des vierjährigen Aufenthaltes zu betrachten.

Eine dauernde, regelmäßige Armenbetheilung von einer Gemeinde war als eiñ Act der Anerkennung der Zuständigkeit vollkommen geeignet, die Ersitzung des Heimatsrechtes durch einen vierjährigen Aufenthalt ohne Heimatschein in einer andern Gemeinde zu verhindern.

Die Ertheilung eines Ehekonsenses oder die Zustimmung des Gemeindeausschusses zur Verehelichung ist jedoch ebensowenig als eine Zuständigkeits-Anerkennung zu betrachten, als die Conscribirung einer Person zur einheimischen Bevölkerung, die Abstellung zum Militär oder die Ausstellung oder Verlängerung einer Reiseurkunde.

Bezüglich der zweiten Art der Zuständigkeits-Erwerbung durch Anstellung lautet der §. 13 des Gemeindegesetzes vom Jahre 1849:

„Staatsdiener, Officiere, die mit Officiersrang Angestellten, Geistliche und öffentliche Lehrer sind Angehörige jener Gemeinde, in welcher ihre Stelle ihnen den ständigen Aufenthalt anweist."

Das Zuständigkeitsgesetz vom Jahre 1859 und das neue Heimatsgesetz vom Jahre 1863 fordert die definitive Eigenschaft der Anstellung; das Gemeindegesetz vom Jahre 1849 unterscheidet nicht zwischen provisorischer und definitiver Anstellung.

Dieses Gesetz bedient sich des allgemeinen Ausdruckes „Staatsdiener", worunter auch die k. k. Amtsdiener zu verstehen sind.

Individuen der Finanzwache, von den Aufsehern aufwärts bis einschließig der Oberkommissäre können jedoch nicht zu jenen Staatsdienern gerechnet werden, die in der Gemeinde ihres Aufenthaltes die Zuständigkeit erworben hatten, weil dieser Aufenthalt kein ständiger, kein bleibender, sondern ein dem Aufenthalte der Militia vaga ähnlicher ist.

Unter dem Ausdruck „Officiere" sind die im activen Dienste befindlichen, zur Militia stabilis gehörigen Officiere zu verstehen.

Ergibt sich aus der Verhandlung, daß das betreffende Individuum auch nach dem Gemeindegesetze vom Jahre 1849 während der Wirksamkeit seiner Zuständigkeits-Bestimmungen keine Heimat begründet habe, so kömmt zu erheben, ob dasselbe nicht schon früher nach denjenigen Zuständigkeitsnormen, die vor Erscheinen des Gemeindegesetzes vom Jahre 1849 bestanden haben, in einer Gemeinde heimatsberechtiget geworden sei.

Nach diesen Normen waren die Aufnahme in den Gemeindeverband und Anstellung eben so, wie nach den späteren Zuständigkeitsgesetzen Rechtstitel der unmittelbaren Heimats-Erwerbung.

Die Aufnahme erfolgte durch die herrschaftliche Obrigkeit oder durch die Gemeindevertretung, insbesondere durch die Verleihung des Bürgerrechtes, die als eine thatsächliche Aufnahme in den Gemeindeverband betrachtet wurde.

Die früheren Zuständigkeitsnormen kannten auch eine stillschweigende Aufnahme, doch wurde hiezu ein zehnjähriger Aufenthalt gefordert. Die stillschweigende Aufnahme erfolgte hiernach durch Duldung eines sich durch zehn Jahre ununterbrochen und ausweislos in der Gemeinde aufhaltenden Fremden.

Als Unterbrechung des zehnjährigen Aufenthaltes (Decenniums) wurde eine rechtskräftige Abschaffung und der Umstand betrachtet, wenn ein Individuum während des Decenniums einige Zeit hindurch mit einer giltigen Reiseurkunde betheilt war, da in einem solchen Falle das Decennium nicht durchaus paßlos vollstreckt wurde. Auch war die Einleitung der Zuständigkeits-Verhandlung eine Unterbrechung des Decenniums.

Der Aufenthalt mußte ein ausweisloser gewesen sein. Der mit einer giltigen Reise- oder Heimatsurkunde, mit dem die Stelle eines Reisedocumentes vertretenden Dienstbotenbuche, Wanderbuche u. dgl. zugebrachte zehnjährige Aufenthalt konnte die Zuständigkeit nicht begründen.

Auch konnte durch einen solchen Aufenthalt bei dem Genusse einer Armenbetheilung von einer andern Gemeinde eine Zuständigkeit nicht erworben werden.

Die Conscribirung einer Person zur einheimischen Bevölkerung, die Abstellung zum Militär, die Ertheilung eines Wanderbuches, Passes, Eheconsenses u. dgl. waren keine Acte der Aufnahme, keine Erwerbstitel des Heimatsrechtes, sondern nur Anhaltspunkte, nach welchen Personen, für die durchaus kein gesetzlicher Zuständigkeitstitel ermittelt werden kann, einer Gemeinde zugewiesen werden.

Bezüglich der Erwerbung der Zuständigkeit durch Anstellung hatten dieselben Bestimmungen Giltigkeit, die in das Gemeindegesetz vom Jahre 1849, §. 13 aufgenommen wurden.

Die früheren Zuständigkeitsnormen kannten außer der Aufnahme und Anstellung noch einen weiteren Titel der unmittelbaren Heimatserwerbung der mit dem Ausdrucke „Ansäßigkeit" bezeichnet wird. Es waren nämlich alle diejenigen, welche vor Constituirung der Ortsgemeinden nach dem Gemeindegesetze vom Jahre 1849 in einer Gemeinde ein Haus besaßen, oder ein Gewerbe betrieben, und in dieser Gemeinde ihren Wohnsitz hatten, durch Ansäßigkeit dieser Gemeinde zuständig geworden.

Durch den pachtweisen Besitz eines Hauses, durch den Betrieb eines gepachteten Gewerbes und durch den Betrieb einer freien Beschäftigung konnte die Zuständigkeit nicht erworben werden.

Nachdem eine Person in mehreren Gemeinden gleichzeitig Häuser oder Gewerbe besitzen, jedoch nur zu einer Gemeinde zuständig sein konnte, so war bei dem Besitze eines Hauses oder Gewerbes ohne dem Wohnsitze am Orte desselben die Erwerbung der Zuständigkeit ausgeschlossen. Unter Wohnsitz ist derjenige Ort zu verstehen, wo sich Jemand in der erweislichen, oder aus den Umständen deutlich hervorgehenden Absicht niedergelassen hat, daselbst seinen bleibenden Aufenthalt zu nehmen. Mit dem bloßen Wohnorte ist die Absicht der bleibenden Niederlassung nicht verbunden.

Ergibt sich zuletzt, daß auch nach den früheren Zuständigkeitsnormen ein Heimatsrecht nicht selbstständig begründet wurde, dann hat diejenige Zuständigkeit Platz zu greifen, die mittelbar, d. i. nicht selbstständig, sondern durch das Verhältniß zu einer zweiten Person, durch Ueberkommen der Zuständigkeit von dieser erworben wurde.

Dieses Verhältniß ist jenes der ehelichen Kinder zu ihrem Vater, der unehelichen Kinder zu ihrer Mutter, und der verehelichten Frauenspersonen zu ihrem Gatten.

Eheliche Kinder erlangen durch die Geburt die Zuständigkeit des

Vaters, uneheliche Kinder jene der Mutter, und sie behalten diese Zuständigkeit, so lange, als sie nicht ein anderes Heimatsrecht durch Veränderung der Zuständigkeit des Vaters, beziehungsweise der Mutter, oder durch selbstständige Begründung eines Heimatsrechtes erwerben.

Bei dem Abgange einer unmittelbar erworbenen Zuständigkeit ist somit das Heimatsrecht des ehelichen Vates oder der unehelichen Mutter nach den angeführten Grundsätzen zu constatiren.

Die in das Heimatsgesetz vom 3. Dezember 1863 aufgenommenen Bestimmungen über die Erwerbung des Heimatsrechtes durch Geburt, durch Legitimation, oder bei Veränderungen in dem Heimatsrechte der Eltern haben auch für jene Fälle, die in frühere Perioden zurückgreifen, gesetzliche Kraft, indem sie mit den diesfälligen Bestimmungen des Zuständigkeitsgesetzes vom Jahre 1859, gleichlautend sind, und mit jenen des Gemeindegesetzes v. Jahre 1849, sowie mit den älteren Zuständigkeitsnormen nicht im Widerspruche stehen und zu ihrer Ergänzung dienen.

Nur die Bestimmung bezüglich der Eigenberechtigung kann auf die nach dem Gemeindegesetze vom Jahre 1849 oder nach den früheren Zuständigkeitsnormen zu beurtheilenden Fälle keine Anwendung finden. Als Grundsatz muß hier angenommen werden, daß bei Veränderungen in dem Heimatsrechte der Eltern minderjährige eheliche und legitimirte Kinder dem Vater, und minderjährige uneheliche Kinder der Mutter gefolgt sind, so lange sie im Familienverbande gelebt haben.

Die Fähigkeit zur selbstständigen Erwerbung einer Zuständigkeit hat somit von der Wirksamkeit des Zuständigkeits-Gesetzes vom Jahre 1859 an mit dem Eintritte der Eigenberechtigung und vor derselben schon mit dem Austritte aus dem Familienverbande begonnen.

Letzterer ist anzunehmen, wenn von den Eltern eines ehelichen, oder von der Mutter eines unehelichen Kindes auf die Erziehung und Pflege desselben kein Einfluß genommen wurde

Findlinge in der Versorgung von Findelanstalten konnten so lange, als diese Versorgung gewährt hat, für sich keine Zuständigkeit erwerben, sondern behielten die Zuständigkeit der Mutter, welche dieselbe hatte, als das Kind in die Versorgung der Findelanstalt kam.

Die in das Heimatsgesetz vom 3. Dezember aufgenommenen Bestimmungen über die mittelbare Zuständigkeitserwerbung von Frauenspersonen durch Verehelichung haben auf alle Fälle, wo über das Heimatsrecht einer verehelichten oder verwitweten Frauensperson zu entscheiden ist, in Anwendung zu kommen.

Das Heimatsgesetz vom 3. Dezember 1863 enthält besondere Bestimmungen über die Behandlung der Heimatslosen, die vor der Wirksamkeit dieses Gesetzes der Gemeinde, in der sie geboren sind, wenn diese nicht bekannt war, der Gemeinde ihres längsten Aufenthaltes und wenn auch dieser nicht erhoben werden konnte, der Gemeinde ihres letzten Aufenthaltes für so lange als zuständig zugewiesen wurden, bis die wirkliche Zuständigkeit eruirt werden konnte.

Findlinge in der Versorgung von Findelanstalten, deren Mutter unbekannt war, und die nach dem Austritte aus der Versorgung der Findelanstalt für sich kein Heimatsrecht erworben hatten, wurden jener Gemeinde als zuständig zugewiesen, wo die Findelanstalt bestand, in der sie geboren wurden.

Die o. ö. Statthalterei hat zur Erzielung einer entsprechenden, gleichmäßigen Uebung über das Verhältniß der Pfarrarmeninstitute zu den neuen Ortsgemeinden unterm 15. October 1850, Z. 24661 (L. G. B. 1850, Seite 534) folgende Bestimmungen publicirt:

1. Die Pfarrarmeninstitute haben fortzubestehen und ihre Wirksamkeit auch ferner über die ganze Pfarre zu erstrecken. Sie werden wie bisher von dem Pfarrer, den Armenvätern und dem Rechnungsführer verwaltet. 2. Die Armenväter und der Rechnungsführer werden von den Bürgermeistern der ganz oder theilweise eingepfarrten Ortsgemeinden im Einverständniß mit dem Pfarrer gewählt. Mangelt ein solches Einverständniß, so entscheidet die am Pfarrorte unter dem Vorsitze des ältesten Bürgermeisters abzuhaltende Versammlung der Vorstände der ganz oder theilweise eingepfarrten Ortsgemeinden, wobei auch der Pfarrer Sitz und Stimme hat. 3. Wer als wahrhaft arm anzusehen und zur Betheilung aus dem Pfarrarmeninstitute und in welchem Maße geeignet sei, bestimmen der Pfarrer und der Bürgermeister der Ortsgemeinde, in welcher der angeblich Arme die Versorgung anzusprechen hat, mit Beiziehung der Armenväter und des Rechnungsführers. Gegen deren Entscheidung findet die Berufung an die Bezirksbehörde statt, welchem der Bürgermeister untersteht. 4. Die Armen, welche aus dem Pfarrarmeninstitute eine Unterstützung erhalten, müssen nach den Ortsgemeinden, welchen sie angehören, verzeichnet, und mit der ihnen zuerkannten Unterstützung in Evidenz erhalten werden. 5. Alles, was für das Armeninstitut eingeht, ist unter den Augen des Pfarrers, der Armenväter und des Rechnungsführers zu übernehmen und in Rechnung zu stellen. Ihnen liegt auch die Betheilung der vorgezeichneten Pfarrarmen nach Maß der denselben zuerkannten Unterstützung ob; reichen dazu die eigenen Einkünfte des Pfarrarmeninstitutes nicht aus, so haben sie die Deckung des die Armen jeder ganz oder theilweise eingepfarrten Ortsgemeinde betreffenden Abganges von deren Bürgermeister anzusprechen, und jede ganz oder theilweise eingepfarrte Ortsgemeinde hat zur Deckung des Abganges des Pfarrarmeninstitutes jenen Theil beizutragen und an das Pfarrarmeninstitut abzuführen, welcher zur Leistung der ausgesprochenen Unterstützung ihrer eigenen beim Pfarrarmeninstitute verzeichneten Armen erforderlich ist. Die Art der Verwendung des Beitrages kann vom Ausschusse der beitragenden Ortsgemeinde bestimmt werden. 6. Eine Ortsgemeinde, die für ihre Armen an das Pfarrarmeninstitut keinen Anspruch stellt, hat auch zur Deckung eines Abganges nichts beizutragen. 7. Wenn eine Ortsgemeinde aus eigenen Mitteln solche Arme, welche vom Pfarrarmeninstitute nicht betheilt werden, zu unterstützen, oder den vom Pfarrarmeninstitute betheilten

Armen Aufbesserungen zu gewähren findet, so berühren solche Unterstützungen nur die Ortsgemeinde, ohne auf das Pfarrarmeninstitut irgend einen Einfluß zu nehmen. 8. Auf das Stammvermögen der Pfarrarmeninstitute, oder auf allfällige Ueberschüsse derselben steht den Ortsgemeinden kein Anspruch zu. 9. Die Pfarrarmeninstituts-Rechnung ist nach Ablauf jedes Verwaltungsjahres zu legen und wird von der am Pfarrorte abzuhaltenden Versammlung der Vorstände der ganz oder theilweise eingepfarrten Ortsgemeinden unter dem Vorsitze des ältesten Bürgermeisters geprüft und erledigt. Der Pfarrer, die Armenväter und der Rechnungsführer haben dieser Versammlung nur die geforderten Auskünfte zu geben, beizuwohnen, sich aber der Abstimmung zu enthalten.

Die Armenversorgung begreift auch die Verpflichtung der unentgeldlichen Verabfolgung von Arzneien an arme Kranke in sich. Für Pflege und Heilung erkrankter Dienstboten hat nach der Dienstboten-Ordnung der Dienstherr zu sorgen, wenn die Krankheit nicht länger als 4 Wochen dauert. Anverwandte in auf- und absteigender Linie haben gegenseitig, Ehegatten für ihre Ehefrauen, gewisse Körperschaften, wie z. B. Genossenschaften, für ihre Mitglieder die Heilungskosten zu bestreiten. Individuen jedoch, welchen es nicht möglich ist, die nöthigen Medicamente aus eigenen Mitteln beizuschaffen und für welche dieselben auch nicht von jenen beigeschafft werden können, welche für den Kranken zu sorgen haben, müssen auf Kosten der Armencasse mit den erforderlichen Arzneien betheilt werden.

Nach dem Regierungs-Decrete vom 16. Nov. 1833, Z. 21884, hat sich jeder Arme, der auf die unentgeldliche Medicamenten-Verabfolgung Anspruch macht, wegen der hiezu erforderlichen Anweisung an seinen Seelsorger und Armenvater zu wenden, welche dieser, sobald der Bittsteller zur unentgeldlichen Arzneibetheilung geeignet ist, auszustellen und jener zu bestätigen hat. Beide bleiben für die Richtigkeit verantwortlich. Mit dieser Anweisung begibt sich dann der Arme oder Jemand von seinen Angehörigen zu dem Arzte, welcher nach genauer Untersuchung des Kranken die erforderliche Arznei verschreibt. Das Recept wird sammt der Anweisung in die Apotheke gebracht, damit beide zur gehörigen Zeit der Rechnung beigeschlossen werden können. Wenn Gefahr am Verzuge haftet, hat der Arzt die erforderlichen Arzneien, sobald er den Kranken als dürftig erkennt, allsogleich auf Rechnung der Armencasse vorzuschreiben, doch aber denselben oder dessen Angehörige zur Beibringung der vorschriftsmäßigen Anweisung, welche auch der Apotheker längstens binnen 24 Stunden zu fordern verpflichtet ist, anzuhalten.

IX.

Hintanhaltung des Bettels.

In Folge Beschlusses des oberösterreichischen Landtages vom 24. März 1863 sind die Gemeinden auf die gegen das Bettel- und Vagabundenwesen erlassenen und noch in Kraft bestehenden Gesetze und Verordnungen hingewiesen worden, die größtentheils auch auf Salzburg Anwendung finden. Dieselben lauten:

A. Regierungs-Circulare

vom 13. Juni 1833, Z. 16.603, Provinz. Ges. Sammlg. vom Jahre 1833, Nr. 91, S. 146, welches die Bestimmungen enthält bezüglich des Eintrittes ausländischer Handwerksburschen in die österreichischen Staaten, dann über das Herumziehen müssiger erwerbsloser Menschen im Innern der Provinz.

Se. k. k. Majestät haben zu befehlen geruht, daß für die Zukunft jenen ausländischen Handwerksburschen der Eintritt in die österreichischen Kaiserstaaten zu versagen sei, welche

a) sich mit einem ordentlichen Wanderbuche oder Reisepaß entweder nicht auszuweisen vermögen, oder in sittlicher oder polizeilicher Hinsicht bedenklich sind;

b) mehr als zwei Monate vor dem Zeitpunkte ihres Erscheinens an der Grenze gar nicht in Arbeit gestanden sind, oder sich nicht auszuweisen vermögen, daß der Grund davon blos in ihrer Erkrankung lag;

c) sich bei dem Uebertritte der Grenze nicht in dem Besitze von wenigstens 8 fl. C. M. befinden.

In Folge der gleichzeitig erlassenen a. h. Anordnung wurde der Regierung auch die genaue Handhabung der bestehenden Vorschriften gegen das Herumziehen müssiger und erwerbsloser Personen im Innern der Provinzen, (welche insbesondere aus der Classe der Jäger, Bräuer, Müller ꝛc.) in Erinnerung gebracht, damit auf deren Vollziehung strenge gehalten und darüber gewacht werde, daß Handwerksbursche, welche Monate lang müssig herumziehen und welche sich darüber nicht gehörig rechtfertigen können, als Vagabunden behandelt und an ihre competente Obrigkeit abgeschoben werden.

B. Regierungsdecret

vom 16. November 1833, Z. 33007 (Prov. Ges. S. Nr. 177 Seite 297.) Maßregeln zur Hintanhaltung des Bettelns.

Punkt 2. Ist der Bettel nach den bestehenden Vorschriften und insbesondere nach dem Regierungsdecrete vom 23. November 1808, dann vom 16. September 1827, Z. 24,277, neuerlich allgemein und zwar mit dem Beisatze zu untersagen, daß jeder betretene Bettler unnachsichtlich nach dem Gesetze auf das Strengste werde bestraft werden.

3. Sind alle erwerbslosen Fremden und paßlosen Individuen unnachsichtlich in ihre Heimat abzuschieben und ist die stete Beobachtung dieser Vorschriften einzuschärfen.

8. Sind Taglien festzusetzen, welche demjenigen, welcher einen Bettler ergreift, oder zur Ergreifung dem betreffenden Commissariate oder Pfleggerichte, in dessen Bezirke der Bettler befindlich ist, anzeigt, mit 6 kr. C. M. für jedes Individuum immer sogleich bei der Ablieferung von der erwähnten Obrigkeit auszuzahlen sind.

9. Diese Taglien sowohl, als auch die Atzungs- oder Abschiebungskosten werden von denjenigen zu ersetzen sein, welche die Aufsicht über das im Bettel betretene Individuum vernachlässigt haben.

13. Nach geschehener Abstrafung sind die Bettler in ihre Heimat zu verschieben und bei dieser jenem Commissariate, in dessen Bezirk sie gehören, die Consignationen der Auslagen an der Taglia, der Atzung- und Verschiebungskosten mitzusenden, welche dasselbe sogleich zu berichtigen und von demjenigen einzubringen hat, welcher die Aufsicht über den Abgestraften vernachlässigte.

Es haben demnach gegenwärtig die Ortsgemeinden die Auslagen für die Taglien, die Atzungs- und Abschiebungskosten gegen Regreßnahme an die Parteien zu bestreiten.

Erlaß des k. k. Ministeriums des Innern vom 30. Mai 1851, Nro. 11277/854.

Um bei der Behandlung der im Kaiserreiche sich wieder häufiger bestimmungslos herumtreibenden Zigeuner ein gleichförmiges Verfahren zu erzielen, wollen Euere Hochwohlgeboren das Geeignete einleiten, damit alle Zigeunerbanden, oder auch einzelne Zigeuner selbst, wenn sie mit Päßen versehen sind, aber bestimmungslos oder ohne einen erlaubten Erwerb sich herumtreiben, ohne weiters in ihre Heimat abgeschoben werden.

Die Aufgreifung von dergleichen die öffentliche Sicherheit gefährdenden Individuen durch die Gendarmerie wurde vom Ministerium des Innern gleichzeitig durch die Generalinspection angeordnet.

Weitere Bestimmungen bezüglich des Bettels sind im allgem. Strafgesetzbuche enthalten.

E. Verordnung des Ministeriums des Innern und der obersten Polizeibehörde vom 15. Februar 1757, betreffend das Meldungswesen.

Vorschriften über das Meldungswesen an Orten, in welchen sich k. k. Polizeibehörden nicht befinden.

§. 2. In den Orten, in welchen sich k. k. Polizeibehörden nicht befinden, handhabt der Gemeindevorsteher unter Aufsicht und Leitung der politischen Bezirksbehörde (Bezirksamt, Stuhlrichteramt, Districtscommissariat) das Meldungswesen.

Es haben daher die durch gegenwärtige Verordnung vorgeschriebenen Meldungen an den Gemeindevorsteher zu erfolgen.

Insoferne jedoch die unmittelbare Handhabung des Meldungswesens durch die politische Bezirksbehörde an dem einen oder dem andern Orte für nothwendig befunden werden sollte, haben die Meldungen an diese Behörde zu geschehen.

§. 3. Um in ausgedehnteren Gemeinden die Meldungen möglichst zu erleichtern, hat die Kreisbehörde (Delegation) nach dem Antrage der politischen Bezirksbehörde für die entlegenen Theile ein dort wohnendes Mitglied der Gemeindevertretung oder ein sonstiges vertrauenswürdiges Gemeindeglied aufzustellen, welches für den Gemeindevorsteher die Meldungen in Empfang zu nehmen und dieselben von Woche zu Woche zur Kenntniß des Gemeindevorstehers zu bringen hat.

§. 5. In Städten, und Orten, wo die politische Bezirksbehörde ihren Sitz hat, dann in allen an bedeutenderen Straßenzügen gelegenen Ortschaften, sowie auch in allen in der Nähe der Hautstadt befindlichen Orten, wo sich Fremde aufzuhalten pflegen, endlich in jenen Orten, wo industrielle Etablissements von einiger Erheblichkeit, namentlich Fabriken, Spinnereien, Ziegelöfen, Glashütten, Zuckerraffinerien, Bergwerke u. dgl. sich befinden, haben die zur Fremdenbeherbergung berechtigten Gastwirthe über die bei ihnen übernachtenden Fremden ein Fremdenbuch mit folgenden Rubriken zu führen:

a) Tag der Ankunft.
b) Vor- und Zuname, dann Alter und Religion.
c) Stand und Beschäftigung.
d) Domicil.
c) Begleitung.
f) Woher er kommt.
g) Wohin er reiset.
h) Wodurch er legitimirt ist.
i) Ist abgereiset nach . . . . . .

Unter Fremden werden jene verstanden, die zur Gemeinde nicht gehörig sind, oder doch im Orte ihren odentlichen Wohnsitz nicht haben.

§. 9. An den in §. 5 bezeichneten Orten haben außer den Gastwirthen auch alle andern Unterstandgeber die bei ihnen übernachtenden Fremden zu melden.

Die Bestimmung der Art und Weise, wie die Meldung des Fremden von Seite dieser Unterstandgeber zu geschehen hat, bleibt dem Ermessen des Chefs der politischen Landesstelle überlassen.

§. 11. Der Herbergsvater hat sich von den in die Herberge kommenden zugereisten Gesellen die Wanderbücher und sonstigen Reiseurkunden vorlegen zu lassen und hiernach die Rubriken des Herbergsprotokolles auszufüllen.

Sollte sich der Geselle weigern, seine Ausweisurkunde vorzulegen, oder sollte derselbe im Besitz solcher Urkunden nicht sein, oder derselbe sonst Verdacht erregen, so ist hievon ungesäumt die Anzeige zu machen, wobei die Schlußbestimmung des §. 7 zu beobachten ist.

Wenn sich der Geselle über 24 Stunden in der Herberge aufhält, so ist dies unter Vorlage der Ausweisurkunden anzuzeigen.

§. 13. Vagabunden oder sonst verdächtigen Leuten darf Niemand einen Unterstand geben, und sollten sie nicht abgewiesen werden können, so ist sogleich unter Beobachtung der Schlußbestimmung des § 7 die Anzeige zu machen.

§. 15. Der Gemeindevorsteher ist verpflichtet, Herbergen und abseitig gelegene Wirthshäuser öfter und unvermuthet zu untersuchen und die Legitimation der dort sich aufhaltenden Fremden zu prüfen.

§. 16. Inwieferne ausweislose und sonst verdächtige Personen von dem Gemeindevorsteher anzuhalten und an die politische Behörde abzustellen sind, bestimmt die ihnen dießfalls zu ertheilende besondere Instruction.

§. 19. Die Uebertretungen der Vorschriften der §§. 5 bis inclusive 13, sind, in so weit sie nicht durch das Strafgesetz verpönt sind, von der politischen Bezirksbehörde zu untersuchen und nach dem im §. 11 der kais. Verordnung vom 20. April 1854, (Rg.-Bl. Nr. 96) und bezüglich im §. 4 der Ministerial-Verordnung vom 25. April 1854, (Rg.-Bl. Nr. 102) festgesetzten Strafausmaß zu bestrafen.

F. Erlaß der k. k. o. ö. Statthalterei vom 22. August 1857, (Z. 3674, L. R. B. II. Abth. XIII. Stück Nr. 13 ex 1857) betreffend die Regelung des Schubwesens.

Die Wahrnehmungen, daß die gesetzlichen Bestimmungen über das Schubwesen theilweise in Vergessenheit gerathen sind oder unrichtig angewendet werden, veranlassen die Statthalterei, die Hauptgrundsätze des hiebei zu beobachtenden Verfahrens behufs der Erzielung einer Gleichförmigkeit mit Nachstehendem zur allgemeinen Darnachachtung in Erinnerung zu bringen.

§. 1.

Mit der Abschiebung ist nur vorzugehen gegen Vagabunden, Müssiggänger, Bettler, Verdächtige, ausweis- oder bestimmungslose Individuen, welche kein Reisedocument und keinen ehrlichen Erwerb nachweisen können, dann solche, welche durch liederlichen oder unsittlichen Wandel Anstoß erregen und der ämtlichen Weisung zur Abreise von einem bestimmten Platze nicht Folge leisten oder sich eine eigenmächtige Abweichung von der zwangsweise vorgezeichneten Marschroute erlauben, endlich entlassene Sträflinge, welche in Sicherheitsbeziehung bedenklich erscheinen und nach ihrem Vorleben in eine der obigen Kategorien gehören.

In allen übrigen Fällen sind dieselben ihren Verwandten oder Vormündern zu übergeben, oder wenn dieses nicht geschehen kann, und sie die Mittel haben, um nach Hause zu kehren, mittelst auszufertigender Reiseurkunden oder der Zwangspässe in ihre Heimat zu instradiren.

Hinsichtlich der aus den Strafanstalten zu Garsten und Suben tretenden Sträflinge wird die nöthige Vorkehrung in dieser Hinsicht durch die Hauscommission veranlaßt.

§. 2.

Niemand darf früher in Schub gesetzt werden, ehe derselbe nicht über seine persönlichen Verhältnisse und über jene Umstände, welche die Abschiebung rechtfertigen, zu Protocoll vernommen, seine Zuständigkeit ausgemittelt und ein förmliches Schuberkenntniß gefällt worden ist.

§. 3.

Die Fällung dieses Erkenntnisses und die unmittelbare Ausführung der Verschiebung liegt den k. k. Bezirksämtern und an jenen Orten, in welchen die politische Geschäftsführung vermöge eines besonderen Statuts der Gemeinde übertragen ist, dem Bürgermeister oder dessen Stellvertreter ob.

Die von der k. k. Polizeidirection oder deren exponirten Organen nach Maßgabe ihres Wirkungskreises gefällten Erkenntnisse auf Aufschiebung sind von den Gemeindevorstehungen am Sitze derselben zu vollziehen.

§. 4.

Wird gegen ein auf Abschiebung lautendes Erkenntniß der Recurs angemeldet, so ist derselbe sogleich zu Protocoll zu nehmen, mit den Acten gehörigen Orts schleunig einzusenden und bis zur Erledigung desselben mit dem Vollzuge der Abschiebung inne zu halten.

§. 8.

Schüblingen und Vagabunden, welche vom Auslande gebracht werden wollen, von denen nicht erwiesen ist, daß sie österreichische Unterthanen sind, und insbesondere der vorgeschriebenen Bestätigung ihrer Heimatsbehörde über ihre Zuständigkeit ermangeln, sind von den Grenzbehörden nicht anzunehmen, sondern gleich zurückzuweisen.

§. 11.

Da die im §. 1 bezeichneten Individuen in jeder Gemeinde entweder von dieser selbst oder durch die k. k. Gendarmerie aufgegriffen werden können, haben auch die außer den Schublinien liegenden Gemeinden für deren sichere Verwahrung, Verpflegung und Einlieferung zur Sicherheitsbehörde pflichtmäßige Sorge zu tragen.

Die Gemeindevorstehungen sind schuldig, solche Individuen, wenn sie ihnen durch ihre Aufsichtsorgane oder die k. k. Gendarmerie gestellt werden, zu übernehmen und so schleunig als möglich der Sicherheitsbehörde einzuliefern.

§. 12.

Die bis zum Zeitpunkte der erfolgten Einlieferung derselben erwachsenden Kosten für Verwahrung, Verpflegung und Transport hat die Gemeinde als ortspolizeiliche Auslage zu tragen.

§. 38.

Der angekommene Schübling ist der Zuständigkeitsgemeinde zur Aufsicht zu übergeben, in derselben nach seiner Eignung zur Arbeit zu verhalten, sonst in die Armenversorgung zu übernehmen.

Eine Geleitsurkunde, um in der Fremde Erwerb zu suchen, darf einem solchen Individuum nur dann ertheilt werden, wenn es Beweise der Besserung gegeben, und sich über eine Arbeitszusicherung an einem bestimmten Orte und über die Mittel, dahin zu gelangen, glaubwürdig ausgewiesen hat.

Es ist möglichst dafür Sorge zu tragen, daß sich ein derlei Individuum nicht ausweislich entferne. Geschieht dieses, so ist von der Gemeindevorstehung unverzüglich bei der betreffenden politischen Behörde die Anzeige zu machen, damit die Aufsichtsbehörden des Landes aufmerksam gemacht werden.

§. 39.

Die Gemeinde, welcher der Schübling als zuständig übergeben wird, darf die Annahme nicht verweigern, sondern hat, wenn sie die Zuständigkeit mit Grund bestreiten zu können glaubt, ihre Reclamationen im ordentlichen Wege einzubringen, bei deren Entscheidung, wenn sie gegründet befunden werden, für den Rückersatz der derselben verursachten Auslagen die Vorsorge zu treffen ist.

§. 40.

Die allenfalls auflaufenden Kosten der Ueberstellung des angekommenen Schüblings in seine Heimat und seiner Verpflegung sind aus Gemeindemitteln zu bestreiten.

§. 41.

Bei Außerachlassung der im §. 38 vorgezeichneten Pflichten, falls hiedurch schuldbarer Anlaß zur nochmaligen Abschiebung gegeben wird, sind die Gemeindevorstände im Disciplinarwege zu bestrafen, nach Umständen zum Ersatze der durch ihre Fahrlässigkeit neuerlich verursachten Abschiebungskosten zu verhalten.

X.

Bau- und Feuerpolizei, Handhabung der Bauordnung und Ertheilung der polizeilichen Baubewilligungen.

Mit Verordnung der o. ö. Landesregierung vom 2. Juni 1820, Z. 2255, (P. G. S. Seite 205) wurde folgende Bauordnung für Oberösterreich und Salzburg erlassen:

§. 1.

Ueber die Erbauung neuer Häuser in kleineren Städten und Märkten, so wie über die vorzunehmenden wesentlichen Veränderungen oder Umstaltungen an den schon bestehenden Gebäuden, haben die Kreisämter mit Vorbehalt des Rekurses insofern zu entscheiden*), als es sich nicht um öffentliche, d. i. solche Gebäude handelt, welche entweder aus einer Staatskasse, oder sonst aus einem öffentlichen oder Stiftungsfonde, oder aus der Gemeindekasse der landesfürstlichen Städte und Märkte bestritten werden, indem in Hinsicht dieser öffentlichen Bauführungen die Entscheidung, wie bisher, der Landesstelle, und nach Umständen auch den hohen Hofstellen vorbehalten bleiben muß.

Ueber kleinere Reparationen, wodurch die äußere Gestalt oder Form, und die innere Haupteintheilung der Gebäude nicht verändert wird, haben die Ortsobrigkeiten zu entscheiden. Vollends unbedeutende Bauherstellungen, welche auf die öffentliche Sicherheit in Hinsicht auf Feuer-Polizei in keiner Rücksicht einen Einfluß haben, können von den Eigenthümern der Gebäude, auch ohne aller vorläufiger Anmeldung und eingeholter Bewilligung vorgenommen werden.

§. 2.

Die Entscheidung über die Erbauung neuer Häuser sowohl, als über die Anträge zu den Umstaltungen und zu den Hauptreparationen an den schon bestehenden Gebäuden auf dem offenen Lande und in Dörfern, wird — mit Ausnahme der öffentlichen Gebäude, die überhaupt ohne Unterschied ihres Standortes der Landesstelle und den hohen Hofstellen vorbehalten sind, — den politischen Unterbehörden (Polizei-Obrigkeiten) gegen Bevorlassung des Rekurses an das Kreisamt zugewiesen.

Kleinere Reparationen, die auf Feuer-Polizei, oder auf öffentliche Bauanlagen keinen Einfluß haben, bedürfen auf dem offenem Lande keiner besonderen Bewilligung.

§. 3.

Bei Wassergebäuden und Wasserschutzarbeiten, welche an schiffbaren Flüssen geführt werden, so wie bei allen jenen Bauführungen an Flüssen und Bächen, bei welchen Rücksichten für mehrere Parteien, und für ganze Gemeinden eintreten, wird die Entscheidung den Kreisämtern insoferne überlassen, als der Bau nicht auf Kosten einer Staatskasse oder eines öffentlichen Fondes geführt, oder aus der Landes- oder der Gemeindekasse einer landesfürstlichen Stadt, oder eines landesfürstlichen Marktes bestritten wird, in welchen eben erwähnten Fällen die Entscheidung der Regierung, und nach Umständen den hohen Hofstellen vorbehalten bleibt.

Bei diesen Bauführungen haben die Kreisämter vor der Entscheidung die Kreis-Ingenieurs einzuvernehmen und die Bauanträge durch dieselben richtig zu stellen, wo es nothwendig wird, auch durch diese die Lokaluntersuchung pflegen, und die geometrische Aufnahme besorgen zu lassen.

---

*) Durch die neue Gemeindeordnung ist dieses Entscheidungsrecht auf die Gemeinden übergangen.

§. 4.

Wassergebäude-Führungen, und die Anlegung von Wasserschutzwerken an kleineren unbefahrenen Flüssen und Bächen, wobei blos das Interesse einzelner Privatparteien verflochten ist, können von den politischen Unterbehörden (Polizei-Obrigkeiten) bewilligt werden, jedoch bleibt sowohl über diese, als auch über die den Kreisämtern eingeräumten Entscheidungen den Parteien der stufenweise Recurs vorbehalten.

§. 5.

Zu allen Bauführungen müssen geprüfte und berechtigte Bau-, Maurer- und Zimmermeister beigezogen, von denselben ordentliche Baupläne verfaßt, und diese der Prüfung und Entscheidung der betreffenden Behörde durch die den Bau unternehmenden Parteien vor der Ausführung des Baues vorgelegt werden. Jede gegen diese Anordnung unternommene Bauführung, mit Ausnahme der in dem §. 1 und 2 bezeichneten kleineren Reparationen, ist sowohl an der den Bau unternehmenden Partei, als auch an dem den Bau führenden Werkmeister nach Beschaffenheit der Umstände gehörig zu ahnden, und Baue, welche gegen die allgemeine Bau-Polizeivorschriften, dann gegen die allgemeine Feuerordnung geführt wurden, sind zu cassiren, und insofern von den Parteien und von den Werkmeistern dabei die in dem Gesetzbuche über schwere Polizei-Uebertretungen, und in der Feuerordnung vorgeschriebenen gesetzlichen Vorsichten unterlassen worden sind, unterliegen sie den in diesen Gesetzen ausgedrückten Strafen.

§. 6.

Zur Richtschnur für die Kreisämter und Unterbehörden bei der Beurtheilung der vorkommenden Anträge für die Erbauung neuer Häuser, Stallungen und Scheunen, und zur Richtschnur der bauführenden Parteien- und Werkmeister bei Einrichtung ihrer Bauanträge, werden hiemit nachstehende Vorschriften, und in diesen die wesentlichsten Bestimmungen der Bau-Polizei vorgezeichnet.

a) In Städten und Märkten muß jedes Gebäude, ohne Unterschied, mit Steinen oder mit gebrannten Ziegeln, und mit Kalkmörtel geführt werden; die etwa zu erbauenden Wirthschaftsgebäude sind von dem Wohngebäude abzusondern, und in einer angemessenen Entfernung nach Beschaffenheit der Ortsumstände aufzustellen.

Auch diese Wirthschaftsgebäude und selbst Scheunen, wenn sie im Orte und in Verbindung mit den Häusern, oder in der Nähe derselben aufgestellt werden wollen, müssen gemauert werden.

b) Auf dem offenen Lande und in Dörfern müssen, wo es nur immer die Umstände und Vermögens-Verhältnisse der bauunternehmenden Parteien thunlich machen, alle neuen Häuser, und bei Umbauungen von bestehenden Gebäuden auch die einzeln hergestellt werdenden Theile mit Steinen oder Ziegeln und Kalkmörtel gebaut werden. Zur Erleichterung der Kösten können aber auf dem offenen Lande und in den Dörfern, von einer über dem Erdhorizonte drei Schuh hohen Mauergleiche angefangen, auch ungebrannte, in der Luft getrocknete Ziegel verwendet werden.

c) Hölzerne Wohngebäude neu aufzuführen, darf nur dort gestattet werden, wo die Ortsumstände, der gänzliche Mangel an hartem Baumateriale, und die Unmöglichkeit, oder zu große Beschwerlichkeit und Kostspieligkeit der Beischaffung desselben aus entfernteren Gegenden, es unmöglich machen, gemauerte Gebäude aufzuführen, und wo die bauführende Partei durch zerrüttete Vermögensumstände die Unmöglichkeit darthut, ein gemauertes Gebäude aufzuführen.

Eine weitere Bedingung für die Zulassung einer hölzernen Bauführung ist noch, daß das herzustellende hölzerne Gebäude ganz allein und entfernt, ohne aller Verbindung mit andern Wohngebäuden aufgestellt, und darin kein Gewerbe getrieben werde, welches einen größeren Vorrath an brennbaren und leicht sich entzündenden Materialien erforderlich machen würde.

d) Die Küchen in allen Wohngebäuden müssen gewölbt und mit einem Feuermantel versehen sein, und selbst in den, unter den oben angeführten Verhältnissen zu erbauen bewilligt werdenden hölzernen Wohnhäusern sind die Küchen von allen Seiten aufzumauern, und mit einem Gewölbe und Feuermantel zu versehen.

e) Der Rauchfang muß bei allen Gebäuden ohne Unterschied, und sohin auch bei hölzernen Gebäuden mit einer Mauer in der Stärke eines halben Ziegels, achtzehn Zoll innerer Weite im Gevierte, und drei Schuh hoch über den Dachfirst aufgeführt werden.

f) Der Rauch von der Heizung eines oberen Stockes ist durch einen eigenen Rauchfang, und nicht durch Zusammenzapfung mit dem Rauchfange des unteren Stockes abzuleiten. Wenn bei hölzernen Gebäuden Heizungen in den oberen Stockwerken angebracht werden, so muß der Rauchfang durch eine vom Grunde aus aufgeführte Mauer unterstützt werden.

g) Die Stiegen sind in Städten und Märkten in der Regel zu mauern und einzuwölben, auch wo es immer thunlich ist, mit steinernen Stufen zu versehen, wo aber keine steinernen Stufen zu bekommen, oder selbe zu kostspielig sind, können die gemauerten und mit gewölbten Aufgängen versehenen Stiegen auch mit hölzernen Staffeln von Eichen- oder sonstigem harten Holze belegt werden. Die Stufen der Bodenstiegen sind aus gebrannten Ziegeln herzustellen, und wo es die Umstände erlauben, mit eisernen oder mit Eisenblech überzogenen, und mit einem steinernen Thürgerichte versehenen Bodenthüren zu verschließen.

h) Auf dem offenen Lande und in Dörfern genügt es, wenn die Stiegenspindel gemauert, und die Stufen der Bodenstiegen mit gebrannten Ziegeln hergestellt werden.

i) Der Dachboden muß durchgehends in Städten und Märkten sowohl, als auf dem offenen Lande und in Dörfern, mit einem Ziegelpflaster belegt, oder mit einem Estrich versehen, und das

Dachgehölze dadurch sorgfältigst von aller Verbindung mit dem Gebäude gesondert werden. Diese Vorsicht ist auch bei hölzernen Gebäuden nothwendig, es versteht sich jedoch von selbst, daß dabei auf die mindere Stärke dieser Gebäude die gehörige Rücksicht zu nehmen sei.

k) Die Eindeckung der Wohngebäude in Städten und Märkten muß in der Regel, und wo es immer möglich ist, mit Ziegeln oder Kupfer, sonst aber mit Ruth- oder Scharschindeln geschehen, wozu ein ordentliches, aus zwei unter einem rechten Winkel zusammengestellten Flächen herzustellendes Dach, mit oder ohne Schopf, erforderlich ist.

l) Auf dem offenen Lande und in Dörfern, insbesondere für die ganz einschichtig stehenden hölzernen Gebäude, werden auch Strohdächer, und die im salzburgischen Gebirge üblichen, mit hölzernen Nägeln befestigten Ladendächer gestattet; die mit Steinen beschwerten Legschindeldächer aber sind in Oesterreich gesetzlich verboten, und dürfen daher in keinem Falle zugelassen werden.

m) Stallungen müssen in Städten und Märkten gewölbt, auf dem offenen Lande und in Dörfern aber wenigstens gemauert werden.

Hölzerne Stallungen zu errichten, wird nur als Ausnahme von der Regel, und nur unter den sub lit. c. für die Bewilligung des Baues hölzerner Gebäude angeführten Verhältnissen zugestanden; jedoch müssen sie von den Wohngebäuden und Städten abgesondert werden.

n) Die Scheunen können von Holz gebaut, müssen aber bei Städten und Märkten außer dem Orte angelegt, und auf dem offenen Lande, sowie in Dörfern, von den Wohngebäuden abgesondert und allein ohne Verbindung mit den Wohngebäuden und Stallungen aufgestellt werden.

o) Für die Eindeckung der Stallungen und Scheunen gelten die oben sub lit. k und l für die Eindeckung der Wohngebäude ertheilten Vorschriften, und es finden auch bei diesen Gattungen von Gebäuden keine Legschindeldächer Statt.

p) Die innere Eintheilung der Gebäude, und der darin zu errichtenden Behältnisse, wird dem Willen und Bedürfnisse der den Bau unternehmenden Parteien und dem Gutbefinden der den Bau führenden Werkmeister, unter der Bedingung der sorgfältigsten Vermeidung aller feuergefährlichen, oder auf andere Weise gefahrdrohenden Anlagen, bei Vermeidung der sonst eintretenden gesetzlichen Strafen überlassen.

§. 7.

Die im obigen §. für den Bau neuer Häuser ertheilten Vorschriften sind mit gehöriger Rücksicht und Beurtheilung auch bei Hauptreparationen und Umstaltungen schon bestehender Gebäude in Anwendung zu bringen, und es versteht sich von selbst, daß dabei vorzüglich auf die Stärke und Beschaffenheit des bestehenden Gemäuers der gehörige Bedacht zu nehmen sei.

§. 8.

Für die Anlegung der den Kreisämtern und den Unterbehörden zur Bewilligung zugewiesenen Wassergebäude und Schutzarbeiten können nicht wohl allgemein anwendbare Vorschriften und Directiven in Hinsicht der Art der Ausführung ertheilt werden, weil die Verschiedenheit der Ortsumstände einen zu großen Einfluß darauf hat; eine genauere Vorschrift hierüber wird aber auch dadurch entbehrlich, weil bei den der Entscheidung der Kreisämter zugewiesenen wichtigeren Fällen ohnehin die in allen Fächern der Baukunst geprüften Kreisingenieurs einvernommen, und durch selbe die Bauanträge nach wissenschaftlichen Grundsätzen richtig gestellt werden müssen; es wird daher in Rücksicht dieser Bauführungen lediglich verordnet, daß hiebei auf die Privatrechte der Grundanrainer und Gewerbsnachbarn, die geeignete Rücksicht zu nehmen, und kein Bau zu gestatten sei, wodurch derlei Rechte verletzt werden könnten, bevor eine dießfalls bewirkte gütliche Ausgleichung nachgewiesen wird, oder die allfälligen Einwendungen und Anstände im ordentlichen Rechtswege ausgeführt und entschieden sind.

§. 9.

Diese Rücksichten sind auch bei Erbauung von neuen Häusern zu beobachten, es muß sohin über jeden vorkommenden Bauantrag die vorläufige Erhebung der Localumstände, die Einvernehmung der Grundanrainer und Nachbarn gepflogen, und darüber ein ämtliches Protocoll aufgenommen werden.

§. 10.

Schließlich werden die Unterbehörden verpflichtet, jeden von ihnen bewilligten Bau eines neuen Hauses, oder eines Wasserwerkes dem betreffenden Kreisamte mit Vorlegung des Planes anzuzeigen, damit die Kreisämter, und insbesondere die Kreisingenieurs gelegenheitlich bei ihren Bereisungen diese neuen Häuser, ohne irgend eine Bezahlung von den Parteien, besichtigen, und die allfällige Abänderung des Mangelhaften einleiten können. Auch wird denselben zur unabweichlichen Richtschnur bedeutet, keine Häuser zu nahe an der Landesgrenze, und ebenso wenig an ganz abseitigen, wegen verdächtiger Zusammenkünfte, oder wegen des Aufenthalts verdächtigen Gesindels, gefährlichen Orten erbauen zu lassen; endlich auch nicht zu gestatten, daß Häuser oder sonstige Gebäude und Behältnisse zu weit gegen die öffentlichen Straßen vorgerückt werden, damit die Straßen dadurch nicht verengt, und der Einwirkung der Sonne und der Luft nicht beraubt werden.

Nach dem Reg. Decrete vom 18. Dez. 1832, Z. 32367 (P. G. S. 1832, Seite 366), haben hinsichtlich der Errichtung von Sparherden jene Bestimmungen zu gelten, welche vermöge der Bauordnung vom 2. Juni 1820 für die Erbauung neuer Häuser, sowie über die vorzunehmenden wesentlichen Veränderungen oder Umstaltungen an den schon bestehenden Gebäuden vorgezeichnet sind.

Mit Reg. Circulare vom 31. Oct. 1840, Z. 32289, (P. G. S. 1840 Seite 330), wurden nachstehende Bedingungen vorgezeichnet, unter welchen die Anwendung und Herstellung runder, enger Rauchschlünde gestattet ist.

§. 1.

Die Erbauung enger Rauchfänge, oder die Umstaltung schon bestehender schliefbarer Rauchfänge in enge Rauchschlünde darf nur mit Bewilligung der Regierung, des Kreisamtes, oder der politischen Unterbehörde Statt finden, je nachdem die Ausführung der Bauten, wo dieselbe angebracht werden will, von der Genehmigung der Regierung, des Kreisamtes oder der politischen Unterbehörde abhängt.

§. 2.

Als Grundsatz für die Ausführung von engen Rauchröhren wird festgestellt, daß sich dieselben für offene Herdfeuerungen nicht eignen, somit nur dort anwendbar sind, wo eine geschlossene Feuerung angelegt werden soll, daß weiters in der Regel jede Beheizungsstelle der einzelnen Geschoße oder Stockwerke immer ihre eigenen Rauchröhre erhalten müsse, daher weder die Einmündung der Rauchröhren zu dem Rauchfange einer fremden Wohnung, noch die Verbindung der Rauchfänge verschiedener Geschoße gestattet ist.

§. 3.

Enge Rauchfänge sollen in der Regel, besonders bei ganz neuen Bauten, selbst wenn sie die Bestimmung nur für ein oder das andere der obern Geschoße haben, jedesmal vom Erdgeschoße aus, ausgeführt werden.

§. 4.

Die Form der Querdurchschnittsfläche dieser engen Rauchröhren muß kreisrund, und zwar in der Art ausgeführt werden, daß die innere Fläche der engen Rauchröhren möglichst glatt hergestellt werde, damit sich der Ruß so wenig als möglich ansetzen könne.

§. 5.

Enge Rauchschlünde müssen gleich den schliefbaren Rauchschlünden aus feuersicherem Materiale gebaut, und so hoch über die Dachfläche aufgeführt werden, als dieß die Feuersicherheit erfordert.

Auch müssen diese Rauchschlünde möglichst senkrecht sein, und nur bei besonderen, im Baurisse ersichtlich zu machenden Umständen ist eine Ziehung von höchstens sechzig Graden (mit der Horizontallinie) gestattet.

Diese Rauchfänge müssen unter dem Dachboden von Außen verworfen werden.

§. 6.

Der Durchmesser enger runder Rauchröhren für eine Heizung wird auf sechs Zoll im innern Lichte festgestellt, welches Maß nicht überschritten werden darf. Eine Ueberschreitung dieses Maßes findet nur dort Statt, wo in einer Gruppe unter einem und dem nämlichen Heizungsverschluß stehende zwei oder mehrere Heizungen in einem Rauchschlott münden sollen.

In einem solchen Falle ist eine angemessene Erweiterung der Durchschnittsfläche gestattet, und es hat diese dann acht Zoll im Durchmesser zu betragen.

§. 7.

Dort, wo enge Rauchfänge durch den Dachraum oder durch hohe Stockwerke außer Verbindung mit Mauern, also freistehend aufgeführt werden, muß auf die gehörige Stabilität Bedacht genommen, somit diese mit Rücksicht auf die örtlichen Verhältnisse in jedem einzelnen Falle ausgemittelt werden. Es muß daher auch für die angemessene Feststellung der engen, über die Dachfläche aufgeführten Rauchröhren durch eiserne Schließen; falls diese Art Versicherung für nothwendig erkannt werden sollte, Sorge getragen werden.

§. 8.

Jede enge Rauchröhre muß unten, wo sie anfängt, und über den obersten Dachboden, Behufs der Reinigung von staubartigem Ruße, der sich ansetzen könnte, mit einer Seitenöffnung von der erforderlichen Größe versehen werden. Diese Oeffnungen sind mit eisernen, in Folge schlagenden doppelten zum Sperren eingerichteten Thürchen genau zu verschließen.

Diese Thürchen dürfen nie an solchen Theilen angebracht werden, wo Dachgehölze anstoßen. Diese letzteren müssen in einem solchen Falle ausgewechselt werden.

§. 9.

Unter den Reinigungs-Thürchen ist auf dem Pflaster des Dachbodens eine Blechtafel von wenigstens vier Schuh im Gevierte anzubringen.

§. 10.

Die Reinigung dieser Röhren geschieht mittelst Bürsten von der Form des Querschnittes der Röhren, indem diese Bürsten an einem Seile auf und nieder gezogen werden, nachdem das Seil mit Hilfe eines Gewichtes vorläufig herunter gelassen worden.

Bei jeder Reinigung ist die Röhre an den äußern Enden genau zu besichtigen, damit eine entstehende Schadhaftigkeit nicht lange unbemerkt bleibe.

Die Fegung dieser Rauchfänge haben der vorwaltenden Feuer-Polizei-Rücksichten wegen, die hiezu berufenen Rauchfangkehrer-Meister, so wie dieß die bestehenden Feuerlösch-Ordnungen, hinsichtlich der schliefbaren Rauchfänge vorschreiben, durch ihre Gesellen ausschließend zu besorgen, und es werden die in diesen Vorschriften vorgezeichneten Bestimmungen in Bezug auf die Zeit der Fegung auch bei den engen, runden Rauchfängen aufrecht erhalten.

Laut Reg. Circulare vom 30. Mai 1841, Z. 14226 (P. G. S. 1841 Seite 150) ist die abgesonderte Herstellung der runden Rauchfänge auch für einzelne Stockwerke in allen Fällen zu gestatten, wo die Bauherrn es wünschen, und diese Herstellung nach dem Befunde der Baukommission unbedenklich erscheint.

Nach der Reg. Verordnung vom 15. Juni 1838, Z. 15007 (P. G. S. 1838, S. 147) ist bei vorkommenden Hausbaugesuchen auf eine von einer Realität zu trennen beabsichtigten Grundparzelle immer darauf zu dringen, daß die Parteien noch vor der zu pflegenden baupolizeilichen Amtshandlung sich mit der bereits erfolgten Bewilligung zur Trennung des Baugrundes ausweisen.

Mit Hofdecret vom 12 März 1840, Z. 7551 (P. G. S. 1840 Seite 33) wurden folgende Gränzen des Wirkungskreises der politischen und der Justizbehörden bei Baubewilligungen vorgezeichnet:

Das Einschreiten der politischen Behörden bei Privat-Bauführungen findet in einer doppelten Beziehung statt, nämlich:

1. Um zu untersuchen, ob keine öffentlichen, insbesondere polizeiliche Rücksichten dem beabsichtigten Bau entgegen stehen, und wenn dieß der Fall wäre, die erforderlichen Abänderungen im Bauplane zu treffen, sonst aber denselben gut zu heißen; und 2. um hiebei die vorladenden Nachbarn und Anrainer zu vernehmen, ob sie gegen den Bau etwas einzuwenden haben, und im bejahenden Falle die Irrungen auszugleichen, oder wenn ein Vergleich nicht zu Stande zu bringen wäre, die streitenden Theile auf den ordentlichen Rechtsweg zu verweisen.

Hieraus folgt, daß von Seite der politischen Behörden der förmliche Baukonsens nur dann gegeben werden könne, wenn weder öffentliche Rücksichten, noch unbehobene Einsprüche der Nachbarn und Anrainer der angesuchten Bauführung entgegen stehen; wäre wohl die erstere, nicht aber auch die letztere Bedingung vorhanden, so hat sich die politische Behörde in Erledigung ihrer dießfälligen commissionellen Verhandlung auf die der Partei hinausgegebene Erklärung zu beschränken, daß, und in wie ferne der angetragene Bau in politischer Beziehung zulässig sei. Eine Baubewilligung aber darf in solchen Fällen um so minder ertheilt werden, als hieraus privatrechtliche Conflicte und wesentliche Nachtheile für die Parteien entstehen könnten.

Siehe Formulare 16 Anleitung zur Vornahme einer Bau-Commission und Ertheilung der polizeilichen Baubewilligung.

Die Feuerpolizei umfaßt die Maßregeln, wodurch der Entstehung der Feuersbrünste vorgebeugt, das entstandene Feuer bei Zeiten entdeckt und auf das schleunigste gelöscht wird und endlich die schädlichen Folgen abgewendet werden.

Die Feuerordnungen für das Land, sowie für die Landstädte und Märkte vom 1. November 1786 enthalten hierüber folgende Bestimmungen:

Feuerlöschordnung für das Land.

§. 1. Da die unschickliche Bauart zur Entstehung der Feuersbrünste sowohl, als zu ihrer leichteren Verbreitung beitragen kann, soll bei der Anlegung neuer Häuser darauf Bedacht genommen werden, daß nicht ein Haus an das andere gebaut, sondern wo möglich ein Raum von wenigstens einer Klafter zwischen jedem Hause gelassen werde.

§. 2. Eben so sollen die Scheunen entfernt von Häusern hinter den Gärten, oder wo es geschehen kann, außer dem Orte selbst, angelegt werden.

§. 3. Wo Flachs und Hanf gebaut wird, ist zu sorgen, daß die Gemeinden eigene Dörröfen, oder Dörr- und Brechlstuben, und zwar in einiger Entfernung von dem Orte erbauen.

§. 4. Bei bereits erbauten Häusern, welche nahe aneinander stehen, oder angebaut sind, wie auch bei den Scheunen, welche in den Dörfern sich befinden, soll wenigstens darauf gedacht werden, durch Pflanzung hochstämmiger, blätterreicher Bäume, vorzüglich der Nußbäume, wo dergleichen zu haben sind, einen Schutz gegen die Feuersbrünste zu machen. Wo nicht ganze Reihen von Bäumen gesetzt werden können, sollen wenigstens Dächer, und die Scheunen, die schon in dem Dorfe selbst stehen, mit Bäumen an den 4 Ecken gegen Anzündung in etwas verwahret werden.

Doch müssen durch die Bäume, oder auch durch unnöthige Zäune, Wege und Straßen nicht verstellet, und dadurch bei entstehender Feuersbrunst die Nachbarschaft gehindert werden, von allen Seiten zur Hilfe kommen zu können.

§. 5. Da, wo Strohdächer nicht ganz vermieden werden können, haben die Obrigkeiten wenigstens darauf zu sehen, daß sich die Hauswirthe des von dem bekannten Angermayer zur Verwahrung der Dächer gegen Feuersgefahr gemachten Vorschlags bedienen.

§. 6. Hölzerne Rauchfänge, wo die Häuser aus Noth nicht ganz von Holz gebaut werden, sind nicht zu gestatten, und für's künftige ganz untersagt.

Die gemauerten Rauchfänge sollen wenigstens in der Dicke eines halben Ziegels, und nicht aus stehenden Ziegeln gebaut werden.

Uebrigens sollen sie nicht zu niedrig, sondern zureichend über das Dach erhoben, nicht zu eng, noch krum geführt sein, damit sie leicht geschloffen und gekehret werden können.

§. 7. Die Stubenöfen sollen nicht zu nahe an hölzerne Wände gesetzet werden. Auch sind die Feuerherde und andere Feuerstätten von den hölzernen Wänden zu entfernen.

§. 8. In Küchen, Waschhäusern und anderen zu Feuerstätten bestimmten Oertern müssen die Fußböden nicht von Holz, sondern wenigstens blos von Erde, oder Laim geschlagen sein, wenn sie nicht von Steine, Ziegeln, Estriche oder dergleichen sein können.

§. 9. Zu denjenigen Häusern, zu deren Erbauung eigentliche Werkleute, das ist, Maurer, Zimmerleute u. dgl. erfordert werden, sind keine andern, als die ordentlichen befugten Meister zu gebrauchen.

§. 10. Ueber die Vollziehung dieser Vorschriften ist die Obrigkeit Aufsicht zu tragen verbunden. Daher soll zu jedem Bau von derselben die Erlaubniß angesucht, und vor der Bewilligung, mit Zuziehung des Grundgerichtes, der Augenschein über die Lage und Beschaffenheit des zu führenden Baues genommen werden.

§. 11. Nach der Hand hat die Obrigkeit noch weiters durch das Grundgericht oder sonst einen Beamten sorgfältig nachsehen zu lassen, ob vorschriftsmäßig gebaut werde. Diejenigen, so dagegen handeln, sind zu bestrafen, und das, was unerlaubter Weise gebaut worden wäre, sogleich abtragen zu lassen.

Uebrigens muß der Augenschein von der Obrigkeit und Gemeinde unentgeldlich vorgenommen, auch für die Erlaubniß zu bauen, oder für die Bauaufsicht keine Taxe gefordert werden.

§. 12. Mit nicht geringerer Sorgfalt muß darauf gesehen werden, daß durch Unvorsichtigkeit keine Feuersbrunst entstehe. In dieser Absicht soll das Strohschneiden, Dreschen Flachsbrechen, Hächeln und dergleichen Arbeiten bei Nachtzeit entweder gar unterbleiben, oder nur bei Lichtern, die in gut geschlossenen Laternen verwahrt sind, verrichtet werden.

§. 13. Futterwerk zum Trocknen soll nicht an die Rauchfänge angeschöbert, noch Kien, und anderes Holz an die Oefen und Herdstätte angelegt werden.

§. 14. Der Flachs und Hanf soll in geheizten Stuben oder Backöfen zur Nachtzeit nicht gedörret werden.

§. 15. Das Schießen, und aller Gebrauch des Pulvers innerhalb der Dörfer sowohl, als nahe bei denselben, alles Ausbrennen, alle Feuerwerke und das bekannte Sonnenwendfeuer sind ohnehin auf das schärfeste verboten.

Die Dorfgerichte selbst und die herrschäftlichen Beamten, wenn sie auf solchen Unfug nicht aufmerksam und ernstlich für dessen Abstellung besorgt sind, sollen auf das empfindlichste gestraft werden.

§. 16. Niemand darf mit glühenden Kohlen, oder freiem Lichte durch die Ortschaft gehen. Noch ist den Reisenden zuzugeben, daß sie mit brennenden Fackeln durch einen Ort fahren.

§. 17. Die Hauswirthe sollen ihrem Hausgesinde, den Dreschern und Taglöhnern nicht gestatten, mit freiem Lichte, oder wohl gar mit brennenden Holzspännen im Hause herumzugehen, noch die Gastwirthe den bei ihnen einkehrenden Fuhrleuten im Stalle eine brennende Kerze ohne Laterne aufzustecken, oder wie sonst immer unvorsichtig damit umzugehen. Die dawider Handelnden sind auf das schärfste zu bestrafen, und die Hauswirthe haben für den entstehenden Schaden zu haften.

§. 18. Ueberhaupt soll sich Niemand unterfangen, mit freiem Lichte mit brennenden Holzspänen, oder mit Kohlfeuer auf Böden, in Ställe, in die Scheunen, oder an andere Oerter zu gehen, wo sich feuerfangende Sachen befinden, und muß zu diesem, und zu so vielfältigen andern Gebrauche jedes Haus mit einer, oder mit mehreren von gutem Bleche gemachten, wohl verwahrten Laternen versehen sein.

§. 19. Niemand soll an feuergefährlichen Oertern Tabak rauchen, wenn gleich die Tabakpfeiffe mit einem Deckel versehen wäre.

§. 20. Das Küchenausbrennen und alle ähnlichen Verrichtungen, welche leicht eine Feuersbrunst veranlassen können, sind auf das schärfste untersagt.

§. 21. Die Hauswirthe haben ihren Weibern, Töchtern und Mägden nachdrücklich einzubinden, daß sie bei dem Kochen mit dem Schmalze vorsichtig und behutsam umgehen und besonders wenn das Schmalz Feuer fängt, kein Wasser in selbes gießen, sondern die Flamme durch Zudeckung des Geschirrs ersticken sollen.

§. 22. Auch die Nachlässigkeit hat zu vielfältigem Unglücke Ursache gegeben. Es haben daher die Hauswirthe ihre Kinder und Hausleute anzuhalten, daß sie auf Feuer und Licht überhaupt stets wohl Acht geben, Nachts vor dem Schlafengehen sollen die Hauswirthe selbst nachsehen und alles Fleißes sorgen, daß Feuer und Licht gut abgelöscht, oder an einen sichern Ort verwahrt werden.

§. 23. Gleiche Sorgfalt haben sie wegen der warmen Asche zu gebrauchen, weil durch das unvorsichtige Ausschütten derselben leicht etwas sich entzünden und eine Feuersbrunst entstehen kann.

§. 24. Da endlich die größte Feuersgefahr aus der Verabsäumung der Rauchfänge herkömmt, kann den Hauswirthen die Sorgfalt nicht genug empfohlen werden. Jeder Hausvater soll den Schlund des Rauchfanges wenigstens alle acht Tage fleißig kehren und den Ruß mit stumpfen Besen abfegen lassen. Die Rauchfänge sollen im Winter wenigstens alle 6 Wochen und im Sommer alle 3 Monate, ganz und mit der größten Sorgfalt gekehret werden. Bei denen aber, so geschlossen werden können, muß daß Kehren durch wirkliche Rauchfangkehrer geschehen. Die Obrigkeit hat daher zu sorgen, daß die Gemeinden ordentliche Contracte mit den Meistern machen, zugleich aber auch, daß die Gemeinden von den Rauchfangkehrern nicht überhalten werden, und daß letztere ihre Schuldigkeit genau und zu bestimmter Zeit erfüllen.

§. 25. Die Dorfgerichte haben auf das Ofen- und Rauchfangkehren besondere Aufsicht zu tragen, in den Häusern öfters unvermuthet nachzusuchen und die nachlässigen Hauswirthe sogleich der Obrigkeit anzuzeigen.

§. 26. Zu dessen genauerer Beobachtung der vorausgehenden Vorschriften muß im Beisein eines herrschaftlichen Beamten, des Richters und des Gemeindeausschusses, auch mit Zuziehung eines Rauchfangkehrers, wenn einer in der Nähe ist und zwar im Winter zweimal im Sommer aber einmal in allen Häusern Feuervisitation gehalten werden. Man hat dabei alle Oefen, Schornsteine, Feuerstätten wohl zu besichtigen, die Abstellung der feuergefährlichen Sachen entweder sogleich zu veranstalten, oder an die Herrschaft, allenfalls selbst an das Kreisamt anzuzeigen. Der Richter und die Gemeinde haben nachher darauf zu halten, daß alles das, was bei der Feuervisitation verordnet worden, richtig und genau erfüllet, und überhaupt, daß in keinem Stücke gegen die Feuerordnung gehandelt werde.

§. 27. Da jedoch, aller vorgeschriebenen Vorsicht ungeachtet, dennoch Feuersbrünste entstehen können; so ist die nächste Aufmerksamkeit auf die baldige Entdeckung und Bekanntmachung einer entstandenen Brunst zu richten. An solchen Oertern, wo eigene Nachtwächter bestimmt sind, ist die Entdeckung des Feuers als ein Hauptgegenstand ihres Dienstes anzusehen.

An denjenigen Ortschaften aber, die nicht sehr klein sind, und wo es keine eigenen Nachtwächter gibt, sind die Nachbarn und Inuleute selbst wechselweise bei der Nacht Wache zu halten schuldig.

§. 28. Die Nachtwächter, oder die zur Nacht- und Feuerwache bestellten Leute sollen von Michaeli bis Ostern von 9 Uhr Nachts bis 4 Uhr Früh und von Ostern bis Michaeli von 10 Uhr bis 2 oder 3 Uhr auf der Wache bleiben.

§. 29. Ihre Schuldigkeit ist, in dem Orte beständig auf und ab zu gehen und ohne Unterlaß auf das Feuer Acht zu haben. Daher sollen sie während der Wachtzeit sich in Wirthshäusern, oder sonst in einem Zimmer aufzuhalten sich nicht unterfangen. Sobald sie auch nur durch Geruch, durch Rauch, oder auf was immer für eine Art ein Feuer besorgen, um so mehr also bei einem wirklich ausbrechenden Feuer sollen sie durch Rufen allenfalls mit einem Blasehorn, durch Anschlagen an die Fenster und Hausthüren, die Einwohner wecken, vor allem aber, wo eine Thurmglocke vorhanden ist, dieselbe läuten lassen.

§. 30. Wenn die Wächter ein entstandenes Feuer aus ihrer Schuld nicht wahrnehmen und solches daher aus ihrer Nachlässigkeit überhand nehmen ließen, sollen sie mit größter Strenge bestraft werden.

§. 31. Sogleich, nachdem ein Feuer entdeckt worden ist, haben sie dem Ortsrichter, den Geschwornen und zugleich der Obrigkeit, wenn diese sich selbst im Orte befindet, die Anzeige zu machen. Nach Beschaffenheit der Gefahr sind auch die benachbarten Gegenden durch Läuten der Glocken, oder durch reitende Boten von der entstandenen Feuersbrunst zu benachrichtigen.

§. 32. Uebrigens soll sich kein Hauswirth oder jemand von den Seinigen unterfangen, das in seinem Hause entstandene Feuer zu verhehlen.

Vielmehr sollen sie, sobald Feuer verspürt wird, Lärm machen und um Hilfe rufen. Unterlassen sie die anbefohlene Anzeige, so hat die

Obrigkeit die Verhehler auf das schärfste zu züchtigen und nach Maß ihres Vermögens zur Vergütung des verursachten Schadens anzuhalten.

§. 33. Um die entstandenen Feuerbrünste desto schleuniger zu löschen, ist schon vorhinein Sorge zu tragen, daß zur Zeit der Brunst kein Mangel an Wasser, Löschgeräthen und Arbeitern sei. Die Obrigkeit hat daher darauf zu sehen, daß die Brünne von Zeit zu Zeit fleißig gereiniget und die Viehtränke, Teiche und dergleichen Wasservorräthe in gutem Stande erhalten werden.

§. 34. An Ortschaften, wo wenig Wasser ist, soll man den Mangel durch Roßschwemmen und Wassergruben, wie sie immer an schicklichen niedern Plätzen angelegt werden können, zu ersetzen, und durch aufgefangenes Regenwasser voll zu erhalten trachten.

§. 35. Herrschäftliche Häuser und Wirthschaftsgebäude, Klöster, Pfarrhöfe, Fabriken, Bräuhäuser, Mühlen, Feuerwerkstätte, mithin alle etwas größeren Gebäude sind ausdrücklich verbunden, auf ihren Böden mehrere gefüllte Wassergefäße, sogenannte Bodungen zu haben.

Jedes kleinere Haus aber soll mit einer solchen gefüllten Bodung versehen sein.

§. 36. In geringern Dörfern und wo dergleichen Bodungen wegen der schwächeren Gebäude auf den Böden nicht untergebracht werden können, sollen sie bei denjenigen Häusern, die vom Wasser und Brünnen am weitesten entlegen sind, so viel möglich, neben den Hausthüren, oder sonst an einem schicklichen Orte bedeckt bereit gehalten werden.

§. 37. Auf den Kirchenböden sollen stets gefüllte Bodungen vorhanden sein und ihre Erhaltung und Füllung von den Pfarrern, Meßnern und sogenannten Kirchenvätern, oder wer sonst über die Kirche gesetzt ist, besorgt werden.

§. 38. Damit es bei einer ausbrechenden Brunst an Pferden nicht mangle, welche Wasser oder Löschgeräthe herbeischaffen, oder auf die sonst nothwendigen Fälle bereit sein mögen, sind sogleich bei gegebenen Feuerzeichen und auf Verlangen sowohl die Nachbarn, als auch fremde im Dorfe sich aufhaltende Fuhrleute unverweigerlich ihre Pferde zu stellen verbunden. Daher müssen an denjenigen Ortschaften, wo man die Pferde auf den Koppelwiesen übernachten läßt, immer wechselweise einige zu Haus gelassen werden, um im Falle der Noth bei der Hand zu sein.

§. 39. Die Herrschaftshäuser und Wirthschaftsgebäude, Klöster, Pfarrhöfe Fabriken, Bräuhäuser, Mühlen, Feuerwerkstätte und alle größern Häuser sollen mit ordentlichen Löschgeräthschaften, nämlich mit Dachleitern, Feuerhacken, Handspritzen, Wasserläden nach Maß ihrer Größe versehen sein, um sowohl sich selbst, als auch andern Hilfe zu verschaffen. Kleinere Häuser sollen wenigstens eine Leiter, einen Feuerhacken, einige Wasserschäffe (Butten) einige von Stroh geflochtene und in- und auswendig mit Pech gut verschmierte Feuereimer und eine blecherne Laterne haben.

Außer diesen sollen sich die Gemeinden für sich selbst, woferne sie aus Abgang der Mittel sich mehr anzuschaffen nicht vermögen, wenigstens eine Feuerleiter, ein paar Feuerhacken, einige Handspritzen und ein paar blecherne Laternen, wenn sie aber vermöglicher sind, auch ein oder ein paar Wasserladen (Wasserleiten) mit den dazu gehörigen Wägen, oder Schleifen anschaffen und immer mit Wasser gefüllt, in Bereitschaft halten.

§. 40. Die Bestimmung des Löschgeräths, welches unterthänige Häuser anzuschaffen haben, wird den Obrigkeiten überlassen, die dabei immer darauf zu sehen haben, daß die Hausinhaber nicht in unnöthige Ausgaben gesetzt werden.

Die Obrigkeiten, Klöster, Pfarrer und Freihöfe haben den Kreisämtern die Verzeichnisse von ihren Löschgeräthen einzuschicken, welche, was noch daran nachzuschaffen sein wird, die Anleitung zu geben, auch die Vermöglicheren allenfalls zur Anschaffung metallener Feuerspritzen anzueifern haben werden.

§. 41. Zur Erhaltung der Ordnung, die zu desto schleunigerer Löschung einer entstandenen Feuersbrunst unumgänglich nöthig ist, sollen den Hauswirthen und Knechten, wenigstens in größeren Ortschaften, ihre Vorrichtungen schon vorhinein von Seite des Grundgerichtes bekannt gemacht werden. Einige derselben sollen zum Schicken und Feueransagen, einige zum Wasser zu bringen, zur Herbeiführung der Wasserladen oder anderer Nothwendigkeiten, einige zur Verwahrung der geflüchteten Habschaften, andere endlich zum Löschen, Abbrechen und Niederreißen bestimmt, und diese Bestimmungen den Nachbarn alle Jahre einmal bei der sogenannten Pandaitung wiederholt kund gemacht werden.

§. 42. Sobald das Feuerlärmzeichen gegeben wird, sollen der Richter und die Geschwornen die ersten sein, die sich an den Ort der Feuersbrunst begeben, da auf ihr Beispiel ihre Anstalten und Befehle so viel ankömmt. Die Gemeinde hat die Anordnungen dieser Vorgesetzten ohne alle Ausnahme auf das genaueste zu befolgen.

§. 43. Von der Herrschaft selbst, wenn sie im Orte, oder nicht weit davon ihre Kanzlei hat, muß sogleich ein Beamter zur Feuersbrunst abgeordnet werden; bei welchem man voraussetzet, daß derselbe die Geschicklichkeit besitze, gute Ordnung zu halten und die Anstalten zu leiten.

§. 44. Vorzüglich sollen die im Orte, oder unweit davon wohnenden, Zimmerleute, Maurer, Schmiede, Schlosser, Rauchfangkehrer, Müller, und dergleichen Professionisten mit den nöthigen Werkzeugen sich einfinden, oder jemanden von den Ihrigen zu Hilfe schicken.

§. 45. Auch die Hauswirthe und ihre Knechte sind verbunden, gleich nach vernommenem Feuerrufe mit ihren Löschgeräthen herbei zu eilen und sich zu den Verrichtungen anzustellen, die ihnen daselbst aufgetragen werden, oder zu welchen sie ohnehin schon bestimmt sind.

§. 46. So sind auch die in der Nähe liegenden Herrschaften, Klöster, Pfarrer und Gemeinden schuldig, nicht nur die angesuchte Hilfe zu leisten, sondern auch von selbst, sobald sie von einem in der Nachbarschaft entstandenen Feuer Nachricht erhalten, mit Leuten und Geräthschaften einander wechselseitig zum Beistande zuzueilen.

§. 47. Bei dem Feuer ist man zwar allerdings befugt, das anwesende Volk, in soferne es die Noth erfordert, zur Arbeit anzuhalten, und die untauglichen, folglich nur hinderlichen Personen bei Seite zu schaffen; doch soll man Niemanden gewaltthätig behandeln, damit die Leute sich zur Hilfe einzufinden, nicht abgeschreckt werden.

§. 48. Bei dem Löschen soll, soviel möglich, alles unnöthige Geschrei vermieden, mit dem Zutragen des Wassers Ordnung gehalten, während dem, daß die Einen Wasser zureichen, von den andern wieder Wasser geholt werden u. s. w. Den Weg, woher das Wasser mit der Hand, oder auf Wägen zu bringen ist, hat man immer frei zu halten, allenfalls auch mit Laternen zu beleuchten, und haben die Geschwornen, und andere ältere Männer von der Gemeinde zu sorgen, daß sich die Leute im Gehen, oder Fahren selbst nicht hindern.

§. 49. Unterdessen als die Mannsleute sich zur Arbeit bei der Feuersbrunst begeben, sollen die Weiber und Mägde zu Haus bleiben, um, wenn es nöthig sein sollte, das Vieh in den Stallungen abzulösen, welches der Viehhalter (Viehhirt) mit Beihilfe einiger zum Löschen theils unbrauchbarer, theils unnöthiger Leute, sobald möglich, aus dem Orte auf das Feld zu treiben, und solchergestalt in Sicherheit zu bringen hat. Wenn das Feuer in der Nähe ist, haben sich die Weiber und Mägde mit dem Begießen der Dächer und mit der Rettung der Habschaften zu beschäftigen. Zu welchem Ende schon vorhinein ein sicherer Ort bestimmt, und bei einer Feuersbrunst mit einer Wache von Männern besetzt werden soll, wohin also die Weiber und Mägde bei nähernder Gefahr die Habschaften zu schaffen haben werden.

§. 50. Nimmt die Feuersgefahr überhand, so müssen in der Nähe alle Bodenfenster, oder Dachöffnungen zugemacht, die Thüren und Luftlöcher von Kellern, oder Gewölbern mit Steinen, Wasen, Schütt verlegt, besonders alle feuerfangende Sachen auf die Seite geschafft werden.

§. 51. Auf die Kirchthürme und Böden der Kirchen ist in solchen Fällen sogleich Wasser zu bringen. Die Kappenfenster sind vor den Feuerfunken sicher zu stellen, und die kostbaren Kirchengeräthe sobald möglich zu entfernen.

§. 52. Ist das Feuer noch verschlossen, so soll man, so lang es sich thun läßt, demselben keine Luft zu fassen gestatten, sondern es durch Begießen, und sonst andere mögliche Art zu ersticken suchen.

Wenn es aber wirklich ausbricht, oder einen Ort ergriffen hat, worin Körner, Heu, Stroh u. d. g. sich befinden, wo also das Begissen nichts mehr nützt, muß das umliegende Holzwerk weggeräumt, die anstossenden Zäune, wenn es nicht vorher, um den Zugang offen zu halten, geschehen ist, weggebrochen, das Dach eingerissen, und sammt den Wänden und übrigen Brandstücken, um das Feuer zu bedecken, und zu ersticken, hineinwärts gestürzt werden.

§. 53. Nebenstehende Häuser sind ohne Noth nicht einzureißen. Nur dann, wann die Ausbreitung der Flamme auf keine andere Art gehindert werden kann, soll zum Vorbrechen Hand angelegt werden. In diesem Falle ist kein Hauswirth zu verschonen, hingegen ist auch jener, den es trifft, wie ein sogenannter Abbrändler zu behandeln, und hat mit diesem gleiche Vorrechte zu genießen.

§. 54. Wenn das Feuer auch bereits gelöscht ist, soll dennoch von den zum Löschen angestellten Leuten Niemand sich entfernen, bevor der Grundrichter, oder derjenige, der die Aufsicht geführt hat, sie entläßt.

§. 55. Zur Brandstätte sind eigene Wächter anzustellen, welche Sorge tragen, daß durch verborgene Funken das Feuer nicht wieder auflebe, und eine neue Brunst entstehe.

§. 56. Der sämmtliche Löschzeug ist sodann auszusuchen, jedem das Seinige zurückzustellen, und für die Ausbesserung und Vergütung desselben Sorge zu tragen.

§. 57. Diejenigen, welche an den Löschgeräthen muthwilligerweise etwas verdorben, oder zerbrochen haben, sollen nebst dem gänzlichen Ersatze noch zur verdienten Strafe gezogen werden.

§. 58. Diejenigen hingegen, so etwas davon unterschlagen, sich zueignen, oder gar verkaufen dürften, sind landgerichtsmäßig als Diebe zu behandeln. Welches um so mehr von denjenigen zu verstehen ist, die ihre Unmenschlichkeit so weit zu treiben fähig wären, daß sie von den, während der Feuersbrunst geretteten Sachen der Verunglückten etwas entwenden.

§. 59. Endlich soll nach gelöschtem Brande sogleich die Anzeige an das Kreisamt erstattet, von diesem aber genau untersucht werden, wie eigentlich das Feuer entstanden sei, um sowohl die unvorsichtigen, als allenfalls auch die boshaften Urheber zur Verantwortung und Strafe zu ziehen.

Feuerordnung für Landstädte und Märkte.

§. 1. Die Veranlassung zu Feuersbrünsten liegt größtentheils in der gefährlichen Bauart, in mancherlei Unvorsichtigkeiten, oder endlich in Sorglosigkeit und Vernachlässigung.

In den Städten und Märkten sollen die gemeinen Häuser, welche neu erbaut werden, wenn es die Umstände nicht zugeben, solche mit Ziegeln zu decken, wenigstens mit Schindeln, niemals aber mit Stroh gedeckt werden. Die herrschaftlichen Wirthschaftsgebäude, Kirchen, Pfarrhöfe, und derlei ansehnlichere Gebäude hingegen müssen ohne Ausnahme mit Ziegeln gedeckt sein.

§. 2. Auf den Böden sollen ohne besondere Erlaubniß künftig keine Wohnungen oder Zimmer zugerichtet werden. Die, so bereits vorhanden sind, wenn sie um und um gemauert und mit Ziegeln gepflastert sind, mögen noch ferner bestehen, doch soll, insoferne sie nicht um und um gemauert, und mit Ziegeln gepflastert sind, in denselben weder Herdstätte, noch Oefen, noch Kohlenfeuer gestattet werden.

§. 3. Künftig ist keine hölzerne Bodentreppe (Bodenstiege) zuzulassen.

§. 4. Eben so soll nirgends ein hölzerner Rauchfang geduldet werden, und wo sich dergleichen finden sollten, sind dieselben sogleich abzuschaffen.

§. 5. Ueberhaupt sollen die Rauchfänge wohl mit Mörtel (Malter) verwahrt, genugsam über die Dächer erhoben, gerade und weit genug sein, damit sie leicht geschlossen und gereinigt werden können; auch sollen durch die Rauchfänge keine hölzernen Balken, (Trame) Schlüßen, Doppelbäume, oder sonst ein Holzwerk gezogen werden.

§. 6. Ohne besondere Erlaubniß der Obrigkeit dürfen weder eiserne, noch gemauerte Ofenröhren, sei es von Küchen oder Zimmern eingelegt werden, und ist deswegen den Blechschmieden bei schwerer Strafe untersagt, dergleichen zu verfertigen.

Die Obrigkeit aber soll hiezu nur bei den Umständen die Erlaubniß ertheilen, wenn sonst keine Heizung möglich, die Röhre vom Kamine nicht zu weit entfernt, und überhaupt dabei keine Feuersgefahr zu besorgen ist, dann aber muß der Rauchfangkehrer es auf sich nehmen, die Röhre gleich den ordentlichen Rauchfängen gegen billige Bezahlung fleißig zu reinigen.

§. 7. In Küchen und andern zu Feuerstätten bestimmten Orten sollen die Fußböden nie von Holz sein.

§. 8. Die Backöfen sind unter Gewölbe zu bringen und mit Ziegeln zu decken.

§. 9. Auch die Stallungen sollen, wo es die Umstände zugeben, gewölbt sein. Daher hat die Obrigkeit darauf zu sehen, daß ohne hinlängliche Ursache nicht gestattet werde, neue Stallungen ungewölbt zu erbauen; nebstdem sind dieselben stets oben und an den Seiten gut mit Mörtel (Malter) anzuwerfen.

§. 10. Die Scheunen und Flachsdörren müssen, wo es sich thun läßt, außerhalb der Städte und Märkte gebaut werden.

§. 11. Ueberhaupt soll künftig weder ein neues Gebäude aufgeführt, noch eine Hauptreparation, besonders an Rauchfängen und Herden, oder Feuerstätten unternommen werden, ohne daß die Erlaubniß bei dem Magistrate, oder anderer Obrigkeit nachgesucht, und nach vorläufigem, mit Zuziehung der Werkverständigen genommenen Augenscheine erhalten worden.

§. 12. Dann aber sollen zur Erbauung, Verbesserung, Abänderung der Häuser, oder auch zur Abänderung der Rauchfänge, der Oefen, der Feuerstätten nur befugte, und ordentlich bestellte Bau- und Werkmeister gebraucht werden, bei empfindlicher Strafe sowohl der Bauführenden selbst, als der unbefugten Arbeitsleute, die dabei gebraucht worden.

§. 13. Die Obrigkeit oder der Magistrat sollen daher auch, nachdem die Erlaubniß zu bauen schon gegeben ist, ob der ertheilten Erlaubniß gemäß gebaut werde, genau nachsehen, bei einer Uebertretung die Uebertreter zur Verantwortung ziehen, und das, was etwa gegen die Erlaubniß erbaut worden wäre, sogleich wieder abtragen lassen.

§. 14. Zu dem Augenscheine ist nebst andern Werkverständigen auch allzeit ein Rauchfangkehrer zuzuziehen. Dabei muß überhaupt auf alles, was am Gebäude feuergefährlich sein dürfte, vorzüglich aber auf Herdstätte, Oefen, Rauchfänge u. dgl. gesehen werden.

§. 15. Jedoch darf weder bei dem Augenscheine, noch bei Ertheilung der Erlaubniß, noch wegen des Nachsehens bei dem Baue selbst, von der Obrigkeit oder dem Magistrate eine Taxe abgenommen werden.

§. 16. Damit durch Unvorsichtigkeiten keine Feuersgefahr verursacht werde, ist das Schießen im Orte, oder nahe an demselben außer den bestimmten öffentlichen Schießstätten, wie auch alles Feuerwerk und besonders das sogenannte Sonnenwendfeuer auf das schärfeste verboten.

§. 17. Das hie und da gewöhnliche Küchenausbrennen wird gänzlich untersagt.

§. 18. Ebenso den Faßbindern das Ausbrennen der Fässer bei starkem Winde, oder an feuergefährlichen Oertern.

§. 19. In Ställen, Scheunen, Schuppen und andern mit feuerfangenden Sachen angefüllten Oertern soll Niemand sich unterfangen, Tabak zu rauchen.

§. 20. Holz, Flachs, oder derlei brennbare Dinge bei den Oefen, oder auf den Herdstätten zu trocknen oder zu dörren, wird auf das schärfeste verboten.

§. 21. Holz, Heu, Stroh u. dgl. sollen nicht neben Rauchfängen und Feuerstätten aufbewahrt, noch auf die Dachböden gelegt werden.

§. 22. Die Handwerker, welche mit feuerfangenden Sachen zu thun haben, sollen keinen beträchtlichen Vorrath in ihren Werkstätten aufbehalten.

§. 23. Handelsleute, welche mit Pulver, Pech, Salniter, Schwefel, Terpentin, Oel, oder ähnlichen entzündbaren Waaren handeln, haben bei deren Verwahrung gegen Licht alle mögliche Behutsamkeit anzuwenden. In den Handlungsgewölben soll von Pulver nie ein Vorrath über 4 Pfund gehalten, und noch dieser kleine Vorrath in besondern guten Behältnissen, allenfalls in blechernen Gefäßen verwahrt werden. Alles übrige Pulver haben sie außer der Stadt oder dem Markte an einem sicheren Orte aufzubehalten.

§. 24. Beim Kochen mit Schmalz ist Sorge zu tragen, daß sich dasselbe nicht entzünde, und wenn es geschieht, muß kein Wasser in selbes gegossen, sondern die Flamme mittelst Zudeckung des Geschirres zu ersticken getrachtet werden.

§. 25. Diejenigen Handwerker, die in Holz arbeiten; als Tischler, Drechsler, Wagner, Faßbinder u. dgl., sollen die Holzscheiter, Splitter und Späne nicht in der Werkstätte liegen lassen, sondern von Tag zu Tag an einen feuersichern Ort bringen.

§. 26. Strohschneiden, Flachsbrechen, Hächeln, Dreschen u. dgl. Verrichtungen dürfen bei Nachtzeit entweder gar nicht, oder doch nicht bei freiem Lichte unternommen werden.

§. 27. Vorzüglich ist das offene Licht und Kohlfeuer auf das sorgfältigste in Acht zu nehmen, und daher bei schwerster Strafe verboten, freies Licht oder Kohlfeuer auf die Böden, in die Ställe, Heu-, Holzgewölbe oder andere Oerter zu bringen, wo feuerfangende Sachen aufbehalten werden. Jeder Hausinhaber und Hausvater wird mit gläsernen oder blechernen Laternen versehen sein, damit sowohl er, als sein Gesinde zur Nachtzeit an solchen Oertern sich eines darin verwahrten Lichtes bedienen möge.

§. 28. Die Gastwirthe haben wie andere Hausväter für ihre Hausleute, zugleich aber auch für die bei ihnen einkehrenden Gäste zu haften. Sie sollen demnach den Pferdeknechten die Aufsteckung freier brennenden Kerzen in den Ställen nicht gestatten, und ihnen in diesem Stücke, wie auch wegen des Tabakrauchens, alle Behutsamkeit einbinden.

§. 29. Ueberhaupt soll jeder Hausinhaber und Hausvater nicht nur seinen Kindern, Hausleuten, den in seinem Hause wohnenden Zinsparteien und Gästen die Achtsamkeit auf Feuer und Licht nachdrücklichst einschärfen, sondern entweder er selbst soll Nachts vor dem Schlafengehen, besonders bei Oefen und Feuerstätten genau nachsehen, oder durch jemanden Zuverlässigen nachsehen lassen, und dafür sorgen, daß Licht und Feuer wohl abgelöscht, oder an einem sichern Orte, wo kein Schaden geschehen kann, aufbewahrt werden.

§. 30. Eben diese Vorsicht haben dieselben auch wegen der warmen, vielleicht nicht hinlänglich ausgekühlten Asche zu empfehlen, welche um größerer Sicherheit willen immer nur an feuerfreie Plätze zu schütten ist.

§. 31. Die Sorglosigkeit in Säuberung der Rauchfänge hat zur Entstehung der Feuersbrünste öftere Gelegenheit gegeben. Jeder Hausinhaber und Hausvater hat daher darauf zu sehen, daß die Rauchfänge, Oefen und Herdstätte von Zeit zu Zeit gereiniget, und gegen die Feuersgefahr sicher gestellt werden.

§. 32. Dieses Kehren der Rauchfänge soll durch ordentliche befugte Rauchfangkehrer nach dem Ermessen der Obrigkeit und des Magistrates, und nach Verhältniß des mindern oder größern Feuers, alle 4

Wochen, oder alle 14 Tage, bei Handwerksleuten, die großes Feuer nöthig haben, auch wohl alle 8 Tage geschehen.

§. 33. Die Rauchfangkehrer sind schuldig, jene Parteien, welche sich weigern, ihre Oefen und Rauchfänge zu gehöriger Zeit kehren zu lassen, wie auch jene Oefen und Rauchfänge, welche schadhaft sind, oder bei welchen sonst eine Gefahr vorhanden sein dürfte, der Obrigkeit anzuzeigen. Im Falle der Unterlassung haben sie für den entstehenden Schaden zu haften.

Sie sollen sich daher in diesem Punkte nicht auf ihre Gesellen verlassen, sondern öfters selbst bei den Oefen, Rauchfängen, Herdstätten mit Aufmerksamkeit nachsehen.

§. 34. Hingegen ist auch die Schuldigkeit der Hausinhaber und Hausväter, jene Rauchfangkehrer der Obrigkeit anzuzeigen, welche ihre Schuldigkeit nicht thun, welche zu selten, oder zu nachlässig kehren, und sich ihre Verrichtungen nicht pflichtgemäß angelegen sein lassen.

§. 35. Damit nun alles, was in den vorhergehenden §§. vorgeschrieben ist, um so pünktlicher beobachtet, und alle Feuersgefahr um so zuverlässiger abgewendet werden möge, sind in allen Städten und Märkten von den Obrigkeiten eigene Feuercommissarien aufzustellen, allenfalls für die verschiedenen Stadtviertel besondere zu bestimmen. Diese haben sich mit Zuziehung eines Maurer-, Zimmer- und Rauchfangkehrermeisters alle Jahre zweimal, nämlich im Herbste unentgeltlich in alle Häuser des Ortes zu begeben, die Rauchfänge, Oefen und Feuerstätten wohl zu besichtigen, die Feuergefährlichkeiten, so viel möglich, anzumerken, und diejenigen, wobei augenblicklich ein Unglück zu besorgen steht, und kein Aufschub stattfindet, auf der Stelle abzuschaffen. Zugleich sollen sie die bei den Häusern befindlichen Löschgeräthschaften in Augenschein nehmen, und dann über eine jede solche Untersuchung bei der Obrigkeit oder dem Magistrate ihren Bericht abzustatten.

§. 36. Da indessen bei aller Vorsicht dennoch Feuersbrünste entstehen, so ist der weitere Augenmerk auf die baldige Entdeckung derselben zu richten, wozu die Nacht- und Feuerwachen vorzüglich dienen.

Den Nachtwächtern ist, daß sie Nachts auf das Feuer genau Acht haben, genau einzuprägen, und unter Androhung strenger Züchtigung nachdrücklich zu befehlen, daß sie, sobald sie eine Gefahr gewahr werden, sogleich Lärmen machen.

Wo es keine Nachtwächter gibt, sind einige Feuerwächter zu bestellen, welche diese Verrichtung auf sich nehmen, und zu dem Ende Nachts herumgehen, oder wo es sich thun läßt, auf einem Thurme sich aufhalten, den Ort wohl übersehen, und alle Viertelstunde ein Zeichen ihrer Wachsamkeit geben.

§. 37. An den Ortschaften, wo Jahrmärkte gehalten werden, ist zu dieser Zeit von den Magistraten die Sorgfalt und Vorsichtigkeit wegen der Feuersgefahr zu verdoppeln. Zu dem Ende soll in der Gegend der Markthütten kein freies Licht, oder Kohlenfeuer gestattet, hinlängliches Wasser in Bereitschaft gehalten, und schon vor dem Tage des Markts entweder öffentlich kundgemacht, oder wenigstens den Gastwirthen eingebunden werden, daß sie die Gäste und Marktleute warnen, auf die Sicherstellung ihrer Hütten gegen Feuersgefahr bedacht zu sein.

§. 38. Wenn irgendwo Feuer entsteht, soll augenblicklich Lärmen gemacht, und um Hilfe gerufen werden. Der sich unterfängt, das im Hause entstandene Feuer geheim zu halten, und es nicht sogleich bekannt werden läßt, sei er nun der Hausvater selbst, oder jemand anderer, soll auf das schärfste bestraft, und insoweit sein Vermögen zureicht, zum Ersatze des verursachten Schadens angehalten werden.

§. 39. Zur Kundmachung des entstandenen Feuers ist also Jedermann verbunden, sobald er die Feuersgefahr auf was immer für eine Art gewahr wird.

§. 40. Die Kundmachung von Parteien kann durch Schreien, und des Nachts durch Anpochen an die Hausthore und Fenster geschehen. Zugleich ist die unversäumte Anzeige bei dem Bürgermeister, Stadt- oder Marktrichter, auch bei den Feuerkommissarien zu machen. Auf das Lärmzeichen, so das Feuer ankündigt, oder bei Gewahrwerdung des Feuers soll ohne weitere Verordnung durch den Schulmeister, Meßner oder Kirchendiener an die Thurmglocke angeschlagen, nebstdem auf dem Thurme bei Tag eine Feuerfahne, bei der Nacht eine Laterne mit brennendem Lichte ausgesteckt, und auch wohl durch dazu bestellte Leute mit der Trommel Lärmen geschlagen werden.

§. 41. Die schleunige Löschung eines ausbrechenden Brandes hängt sehr von der Vorkehrung ab, daß es nicht am hinreichenden Vorrathe an Wasser, noch an den nöthigen Löschgeräthschaften gebreche, daß die verschiedenen Classen der Einwohner zu angemessenen Verrichtungen vorhinein bestimmt, und sich zur Hilfe schleunig einzufinden angewiesen sind, endlich, daß beim Löschen selbst eine gute Ordnung herrsche.

Daher müssen sowohl die öffentlichen Brunnen, als die in Privathäusern ein besonderer Gegenstand der Aufmerksamkeit für die Feueraufsicht sein, und hat man bei den gewöhnlichen Feueruntersuchungen darauf zu sehen, daß sie im guten Stande erhalten werden.

§. 42. Wenn daher ein neues Haus gebauet wird, soll man so sehr als möglich darauf sehen, daß in selben ein Brunnen gegraben werde, und ist, wo die Grabung eines Brunnens leicht möglich ist, die Erlaubniß zum Bauen nur unter diesem Bedingnisse zu ertheilen.

§. 43. Wo Mangel an Fluß-, Bach- und Brunnenwasser ist, muß man sich mit Pferdeschwemmen, Cisternen u. dgl. behelfen, und auf derselben Erhaltung bedacht sein.

§. 44. Es ist dafür zu sorgen, daß für den Fall der Noth immer Pferde zur Hand sind. Allenfalls ist den in dem Orte befindlichen Fuhrleuten, Müllern, Bäckern, Bräuern, Fleischhauern, und wer sonst Pferde hält, zur Pflicht zu machen, daß sie, nebst der allgemeinen Schuldigkeit, die Pferde bei einem Brande zu stellen, wechselweise immer eigens angeschirrte Pferde bereit halten, um bei Entstehung eines Feuers solche zur Herbeischaffung des Löschgeräths, Wassers, oder was sonst nöthig sein könnte, ohne Verzug gebrauchen zu können.

§. 45. So viel möglich, soll jedes gemeine Bürgerhaus auf dem Boden eine mit Wasser gefüllte Bottung (Wassertonne) haben, und, um im Falle der Noth entweder selbst zum Löschen zu gehen, oder Leute schicken zu können, wenigstens mit einigen Schäffern und hölzernen Wassereimern (Zubern und Kannen) versehen sein.

§. 46. Jedes Bürgerhaus muß eine Dachleiter, einen Feuerhacken und eine große Laterne mit einem Hafte, an dem sie an die Hausmauer aufgehängt werden können, anschaffen, um, wenn zur Nachtzeit Feuer entsteht, die Gassen, wodurch das Löschgeräth und das Wasser zugeführt werden muß, zu beleuchten.

§. 47. Die Magistrate oder Ortsobrigkeiten haben in Ansehen der größeren Bürgershäuser, die Kreisämter aber in Ansehen der in den Städten und Märkten liegenden Herrschaftshäuser, Freihöfe, Klöster, Pfarrhöfe u. dgl. zu bestimmen, wie viel sich jedes an den in den beiden vorhergehenden §§. genannten, oder auch an anderen Löscherfordernissen, z. B. an ledernen Wassereimern, (Wasserampern) an Hacken, Brecheisen, an eisernen Schaufeln, hölzernen Handspritzen u. dgl. beizuschaffen habe.

§. 48. Außerdem sollen aller Orten durch die Kammerämter der Städte und Märkte, mithin auf gemeine Kosten die abgängigen gemeinschaftlichen Löschgeräthschaften angeschafft werden. Jeder Ort muß nach Verhältniß seiner Größe und seines Vermögens mit größeren oder kleineren metallenen Feuerspritzen auf Rädern oder Traghölzern, mit Wasserwägen und ihrem Zugehör, mit Wasserfässern, (Wasserladen) mit höheren und niedern Feuerleitern, Feuerhacken, eisernen Schaufeln, Brecheisen(Krampen) Brandhacken, ledernen Wassereimern (Wasserampern), Laternen u.dgl. versehen sein.

§. 49. Die Magistrate und Obrigkeiten sollen demnach ohne Verzug und mit eigener Dafürhaftung sorgen, daß in den ihnen untergebenen Häusern die Löschgeräthschaften, welche für jedes bestimmt sind, angeschafft, und in guten Stand erhalten werden. Von ihren vorräthigen eigenen, und von den Löschgeräthen der in ihrer Stadt, oder ihrem Markte liegenden Herrschaftshäuser, Freihöfe, Klöster, Pfarrhöfe u. dgl. größeren Häuser haben sie binnen 4 Wochen von Zeit dieser kundgemachten Feuerordnung an, dem Kreisamte das Verzeichniß einzusenden, welches sodann, was noch abgängig sein dürfte, nach Umständen nachzuschaffen, die Anleitung geben wird.

§. 50. Die den Städten und Märkten selbst gehörigen Löschgeräthschaften müssen an schicksamen Oertern, wo zu allen Stunden leicht zuzukommen ist, aufbewahrt, dem Stadtkämmerer, oder sonst vertrauten Leuten hierüber die Aufsicht aufgetragen, und öfters im Jahre darnach gesehen werden. Die Spritzen sind von Zeit zu Zeit zu versuchen, und was Schaden gelitten, sogleich auszubessern.

Die Wasserbottungen, wovon in den Stadtgebäuden, Rathhäusern und anderen öffentlichen Gebäuden, so viel nöthig, untergebracht werden sollen, sind zu gehöriger Zeit mit frischem Wasser zu füllen, und überhaupt ist Sorge zu tragen, daß alle Löschgeräthschaften in jedem Nothfalle und in solchem Stande sind, damit sie auf der Stelle und ohne sie erst zubereiten zu müssen, gebraucht werden mögen. Diejenigen, welchen die Sorge über die Löschgeräthschaften anvertraut ist, werden über die ihnen zur Schuld kommenden Vernachlässigungen zu scharfer Verantwortung zu ziehen, auch wohl gar zum Ersatze des durch die Unbrauchbarkeit der Löschgeräthschaften entstandenen Schadens anzuhalten sein.

§. 51. Vorzüglich aber hängt die Geschwindigkeit sowohl, als die Ordnung beim Löschen von einer vorläufigen Bestimmung der Jedem zukommenden Verrichtung bei der entstandenen Feuersbrunst ab, daß ohne weitere Anstellung oder Anordnung Jedermann von selbst wisse, was er zu thun habe.

Daher sollen die Magistrate und Obrigkeiten durch eine schickliche Eintheilung nach dem Unterschiede der Zünfte und Professionisten alles auf eine solche Art festsetzen, daß einer jeden Gattung ihre angemessene Verrichtung zugetheilt werde, und auf diese Weise die einen zur Zufuhr der Erfordernisse, zur Zubringung des Wassers bei den öffentlichen Brunnen, die andern auf dem Rettungsplatze, einige bei den Spritzen, andere bei den Feuereimern, bei den Feuerleitern, bei dem übrigen Geräthe, ferners andere zum Löschen, zum Retten der Habschaften, zum Abbrechen und Einreißen angewiesen sein.

Insbesondere sind die im Orte befindlichen Maurer-, Ziegeldecker-, Zimmer-, Schmied- und Schlossermeister, wie auch die Rauchfangkehrer zu unterrichten, mit welchen Werkzeugen sie sich beim Feuer einzufinden und wozu sie sich eigentlich bereit zu halten haben.

§. 52. Auf gleiche Art müssen die Magistrate die Geschäfte für den Fall einer Feuersbrunst vorhinein unter sich selbst eintheilen, und nebst den Feuerkommissarien, die ohnehin allzeit bei dem Feuer sich einfinden müssen, einige theils aus ihrem Mittel, theils aus der übrigen Bürgerschaft benennen, die während des Feuers Ordnung halten, die zu und abfahrenden Wägen leiten, die Leute zum Löschen, doch mit Bescheidenheit aneifern sollen. Auch sind eigens Leute zu bestellen, die in dergleichen Gelegenheiten zum Feueransagen, zum Hin- und Widerschicken, und andern dergleichen Nebenverrichtungen sich brauchen lassen. Die Magistrate und Obrigkeiten haben ihren Gerichtsdienern und Thorwärtern die Anleitung zu geben, daß sie auf verdächtige Leute, von denen man Versuche von Diebstählen zu befürchten hat, Acht geben, besonders zur Nachtzeit während dem Feuer Unbekannte nicht ein- oder ausgehen lassen, und die Thöre gesperrt halten. Die Viehhälter (Hirten) sind anzuweisen, bei Entstehung des Feuers zur Hand, und für die Wegschaffung und Rettung des Viehes besorgt zu sein. Alle diese Verrichtungen und die dazu bestimmten Personen sind in ein eigenes Protokoll einzutragen, sowohl, damit die Eintheilung nicht in Vergessenheit komme, als damit jene, welche zur Zeit des Feuers ihre Schuldigkeit nicht thun, zur Verantwortung gezogen werden können.

§. 53. Wenn das Lärm- und Feuerzeichen gegeben wird, soll sich der Bürgermeister, der Stadt- oder Marktrichter mit einem oder andern Rathsmanne, wie auch die bestellten Feuerkommissarien zum Feuer begeben, wohin ebenfalls jeder Hausinhaber entweder selbst zu kommen, oder doch jemanden mit hinlänglichen Kräften versehenen, mithin kein Kind, oder eine zu betagte Person mit Wassereimern, Schäffern, Zubern u. dgl. zu schicken hat.

§. 54. Die Handwerker, oder andere dazu bestimmte Personen haben mit ihren nothwendigen Handwerkszeugen dem Feuer zuzueilen, oder sich zu der jedem von ihnen nach Anleitung des §. 51 angewiesenen Verrichtung, sogleich ohne weitere Anfrage, unter Vermeidung der empfindlichsten Strafe, wenn sie zu spät kämen, anzustellen. Besonders haben sich diejenigen, die zur Herbeischaffung der gemeinen Stadt und Marktgeräthschaften, und zur Zufuhr der Wasserladungen bestimmt sind, aller möglichen Eilfertigkeit zu befleißen. Die zum Ab- und Vorbrechen gemeiniglich bestimmten Maurer, Zimmerleute, Steinmetze, Schlosser, Schmiede, die im Orte oder in der Nähe wohnen, haben sich mit ihren Werkzeugen zahlreich einzufinden, die Rauchfangkehrer aber mit allen ihren Gesellen zu erscheinen.

§. 55. Außer jenen, die ohnehin zur Zufuhr des Löschgeräths und Wassers eigens bestimmt sind, sollen Fuhrleute und alle Parteien, die Pferde halten, auch die einkehrenden Fuhrleute ebenfalls die Pferde in Bereitschaft halten, um im Falle der Noth selbe sogleich zur Löschanstalt, oder zu andern dazu gehörigen Fuhren stellen zu können.

§. 56. Der Wundarzt hat die besondere Pflicht, selbst, nebst einem Gesellen mit Bind- und Aderlaßzeuge sich einzufinden, damit denjenigen, welche beim Löschen etwa verunglückt werden möchten, gleich die nöthige Hilfe verschafft werden möchte.

§. 57. Von der im Orte befindlichen Klostergeistlichkeit versieht man sich, daß sie, wie es ihre Schuldigkeit fordert, wenigstens durch Abschickung einiger ihrer Mitbrüder und mit ihren Löschgeräthschaften den Nothleidenden zu Hilfe kommen, und in der Hilfleistung bei einer solchen öffentlichen Noth den übrigen Einwohnern mit gutem Beispiele vorzugehen sich bemühen werde.

§. 58. Bei der Feuerlöschanstalt selbst sollen alle Anwesenden dem Bürgermeister, Stadt-, Marktrichter, oder wer sonst als Vorgesetzter zur Aufsicht gegenwärtig ist, ohne Widerrede oder Verweilung Gehorsam leisten.

§. 59. Die Pflicht dieses Vorgesetzten ist, die Leute zur Arbeit anzueifern, die Halsstärrigen und Widerspenstigen mit Ernst anzutreiben, die zum Löschen unnützen Personen und müssigen verhinderlichen Zuseher bei Seite zu schaffen; bei diesen und allen seinen Verrichtungen den Glimpf, und die anständige Mäßigung nicht aus den Augen zu lassen. Alle Anwesenden haben übrigens sich des unnöthigen Geschreis und Lärmens zu enthalten.

§. 60. Es muß Vorsicht getragen werden, daß der Weg zur Zubringung des Wassers und der Löschgeräthe frei bleibe, und zur nächtlichen Zeit beleuchtet sei; daß, um Verwirrung und Hindernissen zuvorzukommen, die Wege der Zufuhr und Abfuhr auf verschiedenen Seiten angewiesen, wo es der Platz möglich macht, die zum Zureichen des Wassers bestimmten Personen in zwei Reihen gestellt werden, und von diesem die eine Reihe die vollen Eimer von Hand zu Hand zureiche, die andere aber die leeren zum Füllen zurückgebe, daß also auf diese Art immer Ordnung erhalten, und das Löschen ohne Unterbrechung fortgesetzt werde.

§. 61. Beim Löschen selbst soll man die Spritzen nicht gegen, sondern nach dem Winde richten. So lange es irgendwo in einem Zimmer, oder Keller oder Gewölbe, oder sonst einem gesperrten Behältnisse brennt, ist nach Umständen der Sache, das Feuer mit Handspritzen, Wasseraufgießen, allenfalls durch Verstopfung der Thüren, Fenster, Oeffnungen mit Erde, Rasen, (Wasen) Mist, Steinen, Ziegeln u. dgl. zu dämpfen, und demselben nicht vor der Zeit Luft zu lassen, noch voreilig und ohne Noth zum Ein- und Niederreißen zu schreiten.

§. 62. Falls aber das weitere Umsichgreifen und die Verbreitung des Brandes nicht leicht mehr auf andere Art gehindert werden könnte, soll ohne Rücksicht mit dem Ab- und Vorbrechen an den nächsten Häusern vorgegangen werden.

§. 63. Dagegen diejenigen, deren Häuser durch Löschanstalt abgedeckt, oder niedergerissen worden sind, alle Vorrechte und Begünstigungen der wirklichen sogenannten Abbrändler zu genießen haben und wo ferner durch Abdeckung oder Einreißung ihrer Häuser der ganze Ort gerettet worden ist, oder durch ihren Verlust dem Orte sonst ein besonderer Vortheil zugeflossen ist, hat man auf eine besondere angemessene Vergütung für die Eigenthümer den Antrag zu machen.

§. 64. Nach gelöschtem Feuer haben Löscher und Löschgeräth noch so lange auf der Brandstätte zu bleiben, als es diejenigen, welche die Löschanstalt leiten, zuträglich finden werden.

Es soll sich also Niemand ohne Erlaubniß der Obrigkeit wegbegeben.

§. 65. Wenn der Brand aufgehört, ist genaue Obsicht zu tragen, daß nicht durch irgend eine, unter dem Schutte noch verborgene Glut neuerdings Feuer entstehe. Daher die Brandstätte bis zur gänzlichen Auskühlung noch beständig mit Wasser begossen werden muß. Die Vorsicht fordert sogar, eigene Wächter auf dem Platze zu lassen, welche auf das etwa neu auflodernde Feuer zu sehen haben.

§. 66. Wann endlich die Feuersgefahr ganz vorüber ist, müssen alle Löschgeräthschaften auf einen Platz zusammengetragen, die der Stadt oder dem Markte angehören, abgesondert, und auch jedem Privat-Eigenthümer das Seinige zurückgestellt werden. Die Ausbesserung und Nachschaffung dessen, was an den Löschgeräthen verderbt oder gänzlich zu Grunde gegangen ist, soll, sobald möglich besorgt werden.

§. 67. Den Tag nach einem solchen Brande muß die umständliche Anzeige an das k. k. Kreisamt gemacht werden.

Daher ist unverzüglich zu untersuchen, wodurch das Feuer entstanden ist, um diejenigen, welche durch Fahrlässigkeit dazu Gelegenheit gegeben hätten, zur Strafe zu ziehen, allenfalls gegen solche, welche als vorsätzliche Urheber erkennt würden, nach der peinlichen Halsgerichtsordnung vorgehen zu können.

§. 68. Sollte sich Jemand unterfangen, etwas von den Löschgeräthschaften sich zuzueignen, daran muthwillig zu verderben, davon wissentlich zu verkaufen oder an sich zu kaufen, der hat ebenfalls eine strenge gerichtliche Züchtigung zu gewarten.

§. 69. Diejenigen endlich, welche die Unmenschlichkeit hätten, etwas von den der Gefahr ausgesetzten, oder geretteten Sachen zu entwenden; oder das ihnen in so dringender Noth Anvertraute abzuleugnen, sind mit der größten Schärfe, als die sträflichsten Diebe, nach den peinlichen Gesetzen zu behandeln.

§. 70. Hingegen sind diejenigen, welche sich bei dem Löschen durch besondere Dienste hervorgethan haben, zur allgemeinen Aufmunterung öffentlich zu belohnen. Insbesondere soll denen, welche dem Stadt- oder Marktrichter, oder der im Orte befindlichen Obrigkeit die erste Nachricht vom entstandenen Feuer gebracht haben, 1 fl. 30 kr., demjenigen, welcher die erste Wasserladung zum Feuer geliefert hat, 1 fl., dem, der die zweite gebracht, 1 fl., dem Rauchfangkehrer, der, wenn im Rauchfange Feuer entstanden ist, denselben am ersten geschlossen hat, 2 fl., demjenigen, der solchen am zweiten geschlossen, 1 fl. aus dem Stadt- oder Marktkammeramte gereicht werden.

§. 71. Dieser und anderer durch das Löschen veranlaßten nothwendigen Kosten wegen aber hat das Kammeramt sich an dem Hausinhaber, durch dessen eigene, oder seiner Einwohner Schuld und Nachlässigkeit das Feuer entstanden ist, Ersatz zu erholen. Doch bleibt dem Ersteren das Recht der Wiederforderung nach vorhergegangener Schätzung und Mäßigung gegen denjenigen vorbehalten, welchem eigentlich die Entstehung der Feuersbrunst zur Last gelegt werden kann.

Mit Reg.-Decret vom 18. Mai 1830, Z. 28,892 (St. G. S. 1830 Seite 193) wurde angeordnet, daß die Feuerbeschau auf dem offenen Lande jährlich wenigstens zweimal mit Beiziehung eines Rauchfangkehrers und eines Maurer- oder Zimmermeisters vorgenommen werde. In Städten und Märkten hat nebst dem Rauchfangkehrer stets auch ein Maurer- und Zimmermeister zu interveniren.

Rücksichtlich der zu veranlassenden Sammlung milder Beiträge für die durch Feuer- oder Elementar-Ereignisse Verunglückten gelten nach dem Hofdekrete vom 8. September 1816 folgende Bestimmungen:

1. Hat das Unglück eine größere Stadt oder einen vorzüglicheren Markt getroffen, so steht es der politischen Landesstelle mit Rück-

sicht auf die Größe des verursachten Schadens frei, nebst der in ihrem Gebiete einzuleitenden Sammlung auch bei dem Ministerium auf die Veranlassung einer allgemeinen Sammlung in allen Ländern der Monarchie einzuschreiten.

2. Ist eine mindere Markt- oder Dorfgemeinde, oder ein größerer Theil derselben verunglückt, so kann die politische Landesstelle in sämmtlichen Bezirken des Landes milde Beisteuersammlungen ausschreiben.

3. Für einzelne Verunglückte findet keine allgemeine Sammlung im Lande statt, sondern es ist der politischen Bezirksbehörde überlassen, solchen durch Beisteuersammlungen zu Hilfe zu kommen.

4. So viel es die Art betrifft, wie diese Sammlungen einzuleiten sind, so hat es von den früher ertheilten Sammlungspässen, womit die Parteien im Lande herumzogen, ganz abzukommen, und ist die Verordnung zur Sammlungsbewilligung an die Gemeinden dahin zu erlassen, daß jede Gemeinde die Beiträge durch vertraute und ehrliche Männer unentgeltlich sammle, und solche an die politische Bezirksbehörde, diese aber, insofern die Sammlung eine verunglückte Gemeinde außer ihrem Gebiete betrifft, an die Landesstelle einsende.

Die Landesstelle und die politischen Bezirksbehörden haben sich bei Ausschreibung der Sammlung mit der Geistlichkeit in das Einvernehmen zu setzen, damit diese die Einwohner und Gemeinden durch die Seelsorger zu Beiträgen für ihre Nebenmenschen auffordern.

Nach der Reg.-Verordnung vom 11. Dez. 1834, Zahl 36563 ist jede milde Sammlung, welche für eine durch Feuer oder andere Elementarschäden verunglückte Gemeinde von der politischen Landesstelle entweder selbst bewilliget, oder in Folge höheren Auftrages ausgeschrieben wird, von der Landesstelle den politischen Bezirksbehörden bekannt zu geben, welche sodann ohne Verzug die Gemeindevorstehungen zur Einleitung der Sammlung anzuweisen und die sämmtlichen Pfarrämter ihres Bezirkes aufzufordern haben, durch angemessene Reden von der Kanzel zu ergiebigen Beitrags-Leistungen aufzumuntern und auch sonst im geeigneten Wege zur Beförderung des guten Werkes mitzuwirken.

Nachdem die Verkündung von der Kanzel geschehen ist, ist die Sammlung, wie es in dem Hofdekrete vom 8. September 1816 vorgeschrieben ist, in jeder Gemeinde durch vertraute und ehrliche Männer unentgeltlich vorzunehmen. Von diesen ist der Ertrag an die Gemeindevorstehung und von dieser an die politische Bezirksbehörde einzuliefern, von wo er sogleich an die Landesstelle abzuführen kommt. Den politischen Bezirksbehörden und Gemeindevorstehungen ist zur Pflicht gemacht, ihre Amtshandlung in dieser Beziehung jederzeit möglichst zu beschleunigen, damit bei dem Umstande, daß der Ertrag solcher Sammlungen ohnehin den großen Schaden der Verunglückten ganz zu vergüten nicht im Stande ist, doch die Schnelligkeit die Hilfsleistung wirksamer mache.

Mit Reg.-Dekret vom 20. Dez. 1844, Z. 28162 wurde das Verbot der Ausstellung von Pässen, Zeugnissen, Lizenzen oder ähnlichen

Dokumenten, Behufs der persönlichen von Haus zu Haus vorzunehmenden Sammlungen erneuert.

Die bemerkten Vorschriften bezüglich der Sammlungen bei Brandunglücken betreffen den übertragenen Wirkungskreis der Gemeinden und sind hier nur wegen ihres Zusammenhanges mit den feuerpolizeilichen Verordnungen aufgenommen.

XI.

Die durch das Gesetz zu regelnde Einflußnahme auf die von der Gemeinde erhaltenen Mittelschulen, dann auf die Volksschulen, die Sorge für die Errichtung, Erhaltung und Dotirung der Letzteren mit Rücksicht auf die noch bestehenden Schulpatronate.*)

Gesetz für Oberösterreich über das Schulpatronat und die Kostenbestreitung für die Localitäten der Volksschulen vom 10. Juni 1864.

§. 1.

Das lediglich im Gesetze begründete Schulpatronat hat sammt allen damit verbundenen Rechten und Pflichten zu entfallen, es wäre denn, daß die Betheiligten ein Einverständniß über die Aufrechthaltung desselben treffen.

Schulpatronate, welche auf andern Titeln beruhen, bleiben aufrecht.

§. 2.

Die durch die Minist.-Verord. vom 15. Dez. 1848, Reichsgesetzblatt Nr. 28, aufrecht erhaltene Verpflichtung der ehemaligen Grundobrigkeiten als solcher zur Beistellung des Beheizungsholzes für die Volksschulen wird, soweit sie lediglich im Gesetze begründet ist, gleichfalls als aufgehoben erklärt, und findet ein Ersatzanspruch für die bisherige Beistellung in keinem Falle statt.

§. 3.

Die Kosten der Herstellung, Erhaltung, Miethe, Einrichtung und Beheizung der für die Volksschulen erforderlichen Localitäten, sowie die Kosten der Herstellung, Erhaltung und Miethe der dem Lehrpersonale gebührenden Wohnungen haben vor Allem die Schulpatronate, soweit sie fortbestehen, (§. 1), die hiefür gewidmeten Localfonde, oder solche Personen, welche hiezu durch Stiftung und andere privatrechtliche Titel verbunden sind, nach Maßgabe der ihnen obliegenden Verpflichtung zu bestreiten.

§. 4.

Enthalten die privatrechtlichen Titel über das Schulpatronat keine ausdrückliche Bestimmung bezüglich der Beschaffenheit und des Maßes

---

*) Das Gesetz, wodurch den Gemeinden in ihrem selbstständigen Wirkungskreise eine Einflußnahme auf die von ihnen erhaltenen Mittel- und Volksschulen eingeräumt werden soll, ist noch zu gewärtigen.

der Leistungen oder kann aus denselben nur die Uebernahme der gesetzlichen Leistungen gefolgert werden, so hat der Patron in Zukunft nur den vierten Theil der zu deckenden Kosten zu tragen.

§. 5.

Insoweit die besprochenen Auslagen durch die im §. 3 bezeichneten Verpflichteten nicht gedeckt sind, haben die nachstehenden Bestimmungen in Anwendung zu kommen.

§. 6.

Für die Normalschule in Linz sind diese Auslagen aus dem Normalschulfonde zu bestreiten.

§. 7.

Bei denjenigen Knaben- und Mädchenschulen, mit denen künftig vollständige Lehrerbildungsanstalten verbunden werden sollten, wird der Normalschulfond den dritten Theil der Kosten tragen.

§. 8.

Die bei den letzteren Schulen (§. 7) unbedeckten Kosten, sowie den Aufwand (§. 3) bei jeder directivmäßigen Volksschule hat die Ortsgemeinde zu bestreiten. Sind einer Schule mehrere Ortsgemeinden oder Theile derselben zugewiesen, so ist das Erforderniß auf dieselben, falls nicht ein anderes Uebereinkommen getroffen wird, nach Verhältniß ihrer directen Besteuerung zu dem Aufwande zu vertheilen.

§. 9.

Die von den Ortsgemeinden zu bestreitenden Auslagen sind in Gemäßheit der Bestimmungen des V. Hauptstückes des Gemeindegesetzes in der Regel wie andere Communalerfordernisse zu decken.

Bestehen jedoch für die verschiedenen Confessionsgenossen abgesonderte Schulen, und beschließt nicht die Gemeinde, alle diese Schulen gleichmäßig aus Communalmitteln zu erhalten, so sind, insoferne nicht ein anderes Uebereinkommen vorliegt, die Auslagen für jede dieser Schulen nur auf jene Gemeindemitglieder zu vertheilen, welche der Confession angehören, für die die Schule besteht.

§. 10.

Ist der Schullehrer zugleich Meßner und ist auch mit dem Meßnerdienste das Recht auf eine Wohnung verbunden, so sind die Auslagen für die ihm gebührende Wohnung, insoferne nicht die wechselseitige Beitragspflicht der Kirchen- und Schulconcurrenz schon geregelt ist, oder ein Uebereinkommen erzielt wird, zu gleichen Theilen von den beiden Concurrenzpflichtigen zu tragen.

§. 11.

Wo das Schulpatronat entfällt (§. 1), gehen die mit demselben verbundenen Rechte und namentlich das Präsentationsrecht zum Schuldienste auf die Gemeinde über, welche hiebei an den ihr gemachten Ternavorschlag nicht gebunden ist.

Ebenso steht den Gemeinden bei den von ihnen neu gegründeten und erhaltenen, so wie bei allen jenen Schulen das Präsentationsrecht zu, wo gegenwärtig ein solches nicht besteht.

Wo jedoch das Präsentationsrecht bisher dem Pfarrer oder einem Patron allein zusteht, dessen Schulpatronat aufrecht bleibt, sowie in den Fällen des §. 7 wird dasselbe von dem Pfarrer, dem Schulpatrone oder der Normalschulfonds-Verwaltung nach Einvernehmung der Gemeinde ausgeübt.

§. 12.

Sind einer Schule mehrere Ortsgemeinden oder Theile derselben zugewiesen, so ist zur Besorgung der Concurrenzangelegenheiten, sowie zur Ausübung des Präsentationsrechtes ein Ausschuß von 5 Mitgliedern zu bilden.

§. 13.

Dieser Ausschuß ist aus den Mitgliedern der concurrenzpflichtigen Gemeinden oder Theilen derselben durch die betreffenden Gemeindevorstände mit absoluter Stimmenmehrheit auf die Dauer von 6 Jahren zu wählen.

Sämmtliche Mitglieder haben dieses Geschäft unentgeldlich zu versehen. Für die hiemit verbundenen baren Auslagen wird ihnen der Ersatz geleistet.

§. 14.

Der Ausschuß ist für die Schul-Concurrenz-Angelegenheiten das beschließende und überwachende Organ. Derselbe hat den Voranschlag festzustellen und die Jahresrechnung zu erledigen. Dessen Beschlüsse werden durch die absolute Stimmenmehrheit gefaßt, und sind für die betheiligten Gemeinden bindend.

§. 15.

Der Ausschuß wählt aus seiner Mitte einen Obmann als vollziehendes Organ. Dieser hat das Präliminare zu verfassen, die Rechnung zu legen und die Casse unter Mitsperre eines Ausschußmitgliedes zu führen. Jede Gemeinde hat das Recht, von der erledigten Rechnung Einsicht zu nehmen.

§. 16.

Beschwerden von Seite der Gemeinden gegen Verfügungen des Ausschusses gehen an den Landesausschuß. Bezüglich der Frist zur Berufung, des Aufsichtsrechtes der Staatsverwaltung über den Ausschuß, dann der Auflösung des Letzteren gelten die Bestimmungen der §§. 86, 89 und 94 des Gemeindegesetzes.

§. 17.

Der Staatsverwaltung wird das Recht der Oberaufsicht der Schulbauten vorbehalten.

§. 18.

Für die im §. 3 bezeichneten Kosten hat der Schulpatron wenn und insoferne er seit dem a. h. Patente vom 7. September 1848 mit den auf ihn nach den gesetzlichen Vorschriften entfallenden Leistungen ungeachtet der an ihn seinerzeit ergangenen Aufforderung im Rückstande geblieben ist, an die Gemeinde den vollen Ersatz zu leisten.

Dieser Ersatz trifft den Schulpatron nach Maß seiner bisherigen Beitragspflicht; wo diese nicht festgestellt ist, hat er den vierten Theil der Gesammtkosten zu tragen.

Die Gemeinde hat den Ersatzanspruch binnen Jahresfrist von der Wirksamkeit dieses Gesetzes an bei der politischen Behörde anzumelden, und diese, wenn kein Vergleich zu Stande kommt, nach erhobenem Sachverhalt darüber zu entscheiden.

Der vom Schulpatrone geleistete Ersatz ist, wenn er nicht zur Zahlung der für den Patron gemachten Leistungen oder sonst zu Herstellungen für die Schule zu verwenden kommt, als Localschulfond zu widmen, von der Gemeinde fruchtbringend anzulegen, und abgesondert zu verwalten.

§. 19.

Die Vorschriften der politischen Schulverfassung werden, insoweit sie durch die gegenwärtigen Bestimmungen Aenderungen erleiden, mit dem Beginne der verbindenden Kraft dieses Gesetzes außer Wirksamkeit gesetzt.

XII.

Vergleichsversuch zwischen streitenden Parteien durch aus der Gemeinde gewählte Vertrauensmänner.

Die näheren Bestimmungen über Vergleichsversuche der Gemeinden sind nach §. 44 der Gemeindeordnung einem besonderen erst zu erlassenden Reichsgesetze vorbehalten.

XIII.

Vornahme freiwilliger Feilbietungen beweglicher Sachen.

Mit Hofdecret vom 3. Juli 1786 wurde folgende Licitationsordnung erlassen:

§. 1.

Ohne obrigkeitliche Bewilligung kann nichts öffentlich versteigert werden. Bei gerichtlichen Versteigerungen ist die Obrigkeit die Gerichtsbehörde; bei den übrigen ist es die politische Behörde.

§. 2.

Bei gerichtlichen Versteigerungen, die durch Streitsachen, oder Concurse veranlaßt werden, ist sich auf das genaueste nach der Gerichts- und Concursordnung zu halten.

Die Versteigerung muß vorläufig durch die Zeitung oder die Kundschaftsblätter, oder wie sonst die Kundmachung üblich ist, bekannt gemacht, und die feilzubietenden Gegenstände und ihre Gattungen, auch Ort, Tag und Stunde der Versteigerung dem Publikum angezeigt werden.

§. 3.

Bei Sachen von großem Werthe muß ihre wesentliche Beschaffenheit mit wenigen Worten beschrieben werden. Bei Realitäten ist anzuzeigen, wo die dazu gehörigen Urkunden vor der Versteigerung einzusehen sind.

§. 4.

In diesen Fällen muß die Kundmachung immer zu einer dem Gegenstande angemessenen Zeit geschehen.

§. 5.

Ueber Geräthschaften, Bücher, Weine, Fässer u. dgl. aus mehreren Stücken bestehende Feilschaften ist ein Verzeichniß zu machen, welches zwei Abtheilungen, die eine für den Preis der Schätzung, die andere für den Verkaufspreis haben muß.

Um allen Verwirrungen vorzubeugen, soll jedes Stück mit einer Nummer bezeichnet werden.

Dieses Verzeichniß ist dem Publikum mitzutheilen, und die Versteigerung nach der Folge der Nummern vorzunehmen.

Sollten einige in der Ordnung feilgebotener Nummern nicht gleich verkauft werden, sind dieselben am nämlichen Tage beim Schluße der Versteigerung, oder am folgenden gleich Anfangs noch einmal auszurufen.

§. 6.

Jeder Versteigerung muß, wenn keine besondere Erlaubniß der Polizeibehörde davon loszählt, ein obrigkeitlicher Commissär beiwohnen.

§. 7.

Die Pflicht des Commissärs ist, auf alles aufmerksam zu sein, was bei der Versteigerung vorgeht. Daher hat er zu sorgen, daß den Käufern anständig begegnet, den Anwesenden auf Verlangen die zu versteigernde Waare mit der gehörigen Behutsamkeit vorgezeigt, und die nöthige Auskunft willig ertheilt werde. Er hat ferner dafür zu sorgen, daß zwischen Ausrufer und Käufer kein geheimes Einverständniß, noch eine Parteilichkeit unterwalte; daß besonders Stücke von höherem Werthe nicht zur Unzeit feilgeboten, sondern sich, soweit es ohne Abbruch der Ordnung in den Nummern geschehen kann, nach der Anzahl der Kauflustigen gerichtet, und alles um den möglichst höchsten Preis veräußert werde. Auch wird dem Ausrufer nicht gestattet, entweder mit den Käufern willkürlich abzuschließen, oder dieselben zu übereilen; auch hat er alle Streitigkeiten zwischen den Käufern zu verhindern.

Endlich soll er überhaupt darauf sehen, daß Ordnung gehalten, und alles, was hier vorgeschrieben ist, genau beobachtet werde.

§. 8.

Wenn unbewegliche Güter, Rechte, Freiheiten, Gefälle, Unternehmungen, Lieferungen u. s. w., es sei zum Verkaufe oder zur Pachtung, versteigert werden, hat der Commissär ein ordentliches und genaues Versteigerungsprotokoll entweder selbst zu führen, oder doch unter seinen Augen führen zu lassen, welches der über die Versteigerung zu erstattenden Relation beizuschließen ist.

§. 9.

In dieses Protokoll müssen die zu versteigernden Gegenstände, diejenigen, die sich als Käufer oder Pächter melden, und die Bedingnisse, unter welchen der Verkauf oder die Verpachtung zu geschehen hat, eingetragen werden.

§. 10.

Auch sind in diesem Protokolle die stufenweise folgenden Steigerungen, besonders aber ist der höchste Anbot anzumerken, und das Protokoll von den Meistbietenden eigenhändig zu unterzeichnen.

§. 11.

Der Ausruf bei den Versteigerungen hat durch einen befugten Ausrufer zu geschehen; dieser Ausrufer muß ein redlicher Mann, und von der Obrigkeit mit einem ordentlichen Befugnisse zum Ausrufen versehen sein, auch von derselben in Eid und Pflicht genommen werden. Auf das Betragen dieses Mannes ist genau zu sehen; sollte er sich wider gegenwärtige Vorschrift vergehen, muß er sogleich seines Amtes entsetzt, und für die Zukunft zum Ausrufe unfähig erklärt werden.

§. 12.

Der Ausrufer erhält für jeden ganzen Tag 3 fl., für jeden halben, oder eine noch kürzere Zeit, 1 fl. 30 kr. Außer dieser Bezahlung ist er nicht berechtigt, unter was immer für einem Vorwande etwas zu fordern.

§. 13.

Bei dem Ausrufe soll der Ausrufer keine persönliche Rücksicht tragen, Niemanden aus vorzüglicher Neigung oder andern Absichten etwas zuzuwenden suchen, noch einen Anwesenden an der Freiheit des Anbotes hindern.

Auch wird dem Ausrufer untersagt, von den Versteigerungsstücken sowohl unter eigenem, als fremden Namen für sich etwas zu kaufen, oder sonst sich zuzueignen.

§. 14.

Beim Ausrufe muß das zu versteigernde Stück gezeigt, benennt, und der bestimmte Preis angedeutet werden. Bei Sachen von höherem Werthe, als Schmuck, Juwelen und andern Kostbarkeiten sind den Käufern einige Minuten zur Ueberlegung zu lassen.

Fände sich kein Abnehmer, so ist um die Versteigerung nicht zu verzögern, das ausgerufene Stück indessen bei Seite zu legen, und mit dem Ausrufe anderer Stücke fortzufahren.

§. 15.

Auf gleiche Art ist sich bei dem Ausrufe unbeweglicher oder solcher Sachen, wovon in §. 8 Erwähnung geschieht, zu benehmen und weil sie nicht vorgezeigt werden können, sind dieselben wenigstens deutlich zu benennen.

§. 16.

Wird nach dem Ausrufe auf das ausgefeilte Stück geboten, so hat der Ausrufer den Betrag dreimal mit dem gewöhnlichen Beisatze zum ersten-, zweiten- und zum drittenmale deutlich zu wiederholen.

Diese dreimalige Wiederholung muß ohne Uebereilung, und besonders der letzte Ruf nach einer etwas längeren Pause geschehen, auch mit dem Meistbietenden nicht abgeschlossen werden, bis der letzte Ruf ganz vorüber ist. Nach dem letzten Ausrufe bestätigt der Ausrufer den geschlossenen Kauf durch einen Schlag mit einem hölzernen Hammer.

§. 17.

So oft vom ersten bis zur gänzlichen Vollendung des dritten Rufes ein neues Anbot geschieht, muß dieses abermal wiederholt, und wie im vorigen §. ausgerufen werden.

§. 18.

Bei einer öffentlichen Versteigerung hat kein Vorzug, kein Einstandrecht Statt; Jedermann, der das feilgebotene Gut zu besitzen fähig ist, kann während dem Ausrufe so oft, und so viel bieten, als er will. Hingegen ist Niemanden erlaubt, eine zu versteigernde Sache zu tadeln, die Mitwerber abzuschrecken oder im Nachbieten auf was immer für eine Art zu hindern.

§. 19.

Unter der Schätzung, oder dem bestimmten Ausrufungswerthe darf, außer den in der Gerichtsordnung angezeigten Fällen, nichts weggegeben werden, wenn nicht ein besonderer eigener Auftrag von der Behörde oder die Einwilligung von dem Eigenthümer des feilgebotenen Gutes da ist.

§. 20.

Alles, was bei einer Versteigerung erkauft wird, muß gleich bar bezahlt, und das verkaufte Gut darf vor der geleisteten baren Bezahlung Niemand verabfolgt werden.

Sollte jedoch wegen eines sehr großen Kaufschillings, oder wegen anderer wichtiger Umstände mit dem Käufer über die Art und Zeit der Bezahlung oder Sicherstellung eine besondere Verhandlung nöthig sein, so kann unter der erforderlichen Vorsicht darüber das Nöthige vorgekehrt werden.

§. 21.

Wo es bei einem Kaufe, oder einer Pachtung auf die persönliche Eigenschaft des Meistbietenden ankömmt, da muß dieser, oder der im

Namen desselben erscheinende Bevollmächtigte sich durch Einlegung einer schriftlichen Vollmacht rechtfertigen.

§ 22.

Bewegliche Sachen, wie auch Kostbarkeiten, Einrichtungsstücke, und alle übrigen Fahrnisse sind zur Vermeidung aller Irrungen nach geschehenem barem Erlage des Kaufschillings sogleich von dem Käufer zu übernehmen, und aus dem Versteigerungsorte wegzubringen.

Laut Hofkanzleidecret vom 13. Dezember 1808 wurde von Sr. Majestät angeordnet, daß jede Versteigerung für öffentlich anzusehen sei, wo mehrere Menschen zugleich zur Veräußerung einer oder mehrerer Sachen zusammen berufen werden, um mittelst des Ueberbietens solche an sich bringen. Zugleich wurde bestimmt, daß Derjenige, welcher eine außergerichtliche Versteigerung ohne obrigkeitliche Bewilligung veranstalten oder abhalten sollte, mit einer Geldstrafe von 25 bis 100 fl. zu belegen sei.

Bei allen außergerichtlichen Lizitationen hat 1 Perzent des Erlöses dem Armenfonde (Armeninstitute) zuzufließen. (Verordnung vom 26. Juni 1761 und a. h. Entschließung vom 18. Mai 1839.)

3. Abtheilung.

Auszug aus den Bestimmungen des allgemeinen Strafgesetzbuches über Verbrechen, Vergehen und Uebertretungen.

3. Abschnitt.

[illegible]

[illegible]

[illegible]

Der Gemeindevorsteher hat die durch das allgemeine Strafgesetz strafbaren Handlungen oder Unterlassungen und deren Thäter der Gerichtsbehörde anzuzeigen und diese überhaupt in ihrer Thätigkeit eifrig und wirksam zu unterstützen. Der zweite Theil des Strafgesetzes enthält viele ortspolizeiliche Bestimmungen, die der Gemeindeausschuß bei Erlassung ortspolizeilicher Vorschriften und der Gemeindevorsteher bei Handhabung der Ortspolizei wohl zu beachten hat. Auch hat der Gemeindevorsteher nach §. 55 bezüglich der ortspolizeilichen Gesetze und Vorschriften das Strafrecht zu üben, insoweit die Uebertretungen derselben nicht durch das Strafgesetz verpönt sind.

Den Gemeinden ist demnach eine wenigstens übersichtliche Kenntniß der nach dem Strafgesetze von den Gerichtsbehörden zu ahndenden Verbrechen, Vergehen und Uebertretungen nothwendig und unentbehrlich, daher wir einen Auszug aus den Bestimmungen des allgemeinen Strafgesetzbuches hier aufnehmen.

Das allgemeine Strafgesetz vom 27. Mai 1852 erklärt im §. 57 als besondere Gattungen von Verbrechen: 1. Hochverrath. 2. Beleidigungen der Majestät und der Mitglieder des kaiserlichen Hauses. 3. Störung der öffentlichen Ruhe. 4. Aufstand. 5. Aufruhr. 6. Oeffentliche Gewaltthätigkeit a) durch gewaltsames Handeln gegen eine von der Regierung zur Verhandlung öffentlicher Angelegenheiten berufene Versammlung, gegen ein Gericht, oder eine andere öffentliche Behörde; b) durch gewaltsames Handeln gegen gesetzlich anerkannte Körperschaften oder gegen Versammlungen, die unter Mitwirkung oder Aufsicht einer öffentlichen Behörde gehalten werden; c) durch gewaltsame Handanlegung oder gefährliche Drohung gegen obrigkeitliche Personen in Amtssachen; d) durch gewaltsamen Einfall in fremdes unbewegliches Gut; e) durch boshafte Beschädigung fremden Eigenthums; f) durch boshafte Handlungen oder Unterlassungen unter besonders gefährlichen Verhältnissen; g) durch boshafte Beschädigungen oder Störungen am Staats-Telegrafen; h) durch Menschenraub; i) durch unbefugte Einschränkung der persönlichen Freiheit eines Menschen; k) durch Behandlung eines Menschen als Sclaven; l) durch Entführung; m) durch Erpressung; n) durch gefährliche Drohung. 7. Mißbrauch der Amtsgewalt. 8. Verfälschung der öffentlichen Creditspapire.

9. Münzverfälschung. 10. Religionsstörung. 11. Nothzucht. 12. Schändung. 13. Andere Verbrechen der Unzucht. 14. Mord. 15. Todschlag. 16. Abtreibung der Leibesfrucht. 17. Weglegung eines Kindes. 18. Schwere körperliche Beschädigung. 19. Zweikampf. 20. Brandlegung. 21. Diebstahl. 22. Veruntreuung. 23. Raub. 24. Betrug. 25. Zweifache Ehe. 26. Verläumdung. 27. Den Verbrechern geleisteter Vorschub.

Die verschiedenen Gattungen der Vergehen und Uebertretungen theilt das allgemeine Strafgesetz:

1. in strafbare Handlungen gegen die öffentliche Sicherheit, nämlich gegen die öffentliche Ruhe und Ordnung, gegen öffentliche Anstalten und Vorkehrungen zur gemeinschaftlichen Sicherheit und gegen die Pflichten eines öffentlichen Amtes; (§. 275.)

2. in strafbare Handlungen, die der Sicherheit einzelner Menschen, nämlich der persönlichen Sicherheit am Leben, an der Gesundheit oder sonst an dem Körper, die der Sicherheit des Eigenthums oder der Erwerbung, der Ehre und des guten Rufes, oder der Sicherheit anderer Rechte Gefahr und Nachtheil bringen; (§. 276.)

3. in Vergehen und Uebertretungen, welche die öffentliche Sittlichkeit verletzen. (§. 277.)

I.

Vergehen und Uebertretungen gegen die öffentliche Ruhe und Ordnung.

(§§. 278 bis 310.)

Diese sind folgende:

1. Auflauf. Dessen macht sich schuldig, wer gegen einen Beamten, Abgeordneten, Bestellten oder Diener einer Staats- oder Gemeindebehörde, gegen eine Civil-, Finanz- oder Militärwache, oder einen Gendarmen, oder gegen einen zur Bewachung der Wälder aufgestellten, wenn auch in Privatdiensten stehenden, jedoch von der zuständigen landesfürstlichen Behörde beeideten Forstbeamten, oder gegen das auf solche Weise beeidete Forstaufsichtspersonale, oder gegen einen zur Aufsicht auf Staats- oder Privat-Eisenbahnen, oder zur Besorgung des Verkehres auf denselben, oder zum Schutze oder Betriebe des Staats-Telegraphen Bestellten, wenn diese Personen in Vollziehung eines obrigkeitlichen Auftrages, oder in Ausübung ihres Amtes oder Dienstes begriffen sind, mehrere Menschen zur Mithilfe oder zur Widersätzlichkeit auffordert, oder einer solchen Aufforderung Folge leistet und sich dem Aufforderer in Mithilfe oder Widersetzung zugesellet. Sobald bei einer öffentlichen Unruhe der Befehl ergangen ist, daß Jedermann sich und seine Hausgenossenschaft zu Hause zu halten habe, macht sich Jeder, der ohne erhebliche Ursache aus dem Hause geht, und insbesondere der Hausvater, oder wer sonst einer Familie vorsteht, des Vergehens des

Auflaufes schuldig, dafern er die unter ihm stehenden Hausgenossen nicht nach Möglichkeit zu Hause hält. Desselben Vergehens macht sich schuldig, wer bei einem auch aus einer andern Ursache, als wodurch eine Zusammenrottung zum Verbrechen wird, veranlaßten Auflaufe dem Beamten oder der Wache, wenn diese die Menge auseinander gehen heißt, nicht Folge leistet.

2. Theilnahme an geheimen Gesellschaften oder verbotenen Vereinen und Verschweigung von Mitgliedern erlaubter Gesellschaften.

3. Herabwürdigung behördlicher Verfügungen und Aufwieglung gegen Behörden.

Dessen macht sich schuldig, wer öffentlich oder vor mehreren Leuten oder in Druckwerken, verbreiteten bildlichen Darstellungen oder Schriften durch Schmähungen, Verspottungen, unwahre Angaben oder Entstellung von Thatsachen die Anordnungen oder Entscheidungen der Behörden herabzuwürdigen, oder auf solche Weise Andere zum Haße, zur Verachtung oder zu grundlosen Beschwerdeführungen gegen Staats- oder Gemeindebehörden oder gegen einzelne Organe der Regierung in Beziehung auf ihre Amtsführung, oder gegen einen Zeugen oder Sachverständigen in Bezug auf ihre Aussagen vor Gericht aufzureizen sucht; endlich wer aus was immer für einer Absicht, vorzüglich aber aus Gewinnsucht, Partheien zu muthwilligen, grundlosen, im gesetzlichen Instanzenzuge bereits abgethanen Beschwerden auffordert und verleitet, oder in dieser Beziehung Gelderpressungen sich zu Schulden kommen läßt.

4. Aufreizung zu Feindseligkeiten gegen Nationalitäten, Religionsgenossenschaften, gesetzlich anerkannte Körperschaften, oder Aufforderung, Aneiferung oder Verleitung der Bewohner des Staates zu feindseligen Partheiungen.

5. Beleidigung einer gesetzlich anerkannten Kirche oder Religionsgesellschaft, wenn öffentlich oder vor mehreren Leuten, oder in Druckschriften, verbreiteten bildlichen Darstellungen oder Schriften die Lehren, Gebräuche oder Einrichtungen einer im Staate gesetzlich anerkannten Kirche oder Religionsgesellschaft zu verspotten oder herabzuwürdigen gesucht, oder ein Religionsdiener derselben bei Ausübung gottesdienstlicher Verrichtungen beleidiget, oder sich während der Religionsübung auf eine zum Aergerniß für Andere geeignete Weise unanständig betragen wird.

6. Beförderung einer vom Staate für unzuläßig erklärten Religionssekte.

7. Oeffentliche Herabwürdigung der Einrichtungen der Ehe, der Familie, des Eigenthumes, oder Gutheißung von ungesetzlichen oder unsittlichen Handlungen.

8. Beschädigung von Grabstätten, Eröffnung von Gräbern, Hinwegnahme oder Mißhandlung an Leichen und Entwendungen an derlei Gegenständen.

9. Vorschubleistung in Bezug auf Vergehen und Uebertretungen.

10. Verbreitung im Wege öffentlicher Verlautbarung (durch Mau-

eranschläge, öffentliche Reden oder Vorträge u. dgl.) falscher für die öffentliche Sicherheit beunruhigender Gerüchte ohne zureichende Gründe, es für wahr zu halten, oder eine so geartete angebliche Vorhersagung.

11. Gesetzwidrige Verlautbarungen, wenn jemand auf die bei 10 bezeichnete Weise die Abstimmung von Richtern oder Mittheilungen aus Verhandlungen der Gerichte oder anderer öffentlicher Behörden, insoweit die Bekanntmachung durch die Gesetze untersagt ist, veröffentlicht, oder irgend eine Verlautbarung fälschlich als Erlaß einer öffentlichen Behörde ausstreut, oder weiter verbreitet, deren gänzliche oder theilweise Unechtheit ihm bekannt, oder aus zureichenden Gründen wahrscheinlich war.

12. Veranstaltung oder Veröffentlichung auf die bei 10 bezeichnete Weise von Sammlungen oder Subscriptionen, Behufs der Deckung oder Ersatzleistung für Cautions-Verfall, Geldstrafen oder Entschädigungen wegen strafbarer Handlungen. *)

II.

Uebertretungen gegen öffentliche Anstalten und Vorkehrungen, welche zur gemeinschaftlichen Sicherheit gehören.

(§§. 311 bis 330.)

1. Versuch, einen Beamten durch Geschenke zu einer Parteilichkeit oder zur Verletzung seiner Amtspflicht zu verleiten.

2. Wörtliche und thätliche Beleidigung der öffentlichen Beamten, Diener, Wachen, Eisenbahn-Angestellten, wenn diese in Vollziehung eines obrigkeitlichen Auftrages oder in Ausübung ihres Amtes oder Dienstes begriffen sind.

3. Einmengung auf andere Weise, um eine der genannten Personen in der Ausübung des Amtes oder Dienstes oder in Vollziehung eines obrigkeitlichen Befehles zu hindern.

4. Verletzung von Patenten, Verordnungen, Siegel der Staats- oder Gemeindebehörden oder unter was immer für Namen und Gestalt zur öffentlichen Bekanntmachung angeschlagener oder ausgesetzter, von der Obrigkeit unterfertigter Urkunden durch Abreißen, Hinwegnahme, Zerreißen, Besudelung oder andere Verletzung.

5. Eigenmächtige oder widerrechtliche Eröffnung öffentlicher, schriftliche Aufsätze oder andere Gegenstände verschlossen haltender Amtssiegel,

---

*) Wer auf die Punkt 3 angeführte Weise gegen eines der beiden Häuser des Reichsrathes, wider eine Landtagsversammlung, gegen die kais. Armee oder eine selbstständige Abtheilung derselben zum Haße oder zur Verachtung aufreizt, oder wer bei Wahlen zur Ausübung politischer Rechte Wahlstimmen kauft oder verkauft, oder auf listige Weise die Abstimmung oder ihre Resultate fälscht, macht sich nach dem Reichsgesetze vom 17. December 1862 eines Vergehens schuldig.

zu welchen nicht blos die Siegel der Staatsbehörden, sondern auch jene der Gemeinden, der öffentlichen Lehranstalten, der Pfarreien und der öffentlichen Notare gehören.

6. Beschädigung einer zur öffentlichen Beleuchtung aufgestellten Laterne.

7. Die muthwillige Abwerfung oder Beschädigung einer Brücke, Schleuße, eines Dammes, Beschläges oder Geländers, oder was immer für eines Bauwerkes, wodurch die Ufer der Flüsse und Bäche befestiget, oder Abschüsse an Straßen und Wegen oder Brücken bewahret sind; dann jede muthwillige, leichtsinnige oder aus schuldbarer Nachlässigkeit geschehene Beschädigung an Eisenbahnen mit den dazu gehörigen Anlagen und zum Betriebe dienenden Gegenständen, oder an Dampfschiffen, Dampfmaschinen, Dampfkesseln und Vorrichtungen in Bergwerken; endlich an Bestandtheilen des Staatstelegrafen.

8. Hinwegreißung oder absichtliche Beschädigung aller Warnungszeichen, welche, um Unglück zu verhüten, aufgestellt werden.

9. Uebertretungen gegen die Vorschriften in Ansehung der Meldung von ankommenden Fremden und Veränderungen der Einwohner, Falschmeldung, Nachmachung oder Verfälschung öffentlicher Urkunden, Benützung eines fremden Ausweises zum Fortkommen oder Ueberlassung des eigenen Ausweises zu diesem Zwecke an einen Fremden.

10. Aufnahme eines Gesellen ohne Wanderbuch von Seite eines Gewerbsmannes.

11. Rückkehr eines Verwiesenen oder aus sämmtlichen Kronländern oder einem Kronlande oder Orte Abgeschafften.

12. Vergolden oder Versilbern von Münzen und Nachbildung von Münzen oder öffentlichen Creditspapieren ohne betrügerische Absicht.

13. Unbefugtes Halten eines Preß- oder Stoßwerkes, oder einer Winkelpresse, und unbefugte Verfertigung solcher Werke.

14. Verfertigung und Gebrauch von Punzen, Stämpeln oder Modellen zu Nachbildungen von Münzen ohne Erlaubniß der Behörden.

15. Unbefugte Verfertigung ämtlicher Siegel.

III.

Uebertretungen gegen die Pflichten eines öffentlichen Amtes.

(§§. 331 bis 334.)

1. Thätliche Beleidigungen von öffentlichen Beamten, Dienern, Wachen oder Bediensteten bei Eisenbahnen und Staatstelegrafen in ihren Amts- oder Dienstverrichtungen.

2. Annahme des Charakters eines öffentlichen Beamten oder Dieners oder Anmaßung des Anscheines eines öffentlichen Beamten oder Dieners durch unbefugtes Tragen der Uniform.

3. Unbefugtes Tragen von Ordenszeichen oder anderen Ehrendekorationen.

IV.

Vergehen und Uebertretungen gegen die Sicherheit des Lebens.

(§§. 335 bis 392.)

§. 335 des Strafgesetzes enthält folgende Bestimmungen:

Jede Handlung oder Unterlassung, von welcher der Handelnde schon nach ihren natürlichen, für Jedermann leicht erkennbaren Folgen, oder vermöge besonders bekannt gemachter Vorschriften, oder nach seinem Stande, Amte, Berufe, Gewerbe, seiner Beschäftigung, oder überhaupt nach seinen besonderen Verhältnissen einzusehen vermag, daß sie eine Gefahr für das Leben, die Gesundheit oder körperliche Sicherheit von Menschen herbeiführen, oder zu vergrößern geeignet sei, soll, wenn hieraus eine schwere körperliche Beschädigung eines Menschen erfolgte, als Uebertretung, und wenn hieraus der Tod eines Menschen erfolgte, als Vergehen geahndet werden.

§. 336 bestimmt:

Die Vorschrift des vorstehenden Paragrafes ist insbesondere in Anwendung zu bringen, wenn der Tod oder die schwere körperliche Verletzung aus einem der nachstehenden Verschulden eingetreten ist:

a) durch unvorsichtiges Unterhalten von brennenden Kohlen in verschlossenen Räumen;

b) durch Außerachtlassung der nöthigen Vorsichten bei Wasserfahrten;

c) durch Nichteinhaltung der in Beziehung auf Dampfschiffe, Dampfmaschinen und Dampfkessel gegebenen Vorschriften oder sonst nöthigen besonderen Vorsichten;

d) durch Unvorsichtigkeit bei Schwefelräucherungen und Anwendung von Narkotisirungsmitteln;

e) durch Nichtanbringung von Warnungszeichen bei Aufstellung von Fangeisen, Schlingen, Wolfsgruben und Selbstgeschossen;

f) durch Außerachtlassung der besonderen Vorschriften über Erzeugung, Aufbewahrung, Verschleiß, Transport und Gebrauch von Feuerwerkskörpern, Knallpräparaten, Zündhütchen, Reib- und Zündhölzchen und allen durch Reibung leicht entzündbaren Stoffen, Schießpulver und explodirenden Stoffen (Schießbaumwolle), insbesondere auch dadurch, daß derlei Gegenstände heimlich den Frachten der Post-Anstalten oder Eisenbahnen beigepackt werden;

g) durch Nichtbeobachtung der bei dem Betriebe von Bergwerken vorgeschriebenen Vorsichten.

Als weitere Vergehen und Uebertretungen gegen die Sicherheit des Lebens werden bezeichnet:

1. Das Baden in Flüssen oder Teichen außer den von der Behörde dazu bestimmten Orten oder gegen ein von der Behörde erlassenes und zur öffentlichen Kenntniß gebrachtes Verbot, ingleichen das Schleifen auf dem Eise außer den dazu bestimmten Strecken oder das

Betreten des Eises zur Zeit, da es wegen eintretender Gefahr verboten worden.

2. Verheimlichung der Geburt von Seite einer unverehlichten Frauensperson.

3. Unvorsichtiges Fahren und Reiten, wenn hiedurch jemand getödtet oder körperlich schwer beschädiget wurde.

4. Unbefugte Ausübung der Arznei- und Wundarzneikunst als Gewerbe.

5. Verkauf von Arzneimitteln, deren Verabfolgung durch Vorschriften an besondere Vorsichten gebunden ist, ohne Beobachtung dieser Vorschriften. Falsche oder schlechte Bereitung der Arzneien. Verwechslung der Arzneien in der Apotheke. Unberechtigter Verkauf innerer und äußerlicher Heilmittel.

6. Verschulden eines Arztes durch Unwissenheit. Vernachlässigung eines Kranken von Seite der Aerzte. Nichtanzeige verdächtiger Todesfälle oder Krankheiten von Seite der ärztlichen Personen. Vernachlässigung des Kranken von Seite seiner Angehörigen.

7. Unbefugter Handel mit Gift, Unvorsichtigkeit beim Giftverkaufe. Verabfolgung von Gift an Jemanden ohne die vorgeschriebene Bewilligung. Unterlassene Führung des Vormerkbuches. Nachlässigkeit in Aufbewahrung und Absonderung des Giftes. Unterlassene Verwahrung des Giftes von Seite der Meister oder Leiter solcher Gewerbe, die Gebrauch von Gift oder giftartigen Materialien machen. Verkauf unbekannter und nicht von der Behörde geprüfter Materialwaaren.

8. Verfertigung und Ausbesserung verdächtiger Waffen.

9. Unterlassene Verwahrung geladener Gewehre und Abdrücken eines Gewehres gegen Jemanden ohne böse Absicht.

10. Unrichtige Anzeige der Zeit des Todes.

11. Unterlassung der schuldigen Aufsicht bei Kindern und solchen, die sich selbst gegen Gefahr zu schützen unvermögend sind.

12. Anwendung des Absudes von Mohnköpfen bei Kindern.

13. Unterlassene Beaufsichtigung von Kindern an gefährlichen Orten.

14. Verheimlichung einer schändlichen Krankheit von Seite einer Amme.

15. Unterlassene Ausstellung von Warnungszeichen bei einem Baue.

16. Unterlassung der Anzeige eines zu besorgenden Einsturzes.

17. Verschulden eines Baumeisters, welchem ein Gerüst oder Gebäude einstürzt.

18. Zu frühes Beziehen neugebauter Häuser oder Gewölber.

19. Unbefugtes Halten schädlicher Thiere und Vernachlässigung der Verwahrung eines mit Erlaubniß gehaltenen wilden Thieres.

20. Vernachlässigung bösartiger Hausthiere und Anhetzen derselben.

V.

Vergehen und Uebertretungen gegen die Gesundheit.

(§§. 393 bis 408.)

1. Vergehen gegen die Pestanstalten.

2. Verhehlung der Geräthschaften eines an einer ansteckenden Krankheit Verstorbenen. Entziehung oder Verkauf von zur Reinigung oder Vertilgung bestimmten Geräthen und wissentlicher Ankauf derselben.

3. Verunreinigung von Brunnen, Cisternen, Flüßen oder Bächen, deren Wasser einer Ortschaft zum Trunke oder Gebräue dient. Durch Hineinwerfen von todten Vieh oder sonstiger Gegenstände, wodurch das Wasser ungesund werden kann.

4. Fleischverkauf von einem nicht nach Vorschrift beschauten Vieh.

5. Uebertretung der bei einer Viehseuche gegebenen Vorschriften.

Wer bei einer unter dem Vieh sich äußernden Krankheit den zur Untersuchung abgeordneten Aerzten ein krankes Vieh verheimlichet, oder sobald erklärt ist, daß eine Viehseuche herrscht, die Vorschriften nicht beobachtet, welche darüber sowohl wegen des gefallenen als angesteckten, als des noch gesunden Viehes entweder im Allgemeinen bestehen oder nach Beschaffenheit der Umstände insbesondere bekannt gemacht werden, macht sich einer Uebertretung gegen die Gesundheit schuldig. Insbesondere machen sich schuldig:

a) welche, auch ohne daß in dem Orte oder dessen Nachbarschaft eine Viehseuche herrscht, die Anzeige der innerlichen Erkrankung eines Stückes Vieh an den Gemeindevorsteher, oder bei der Erkrankung mehrerer Stücke die Unterbringung alles demselben Eigenthümer gehörigen Viehes in einen Nothstall und dessen abgesonderte Wartung, bis durch volle 10 Tage keine Spur eines kranken Zustandes mehr zu bemerken ist, vernachlässigen, oder krankes Vieh mit dem übrigen Gemeindevieh austreiben lassen, oder ein neu eingebrachtes Rind ohne Besichtigung heimlich schlachten oder weiter verkaufen, oder die dießfalls insbesondere getroffenen Maßregeln nicht beobachten;

b) welche bei herrschender Viehseuche heimlich oder öffentlich krankes Vieh, Fleisch, Milch, Butter, Häute, Unschlitt oder was immer für andere Theile des Rindviehes, sei es nun von gesunden oder kranken, von geschlachteten oder gefallenen Stücken aus verdächtigen Orten einkaufen, einschwärzen und in nicht angesteckte Ortschaften zum Verkaufe oder eigenem Gebrauche einführen;

c) welche aus angesteckten Ortschaften ungeachtet geschehener Abmahnung über die Gränzen nach gesunden Gegenden Vieh führen oder treiben, wenn dieses Vieh nach seiner Absperrung in den Nothfall binnen 10 Tagen an der herrschenden Viehseuche erkrankt, oder welche Theile des Rindviehes einschleppen, die als von heimlich geschlachteten Stücken herrührend erkannt werden;

d) jene Gemeindevorsteher, welche, wenn 2 bis 3 Stücke Vieh wochentlich in einem Stalle oder im Orte überhaupt erkranken, der politischen Bezirksbehörde die Anzeige zu machen unterlassen.

6. Verfälschung der Getränke auf eine der Gesundheit schädliche Art.

7. Fälschung des Zinngeschirres.

8. Gesundheitsschädliche Zubereitung oder Aufbewahrung von genußbaren Waaren. Hiezu gehört insbesondere:

a) Die Verwendung von Mineralfarben bei Eßwaaren, oder das Ueberstreichen jener Stoffe, welche den menschlichen Körper berühren sollen, mit Kupfer-, Arsenik-, Blei-, Zink-, und anderen, giftartige Metallpräparate enthaltenden Mineralfarben, sowie das Stärken von Stoffen mit Stärke, der solche Mineralfarben beigemischt sind;

b) die Anwendung von Bleiglätte oder schlechter Glasur bei Eß-, Trink-, Koch- und Kinderspiel-Geschirr;

c) vorschriftswidrige Verfertigung von Eß-, Trink- oder Kochgeschirr aus Packfong;

d) die Nichtbeobachtung der besonderen für die Einrichtung der Branntweinbrenn-Apparate gegebenen gesundheitspolizeilichen Vorschriften von Seite der Branntwein-Erzeuger und Verschleißer;

e) der Gebrauch von Kupfergeschirren bei dem Geschäfte der Fleischselcher, Fleckſieder und überhaupt aller jener Gewerbsleute, die sich mit dem Sieden und dem Verkaufe der bei ähnlichen Geschäften vorkommenden Nahrungsartikel befassen.

VI.

Andere, die körperliche Sicherheit verletzende und bedrohende Uebertretungen.

(§§. 409 bis 433.)

1. Selbstverstümmlung.

2. Vorsätzliche und bei Raufhändel vorkommende körperliche Beschädigungen.

3. Mißhandlungen der Eltern an ihren Kindern, der Vormünder an Mündeln, eines Gatten an dem andern, der Erzieher und Lehrer an ihren Zöglingen und Schülern, der Lehrherren an ihren Lehrjungen und der Gesindehälter an dem Dienstvolke.

4. Verstellung der Straßen zur Nachtzeit durch Wägen, Baumaterialien, Waaren, Fässer, Verschläge und überhaupt etwas, wodurch die Vorübergehenden Schaden nehmen können, und wenn bei eintretender Nothwendigkeit, dergleichen Sachen über Nacht auf der Straße zu lassen, solches nicht der Sicherheitsbehörde des Ortes angezeigt und dabei nicht ein Warnungszeichen von einer oder zwei beleuchteten Laternen aufgestellt werden.

5. Herabwerfen von den Fenstern, wodurch die Vorübergehenden beschädiget werden können, oder Unterlassung der Befestigung des dahin Gestellten oder Gehängten.

6. Schnelles und unbehutsames Fahren und Reiten in Städten und anderen stark bewohnten oder zahlreich besuchten Gegenden.

7. Verwendung eines der Polizei nicht vorgestellten Knechtes zum Fahren von Seite eines Lohnkutschers.

8. Stehnlassen von bespannten Wägen oder von Pferden ohne Bespannung im Freien ohne Aufsicht, wo sie durch Ausreißen oder sonst Schaden anrichten können.

9. Uebertretungen der bei dem Eisenbahnbetriebe angestellten Personen:

a) Eröffnung der Bahn vor erhaltener Bewilligung oder vor Erfüllung der dazu vorgeschriebenen Bedingungen; b) vernachlässigte Aufstellung oder Erhaltung der zur Verhüthung von Schaden vorgeschriebenen Einfriedungen, Absperrschranken, Verbotstafeln und anderer Schutzmittel und Warnungszeichen; c) Bestellung von Individuen, welche die durch die Dienstvorschriften geforderte Befähigung nicht nachgewiesen haben, oder welche von der Verrichtung, zu der sie bestimmt sind, durch die Staatsverwaltung für ausgeschlossen erklärt wurden; d) Vornahme einer Fahrt oder die Gestattung derselben bei schadhaftem, eine Gefahr drohendem Zustande der Bahn, oder mit Locomotiven, Wägen oder anderen Betriebsmitteln von solcher Beschaffenheit.

VII.

Vergehen und Uebertretungen gegen die Sicherheit des Eigenthumes.

(§§. 434 bis 486.)

1. Verabsäumung irgend einer der zur Abwendung der Feuersgefahr bestehenden Vorschriften.

2. Handlungen von Bau-, Maurer-, oder Zimmermeistern, dann von Polieren oder Aufsehern bei einem Baue wider die besonderen Feuerlösch- oder Bauordnungen.

3. Verfertigung feuergefährlicher Oefen durch Töpfer-, Klempner- oder Schlossermeister, und Setzung solcher Oefen durch Gesellen.

4. Bauführungen ohne Baumeister, oder Veränderungen an Rauchfängen und Heitzungen, ohne vorhergegangene Feuerbeschau.

5. Unterlassene Anzeige von Rauchfangkehrern über wahrgenommene feuergefährliche Gegenstände.

6. Unterlassene periodische Nachsicht der Rauchfangkehrermeister in ihrem Bezirke wegen richtiger Fegung.

7. Uebertretung der Kaufleute und Krämer, welche mit Schießpulver oder mit anderen feuergefährlichen Waaren handeln und in ihren

Kaufgewölben oder sonst in ihrem Hause davon einen größeren Vorrath halten, als durch die dafür gegebenen besonderen Vorschriften gestattet ist, oder die den erlaubten Vorrath nicht vorschriftsmäßig verwahren.

8. Uebertretung der Handels- und Gewerbsleute, die leicht feuerfangende Materialien auf Böden oder sonst unsicheren Orten aufbewahren.

9. Aufbewahrung von Heu, Stroh oder Brennholz dort, wo für deren Aufbewahrung eigens gewidmete Gewölbe oder Behältnisse bestehen, an anderen Orten.

10. Uebertretung der Dienstpersonen, die die Heizung auf sich haben und in der Heize Holz zum Dörren zur Hand legen.

11. Betretung einer Scheuer, eines Stalles, eines Behältnisses von Holz, oder wo Kohlen, Stroh, Heu oder andere feuerfangende Gegenstände aufbewahrt werden, mit offenem Lichte.

12. Unterlassene Anschaffung der nöthigen Laternen.

13. Tabakrauchen in einem Stalle, Heu- oder Strohgewölbe, oder in einer Scheuer, oder überhaupt an Orten, wo sich leicht feuerfangende Sachen befinden.

14. Aufmachen von Feuer in der Nähe einer Scheuer, eines Heu- oder Getreideschobers, oder eines Feldes, wo die Ernte entweder noch steht, oder die geschnittene Ernte noch nicht eingeführt ist; Verwahrlosung eines im Walde angezündeten Feuers, oder Verlassen desselben, ohne es vorher ausgelöscht zu haben.

15. Reisen mit Fackeln über hölzerne Brücken, durch Ortschaften und Wälder.

16. Verheimlichung einer entstehenden Feuersbrunst.

17. Alle Handlungen und Unterlassungen, von welchen sich eine Feuersgefahr leicht voraussehen läßt, als: bei offenem Lichte Flachs oder Hanf brechen, in der Nähe von Häusern und Scheuern schießen oder Feuerwerk abbrennen, die Nichtbeobachtung der insbesondere vorgeschriebenen Vorsichten, hinsichtlich des Aussprühens von Funken aus den Lokomotiven auf Eisenbahnen bei den Fahrten der Eisenbahnzüge durch oder in der Nähe von Ortschaften, hinsichtlich der Anlegung von Gebäuden in der Nähe von mit Dampfkraft betriebenen Eisenbahnen u. dgl.

18. Diebstähle, Veruntreuungen und Betrügereien, welche nicht die Eigenschaft eines Verbrechens haben.

19. Vergehen gegen das literarische und artistische Eigenthum.

20. Boshafte Beschädigung fremden Eigenthumes, insofern sie kein Verbrechen bildet.

21. Uebertretung der Schlosser und anderer Feuerarbeiter, die Dietriche oder Hauptschlüssel für unbekannte Personen, oder Schlüssel nach bedenklichen Formen oder bloßen Abdrücken verfertigen, oder welche ohne Vorsicht und gehörige Erkundigung nicht bekannten Leuten Schlüssel nachmachen oder Schlösser aufsperren; der Schlossermeister, die das sogenannte Sperrzeug (Dietriche) nicht gehörig verwahren oder unsicheren

Händen anvertrauen; der Trödler, welcher Schlüssel, Dietriche oder Aufsperrhacken kaufen oder verkaufen; der Gewerbsdiener, Gesellen oder Dienstpersonen, die ohne Vorwissen ihres Herrn oder Meisters sich einer solchen Handlung schuldig machen.

22. Uebertretung von Trödlern und Hausirern, die von Unmündigen kaufen.

23. Uebertretung der Juwelen- und Galanteriehändler, Gold- und Silberarbeiter, welche, wenn ihnen Juwelen oder Gold- und Silberwaaren zum Kaufe von Jemanden angeboten werden, der nach den Umständen zu schließen, davon nicht der Eigenthümer oder nicht von dem Eigenthümer abgeschickt ist, die Sache und den Verkäufer nicht anhalten und wenn sich dieser nicht auszuweisen vermag, seine Stellung vor die Behörde unterlassen; oder die auf solche Art angebotene verdächtige Waare an sich bringen.

23. Uebertretung der Gold- und Silberarbeiter, welche bei dem Verkaufsanbothe von geschmolzenem Gold und Silber, das nicht mit den Namen eines andern befugten Gold- und Silberarbeiters bezeichnet ist, den Verkäufer nicht anhalten, dessen Stellung vor die Behörde nicht veranlassen, oder solches Gold und Silber an sich bringen.

24. Uebertretung eines Jeden, der eine verdächtige Sache an sich kauft oder darauf als auf ein Pfand leiht, oder denjenigen, der eine verdächtige Sache zum Kaufe, oder um darauf zu leihen, anbietet, nicht anhält und seine Stellung vor die Behörde nicht veranlaßt.

25. Uebervortheilung gegen Satzungen oder Taxordnungen.

26. Verabredungen von Gewerbsleuten, Fabriks-Unternehmern oder Dienstgebern, um eine Umänderung in den Arbeits- oder Lohnverhältnissen zu erwirken, oder um den Preis einer Waare oder einer Arbeit zum Nachtheil des Publikums zu erhöhen oder zu ihrem eigenen Vortheile herabzusetzen, oder um Mangel zu verursachen.

27. Verabredungen von Arbeitern, um sich durch gemeinschaftliche Weigerung, zu arbeiten, oder durch andere Mittel einen höheren Lohn oder andere Bedingungen von ihren Arbeitsgebern zu erzwingen.

28. Uebertretung der Gewerbsleute, die den Vorrath von Waaren nothwendiger Lebensbedürfnisse verheimlichen oder zu verabfolgen verweigern.

29. Winkel-Versatzgeschäfte.

30. Verschulden von in Concurs verfallenen Schuldnern.

VIII.

Vergehen und Uebertretungen gegen die Sicherheit der Ehre,

(§§. 487 bis 499.)

IX.

Vergehen und Uebertretungen gegen die öffentliche Sittlichkeit.

(§§. 500 bis 525.)

1. Unzucht zwischen voll- und halbbürtigen Geschwistern, mit den Ehegenossen der Eltern, der Kinder oder Geschwister.

2. Ehebruch.

3. Entehrung einer minderjährigen Anverwandten durch einen Hausgenossen.

4. Unzucht einer dienenden Frauensperson mit einem minderjährigen im Hause lebenden Sohne oder Anverwandten.

5. Entehrung unter Zusage der Ehe.

6. Eingehung einer gesetzwidrigen Ehe ohne Dispensation.

7. Unzucht als Gewerbe, wenn die Schanddirne durch die Oeffentlichkeit auffallendes Aergerniß gibt, junge Leute verführt, oder da sie wußte, daß sie mit einer venerischen Krankheit behaftet war, dennoch ihr unzüchtiges Gewerbe fortgesetzt hat.

8. Unzüchtiges Gewerbe einer verheiratheten Person, Einwilligung des Mannes zu dem Schandgewerbe des Weibes und Antheilnahme an dem Erwerbe.

9. Kuppelei, welcher sich schuldig machen die: a) Schanddirnen zur Betreibung ihres unerlaubten Gewerbes bei sich einen ordentlichen Aufenthalt geben; b) vom Zuführen solcher Personen ein Geschäft machen; c) sonst sich zu Unterhändlern in unerlaubten Verständnissen dieser Art gebrauchen lassen.

10. Unterschleif zur Unzucht von Seite der Gastwirthe und ihrer Dienstleute.

11. Gröbliche und öffentliches Aergerniß verursachende Verletzung der Sittlichkeit oder Schamhaftigkeit durch Druckschriften, bildliche Darstellungen oder unzüchtige Handlungen.

12. Betteln nach mehrmaliger Betretung, bei Hang zum Müssiggange und Fruchtlosigkeit der geschehenen Abmahnung oder ersten Bestrafung, oder bei Anwendung von Verstellung körperlicher Gebrechen, Wunden und Krankheiten.

13. Uebertretung der Eltern, die ihre Kinder unter 14 Jahren betteln lassen und verleihen der Kinder zum Betteln.

14. Spiel verbotener Spiele.

15. Trunkenheit, wenn in solcher eine Handlung verübt wurde, die ausser diesem Zustande als Verbrechen angerechnet würde; dann eingealterte Trunkenheit bei Handwerkern und Taglöhnern, die auf Dächern und Gerüsten arbeiten oder mit feuergefährlichen Gegenständen umzugehen haben; sowie bei Dienstpersonen, durch deren Fahrlässigkeit leicht Feuer entstehen kann.

Andere größere Unsittlichkeiten, als: Diebstähle und Veruntreuungen zwischen Verwandten, Verletzung der ehelichen Treue, thätige

Verletzungen schuldiger Ehrerbietung der Kinder gegen die Eltern, der Dienstleute gegen die Dienstherren und dergleichen sind zwar, so lange sie im Innern der Familie verschlossen bleiben, lediglich der häuslichen Zucht zu überlassen. Wenn aber diese Unordnungen so weit gehen, daß Eltern, Vormünder, Erzieher, Verwandte, Ehegenossen, Dienstherren u. a. dgl. sich bemüssiget sehen, die Hilfe der Behörden anzurufen, so werden sie Uebertretungen gegen die öffentliche Sittlichkeit.

Vierte Abtheilung.

Geschäftsordnung für Gemeindekanzleien und Ausschuß-Sitzungen. Ueber den Wirkungskreis des Gemeinde-Ausschusses. Formularien.

Geschäftsordnung für Gemeindekanzleien.

Ordnung ist die Seele des Wohlstandes. Der Kaufmann muß sein Geschäft, der Handwerker sein Gewerbe, der Oekonom seine Wirthschaft ordnungsmäßig betreiben. Reichbegüterte Familien sind ihres Vermögens durch dessen unordentliche Gebahrung verlustig geworden, während in armen Familien, wo sich die kleine Wirthschaft und der ganze Lebensgang nach einer vernünftigen und strengen Ordnung bewegt, der Herr das tägliche Brod und den Schweiß der Arbeit segnet, der Groschen zum Gulden und dieser allmählig zum Kapitale wächst.

Die Ordnung in der kleinen Familie muß von ihrem Haupte, dem Familienvater, die Ordnung in der Familie größeren Maßstabes, in der Gemeinde, von ihrem Haupte dem Gemeindevorsteher hergehalten werden. Die Gemeindeangelegenheiten müßen insbesondere dort von dem Geiste der Ordnung geleitet werden, wo alle ihre Fäden in einem Knotenpunkt zusammen laufen.

Ordnung ohne Schwerfälligkeit und Einfachheit sei das Streben eines jeden Gemeindevorstehers.

Vor allem muß derselbe bedacht sein, sich eine ordentliche Gemeindekanzlei einzurichten. Dieselbe kann in dem Hause des Gemeindevorstehers oder in einem anderen Gebäude untergebracht werden, jedenfalls erscheint es räthlich, hiezu einen von der Wohnung des Gemeindevorstehers nicht zu weit abliegenden und von den Gemeindebewohnern mehr besuchten Ort zu wählen, wozu sich insbesondere der Pfarrort eignet. Ein Zimmer dürfte in den meisten Fällen genügen, wobei aber vor Allem auf Trockenheit wegen Aufbewahrung der Akten Bedacht zu nehmen ist.

Auf der Außenseite des Hauses gegen die Straße zu ist eine Tafel mit der Aufschrift: „Gemeindekanzlei" anzuheften.

Bei der inneren Einrichtung ist auf die Abhaltung der Ausschußversammlungen in der Gemeindekanzlei Bedacht zu nehmen, die deßhalb empfohlen wird, weil in den Sitzungen nicht selten Akten benöthiget werden, die in der Kanzlei eben zur Hand sind.

Ferner ist für ein sicheres Arrestlokale Sorge zu tragen, welches licht, geräumig, trocken und heitzbar zu sein hat.

Bei jedem Gemeindeamte ist die Führung eines Geschäftsprotokolles (Einreichungs-Protokoll) unerläßlich.

Das Geschäftsprotokoll hat folgende Rubriken zu enthalten: Laufende Zahl, Monat und Tag des Einlaufes, kurzer Inhalt des Geschäftsstückes, Jahr, Monat und Tag der Erledigung, kurzer Inhalt der Erledigung und Bezeichnung des Aktes, wo das Stück zu finden ist. (Registraturs-Bezeichnung.)

In das Geschäftsprotokoll sind die Eingaben der Parteien, die Zuschriften, Erlässe und Protokolle, dann die sogenannten Amtsvorträge, d. i. die Berichte, Schreiben und Erlässe, die durch kein schon protokollirtes Geschäftsstück veranlaßt werden, einzutragen.

Ueber Heimatscheine, Ehekonsense u. dgl. sind ohne Eintragung in das Geschäftsprotokoll nur Vormerkungen zu pflegen.

Protokolle, die im Laufe einer bereits anhängigen Verhandlung aufgenommen werden, Betreibungserlässe, Sammlungsstücke u. dgl. sind ohne eigene Protokollsnummer, bloß mit Anführung der Zahl, worauf sie sich beziehen, und des Jahrganges zu bezeichnen.

Gesetzes- und Verordnungsblätter, Amtszeitungen u. dgl. gehören nicht in das Einreichungsprotokoll. Die Geschäftsstücke sind nach der Zeitfolge des Einlangens einzutragen.

Nach Eintragung des Geschäftsstückes ist dasselbe auf der Außenseite mit der entsprechenden Protokollszahl und mit dem Tage, Monat und Jahr des Einlangens zu bezeichnen. Das Geschäftsprotokoll ist für ein Jahr anzulegen und es sind während der Dauer desselben die Geschäftsstücke mit fortlaufenden Zahlen einzutragen.

Am 31. Dezember ist das Geschäftsprotokoll abzuschließen und es hat am 1. Jänner ein neues Protokoll mit der Zahl 1 zu beginnen. (Siehe Formulare 17 eines Geschäftsprotokolles.)

Der Gemeindevorsteher kann die Erledigung aller Geschäftsstücke selbst besorgen oder dieselbe bezüglich einzelner Zweige der Geschäftsführung oder einzelner Geschäftsstücke mit den Gemeinderäthen theilen.

Steht ein Gemeindebeamter in Verwendung, so hat derselbe die ihm vom Gemeindevorsteher oder von den Gemeinderäthen zugewiesenen Geschäftsstücke zu bearbeiten.

Nachdem der Gemeindevorsteher für die Geschäftsführung verantwortlich ist, so kann er die Conzepte (schriftliche Ausarbeitungen) ändern, oder kassiren und entweder zur Umarbeitung nach seinen Angaben zurück stellen oder das Geschäftsstück selbst neu bearbeiten.

Die eingelangten Geschäftsstücke erheischen jedoch nicht immer eine schriftliche Erledigung. Der Gemeindevorsteher hat sich in seiner Amtsführung Schritt für Schritt Vereinfachung des Geschäftsganges vor Augen zu halten und wo es immer möglich ist, den mündlichen Weg zu betreten.

Mit den Parteien ist demnach nur dann ein Protokoll aufzunehmen, wenn ihr Anliegen nicht mündlich abgethan werden kann und schriftliche Eingaben der Parteien können sehr oft durch eine bloße Vorladung und durch mündlichen Verkehr mit den Parteien ihre Erledigung finden.

Im letzteren Falle ist die Erledigung auf dem Geschäftsstücke kurz anzudeuten, oder es ist, wenn die Partei von ihrem Ansuchen über mündliche Vorstellung absteht oder es sonst thunlich erscheint, die Eingabe der Partei zurück zu stellen und dieß in der Rubrik „Erledigung" des Geschäftsprotokolles zu bemerken.

Von einer schriftlichen Erledigung einer Parteieingabe kann jedoch niemals Umgang genommen werden, wenn der Partei der Rekurs an den Gemeindeausschuß, an die k. k. Bezirks- oder Landesbehörde oder an den Landesausschuß vorbehalten ist.

Jede schriftliche Erledigung ist kurz und bündig mit Vermeidung jeder Weitwendigkeit und Abweichung vom Gegenstande zu verfassen. Verschiedenartige Gegenstände dürfen in einer Erledigung niemals zusammen gehäuft werden.

Der Gemeindevorsteher erstattet an die vorgesetzten Behörden Berichte, er verkehrt mit Behörden, welchen er nicht untersteht, und mit andern Gemeindevorstehungen mittelst Noten oder Schreiben, er richtet an unterstehende Organe und Parteien Decrete (Erlässe) oder Bescheide.

Bei Eingaben an ein Ministerium, an die Statthalterei, den Landesausschuß und an die Gerichtshöfe ist sich des Ausdruckes „hochlöblich", (auch „hoh—," wie z. B. hohe Statthalterei, hoher Landesausschuß) gegenüber anderen Behörden und Gemeindevorständen des Ausdruckes „löblich," im Verkehr mit geistlichen Behörden des Ausdruckes „hochwürdig" zu bedienen.

Bei Erlässen an Parteien ist denselben die übliche Titulatur zu geben.

Von den Concepten sind Reinschriften zu veranlassen, erstere sind aufzubewahren und letztere hinauszugeben. Geringfügige Erledigungen, deren Aufbewahrung überflüssig erscheint, können im Concepte hinaus gelangen, doch ist ein solcher Vorgang im Geschäftsprotokoll bei dem betreffenden Geschäftsstücke in der Rubrik „Erledigung" mit einer kurzen Andeutung der Erledigung zu bemerken.

Berichte werden auf vierfach gebrochenen Bogen mit Leerlassung der linkseitigen Spalten geschrieben. Auf der rechten Spalte der Aussenseite ist die Behörde, an welche der Bericht erstattet wird, der Gegenstand desselben in Kürze, und wenn ein höherer Auftrag zu Grunde liegt, die Geschäftszahl desselben anzuführen.

Decrete werden erlassen, wenn die Eingabe zurückbehalten, Bescheide, wenn die Eingabe zugleich hinaus gegeben wird.

Bescheide oder Indorsate (Erledigungen auf der Rückseite) werden auf der linken Aussenseite der zurück zu stellenden Eingabe oder eines halbbrüchig zusammengebogenen Umschlagbogens geschrieben. Dieselben bedürfen keiner Aufschrift und es ist das Organ oder die Partei, an die sie gerichtet sind, in der Erledigung selbst zu bezeichnen.

Z. B. „Wird der Spital-Verwaltung mit dem Bemerken zurückgestellt, daß u. s. w.“

Auch kann sich bei kurzen Berichten, dann bei kurzen Noten der Form von Indorsaten bedient werden, wenn die Geschäftsstücke zugleich vorgelegt oder übersendet werden.

Bei jeder Ausfertigung ist oben links die Zahl des erledigten Geschäftsstückes beizusetzen. Die Beilage von Gesuchen, Protokollen und anderen Akten ist auf der linken Seite an der betreffenden Stelle mit dem Zeichen ·/. oder mit dem Buchstaben A, bei weiteren Beilagen mit doppelten oder mehr Strichen und Punkten (:/: :///:) oder mit den folgenden Buchstaben des Alphabetes zu bezeichnen.

Die Reinschrift ist mit dem Concepte durch vergleichendes Ablesen (Collationiren) zu erproben und sodann vom Gemeindevorsteher zu unterfertigen. Ist Letzterer verhindert oder abwesend, oder dessen Stelle unbesetzt, so hat der zur Stellvertretung berufene Gemeinderath die Ausfertigung mit dem Beisatze „In Verhinderung“ oder „In Abwesenheit“ oder „In Ermanglung“ des Gemeindevorstehers zu unterschreiben.

Die Zustellungen haben durch den Gemeindediener, durch Boten oder durch die Post zu geschehen.

Die durch die Post zu versendenden Akten sind dem Postamte gegen Bescheinigung zu übergeben.

Für andere Zustellungen ist ein Zustellungsbuch anzulegen, welches folgende Rubriken zu enthalten hat:

1. Geschäftszahl;
2. an wen die Zustellung geht (Behörde, Gemeindeamt, Anstalt, Partei);
3. Tag der Zustellung;
4. Unterschrift des Empfängers.

(Siehe Formulare 18.)

Zustellungen von wichtigen Erledigungen, insbesondere von Entscheidungen, die einer Berufung unterliegen, an Parteien in fremden Gemeindebezirken sind durch die Gemeindevorstehung dieser Bezirke zu veranlassen.

Die Erledigung ist an die betreffende Gemeindevorstehung mit einem kurzen Schreiben unter Anschluß eines Empfangscheines mit dem Ersuchen zu leiten, letzteren mit der Bestätigung der Partei über die erfolgte Zustellung zurück zu senden.

Die Concepte und alle Geschäftsstücke und Beilagen, welche nicht an Behörden oder Parteien hinaus gegeben werden, sondern im Amte zu verbleiben haben, sind in der Gemeindekanzlei aufzubewahren.

Die Sammlung dieser Akten wird Registratur genannt.

Bei kleinen Gemeinden, wo wenig Geschäftsstücke vorkommen, sind dieselben in zwei Abtheilungen bezüglich des selbstständigen und übertragenen Wirkungskreises nach der Reihe ihrer Geschäftszahlen zu hinterlegen. Spätere Geschäftsstücke, die mit einem früheren im Zusammenhange sind, dürfen jedoch nicht getrennt, sondern müssen zum ersten

Geschäftsstücke, zu ihrer Stammnummer gelegt werden. Letztere ist auf jedem späteren Geschäftsstücke unter oder neben der Geschäftszahl und zugleich in der letzten Rubrik „Registraturs-Bezeichnung" des Geschäftsprotokolles zu bemerken. Wenn die Stammnummer in ein früheres Jahr zurückgreift, so ist dasselbe im Geschäftsprotokoll anzuführen.

In Gemeinden mit einem größeren Geschäftsumfange muß die Registratur nach mehreren Geschäftszweigen abgetheilt werden.

Es kann hiebei über jeden Zweig des selbstständigen Wirkungskreises eine besondere Abtheilung errichtet, oder es können einige dieser Geschäftszweige zu Einer Abtheilung verbunden werden. Jede Abtheilung ist mit einem Buchstaben zu bezeichnen. Der zur Aufbewahrung der Akten bestimmte Schrank hat so viele Fächer zu enthalten, als der angenommene Registratursplan Abtheilungen enthält. Die einzelnen Fächer sind mit den Buchstaben der betreffenden Abtheilungen als Aufschrift zu markiren und es sind in jedem Fache die dahin gehörigen Akten in der Reihenfolge der Zahlen des Geschäftsprotokolles einzulegen. Wenn mehrere denselben Gegenstand betreffende Geschäftsstücke vorkommen, so müssen die späteren zu ihrer Stammnummer gelegt und es muß dieselbe mit dem Jahrgange im Geschäftsprotokolle bemerkt werden.

Nach Erledigung eines Geschäftsstückes ist der Buchstabe der Abtheilung, in welcher das Stück nach seinem Gegenstande zu hinterlegen ist, auf dem Concepte und in der letzten Rubrik des Geschäftsprotokolles zu bezeichnen.

Akten von besonderer Wichtigkeit, werthvolle Originalurkunden u. dgl. können abgesondert aufbewahrt werden, doch ist hierüber im Geschäftsprotokolle die erforderliche Vormerkung zu pflegen.

Je nach dem Umfange der Geschäfte können die Faszikeln (Abtheilungen) alle Jahre, oder alle zwei, drei oder vier Jahre (Registraturs-Periode abgeschlossen werden. Dieser Abschluß muß aber in der ganzen Registratur gleichmässig durchgeführt und es darf nicht der eine Faszikel jährlich und ein anderer alle zwei Jahre u. s. f. abgeschlossen werden.

Den Gemeinden muß überdieß sehr empfohlen werden, über alle während einer Registratursperiode hinterlegten Akten ein alphabetisches Nachschlageregister (Index, Repertorium) zu führen.

Dasselbe ist mit drei Rubriken anzulegen.

Die erste Rubrik hat die Schlagworte der Geschäftsstücke nach den Namen der betreffenden Person und des Gegenstandes zu enthalten.

In der zweiten Rubrik sind die Geschäftszahlen aller denselben Gegenstand berührenden und unter der nämlichen Stammnummer hinterlegten Geschäftsstücke ersichtlich zu machen.

Die dritte Rubrik hat die Registraturs-Bezeichnung zu enthalten.

Jedes als Normale anzusehende Geschäftsstück ist als solches im Index durch Beifügung des Wortes „Normale" in der dritten Rubrik zu bezeichnen. Zur leichteren Uebersicht der Normalien ist zugleich das Hauptschlagwort „Normalien" zu eröffnen und es sind daselbst alle im

Laufe der Registraturs-Periode vorkommenden Normalien mit kurzer Bezeichnung des Gegenstandes, der Geschäftszahl und der Registraturs-Bezeichnung zusammen zu stellen.

Wenn Akten ausgehoben und nicht sogleich zurückgestellt werden, so ist an ihrer Stelle ein Empfangsschein zu hinterlegen.

Nach Ablauf von je zehn Jahren sind zur Vermeidung von Anhäufung überflüssiger Registratursakten die ganz entbehrlich gewordenen Akten auszuscheiden und zu vertilgen.

Geschäftsordnung für Gemeindeausschuß-Sitzungen.

Die Gemeindeordnungen enthalten gesetzliche Bestimmungen über die Geschäftsordnung in den Gemeindeausschuß-Sitzungen, bezüglich welcher wir im Nachstehenden nähere und praktische Erläuterungen geben.

Die Berufung zu einer Ausschußversammlung erfolgt durch den Gemeindevorsteher oder in Verhinderung desselben durch dessen Stellvertreter nach Maßgabe des Bedürfnisses, aber wenigstens einmal in jedem Vierteljahre. Der Gemeindevorsteher muß hier von einer richtigen Würdigung der gegebenen Verhältnisse geleitet werden, er wird in einer Bauerngemeinde zur Schnittzeit die Ausschußmänner verschonen, wenn nicht Dringlichkeitsfälle ihre Versammlung erheischen, er wird durch verzögerte Berufungen die vom Ausschusse zu erledigenden Gegenstände zum Nachtheile der Parteien und des Gemeinwohles nicht anhäufen lassen, er wird mit verständigem Blicke den Zeitpunkt wahrnehmen, wo eine Berufung thunlich und nothwendig erscheint.

Die Berufung kann am besten durch eine Vorladungsliste geschehen. (Siehe Formulare 20.)

Als zweckmäßig muß empfohlen werden, auf der Vorladungsliste die zur Berathung kommenden Sitzungsgegenstände in Kürze zu bezeichnen.

Nachdem jede Ausschuß-Versammlung, der eine Berufung nicht zu Grunde liegt, als ungesetzlich zu betrachten ist und die gefaßten Beschlüsse ungiltig sind, so hat der Gemeindevorsteher die Vorladungsliste wohl zu verwahren und sie am Schlusse der Versammlung dem Sitzungsprotokolle beizulegen.

Sobald zur bestimmten Stunde die beschlußfähige Anzahl der Ausschuß-, resp. Ersatzmänner anwesend ist, begeben sich diese auf ihre Sitze.

Der Gemeindevorsteher, oder in seiner Verhinderung der stellvertretende Gemeinderath, nimmt den Vorsitz am oberen Ende des Rathstisches ein.

Nach Eröffnung der Sitzung gelangen die einzelnen Gegenstände zur Berathung, welche vom Gemeindevorstande vorbereitet sein können, oder bezüglich welcher von einzelnen Mitgliedern der Gemeindevertretung dem Gemeindevorsteher schon früher bestimmte Anträge angezeigt wurden. Diese Gegenstände bilden die Tagesordnung der Sitzung und sie gelangen nach einer von dem Vorsitzenden zu bestimmenden Reihefolge zur Verhandlung.

Ist der Gegenstand vom Gemeindevorstande vorbereitet, so wird er von einem Mitgliede desselben zum Vortrage gebracht, welcher Berichterstatter (Referent) in dieser Angelegenheit ist. Fernere Anträge der Tagesordnung hat der Antragsteller zum Vortrage zu bringen.

Nach beendetem Vortrage steht es jedem Mitgliede frei, darüber seine Bemerkungen zu machen. Der Vorsitzende muß aber hier eine bestimmte Ordnung einhalten, damit die Verhandlung nicht in ein buntes Durcheinander ausarte. Sobald der Vortrag geendet ist, wird der Vorsitzende die Frage stellen, ob Jemand hierüber eine Bemerkung wünsche. Die Reihenfolge der Sprecher richtet sich nach der Ordnung, in welcher sich dieselben gemeldet haben.

Keinem Redner soll in der Verhandlung über einen und denselben Gegenstand das Wort öfter als zweimal, dem Berichterstatter soll aber das letzte Wort gestattet werden. Abgeordnete des Landesausschusses oder der Bezirksbehörde, die in der Ausschußversammlung erscheinen, können jederzeit das Wort ergreifen.

Der Vorsitzende hat jede Unterbrechung eines Redners zu verwehren und dem nächsten Redner erst dann das Wort zu gestatten, wenn jener geendet hat.

Wenn ein Redner von dem Gegenstande der Verhandlung abweicht, so hat ihn der Vorsitzende zur Sache, wenn er sich beleidigend und unanständig benimmt, zur Ordnung zu rufen. Bei fortgesetzter Verletzung des Anstandes kann der Vorsitzende dem Sprecher das Wort ganz entziehen.

Die einzelnen Sprecher können bloße Bemerkungen machen, oder bestimmte eigene Anträge stellen. Unter diesen unterscheiden wir folgende:

Vertagungsantrag, welcher die Verlegung der Verhandlung und Schlußfassung auf eine spätere Sitzung bezweckt. Antrag auf Uebergang zur Tagesordnung, d. i. den nächsten Gegenstand der Tagesordnung in Verhandlung zu nehmen, somit in den Hauptantrag des Berichterstatters nicht weiter einzugehen und diesen als gefallen zu betrachten.

Abänderungs- oder Verbesserungsantrag, wodurch der Hauptantrag geändert oder verbessert werden soll. Zusatzantrag, wodurch der Hauptantrag unverändert bleiben und nur einen Zusatz erhalten soll.

Ueber einen Vertagungsantrag muß sogleich abgestimmt werden. Wird derselbe angenommen, so hat der Gegenstand in einer späteren Sitzung zur Verhandlung zu kommen und entfällt bis dahin jede weitere Verhandlung. Bei Nichtannahme des Vertagungsantrages gelangt der Antrag auf Uebergang zur Tagesordnung zur Abstimmung, mit dessen Annahme die übrigen Anträge fallen.

Bleibt jedoch dieser Antrag in der Minorität (Minderheit der Stimmen) so wird der Abänderungs- oder Verbesserungsantrag zur

Abstimmung gebracht und erst nach dessen Verwerfung ist über den Hauptantrag abzustimmen. Nach Annahme des Hauptantrages wird mit der Abstimmung über den Zusatzantrag geschlossen.

Zu einem giltigen Beschlusse ist die absolute Stimmenmehrheit der anwesenden Ausschußmitglieder erforderlich.

Man unterscheidet zwischen absoluter und relativer Stimmenmehrheit.

Erstere ist vorhanden, wenn der Antrag mehr als die Hälfte der abgegebenen Stimmen erhält. Von 9 Stimmen ist die absolute Mehrheit fünf, von 10 und 11 sechs, von 12 sieben u. s. w.

Wenn es sich bei der Abstimmung gleichzeitig um mehrere Fragepunkte handelt und nicht die Mehrheit der Hälfte, sondern lediglich die größte Stimmenzahl vor den anderen den Ausschlag gibt, so wird dieselbe die relative Stimmenmehrheit genannt. Es würden z. B. unter 12 Stimmen 5 auf A, 4 auf B und 3 auf C entfallen, so hätte A nicht die absolute, wohl aber die relative Stimmenmehrheit.

In den Ausschußsitzungen dürfen nicht zwei Anträge gleichzeitig zur Abstimmung gebracht werden, die Mitglieder haben sich nur über einen bestimmten Antrag für oder gegen auszusprechen. Hier muß sonach die absolute Stimmenmehrheit entscheiden. Bei Gemeindewahlen hingegen ist Derjenige als gewählter Ausschuß- oder Ersatzmann zu betrachten, welcher die relative Stimmenmehrheit für sich hat.

Der Vorsitzende stimmt nur bei gleichgetheilten Stimmen und gibt mit seiner Stimme den Ausschlag. Wenn der Vorsitzende einen Antrag stellt, so hat an seiner Stelle der erste Gemeinderath nur bei gleichgetheilten Stimmen an der Abstimmung Theil zu nehmen.

Sobald die Tagesordnung erschöpft ist, steht es jedem einzelnen Mitgliede frei, einen selbstständigen Antrag zu stellen, welcher auf die Tagesordnung der nächsten Versammlung gesetzt, oder worüber bei minderer Erheblichkeit gleich abgestimmt werden kann. Dringlichkeitsanträge sind in derselben Sitzung auf die Tagesordnung zu stellen und ohne Verzug in Verhandlung zu nehmen.

Jedem Mitgliede der Gemeindevertretung ist zugleich gestattet, an den Gemeindevorstand Fragen zu stellen zur Ertheilung von Aufklärungen oder zur Rechtfertigung einer Verfügung. Der Vorsitzende ist verpflichtet, eine solche Interpellation zu beantworten, doch kann er die Beantwortung, im Falle er sich nicht hinreichend vorbereitet fühlt, auf eine der nächsten Sitzungen verschieben.

In welcher Ausdehnung die Protokolle zu verfassen seien, hat der Ausschuß zu bestimmen. Das Protokoll kann die Begründungen, und alle Anträge und Beschlüsse mit Inbegriff der ablehnenden enthalten, es kann ein treuer Spiegel der ganzen Verhandlung sein, es kann sich aber auch nur auf die auszuführenden Beschlüsse und auf die Aufnahme derjenigen Meinungen beschränken, deren Aufzeichnung ausdrücklich verlangt wird.

Wenn nicht die Verhältnisse größere Weitwendigkeit erheischen, so empfiehlt sich Kürze nach dem Grundsatze möglicher Vereinfachung des Geschäftsganges, die in jeder Gemeinde anzustreben ist.

Der Ausschuß wählt für eine Periode, z. B. für die Dauer eines Jahres, den Schriftführer aus seiner Mitte, oder er bestimmt hiezu einen Gemeindebeamten oder ein anderes schreibkundiges Individuum in der Gemeinde.

Der Schriftführer ist jedoch von der Abstimmung ausgeschlossen, wenn er nicht zu den Mitgliedern der Gemeindevertretung zählt. Wenn das Sitzungsprotokoll nicht in derselben Sitzung verfaßt und vorgelesen wird, so muß es in kürzester Frist angefertiget und in der nächsten Sitzung vorgelesen werden.

(Siehe Formularien 25 und 26 über Sizungsprotokolle des Gemeindeausschusses.)

Ueber den Wirkungskreis des Gemeindeausschusses.

Wir geben hier einige instructive Bemerkungen bezüglich des Wirkungskreises des Gemeindeausschusses.

In den §§. 2, 3 und 4 der Gemeindeordnungen von Oberösterreich und Salzburg ist der gesetzmäßige Weg vorgezeichnet, auf welchem eine Vereinigung, Trennung oder Aenderung in den Grenzen der Ortsgemeinden eintreten kann.

Die Gemeindevertretungen werden nicht selten in die Lage kommen, sich in der einen oder andern Richtung auszusprechen.

Nach dem prov. Gemeindegesetze vom Jahre 1849 konnten einzelne Gemeinden bei dem Abgange der Mittel zur Erfüllung ihrer gesetzlichen Pflichten mit andern zu einer einzigen Ortsgemeinde vereiniget werden.

Die neue Gemeindeordnung hat von einer zwangsweisen Zusammenlegung der Gemeinden Abstand genommen, indem eine Vereinigung wider den Willen der Gemeinden nicht stattfinden darf.

Größere Gemeinden können durch Vereinigung ihres Vermögens und ihrer Lasten mit jenem ergiebiger gebahren und diese erleichtern; sie können nach jeder Richtung förderlicher auf das Wohl der ganzen Gemeinde und ihrer einzelnen Bewohner Einfluß nehmen. In der Zusammenfügung kleinerer Gemeinden liegt somit ein wesentlicher Hebel eines gedeihlichen Gemeindelebens.

Ein richtiges Verständniß der eigenen Interessen wird die Gemeinden dahin führen, dort, wo die Verhältnisse eine Vereinigung wünschenswerth erscheinen lassen, dieselbe im gesetzmäßigen Wege anzustreben.

Wir nehmen z. B. die beiden Gemeinden A. und B, von welcher jene 500 und diese nur 400 Seelen umfaßt. Die Größe der Lasten gegenüber der geringen Leistungsfähigkeit, die nachbarliche Berührung und die Gemeinschaftlichkeit mancher Interessen sind Anziehungspunkte, welche den Wunsch nach Vereinigung endlich zur Reife bringen und es einigen sich beide Gemeinden, mit Aufgebung ihrer bisherigen gesonderten Selbstständigkeit ihre Gebiete zu Einem Gemeindekörper zusammen zu legen.

Zur Ausführung dieser Vereinigung müssen die Gemeinden vor Allem über den Besitz und Genuß ihres Eigenthumes, ihrer Anstalten und Fonde ein Uebereinkommen treffen.

Die hierüber zwischen beiden Gemeinden gepflogene Verhandlung führt zu folgendem Ergebnisse: Die Wasserleitung und ein Waldcomplex der Gemeinde A wird als Sondervermögen erklärt, von dessen Genuß und Lasten die Gemeinde B ausgeschlossen bleibt. Bezüglich des übrigen Eigenthumes jeder einzelnen Gemeinde (Armenhaus, Feuerlösch-Requisiten, u. dgl.) sowie der sämmtlichen Lasten wird volle Gemeinschaftlichkeit der zusammengelegten Gemeinden vereinbart. Das diesfällige Uebereinkommen ist mit genauer Auseinandersetzung zu Protokoll zu nehmen und dieses von den Vertretungen beider Gemeinden zu unterfertigen.

Das Protokoll ist sodann dem Landesausschusse vorzulegen, in dessen Wirkungskreis die Bewilligung der angestrebten Vereinigung gelegen ist.

§. 2 der Gemeindeordnung knüpft diese Bewilligung an die Bedingung, daß die Statthalterei aus öffentlichen Rücksichten dagegen keine Einwendung erhebe. Im Gesetze selbst wird ein Umstand bemerkt, bei dessen Vorhandensein die Zusammenlegung unzulässig erscheint. Nach §. 2 der Gemeindeordnung können sich nämlich zwei oder mehrere Ortsgemeinden desselben politischen Bezirkes vereinigen; Gemeinden in verschiedenen politischen Bezirken ist demnach eine Vereinigung nicht gestattet. Uebrigens scheint auch hier eine Ausnahme Platz greifen zu können, sobald durch die Vereinigung die Grenzen der politischen Amtsgebiete nicht wesentlich verrückt werden.

Bei erhobenen Einwendungen der Statthalterei, wodurch eine beabsichtigte Vereinigung verhindert wird, ist der Rekurs an das Staatsministerium offen gelassen.

Zur Vereinigung genügt die Bewilligung des Landesausschusses, die Trennung hingegen erfordert nach §. 3 der Gemeindeordnung ein Landesgesetz, das ist die Bewilligung des Landtages und die allerhöchste Genehmigung des Monarchen.

Wie im Staatsleben so auch in der Gemeinde regt sich der Sondergeist, der an den Pfeilern des gemeinsamen Hauses rüttelt und dieses endlich zerstört, wenn seiner zersetzenden Thätigkeit nicht wirksam begegnet wird. Persönliche Gehässigkeit, Privatinteressen, Standesunterschied und so viele moralische Einflüsse und thatsächliche Verhältnisse befruchten den Boden, auf welchem der Sondergeist üppig emporwuchert.

Uebrigens kann auch dieser und das Streben nach Trennung seine volle Berechtigung finden. Wo das Band gemeinsamer Interessen gänzlich mangelt, wo das Interesse eines Theiles der Gemeinde durch das drückende Uebergewicht des anderen Theiles sehr benachtheiliget wird, wo die Zwiespältigkeit in der Gefährdung des Gemeinwohles wurzelt und eine Trennung der vereinigten Gemeinden zum offenbaren Vortheile derselben gereicht, dort wird das Streben nach Trennung räthlich erscheinen und es wird den Gemeinden auf diesem Wege die Gesetzgebung nicht hindernd entgegen treten. Ein gewaltsames Zusammenhalten von Gemeinden, deren Vereinigung ihre gedeihliche Entwicklung hemmt, deren Pulse erst wieder frei und kräftig schlagen, wenn sie des unnatürlichen Verbandes entlediget sind, kann nicht in der Absicht der Gesetzgebung gelegen sein.

Wir nehmen z. B. die beiden Katastralgemeinden C und D, jene mit 2500 und diese mit 1200 Seelen wären seit dem Jahre 1850 vereiniget. Jede dieser Gemeinden bildet für sich eine eigene Pfarr- und Schulgemeinde, C ist ein geschlossener Industrialort, D eine ausgedehnte Bauerngemeinde, deren Centralpunkt von der Steuergemeinde C weit entlegen ist. Diese Gemeinden entbehren zudem jedes gemeinsamen Interesses, beide sind wohlhabend, jede ist im Besitze der Mittel zur Erfüllung der aus dem übertragenen Wirkungskreise erwachsenen Verpflichtungen, in beiden Gemeinden drängt die allgemeine Stimmung nach Trennung und abgesonderter Constituirung.

Hier wird das Streben nach Trennung durch die dargestellten Verhältnisse vollständig gerechtfertiget.

Wie der Vereinigung ein Uebereinkommen über den Besitz und Genuß des Eigenthumes, der Anstalten und Fonde der Gemeinden voraus zu gehen hat, so muß auch der Trennung eine vollständige Auseinandersetzung des gemeinschaftlichen Vermögens und Gutes und der gemeinschaftlichen Lasten vorhergehen. In genauer und bestimmtester Weise muß festgestellt werden, welcher Theil des Vermögens in Zukunft dieser und welcher jener Gemeinde angehören, wie die bisherige gemeinschaftliche Belastung getheilt werden soll.

Die Theilung einer Realität kann durch Verkauf und verhältnißmäßige Theilung des Erlöses, oder durch Hinausbezahlung eines Theilbetrages des Schätzungswerthes an jene Gemeinde, welcher der Besitz der Realität nicht anheim fällt, in Vollzug gesetzt werden.

Sobald in dieser Beziehung eine vollständige Einigung erzielt worden ist, hat die Vertretung der Ortsgemeinde das Trennungsgesuch unter Anschluß des Theilungsaktes dem Landesausschuß zu überreichen, welcher sich mit der Statthalterei in das Einvernehmen setzen und das Gesuch in der nächsten Landtagsversammlung zur Vorlage bringen wird.

Bezüglich des Gemeindehaushaltes wurde in der II. Abtheilung dieses Buches des Näheren gesprochen.

Nach §. 29 der G. O. von Oberösterreich und §. 32 der Salzb. G. O. hat der Ausschuß dem Gemeindevorstande zur Besorgung der ihm obliegenden Geschäfte das entsprechende Personale beizugeben.

Aus der praktischen Anwendung des Gemeinde-Gesetzes und aus den zu erlassenden näheren Bestimmungen bezüglich des übertragenen Wirkungskreises muß sich erst eine klare Anschauung über die Gesammtheit der künftigen gemeindeämtlichen Thätigkeit und über das Maß der Nothwendigkeit von Gemeindebeamten und Gemeindedienern ergeben.

Die Gemeindevertretungen werden sehr bald von selbst heraus fühlen, ob sie die Geschäftsmaschine mit eigener Hand zu führen vermögen, oder ob sie hiezu der Mitwirkung von Beamten bedürfen.

Wird die Bestellung eigener Beamten und Diener für nothwendig erkannt, so beschließt der Ausschuß über die Zahl und Bezüge derselben.

Den Gemeinden muß hier nachdrücklichst an das Herz gelegt werden, sich bei Bemessung der Bezüge nicht von engherzigen Grundsätzen allzu großer Sparsamkeit leiten zu lassen.

Bei schlechter Besoldung wird die Gemeinde keine entsprechenden Kräfte gewinnen und wenn ihr der Zufall auch solche zuführen sollte, so ist keine Bürgschaft für Berufseifer und tüchtige Dienstleistung vorhanden. Die Gemeinde muß in ihrem eigenen Interesse bedacht sein, ihren Beamten in einer Weise zu entlohnen, daß dieser mit ganzer Kraft und Hingebung seinen Pflichten vollständig zu genügen im Stande ist.

Auch kann die Gemeinde von ihrem schlecht besoldeten Diener treue und eifrige Dienstleistung kaum gewärtigen.

Neben dem Bezuge hat sich der Ausschuß über die Benennung auszusprechen. In Gemeinden, wo kein größeres Personale besteht, ist die landesübliche Benennung eines Gemeindebeamten: „Kanzellist", „Aktuar" oder „Secretär".

Die Diener der Gemeinden erhalten in der Regel eine ihre spezielle Dienstleistung bezeichnende Benennung: „Gemeinde-Polizeidiener", „Waldaufseher", „Feldhüter", „Flurenwächter", „Wegmacher", „Nachtwächter" u. s. w.

Die Gemeinde wird ein geeignetes Mittel zur Anspornung des Pflichteifers finden, wenn sie nach längerer entsprechender Dienstleistung den Gehalt erhöht.

Der Gemeinde-Ausschuß hat zugleich zu beschließen, ob das Dienstverhältniß nach vorher gegangener Aufkündung der Gemeindevertretung oder des Bediensteten jederzeit gelöst werden könne, oder ob dem Bediensteten eine bleibende Anstellung gesichert werden soll, bei welcher der Beamte oder Diener nur in dem Falle entlassen werden kann, wo ein Beamter oder Diener des Staates oder Landes entlassen würde.

Die Gemeinde kann keiner treuen gewissenhaften Pflichterfüllung sicher sein, wenn der Beamte den Launen des jeweiligen Gemeindevorstehers preis gegeben ist, wenn er die Kündung des Dienstvertrages stündlich zu gewärtigen hat.

Den ihres Dienstes entlassenen Beamten öffnet sich nicht so leicht eine anderweitige Bedienstung, nur wenige behaupten im Unglücke ihre moralische Kraft, die Mehrzahl sucht durch Winkelschreiberei oder durch andere ungesetzliche Mittel sich und den Angehörigen das tägliche Brod zu verschaffen.

Entlassene Gemeindediener werden unschwer eine weitere angemessene Beschäftigung finden, hier tritt die Nothwendigkeit einer bleibenden Anstellung nicht in der Weise, wie bei den Beamten hervor.

Die Gemeinde kann ferner ohne Unbilligkeit ihren alten treu erprobten Beamten oder Diener nach langjähriger Ausnützung seiner Kräfte nicht mit einem Armenbeitrage abfertigen oder in ihr Pfründnerhaus weisen, sie kann seine hinterlassene Witwe nicht dem Nothstande überlassen.

Den Gemeinden muß demnach sehr empfohlen werden, ihre Bediensteten bezüglich der Pensionirung den Beamten und Dienern des Staates oder Landes gleich zu halten.

Die Verleihung der Beamtenstellen hat in der Regel im Wege der Ausschreibung zu geschehen, die in öffentlichen Blättern einzuschalten ist.

Bei Verleihung von Dienerstellen kann von einer Concurs-Ausschreibung Umgang genommen werden.

Mit der kais. Verordnung vom 19. December 1853, (Landesgesetzblatt vom Jahre 1853, Seite 707) wurde den Gemeinde-Organen zur Pflicht gemacht, bei den von ihnen zu besetzenden Dienerstellen gediente Unterofficiere und Gemeine des kais. Heeres zu berücksichtigen und es sind insbesondere zu den Stellen des Feld- und Waldaufsichts- des unteren Markt-, Strassen- und Sicherheits-Personales vorzugsweise gediente Unterofficiere oder sonst gediente Militärs zu wählen. Kommen diese Stellen zu besetzen, so hat sich die betreffende Gemeinde wegen Namhaftmachung eines geeigneten Individuums aus dem Militärstande im dienstlichen Wege an den Landeschef zu wenden.

Durch Hinweisung auf diese kais. Verordnung soll jedoch keineswegs eine Verpflichtung der Gemeinden zur Verleihung ihrer Dienerstellen in der angeführten Weise behauptet werden, indem dieselbe der Gemeinde-Autonomie zu widersprechen scheint.

Bezüglich der Gemeindebeamten ist eine Beeidigung wohl nicht gesetzlich vorgeschrieben, jedoch anzurathen.

Der Diensteid ist vor dem versammelten Ausschusse in die Hände des Gemeindevorstehers oder seines Stellvertreters abzulegen.

Hiebei kann sich wie bei gerichtlichen Eidablegungen eines Kruzifixes und zweier brennender Wachskerzen bedient werden, doch kann die Ablegung des Diensteides auch ohne dieser Gegenstände erfolgen. Während der Beeidung hat das sämmtliche im Zimmer anwesende Personale aufzustehen, Stillschweigen zu beobachten und sich so zu betragen, wie es der heilige Akt erfordert.

Der Gemeindevorsteher verliest die Eidesformel, dieselbe ist von dem Schwörenden zu fertigen und es ist sohin die Beeidigung mit Angabe des Tages vom Gemeindevorsteher auf dem Anstellungsdekrete zu bestätigen, die Eidesformel hingegen in der Registratur zu hinterlegen.

(Siehe Formularien 8, 9, 10 und 11 für eine Concurs-Ausschreibung, ein Anstellungsdekret und Eidesformeln.)

Zur Wirksamkeit des Gemeindeausschusses gehört ferner die Ertheilung des politischen Ehekonses.

Die dießfällige Competenz berührt lediglich den übertragenen Wirkungskreis der Gemeinde und wenn wir in diesem Buche, das sich die Behandlung des selbstständigen Wirkungskreises zur Aufgabe stellt, den politischen Ehekonsens zum Gegenstande einiger Erläuterungen machen, so wird hiedurch nur einem vielfach laut gewordenen Wunsche Rechnung getragen.

Vor Aufhebung des Unterthansverhältnisses haben in Oberösterreich die Ehemeldscheine bestanden, die von der Personalinstanz auszufertigen und von der politischen Obrigkeit zu vidiren waren.

Mit Erlaß vom 21. Juni 1849 hat sich das Ministerium dahin ausgesprochen, daß die gesetzlichen Vorschriften über die Beibringung von Meldscheinen bei Eingehung von Ehen zwar ihre Geltung verloren haben, daß aber für alle Fälle, wo nach den bisherigen Vorschriften eine Erklärung der politischen Behörde erforderlich war, das betreffende Brautpaar vor seiner Verehelichung sich mit dem Zertificate der politischen Behörde auszuweisen habe, es sei die bevorstehende Verehelichung angemeldet worden, und es walte dagegen kein gesetzlicher Anstand ob.

Nach §. 44 der Instruktion für die politischen Behörden vom Jahre 1850 blieb die Regelung der Bestimmungen über die politischen Ehekonsense einer besonderen Verordnung vorbehalten; bis dahin war sich in größeren Städten an die bisherigen Vorschriften, auf dem Lande aber an den Grundsatz zu halten, daß in der Regel die Ertheilung des Ehekonsenses von Seite der Gemeinde, welcher der Bräutigam angehört, genüge.

Die Instruktion für die Bezirksämter vom Jahre 1853 überwies die Ertheilung der politischen Ehekonsense über Einvernehmen der Gemeindevorsteher an das Bezirksamt und nach der neuen Gemeindeordnung steht dieselbe den Gemeinden in deren übertragenen Wirkungskreise zu.

Hiedurch sind die wenigen positiven Grundlagen bezüglich des politischen Ehekonsenses gegeben. *)

*) Zur Schließung einer Ehe bedürfen die im Militärverbande befindlichen Personen der Einwilligung der Militärbehörde und nach dem allgemeinen bürgerlichen Gesetzbuche nicht eigenberechtigte Personen der väterlichen, beziehungsweise vormundschaftlichen und gerichtlichen Zustimmung. Die dießfälligen Ehebewilligungen sind jedoch vom politischen Ehekonsens wesentlich verschieden.

Die angeführten Normen enthalten auch keine näheren Bestimmungen über die Grundsätze, nach welchen bei Ausstellung oder Verweigerung des politischen Ehekonsenses vorzugehen sei.

Nach einem im Jahre 1850 an die k. k. Statthalterei ergangenen Ministerial-Erlasse ist wohl bei Heiratsgesuchen bei den zur Einholung der Ehekonsense verpflichteten Klassen der Bevölkerung die Erklärung der Gemeinde, wohin der Heiratswerber zuständig ist und von welcher der Ehekonsenswerber und seine Familie im Verarmungsfalle unterstützt und versorgt werden muß, zu berücksichtigen, und es ist gegen den Willen der Gemeinde der Consens nur aus wichtigen Gründen zu ertheilen und sich mit der bloßen Erwerbsfähigkeit ohne gegründete Wahrscheinlichkeit auf einen andauernden Erwerb nicht zu begnügen, da die Vorstellungen der Gemeinden gegen die Ertheilung von Ehekonsensen an Personen, deren Erwerb zu sehr von unverläßlichen Verhältnissen abhängig ist, wie bei Gesellen, Dienstleuten und Tagwerkern, immer häufiger vorkommen und ihre Besorgnisse wegen Vermehrung eines die Kräfte der Gemeinde hinsichtlich der Versorgung zu sehr drückenden Proletariates in Zukunft nicht ganz ungegründet sich darstellen.

Dieser Ministerial-Erlaß ist aber niemals kund gemacht worden, er besitzt keine gesetzliche Kraft und ist auch nachträglich von den Behörden unberücksichtiget geblieben.

Einige gesetzliche Anhaltspunkte sind durch das allgemeine bürgerliche Gesetzbuch gegeben.

Nach §. 47 kann Jedermann einen Ehevertrag schließen, insoferne ihm kein gesetzliches Hinderniß im Wege steht. Nach §. 48 sind Rasende, Wahnsinnige, Blödsinnige und Unmündige außer Stande, einen giltigen Ehevertrag zu errichten.

Nach §. 53 sind Mangel an dem nöthigen Einkommen, erwiesene oder gemein bekannte schlechte Sitten, ansteckende Krankheiten oder dem Zwecke der Ehe hinderliche Gebrechen desjenigen, mit dem die Ehe eingegangen werden will, rechtmäßige Gründe, die Einwilligung zur Ehe zu versagen. Die Bestimmung des §. 53 bezieht sich jedoch nur auf Minderjährige oder Pflegebefohlene und ihre civilrechtliche Vertretung; für eigenberechtigte Personen und die mit der Ertheilung des politischen Ehekonsenses betrauten Gemeinden hat dieselbe keine bindende Kraft.

Die Beurtheilung der Frage, in welchen Fällen ein Ehekonsens auszustellen oder zu verweigern sei, ist bei dem Mangel zureichender gesetzlicher Bestimmungen zumeist dem vernünftigen Ermessen der Gemeinden überlassen. Mögen sich die Gemeinden hiebei nicht von unrichtigen und engherzigen Grundsätzen leiten lassen.

Die Gründung einer eigenen Familie ist ein wesentliches Menschenrecht und wer diesem Rechte in einzelnen Fällen Kraft des Gesetzes und seiner Amtsgewalt hindernd entgegen tritt, den mögen nur hochwichtige Gründe hiezu bestimmen. Die Liebe zur Gattin und zu den Kindern ist ein mächtiger Sporn zur Thätigkeit. Zur Erhaltung einer

Familie ist nicht Haus und Hof erforderlich, es genügen hiezu Fleiß und rüstige Hände. Der arbeitsame und mit moralischen Grundsätzen ausgerüstete Taglöhner wird sich und seine Familie ehrlich fort bringen und er wird seiner Gemeinde keine hausgesessenen wohlhabenden Nachkommen, wohl aber tüchtige Arbeiter hinterlassen, deren die Gemeinden gewiß sehr bedürfen.

Nicht in der Wohlhabenheit, sondern in der Arbeitsfähigkeit und im Fleiße liegt die Bedingung des Erwerbes. Reichbegüterte Bauern sind durch schlechte Gebarung um ihr Besitzthum gekommen und der Gemeinde zur Last gefallen, während sich die Armuth nicht selten zur Wohlhabenheit aufgeschwungen hat.

Es übersteigt die Beurtheilungskraft des menschlichen Geistes, auf das künftige Schicksal einer Familie einen richtigen profetischen Blick zu werfen. Selbst unmoralische und arbeitsscheue Individuen sind durch den sittigenden Einfluß der Ehe moralische und arbeitsame Menschen und Bettler und Vagabunden durch die Gründung einer eigenen Familie und durch die hindurch bewirkte Anhänglichkeit an den häuslichen Herd brave und fleißige Arbeiter geworden.

Wer der Unsittlichkeit den Zutritt zur Ehe verwehrt, der nimmt ihr ein oft bewährtes Mittel zur moralischen Besserung, während durch die Beschränkung der Ehen der Unsittlichkeit, Ausschweifung und Vermehrung der unehelichen Geburten hilfreiche Hand geboten wird.

Die Ehebewilligung wird nicht selten aus dem Grunde versagt, weil die Braut des Ehekonsenswerbers von diesem bereits außereheliche Kinder besitzt und einer andern Gemeinde zuständig ist. Ein derartiges Vorgehen, welches die Heimatsgemeinde des Ehekonsenswerbers vor der Vermehrung der ihr zuständigen Population schützen soll, muß aber als ein inhumanes bezeichnet werden, indem es die unehelichen Kinder der Möglichkeit beraubt, legitimirt zu werden und einer besseren Erziehung zu genießen. Wenn die Gemeinde in dem einen Falle einige unehliche Kinder übernimmt, die durch die nachfolgende Ehe als ehlich erklärt und ihr zuständig werden, so wird sie sehr bald in die Lage kommen, auf dem gleichen Wege ihr angehörige außereheliche Kinder an eine andere Gemeinde abgeben zu können und die scheinbaren Nachtheile werden hiedurch im Allgemeinen ausgeglichen.

Von Seite der Staatsbehörden wird bei Heiratsgesuchen die größte Liberalität beobachtet. Wir entnehmen den Verhandlungen im Abgeordnetenhause und im o. ö. Landtage, daß im Jahre 1862 bei der Statthalterei 260 Rekurse wegen verweigerter Ertheilung des Ehekonsenses anhängig waren und in 243 Fällen dem Rekurse der Ehekonsenswerber Folge gegeben wurde. An das k. k. Staatsministerium gelangten 48 derartige Rekurse, die ohne Ausnahme zu Gunsten der Ehekonsenswerber erlediget wurden. Von welchen Grundsätzen in dieser Beziehung das Abgeordnetenhaus geleitet wird, ist durch dessen im Jahre 1863 gefaßten Beschluß, daß der politische Ehekonsens aufzuheben sei, hinreichend dargethan. Von Seite des Herrenhauses wurde wohl dieser

Gesetzesentwurf abgelehnt, jedoch die Regierung ersucht, bezüglich der Aufhebung oder des Fortbestandes des politischen Ehekonsenses das Gutachten der Landtage einzuholen.

Im o. ö. und im Salzb. Landtag wurde sich für die Beibehaltung des Ehekonsenses ausgesprochen, doch kann aus diesem Beschlusse keineswegs die Absicht abgeleitet werden, der Ertheilung des Ehekonsenses enge Schranken zu setzen. Die Verweigerung des Ehekonsenses mag immerhin in einzelnen, doch gewiß sehr seltenen Fällen gerechtfertiget erscheinen.

Mögen die Gemeinden bei Handhabung des Gesetzes in Betreff des politischen Ehekonsenses den Grundsatz unsers Zeitalters, dem Individuum die möglichst freie Selbstbestimmung zu gestatten, wohl im Auge behalten und mögen sie die Ehe bei ihren unbegüterten und vermögenslosen Angehörigen nicht als ein feindliches, sondern als ein segensreiches Element ihrer Entwicklung und ihres Wohlstandes betrachten. Noch muß hier der Bestimmung des §. 8 des Heeres-Ergänzungs-Gesetzes vom 29. September 1858 gedacht werden, nach welcher diejenigen, die vom Eintritte in das Heer nicht gesetzlich befreit oder zum Heeresdienste nicht offenkundig, oder nicht nach dem Erkenntnisse einer Stellungskommission für immer untauglich sind, sich vor dem Austritte aus der zweiten Altersklasse nicht verehelichen dürfen. Eine ausnahmsweise Ehebewilligung im Falle vorhandener, besonders rücksichtswürdiger Umstände zu ertheilen, ist die Statthalterei ermächtiget, jedoch begründet diese Bewilligung keine Befreiung von der Stellungspflicht während der ersten und zweiten Altersklasse.

(Siehe Formulare 22 eines Ehekonsenses.)

Nach der Verordnung des Ministeriums des Innern vom 27. Oktober 1859 (R.-G.-B. Seite 556) findet gegen eine Entscheidung der politischen Landesbehörde, wodurch eine Erledigung der politischen Bezirksbehörde in Betreff der Ertheilung oder Verweigerung des politischen Ehekonsenses bestätiget wurde, eine weitere Berufung an das Ministerium nicht mehr Statt.

Nach §. 32 der Gem.-Ordnung für Oberösterreich und §. 35 der Salzb. G. O. kann der Ausschuß, in soweit die Handhabung der Ortspolizei nicht landesfürstlichen Organen im Wege des Gesetzes zugewiesen ist, innerhalb der bestehenden Gesetze ortspolizeiliche, für den Umfang der Gemeinde giltige Vorschriften erlassen und gegen die Nichtbefolgung dieser Vorschriften eine Geldstrafe bis zum Betrage von zehn Gulden oder eine Arreststrafe bis zu 48 Stunden androhen.

Den bestehenden Gesetzen in Betreff der Ortspolizei sind die allgemeinen Verhältnisse zu Grunde gelegt, die sich bei allen Gemeinden gleichartig gestalten. In jeder Gemeinde sind jedoch eigenthümliche Verhältnisse, die auf die ortspolizeiliche Gebahrung wesentlichen Einfluß nehmen und specielle Vorschriften verlangen. Dem Gemeindeausschusse ist demnach das Recht eingeräumt, solche Vorschriften zu erlassen, wozu die Gemeinden nicht selten Veranlassung finden werden.

So macht sich z. B. nach §. 452 des Strafgesetzbuches einer Uebertretung schuldig, wer in einem Stalle, einem Heu- oder Strohgewölbe, oder in einer Scheuer (Stadel), oder überhaupt an Orten, wo sich leicht feuerfangende Sachen befinden, Tabak raucht.

Auch nach den Feuerlöschordnungen ist das Tabakrauchen an feuergefährlichen Orten verboten.

Aus diesen Bestimmungen ergibt sich, daß zur Marktzeit ein besonderes Verbot des Tabakrauchens in den Marktbuden, wo leicht feuerfangende Gegenstände aufgehäuft sind, nicht nothwendig erscheint, weil sich die bemerkte Handlung ohnedieß nach dem Strafgesetzbuche als eine von der Gerichtsbehörde zu ahndende Uebertretung darstellt. Das Tabakrauchen auf dem Marktplatze außer den Marktbuden kann jedoch in dem einen Falle strafbar und in einem anderen Falle nicht strafbar erscheinen, während die feuerpolizeilichen Rücksichten gebieten, daß zur Marktzeit das Tabakrauchen auf allen Plätzen, wo Marktbuden aufgestellt sind, hintangehalten werde. Hier ist ein besonderes Verbot erforderlich, welches der Gemeindeausschuß unter Androhung einer Geldstrafe zu erlassen hat.

Der Gemeindeausschuß hat der Armenversorgung seine besondere Aufmerksamkeit zu widmen.

Das Reichsgesetz vom 3. Dezember 1863 über das Heimatsrecht enthält zugleich die gesetzlichen Bestimmungen über die Armenversorgung.

Menschenliebe und Rücksichten der öffentlichen Sicherheit der Gesundheit und Sittlichkeit fordern mit gebieterischer Stimme, daß die Gemeinde gegenüber den Armen ihre Pflichten gewissenhaft und opferwillig erfülle.

In keinem Zweige des gemeindlichen Wirkungskreises rächt sich zu weit gehende Sparsamkeit mehr, als in Handhabung des Armenwesens. Die besten Gesetze zur Abstellung des Bettels werden unwirksam bleiben, wenn die Armen nicht zureichende Unterstützung und Versorgung finden, wenn sie gezwungen sind, zum Bettelstabe zu greifen, um hiedurch ihr elendes Dasein zu fristen. Mit dem Einreißen des Bettels ist Gefährdung der Sicherheit der Person und des Eigenthumes nothwendig im Gefolge.

Wenn arme Eltern ihre Kinder zum Bettel abrichten, weil sie dieselben nicht zu erhalten vermögen und vergebens bei ihrer Gemeinde um Brod für ihre Kinder flehn, dann trifft die Gemeinde die ganze Last moralischer Verantwortung für alle verderblichen Folgen, welche der Bettel von Kindern mit erschütternder Gewißheit nach sich zieht.

Wo das Elend keine Abhilfe findet, dort nistet auch Unsittlichkeit, dort wuchern neben dem Laster Krankheiten empor, die ihr Gift mit weit greifenden Armen bis an den Herd des Wohlstandes und Ueberflusses tragen.

Mögen demnach die Gemeinden bei Bestimmung der Armenbeiträge nicht von übel angewandter Oeconomie, sondern von christlichem Erbarmen und von der Ueberzeugung geleitet werden, daß jeder der

Armuth aus zu weit gehender Sparsamkeit entrissene Gulden das Saatkorn einer bösen Frucht sei, welche die Pflichtverletzung der Gemeinde früher oder später schwer büßen läßt.

Der Gemeindeausschuß entscheidet über Beschwerden gegen Verfügungen des Gemeindevorstandes in den Angelegenheiten des selbstständigen Wirkungskreises der Gemeinde.

Der Instanzenzug bei Berufungen ist nach der neuen Gemeindeordnung und zwar sowohl jener für Oberösterreich, als der für das Kronland Salzburg folgender:

In den vom Staate der Gemeinde übertragenen Angelegenheiten geht die Berufung an die politische Bezirksbehörde, es mag die Berufung gegen einen Beschluß des Gemeindeausschusses, oder gegen eine Verfügung des Gemeindevorstandes gerichtet sein.

Ueber Berufungen gegen Beschlüsse des Gemeindeausschusses in allen Angelegenheiten des selbstständigen Wirkungskreises entscheidet der Landesausschuß.

Liegt der Beschwerde eine im selbstständigen Wirkungskreise der Gemeinde getroffene Verfügung des Gemeindevorstandes zu Grunde, so geht die Berufung an den Gemeindeausschuß, und wenn es sich um eine Beschwerde gegen Verfügungen des Gemeindevorstandes handelt, durch welche bestehende Gesetze verletzt oder fehlerhaft angewendet werden, an die politische Bezirksbehörde.

Die Schwierigkeit läßt sich nicht verhehlen, diesen gesetzlichen Bestimmungen eine derartige Auslegung zu geben, daß hiedurch zwischen der Kompetenz des Gemeindeausschusses und der politischen Bezirksbehörde scharfe Grenzlinien gezogen und Kompetenzstreitigkeiten für die Zukunft vermieden werden. Die in der Gemeindeordnung angedeuteten allgemeinen Bestimmungen müssen sich erst in der Praxis fest und klar herausgestalten.

Der Verfasser unternimmt mit allem Vorbehalte den Versuch, durch eine theilweise ergänzende Auslegung und durch Bezeichnung bestimmter Fälle, wo seines Erachtens der Gemeindeausschuß über Beschwerden zu entscheiden hat, den praktischen Ergebnissen vorzugreifen, um hiedurch ohne Anspruch auf Maßgeblichkeit bis zur endlichen sicheren Feststellung der Competenz des Gemeindeausschusses als Berufungsinstanz den Gemeinden einige Anhaltspunkte zu bieten.

Der Gemeindeausschuß kann Kraft der den Gemeinden eingeräumten Autonomie in Absicht auf den Haushalt der Gemeinde und ihrer Anstalten in Betreff der Gemeindebeamten und Diener, des Armenwesens und der Lokalpolizei innerhalb der allgemeinen Gesetze bindende Beschlüsse fassen, für deren Vollziehung der Gemeindevorsteher der Gemeinde verantwortlich ist. Die Gemeinde-Autonomie würde jeder Gewährleistung entbehren, wenn die Regierungsbehörde als Berufungsinstanz die Verfügungen des Gemeindevorstehers, wodurch autonome Gemeindebeschlüsse in Vollzug gesetzt werden, aufheben oder abändern und hiedurch diese Beschlüsse selbst ganz und gar unwirksam machen könnte. Hier muß das Entscheidungsrecht bei Berufungen dem Gemeindeausschusse zugestanden werden, welcher zu entscheiden hat, ob seine Beschlüsse entsprechend vollführt wurden oder nicht. Der Gemeindevorsteher kann auch unter Strafandrohung unaufschiebliche Maßregeln treffen. Insoferne der Gemeindevorsteher hiedurch ein dem Gemeinde-Ausschusse zustehendes Befugniß wegen Dringlichkeit in Ausübung bringt, so muß dem Gemeindeausschusse unverwehrt bleiben, diese Maßregeln nachträglich zu genehmigen oder nicht; es muß ihm daher auch das Recht zugestanden werden, über Beschwerden wegen Erlassung einer derartigen ortspolizeilichen Vorschrift zu entscheiden.

Der Gemeindevorsteher kann auch in Bezug auf den Haushalt der Gemeinde, auf ihre Anstalten, auf Gemeindebedienstete und Armenwesen Verfügungen treffen, welche sich auf keine besonderen Ausschußbeschlüsse zu stützen vermögen. Auch hier hat über Beschwerden der Gemeindeausschuß zu entscheiden, indem sich die dießfälligen Verfügungen auf streng autonomen Boden der Gemeinde bewegen, wo der Gemeindeausschuß durch seine Beschlüsse der Thätigkeit seines Vorstandes bestimmte Wege vorzeichnen kann.

Der Gemeindeausschuß hat somit nach Ansicht des Verfassers zu entscheiden über alle Beschwerden gegen Verfügungen des Gemeindevorstandes, es mag denselben ein Ausschußbeschluß zu Grunde liegen oder nicht.

1. In Absicht auf den Haushalt der Gemeinde;
2. in Bezug auf die Gemeindebediensteten;
3. in Bezug auf die Anstalten der Gemeinde;
4. in Handhabung der Ortspolizei, wenn die Beschwerde gegen die Durchführung einer vom Gemeindeausschuß beschlossenen ortspolizeilichen Vorschrift oder gegen eine vom Gemeindevorsteher wegen Dringlichkeit erlassene lokalpolizeiliche Vorschrift gerichtet ist und in beiden Fällen den Gegenstand der Beschwerde kein Straferkenntniß bildet;
5. endlich in Bezug auf Armenwesen.

In wie weit über die Grenze dieser 5 Punkte hinaus der Gemeindeausschuß das Befugniß einer Berufungsinstanz ausüben könne, darüber müssen sich eben erst aus der Praxis feste unzweifelhafte Grundsätze ergeben. Gegenwärtig läßt sich nur der allgemeine Grundsatz feststellen, daß der Gemeindeausschuß bei jeder ihm zukommenden Beschwerde gegen eine Verfügung des Gemeindevorstandes im selbstständigen Wirkungskreise zu prüfen habe, ob hiebei die Verletzung oder fehlerhafte Anwendung eines bestehenden Gesetzes in Frage komme oder nicht. Im bejahenden Falle hat er die Beschwerde an die Bezirksbehörde abzutreten; im verneinenden Falle entscheidet er selbst. Wird durch den gefaßten Beschluß des Gemeindeausschusses den Wünschen des Beschwerdeführers nicht entsprochen, so ist ihm der weitere Recurs an den Landesausschuß offen gelassen.

Beispiele.

1. Der Gemeindeausschuß beschließt die Beschotterung einer Gemeindestrasse im Wege der Naturalleistung. Einige Gemeindemitglieder sind mit diesem Beschlusse nicht einverstanden, indem die Gemeinde mit Naturalleistungen ohnedieß zu sehr belastet sei und mit der Beschotterung noch ein Jahr zugewartet werden könne.

Sie wenden sich mit ihrer Beschwerde an den Landesausschuß, welchem das Entscheidungsrecht hierüber zusteht. Der Landesausschuß bestätiget den Gemeindebeschluß, welcher hiernach vom Gemeindevorstande in Ausführung zu bringen ist.

Ein Pferdebesitzer findet jedoch die Vertheilung der Fuhrarbeiten durch den Gemeindevorstand unbillig und parteiisch, er glaubt sich gegenüber den andern Pferdebesitzern unverhältnißmässig belastet und er sieht sich veranlaßt, dagegen Beschwerde zu führen. Hier hat der Gemeindeausschuß den Vorgang des Gemeindevorstandes zu prüfen und zu entscheiden, ob die Beschwerde eine gegründete sei oder nicht.

2. Dem Gesuche eines Gastwirthes um die Bewilligung zur Abhaltung einer Tanzmusik am Pfingstmontag auf dem der Gemeinde gehörigen Ortsplatze wird vom Gemeindevorstande keine Folge gegeben, weil nach seiner Begründung am Pfingstmontag Tanzmusiken nicht statt finden dürfen, und weil durch die Abhaltung einer Tanzmusik auf dem Ortsplatze die nebenan liegende Gemeindewiese Gefahr liefe, von der zuströmenden Menge vertreten zu werden.

Gegen diese Entscheidung ergreift der Gastwirth den Recurs.

Bezüglich des ersten Punktes hat die politische Bezirksbehörde zu entscheiden, indem der Pfingstmontag nicht zu jenen geheiligten Tagen zählt, an welchen nach der a. h. Entschließung vom 19. August 1826 Tanzmusiken untersagt sind, daher die Verweigerung der nachgesuchten Lizenz gegen ein bestehendes Gesetz verstößt.

Anbelangend jedoch die verwehrte Ueberlassung des Ortsplatzes, so bezieht sich die dießfällige Entscheidung lediglich auf den Haushalt der Gemeinde, auf die Verwendung eines Gemeindeeigenthums, und es hat hierüber der Gemeindeausschuß als Recursinstanz zu entscheiden.

Bezüglich des Recurstermines bei Berufungen gegen Beschlüsse des Gemeindeausschusses an den Landesausschuß bestimmen gleichlautend der §. 86 der oberöst. und §. 89 der Salzb. G. O. eine 14tägige Fallfrist vom Tage der Kundmachung oder der Verständigung des Gemeindebeschlusses.

Die Berufungen an die Bezirksbehörde oder die politische Landesstelle sind gleichfalls binnen 14 Tagen, und zwar vom Zustellungstage der Entscheidung an gerechnet, einzubringen, wenn nicht für den betreffenden Fall durch eine besondere Vorschrift ein anderer Rekurstermin normirt ist.

Nach der Verordnung des Ministeriums des Innern vom 27. Oktober 1859 (R. G. B. Seite 556) ist für die Einbringung von Recursen gegen Entscheidungen der politischen Landesbehörden, wofern nicht besondere Vorschriften kürzere Fristen vorzeichnen, eine unüberschreitbare Frist von sechzig Tagen, vom Zustellungstage ausschließlich, mit dem Bemerken festgesetzt, daß die Berufungsschrift unmittelbar bei der politischen Landesbehörde zu überreichen ist.

Formularien.*)

1. Bericht über eine Aufforderung der k. k. Bezirksbehörde um Aeusserung über die Zuständigkeit des Alois Zauner.

(Von Außen.)

Zahl ____

k. k. Bezirksbehörde N.

Die Gemeindevorstehung Thal

berichtet zur Zahl ____ bezüglich der Zuständigkeit des Alois Zauner.

(Von Innen.)

Löbliche k. k. Bezirksbehörde.

In Folge Auftrages vom 30. v. M. ./. Zahl ____, dessen Beilagen im Anschlusse zurück folgen, wird berichtet, daß Alois Zauner das von seinem Vater überkommene Heimatsrecht in der Ortsgemeinde Thal anzusprechen hatte.

Nachdem sich aber Alois Zauner ://: laut beiliegenden, mit den hiesigen

*) Viele Formularien sind bei der Instruktion zur Verwaltung des Gemeinde-Eigenthumes und bei den angeführten Gesetzen und Verordnungen aufgenommen.

Ausschußmitgliedern Johann Baier und Thomas Falk aufgenommenen Protokolles vom Jahre 1851 bis zum Jahre 1857, somit durch mehr als vier Jahre, ununterbrochen und ohne Heimatschein in der Gemeinde Sulzach als Victualienhändler aufgehalten hat, so hat derselbe nach §. 12 des früheren prov. Gemeindegesetzes vom Jahre 1849 die Zuständigkeit in der Gemeinde Sulzach erworben und ist hiedurch des Heimatsrechtes in der Gemeinde Thal verlustig geworden.

Gemeindevorstehung Thal am

N. N.
Gemeindevorsteher.

2. Bericht über die Aufforderung des Landesausschusses um Aeußerung über die Berufung des Josef Lewald wegen verweigerter Baubewilligung.

(Von Außen.)

Z. ____

Landesausschuß.

Die Gemeindevorstehung N.

berichtet z. Z. ____ über die Berufung des Josef Lewald wegen verweigerter Baubewilligung.

Hoher Landesausschuß.

./. In Befolgung des nebst Beilagen zurück folgenden Auftrages vom 3. l. M. Z. ____ wird über die Berufung des Josef Lewald wegen verweigerter Baubewilligung unter Anschluß aller Bezugsakten folgender Bericht erstattet. ://:

Der Gemeindeausschuß hat in seiner Sitzung vom 16. Juni l. J. zur Regulirung des Marktplatzes den mitfolgenden Situationsplan bestätiget und beschlossen, daß sich bei künftigen Bauten genau an die im Plane vorgezeichnete Baulinie zu halten sei.

Josef Lewald beabsichtiget jedoch einen Zubau zu seinem am Marktplatze gelegenen Hause Nr. 6, wodurch die Baulinie um eine volle Klafter überschritten würde.

Die nachgesuchte Baubewilligung mußte somit verweigert werden und es wurde auch vom Gemeindeausschusse im Berufungswege die dießfällige Entscheidung als ganz gerechtfertiget erkannt.

Josef Lewald stützt seine vorliegende Berufung an den hohen Landesausschuß lediglich auf die Behauptung, daß die Vergrößerung seines Hauses gegen den Marktplatz zu für den Betrieb seines Ledererge-werbes nothwendig sei.

Nachdem aber aus dem Baukommissionsprotokolle mit Bestimmtheit zu entnehmen ist, daß Josef Lewald den für sein Gewerbe erforderlichen Zubau auf der Hofseite seines Hauses ohne alle Schwierigkeit ausführen könne, und abgesehen von diesem Umstande an dem Grundsatze festzuhalten ist, daß Privatrücksichten nicht zum Nachtheile allgemeiner Interessen begünstiget werden sollen, so wird um Zurückweisung des vorliegenden Recurses gebeten.

Gemeindevorstehung N. am

N. N.

Gemeindevorsteher.

3. Bericht zur Einleitung einer Sammlung wegen eines Brandunglückes.

(Von Außen.)

Z.

k. k. Bezirksbehörde N.

Die Gemeindevorstehung N.

bittet um eine Sammlung für die durch Brand verunglückten Bewohner der Ortschaft N.

(Von Innen.)

Zahl

Löbliche k. k. Bezirksbehörde.

Am 30. v. M. sind 10 Häuser der Ortschaft Waldheim ein Raub der Flammen geworden.

./. Laut beiliegenden Commissionsprotokolles beläuft sich der erhobene Schade auf 40.000 fl. Die eingeäscherten Häuser sind nebst Fahrnissen im Ganzen nur mit 7000 fl. assekurirt, größtentheils mit Schulden stark belastet, mehrere sind ganz ausgebrannt und ihre Bewohner konnten nur das nakte Leben retten.

Die Gemeinde hat ihr Möglichstes gethan, doch viel zu unreichend sind ihre Mittel bei der Größe des Unglückes.

Die Gemeindevorstehung erlaubt sich demnach, um geneigte Veranlassung einer Sammlung milder Beiträge zu bitten.

Gemeindevorstehung N. u. s. w.

4. a) Indorsat-Bericht über einen Indorsat-Erlaß des Landesausschusses, womit der Gemeindevorstehung zur Ergänzung eines Verhandlungsaktes die Vorlage eines Armuthszeugnisses und eines Protokolles aufgetragen wurde.

Z._____

Wird dem hohen Landesausschusse in Befolgung des rückfolgenden Auftrages vom 3. l. M. Z._____ unter Anschluß des begehrten Armuthszeugnisses für N. N. mit dem Bemerken vorgelegt, daß das abverlangte Protokoll in der Gewerbs-Angelegenheit des N. N. unterm 15. v. M. im Wege der k. k. Bezirksbehörde an die k. k. Statthalterei geleitet wurde.

Gemeinde u. s. w.

4. b) Note über eine Zuschrift der Gutsverwaltung N. wegen Pachtung einer Gemeindewiese.

Zahl_____

Note

an die löbliche Gutsverwaltung N.

In Erwiederung auf die geschätzte Zuschrift (oder Note) vom 1. l. M. Z._____ wird der löblichen Gutsverwaltung mitgetheilt, daß der Gemeindeausschuß die Verpachtung der Gemeindewiese im Licitationswege beschlossen hat. Nach erfolgter Bestimmung des Tages und Ortes der Licitation wird die Gemeindevorstehung nicht versäumen, der löblichen Gutsverwaltung die betreffende Kundmachung zu übersenden.

Gemeinde u. s. w.

5. Note über eine Zuschrift des k. k. Bezirksgerichtes, womit um Auskunft über das Vorleben eines wegen Diebstahl verdächtigen Individuums ersucht wird.

Z._____

Note

an das löbliche k. k. Bezirksgericht N.

Die Gemeindevorstehung gibt sich die Ehre, dem löͤlichen k. k. Bezirksgerichte in Erwiederung auf die geschätzte Note vom 20. l. M.,

Z. -- über das Vorleben des wegen Diebstahl verdächtigen Gottlieb Kern folgendes mitzutheilen:

Der Vater des Gottlieb Kern war Taglöhner in hiesiger Gemeinde und stand in dem Rufe eines für die Sicherheit des Eigenthums sehr gefährlichen Individuums, indem er wegen Diebstahl und Betrug nicht weniger als zehn Mal gerichtlich verurtheilt wurde.

Während von seinen drei Kindern zwei die eingesogenen schlechten Grundsätze des Vaters durch eine sehr üble Lebensweise bethätigen, gelang es den Bemühungen der braven Mutter des Gottlieb Kern auf das weiche Gemüth des Knaben einen guten Einfluß zu nehmen und ihn ungeachtet des schlimmsten Beispieles seines Vaters zu einem ordentlichen Menschen heranzubilden.

Gottlieb Kern gab in der Schule und später in der Lehre bei dem hiesigen Messerschmied niemals Anlaß zur Unzufriedenheit, so daß ihn sein Lehrherr nach erfolgter Freisprechung in Arbeit behielt und aus dieser nur ungern entließ, als ungünstige Geschäftsverhältnisse ihn hiezu nöthigten.

Gottlieb Kern entfernte sich vor drei Monaten aus seiner Heimatsgemeinde und über seine Aufführung in diesem kurzen Zeitraume vermag die Gemeindevorstehung keine Auskunft zu geben. Bis dahin gebührt dem Gottlieb Kern das beste Leumundszeugniß, und es darf derselbe nicht als eine Person bezeichnet werden, zu der man sich eines Diebstahls versehen kann. Der gegen ihn angeregte Verdacht dürfte seine Erklärung in dem Schatten finden, welchen die Verbrechen seines Vaters und seiner Geschwister auf ihn werfen.

Gemeinde u. s. w.

6. Indorsat-Note über eine Indorsat-Zuschrift einer Gemeindevorstehung, womit um eine Zeugenvernehmung ersucht wird.

Z. ——

Wird der löblichen Gemeindevorstehung in Erwiderung auf die rückfolgende geschätzte Zuschrift vom ./. unter Anschluß des mit N. N. aufgenommenen Protokolles und Rücksendung des Verhandlungsactes übermacht.

Gemeinde u. s. w.

7. Dekret über ein Gesuch um die Bewilligung, vor der Kirche eine Brodbude aufschlagen zu dürfen.

Z. ——

An Herrn N. N. Bäcker in N.

Dem von Ihnen gestellten Ansuchen um die Bewilligung, an Sonn- und Feiertagen auf dem Ortsplatze vor der Pfarrkirche eine Brodbude aufschlagen zu dürfen, kann in Berücksichtigung der beschränkten Raumverhältnisse des Ortsplatzes keine Folge gegeben werden.

Gegen diese Entscheidung ist Ihnen der Recurs an den Gemeinde-Ausschuß binnen 14 Tagen offen gelassen.

Gemeinde u. s. w.

8. Konkurs-Ausschreibung einer Gemeindeaktuars-Stelle.

Z. ——

Bei der Gemeindevertretung N. kömmt die Stelle eines Gemeindeaktuars zu besetzen, mit welcher ein Jahresgehalt von 700 fl. ö. W. und der Genuß einer Naturalwohnung verbunden ist. Bewerber um diese Stelle haben ihre eigenhändig geschriebenen, mit dem Taufscheine und mit der Nachweisung über Gesundheit, sittliches Wohlverhalten, allfällige Studien und der Fähigkeit für den gemeindeämtlichen Konzepts- und Manipulationsdienst, sowie für Rechnungs- und Cassaführung instruirten Gesuche bis längstens   entweder unmittelbar, oder die in einem Dienstverbande stehenden Bewerber im Wege ihres Vorgesetzten bei der gefertigten Gemeindevorstehung zu überreichen.

Gemeindevorstehung u. s. w.

9. Dekret über die Verleihung der Gemeindeaktuars-Stelle.

An Herrn N. N.

Z. ——

Der Gemeindeausschuß hat Ihnen mit Beschluß vom   die erledigte Stelle eines Gemeindeaktuars in der Ortsgemeinde mit dem Jahresgehalte von 700 fl. und dem Genuße einer Naturalwohnung verliehen.

Sie werden hievon unter Rückschluß der Gesuchsbeilagen mit dem Bemerken in Kenntniß gesetzt, daß Sie sich zum Zwecke der Eidesablegung am   um   Uhr Vormittags dem Gemeindeausschusse persönlich vorzustellen haben.

Gemeinde u. s. w.

10. Eidesformel für einen Gemeindebeamten.

Sie werden einen Eid zu Gott dem Allmächtigen schwören und bei Ihrer Ehre und Treue geloben, daß Sie Ihrem Dienste als Gemeindeaktuar mit allem Eifer zum Wohl und Nutzen der Gemeinde obliegen, die Ihnen zugewiesenen Geschäfte und Amtshandlungen jederzeit nach den erhaltenen Weisungen, nach Gesetz und bester Einsicht vollziehen, insbesondere bei Führung von Rechnungs- und Kassageschäften genau und redlich vorgehen, Dienstgeheimnisse strenge bewahren und dem Gemeindevorsteher in Erfüllung seiner Obliegenheiten gehorsam, treu und unbestechlich beistehen werden.

(Nach Vorlesung dieser Eidesformel durch den Gemeindevorsteher hat der Schwörende den Daumen und die zwei ersten Finger der rechten

Hand in die Höhe zu halten und dem Gemeindevorsteher folgende Worte nachzusprechen:)

Was mir so eben vorgehalten worden ist und ich in Allem wohl verstanden habe, dem soll und will ich getreulich nachkommen, so wahr mir Gott helfe.

11. Eidesformel für einen Gemeindediener der zugleich als Polizeiorgan bestimmt ist.

Sie werden einen Eid zu Gott dem Allmächtigen schwören und bei Ihrer Ehre und Treue geloben, daß Sie in Ihrem Dienste als Gemeindediener die Befehle des Gemeindevorstehers gehorsam und pünktlich erfüllen, Dienstgeheimnisse strenge bewahren, wahrgenommene strafbare Handlungen ungesäumt zur Kenntniß der Gemeindevorstehung bringen, zu ihrer Hintanhaltung und zum Schutze der persönlichen Sicherheit und der Sicherheit des Eigenthumes, sowie zur Entdeckung und Aufgreifung strafbarer Personen mit aller Kraft und Aufopferung thätig sein und überhaupt Ihren Pflichten als Diener und Polizeiorgan der Gemeinde eifrigst entsprechen werden.

Was mir so eben vorgehalten worden ist und ich in Allem wohl verstanden habe, dem soll und will ich getreulich nachkommen, so wahr mir Gott helfe.

12. Bescheid über ein Gesuch um Verwendung als Wegmacher.

Z.

Wird dem Gesuchsteller mit dem Bemerken zurückgegeben, daß in Folge Sitzungsbeschlusses des Gemeindeausschusses vom
auf der Neudorfer Gemeindestraße kein Wegmacher mehr verwendet wird, daher dem gestellten Ansuchen keine Folge gegeben werden kann.

Gemeinde u. s. w.

13. Bescheid über ein Gesuch um Pfändung von Fahrnissen eines Privatschuldners.

Z.

Wird dem Herrn Gesuchsteller mit dem Bedeuten zurückgesendet, daß die gebetene Amtshandlung nicht in den Wirkungskreis der Gemeindevorstehung gehöre und sich dießfalls an die kompetente Gerichtsbehörde zu wenden sei.

Gemeinde u. s. w.

14. Protokoll in einer Zuständigkeits-Angelegenheit.

Protokoll

aufgenommen bei der Gemeindevorstehung N. am —

Es erscheint Theresia Obermeier, Dienstmagd zu Nußberg Nr. 14 und gibt an:

Ich bin 18 Jahre alt, geboren zu Heid, eine eheliche Tochter des verstorbenen Gastwirthes Michael Obermeier zu Heid. Ich befand mich im elterlichen Hause bis zu dem in meinem 5. Lebensjahre erfolgten Ableben meines Vaters, worauf ich mit meiner Mutter nach Sulzdorf übersiedelte, wo meine Mutter ihrem dort behausten Bruder Stefan Urbauer die Wirthschaft führte. Nach 6jährigem Aufenthalte in Sulzdorf, während welchem die Mutter meines Wissens keinen Heimatschein besaß, übersiedelte sie nach Angern und starb daselbst als Inwohnerin und Pfaidlerin nach einem sechsjährigen Aufenthalte.

Ich lebte bis dahin fortwährend bei meiner Mutter und trat nach ihrem Tode vor einigen Tagen in hiesiger Gemeinde in Dienst. Nachdem mich die Gemeinde Angern nicht als Angehörige anerkennt und mir die Ausfertigung eines Dienstbotenbuches verweigert, so bitte ich zu veranlassen, daß über mein Heimatsrecht entschieden und mir ein Dienstbotenbuch ausgestellt werde.

Theresia Obermeier.

Zur Beglaubigung

N. N.,

Gemeindevorsteher.

16. Verhandlungsprotokoll über die Beschwerde einer Dienstmagd wegen Dienstesentlassung.

Protokoll

aufgenommen bei der Gemeindevorstehung N. am ____________
über die Beschwerde der Dienstmagd Barbara Meier wegen Dienstesentlassung.

Franz Viehthaler, Bauerngutsbesitzer zu N. hat am 5. l. M. der Gemeindevorstehung die Anzeige erstattet, daß er seine Dienstmagd Barbara Meier ohne Aufkündigung des Dienstes entlassen habe, weil sie auf seine Rechnung ohne sein Vorwissen beim Krämer Thomas Klein Waaren geborgt hat. Barbara Meier hat dagegen am 6. l. M. hieramts Beschwerde geführt und es ist auf heute unter Vorladung der Beschwerdeführerin, des Franz Viehthaler und des Krämers Thomas Klein Verhandlung angeordnet werden.

Die Vorgeladenen sind rechtzeitig erschienen und es wird hiernach folgendes zu Protokoll genommen:

Thomas Klein gibt an, daß Barbara Meier im Verlaufe des vorigen Monats bei seiner Frau ein Halstuch per 1 fl., Stoff für ein Kleidungsstück per 6 fl., Bänder per 50 kr. und Spitzen per 1 fl. mit dem Bemerken gekauft habe, daß ihr Dienstherr diese Waaren bezahlen werde. Seine Frau habe dieselben ohne Argwohn ausgefolgt, nach seiner Kenntnißnahme habe er jedoch dem Franz Viehthaler sogleich hievon Mittheilung gemacht und seine Rechnung auch berichtiget erhalten. Barbara Meier gesteht den Einkauf der bemerkten Waaren auf Rechnung ihres Dienstherrn mit dem Beifügen, daß sie ein Guthaben von 12 fl. an Lohn und die Absicht hatte, mit ihrem Dienstherrn bei der Ausbezahlung abzurechnen. Sie habe die Waaren auf Rechnung ihres Dienstherrn genommen, weil man ihr sonst nicht geborgt hätte. Sie finde in ihrer Handlung nichts Gesetzwidriges und verlange von Franz Viehthaler für die noch übrige vierteljährige Dienstzeit den Lohn (jährlich 36 fl.) mit 9 fl. und die Kost mit 18 fl. (20 kr. per Tag) vergütet.

Franz Viehthaler bestätiget, daß Barbara Meier bei ihm an Dienstlohn 12 fl. gut hatte, daher ihm kein weiterer Schade zugefügt wurde. Er sei jedoch wegen der Dienstesentlassung in seinem Rechte und verweigere die verlangte Vergütung. Zugleich wird von Franz Viehthaler zugestanden, daß Barbara Meier noch ein Vierteljahr zu dienen hätte, daß ein Jahreslohn von 36 fl. bedungen wurde und daß er die Kost auf mehr als 20 kr. pr. Tag anschlagen müsse. Nachdem Barbara Meier ihr Begehren aufrecht erhält, so wird sogleich nachstehend entschieden:

Aus der Verhandlung ergibt sich, daß Barbara Meier auf Rechnung ihres Dienstherrn Franz Viehthaler ohne dessen Vorwissen und ohne genügenden Entschuldigungsgrund Waaren im Werthe von 8 fl. 50 kr. geborgt habe. Franz Viehthaler ist demnach auf Grund des

§. 28 der Dienstboten=Ordnung vom Jahre 1856 Punkt 6 berechtiget gewesen, seine Dienstmagd Barbara Meier ohne Aufkündigung sogleich des Dienstes zu entlassen. Nachdem Franz Viehthaler hievon auch rechtzeitig die vorschriftsmäßige Anzeige erstattet hat, so kann demselben nicht die Verpflichtung auferlegt werden, der Barbara Meier die nach §. 31 der D.-O. begehrte Lohn- und Kostvergütung per 27 fl. zu leisten. Dagegen ist der Rekurs innerhalb 14 Tagen offen gelassen.

Nach Kundmachung dieser Entscheidung erklärt Barbara Meier, daß sie dagegen Berufung einlege, dieselbe aber nicht weiter ausführen werde, und um Vorlage des Verhandlungsprotokolles zur Entscheidung im Rekurswege bitte.

Folgen die Unterschriften.

(Bei derartigen Angelegenheiten können wohl mit dem Dienstherrn, Dienstboten und Zeugen abgesonderte Protokolle aufgenommen und es kann die Entscheidung schriftlich hinausgegeben werden. Zur Vereinfachung des Vorganges empfiehlt sich aber die Aufnahme Eines Protokolles, welches in Kürze die wesentlichsten Momente der Verhandlung und die am Schlusse derselben sogleich gefällte und kundgemachte Entscheidung zu enthalten hat.)

16. Vorgang bei Baukommissionen und Baubewilligungen.

Wer einen Bau beabsichtiget, hat um die Baubewilligung bei der Gemeindevorstehung unter Vorlage des Bauplanes in zwei gleichen Ausfertigungen einzuschreiten.

Der Gemeindevorsteher bestimmt hierüber Tag und Stunde der Bau-Commission und läßt hiezu den Bauunternehmer und dessen Grundnachbarn, dann einem Maurer- und Zimmermeister, bei kleineren Bauführungen aber nur einen derselben vorladen. Ueber das Ergebniß der Commission wird ein Protokoll aufgenommen, worüber nachstehendes Formulare gegeben wird.

Baukommissions-Protokoll

aufgenommen am 12. Jänner 18____ von der Gemeindevorstehung Thal in der Ortschaft Wiesdorf, in Gegenwart der Unterfertigten.

Peter Liebhart, Hausbesitzer und Schuhmacher zu Wiesdorf Nr. 4, hat um die Bewilligung zum Bau seines am 26. v. M. abgebrannten Hauses zu Wiesdorf Nr. 4 nachgesucht. Hierüber ist heute die vorgeschriebene Baukommission an Ort und Stelle abgehalten und es ist nach genauer Besichtigung des Bauplatzes, Prüfung des Bauplanes und Vernehmung der Grundanrainer folgendes zu Protokoll genommen worden:

Das Haus des Peter Liebhart war aus Holz gebaut und ist durch den Brand vollständig zerstört worden.

Peter Liebhart beabsichtiget, sein Haus mit Steinen und gebrannten Ziegeln an der Stelle des bestandenen Hauses, jedoch mit einer Verlängerung von einer Klafter gegen das Haus des Nachbars Paul Drexler zu, aufzuführen.

Paul Drexler erklärt, daß durch diese Vorrückung der ihm gehörige, an seinem Hause vorbeiführende Fußweg verbaut würde und er gebe nur unter der Bedingung seine Zustimmung zu dem beabsichtigten Bau, wenn das Neugebäude nur um eine halbe Klafter gegen sein Haus zu vorgerückt wird.

Peter Liebhart bemerkt, daß der Fußweg ihm gehöre und sein Nachbar im Irrthume sei, wenn er diesen Gangweg als sein Eigenthum bezeichnet. Er werde später wohl Gelegenheit finden, sich mit seinem Nachbar bezüglich dieses Fußweges auszugleichen, zur Vermeidung einer Bauverzögerung sei er aber bereit, in die gestellte Bedingung einzugehn. Er werde demnach sein Haus gegen das Gebäude des Nachbars Drexler zu nur um eine halbe Klafter, dagegen auf der Ostseite gegen seinen Garten zu um eine halbe Klafter verlängern. Paul Drexler ist hiedurch zufrieden gestellt und die Nachbarin Barbara Niedermeier hat gegen den Bau in keiner Beziehung eine Einwendung vorzubringen.

Von Seite der Werkverständigen wird gegen den Bau, wenn er plangetreu ausgeführt wird, kein Bedenken erhoben, nur bemerkt der Maurermeister Weiermann, daß nach dem Bauplane der Rauchfang nur eine Höhe von 2 Schuh über den Dachfürst erhalten soll, während nach der Bauordnung eine Höhe von 3 Schuh vorgeschrieben ist.

Peter Liebhart erklärt sich, den Rauchfang in der vorschriftsmäßigen Höhe aufführen zu wollen.

Unter Erfüllung dieser Bedingung kann von Seite des Gemeindevorstandes der Bau aus öffentlichen Rücksichten nicht beanständet werden. Das Protokoll wurde hiernach geschlossen und gefertiget.

Josef Müller,
Gemeindevorsteher.

Johann Weiermann,
Maurermeister.

Stefan Forner,
Zimmermeister.

Paul Drexler,
Nachbar.

Barbara Niedermeier,
Nachbarin.

Peter Liebhart.

Jedem der beiden Ausfertigungen des Bauplanes wird sodann das Gemeindesiegel aufgedrückt und folgende Klausel beigesetzt:

Z. ——

Bestätiget.

Gemeinde Thal am

Josef Müller,
Gemeindevorsteher.

Die polizeiliche Baubewilligung wird in folgender Form ertheilt:

Z. ———

Dem Herrn Peter Liebhart, Schuhmacher zu Wiesdorf, wird auf Grund der am 12. l. Ms. vorgenommenen Baukommission die Bewilligung zum Bau seines am 26. v. Ms. abgebrannten Hauses zu Wiesdorf Nr. 4 unter den im Kommissionsprotokolle enthaltenen Bedingungen gegen dem ertheilt, daß der Bau plangetreu und vorschriftsmäßig ausgeführt werde.

Nach vollendetem Bau und vor Benützung desselben ist die Anzeige anher zu erstatten.

./. Eine Ausfertigung des Bauplanes folgt zurück.

Gemeindevorstehung Thal.

Die zweite Ausfertigung des Bauplanes wird zurück behalten und dem Kommissionsprotokolle beigelegt.

Nach erfolgter Anzeige über die Ausführung des Baues, begibt sich der Gemeindevorsteher mit zwei oder einem Werkverständigen an Ort und Stelle und prüft mit Zuhilfenahme des Baukommissionsprotokolles und des beim Gemeindeamte zurück behaltenen zweiten Bauplanes, ob der Bau nach den gestellten Bedingungen plangetreu und vorschriftsmäßig ausgeführt wurde.

Hierüber wird ein kurzes Protokoll aufgenommen und der Gemeindevorsteher ertheilt die Benützungs-Bewilligung wie folgt:

Auf Grund der am ________ vorgenommenen Ueberbeschau des von Hrn. Peter Liebhart neu erbauten Hauses zu Wiesdorf Nr. 4 wird die Bewilligung zur Benützung desselben hiermit ertheilt.

Thal am ________

Müller,
Gemeindevorsteher.

Sollten sich bei der Ueberbeschau Abweichungen von den gestellten Bedingungen, vom Bauplane oder von einzelnen Bestimmungen der Bauordnung zeigen, so ist auf Abstellung der Gebrechen zu dringen, keinesfalls aber vor ihrer Behebung der Benützungskonsens auszufertigen.

Bei neu gebauten Wohnhäusern ist der Ueberbeschau auch ein Arzt beizuziehen, damit sich derselbe darüber ausspreche, ob das Gebäude schon hinreichend ausgetrocknet und ohne Gefährdung der Gesundheit zur Bewohnung geeignet sei.

Auch möge der Gemeindevorsteher während des Baues öfters Nachsicht pflegen lassen, damit bei entdeckter vorschriftswidriger Bauführung das Erforderliche sogleich veranlaßt werden könne.

Würde sich bei einer Baukommission ergeben, daß gegen den beabsichtigten Bau keine politischen Hindernisse obwalten, würde jedoch von einem oder mehreren benachbarten Haus- oder Grundbesitzern gegen den Bau protestirt und bei der Kommission kein Vergleich erzielt, so ist nach dem Seite 199 angeführten Hofdekrete vom 12. März 1840, Z. 7551 die Erledigung in folgender Form auszufertigen:

Dem Herrn N. N. wird auf Grund der am ____ vorgenommenen Baukommission bestätiget, daß der von ihm beabsichtigte Bau ____ nach dem vorgelegten Bauplane in politischer Beziehung zulässig sei, daß ihm jedoch vor Austragung der von den Grundnachbarn N. N. und N. N. gegen den Bau erhobenen Einwendungen die polizeiliche Baubewilligung nicht ertheilt werden könne.

Gemeinde u. s. w.

17. Formulare eines Einreichungsprotokolles.

Laufende Zahl	Monat	Tag	Kurzer Inhalt des Geschäftsstückes	Jahr, Monat, Tag der Erledigung	Kurzer Inhalt der Erledigung	Bezeichnung des Aktes, wo das Stück zu finden ist
	des Einlaufes					

18. Formulare eines Zustellungsbuches.

Geschäfts-Zahl	An wem die Zustellung geht	Tag der Zustellung	Unterschrift des Empfängers

19. Vorladung an Eine Person.

Z.

An

Sie haben am den ten 186

mittags um Uhr unausbleiblich in der Gemeindekanzlei unter Vorweisung dieser Vorladung zu erscheinen.

Gemeindevorstehung

am ten 186

Gemeindevorsteher.

20. Vorladungsliste für mehrere Personen.

Vorladung.

Die Nachgenannten haben wegen

am den ten 186

mittags um Uhr unausbleiblich in der Gemeindekanzlei zu erscheinen.

Name	Bestätigung der Vorladung

Gemeindevorstehung

am

Gemeindevorsteher.

21. Vorladungsliste für eine Gemeindeausschuß-Sitzung.

Die nachgenannten Herren Ausschuß- und Ersatzmänner werden eingeladen, am den ten um Uhr mittags zu einer Ausschußsitzung in der Gemeindekanzlei zu erscheinen.

Gegenstände der Verhandlung:

Name	Bestätigung der Einladung

(Im Falle zur Angabe der Verhandlungs-Gegenstände der Raum zu klein wäre, kann sich hiezu eines besonderen Bogens bedient werden.)

22. Formulare eines Ehekonsenses.

Ehe-Konsens.

Dem
geboren
Beschäftigung
Stand
Aufenthaltsort
heimatsberechtiget
wird zu seiner vorhabenden Verehelichung mit der
geboren
Aufenthaltsort
heimatsberechtiget
der politische Ehe-Konsens hiermit ertheilt.

Gemeindevorstehung

Gemeindevorsteher.

23. Licitations-Kundmachung.

Mit Bewilligung der Gemeindevorstehung werden die Zimmer-Einrichtungsstücke und das Küchengeräthe der Frau Theresia Gärtner, Uhrmacherswitwe zu Dannberg Nr. 3, wegen vorhabender Uebersiedlung am Montag den 10. Mai l. J. öffentlich versteigert werden.

Kauflustige haben sich zu dieser freiwilligen Feilbietung am genannten Tage um 9 Uhr Vormittags im Hause Nr. 3 zu Dannberg einzufinden.

Gemeindevorstehung u. s. w.

24. Kundmachung über die Auflage des Gemeinde-Voranschlages.

Der vom Gemeindevorsteher verfaßte Voranschlag über die Einnahmen und Ausgaben der Gemeinde im Jahre wird von heute an durch vierzehn Tage in der Gemeindekanzlei öffentlich aufgelegt. Die Gemeindemitglieder können hievon in den gewöhnlichen Amtsstunden Einsicht nehmen und ihre allfälligen Erinnerungen schriftlich überreichen oder mündlich zu Protokoll zu geben, welche sodann bei der Prüfung des Voranschlages durch den Gemeindeausschuß in Erwägung gezogen werden.

Gemeindevorstehung u. s. w.

25. Formulare eines ausführlich verfaßten Gemeindeausschuß-Sitzungsprotokolles.

Protokoll

über die Sitzung des Gemeindeausschusses der Ortsgemeinde Thal am

Gegenwärtige:

Der Gemeindevorsteher Josef Müller, als Vorsitzender.

Die Gemeinderäthe:
Anton Kraus und Gottlieb Maier.

Die Ausschußmänner:

Johann Baier.
Thomas Falk.
Paul Fischer.
Karl Kellner.

Franz Lachner.
Josef Richter.
Christian Schulz.
Leopold Schwarz.
Georg Wagner.
Filipp Winter.

Der Gemeindeaktuar:
Eduard Bogner,
als Schriftführer.

Anfang der Sitzung um 9 Uhr Vormittags.

Das Protokoll der Sitzung vom wird verlesen und genehmiget.

Der Gemeindevorsteher beantragt, dem Schuhmacher Anton Kök, über sein Ansuchen das Heimatsrecht in der Gemeinde zu verleihen, nachdem Anton Kök als ein tüchtiger Geschäftsmann bekannt ist und sich während seines mehrjährigen Aufenthaltes in der Gemeinde in jeder Richtung den besten Ruf und die allgemeine Achtung erworben hat.

Der Antrag wird einhellig genehmiget.

Im Weiteren berichtet der Gemeindevorsteher, daß in der brunnenarmen Ortschaft Niederwald das Wasser des Wiesbaches zum Kochen benützt werden müsse.

Von einigen rücksichtslosen Bewohnern der Ortschaft werde jedoch an einer hiezu bequemen Stelle des Baches gebadet, wodurch das Wasser desselben den bachabwärts gelegenen Häusern verunreiniget zufließt. Nach vergeblichen Abmahnungen hätten sich die betroffenen Hausbesitzer bei dem Gemeindevorsteher beschwert und dieser sei hiedurch in die Lage versetzt, folgende Verbotsvorschrift zu beantragen:

„Das Baden im Wiesbache und jede andere Verunreinigung desselben von seinem Ursprunge bis zum Ausgange der Ortschaft Niederwald bei der Steinkapelle wird untersagt. Die Zuwiderhandelnden verfallen in eine Geldstrafe von 2 bis 10 Gulden.“

Gemeindeausschuß Richter wünscht eine reiflichere Ueberlegung und stellt den Vertagungsantrag, daß die Angelegenheit erst in der nächsten Sitzung zur Schlußfassung gebracht werde. Der Vertagungsantrag gelangt sogleich zur Abstimmung und bleibt in der Minorität.

Gemeindeausschuß Schwarz ist der Ansicht, daß die Bewohner der Ortschaft Niederwald mit ihrem Wasserbedarf keineswegs auf den Wiesbach angewiesen seien. Sie könnten ihr Wasser auch aus der reichhalgen Steinquelle beziehen, die nur 10 Minuten weiter entfernt sei. Wenn die Ortsbewohner kleine Opfer nicht scheuen würden, so könnten sie ganz leicht das Wasser der Steinquelle in die Mitte der Ortschaft leiten. Der Wiesbach sei in der Gemeinde der geeignetste Ort zum Baden und es würde durch die Erlassung des vorgeschlagenen Verbotes große

Unzufriedenheit in der Gemeinde hervor gerufen. Er sei demnach ganz und gar gegen den Antrag des Herrn Gemeindevorstehers und beantrage den Uebergang zur Tagesordnung.

Gemeindeausschuß Baier ist im Allgemeinen mit dem Hauptantrage einverstanden, und er stellt nur den Abänderungsantrag, daß die Geldstrafe nicht mit 2 bis 10 fl., sondern mit 5 fl. bestimmt werde.

Gemeinderath Maier beantragt den Zusatz: „Vorgeschützte Unkenntniß dieses Verbotes dient nicht als Entschuldigung.

Der Gemeindevorsteher bemerkt sodann, daß Gemeindeausschuß Schwarz unrichtige Behauptungen aufgestellt habe, indem die Steinquelle von Niederwald nicht 10 Minuten, sondern mindestens doppelt so weit, und für eine Leitung des Wassers nach Niederwald zu tief gelegen ist. Die Gemeindebewohner seien bezüglich des Badens nicht auf den oberen Theil des Wiesbaches beschränkt, sie könnten ganz wohl auch die Stelle unter der Steinkapelle benützen.

Die vom Gemeindeausschuß Baier beantragte Geldstrafe von 5 fl. sei für einen ersten Uebertretungsfall zu hoch bemessen. Der beantragte Zusatz des Gemeinderathes Maier sei ganz überflüssig, da Unkenntniß einer gehörig kundgemachten Vorschrift ohnedieß niemals entschuldiget.

Der Antrag auf Uebergang zur Tagesordnung bleibt in der Minorität.

Der erste Theil des Hauptantrages wird mit Majorität angenommen.

Bezüglich des zweiten Theiles, welcher die Strafandrohung betrifft, wird der Abänderungsantrag zur Abstimmung gebracht. Derselbe wird mit 11 gegen eine Stimme verworfen und es wird der 2. Theil des Hauptantrages mit Majorität zum Beschlusse erhoben.

Der Zusatzantrag fällt.

Gemeinderath Kraus bringt sodann zum Vortrage die Besetzung der Gemeinde-Hebammenstelle, für welche sich nach Ablauf des Konkurstermines fünf Bewerberinnen gemeldet haben. Berichterstatter bespricht die einzelnen Gesuche und schlägt sodann die Cäzilia Berger vor, indem dieselbe unter den Bewerberinnen die längste Praxis und die besten Zeugnisse besitze.

Der Antrag wird einstimmig angenommen.

Gemeinderath Maier berichtet über ein Gesuch der Gastwirthes Friedrich Anrainer, gegen eine Jahresvergütung von 15 fl. aus der Gemeindewasserleitung in seinen Hausbrunnen Wasser leiten zu dürfen. Berichterstatter beantragt, dem Gesuche gewährende Folge zu geben, indem Bittsteller für seinen Geschäftsbetrieb des Wassers benöthiget, derselbe seit Jahren vergebliche Versuche zur Grabung eines Brunnens gemacht habe und gezwungen sei, das Wasser aus weiter Ferne zu holen.

Gemeindeausschuß Wagner glaubt, daß durch die Ableitung der für den Gastwirth Anrainer erforderlichen Wassermenge der Gemeindebrunnen in Thal nicht mehr hinreichend genährt werden dürfte.

G. A. Baier bemerkt, daß Gesuchsteller sich um die Gemeinde durch seine vorzügliche Geschäftsführung, durch Errichtung einer billigen Botenfahrt und als Schulaufseher viele Verdienste erworben habe und daß ihm diese wohl ein kleines Opfer bringen könne.

Gemeinderath Maier bemerkt, daß nach dem eingeholten Gutachten des Brunnenmeisters nach Ableitung der für den Gesuchsteller nöthigen und mässigen Wassermenge dem Gemeindebrunnen noch immer hinreichend Wasser zufließe. Uebrigens ändere er seinen Antrag dahin, daß dem Gesuchsteller vorläufig nur auf die Dauer eines halben Jahres die nachgesuchte Wasserableitung gestattet werde. Zeige sich während dieses Zeitraumes, daß der Gemeindebrunnen unzureichend genährt würde, so könnte die fernere Ableitung eingestellt werden.

Der vom Berichterstatter geänderte Antrag wird mit Majorität angenommen.

Die Tagesordnung ist erschöpft.

Gemeindeausschuß Baier beantragt, nachdem die Pachtzeit des verpachteten Gemeindesteinbruches Ende Oktober zu Ende geht, eine Lizitation zur ferneren Verpachtung auszuschreiben.

Der Antrag wird auf die Tagesordnung der nächsten Sitzung gestellt.

Gemeindeausschuß Winter stellt an den Gemeindevorsteher die Anfrage, warum die Reparatur der Kohlbrücke noch nicht in Angriff genommen wurde.

Der Gemeindevorsteher erwidert, daß die Reparatur wegen des Wasserstandes bis jetzt nicht zulässig war. Nachdem aber gegenwärtig kein Hinderniß mehr obwaltet, werde mit der Arbeit sogleich begonnen werden.

Schluß der Sitzung um 11 Uhr Vormittags.

Müller,
Gemeindevorsteher.

Richter,
Ausschuß.

Baier,
Ausschuß.

Vogner,
Schriftführer.

26. Kurz gefaßtes Protokoll über dieselbe Ausschuß-Sitzung.

Protokoll

über die Sitzung des Gemeindeausschusses der Ortsgemeinde Thal am

Gegenwärtige:

Der Gemeindevorsteher Josef Müller als Vorsitzender. Die Gemeinderäthe Anton Kraus und Gottlieb Maier.

Die Ausschußmänner:

Johann Baier,
Thomas Falk,
Paul Fischer,
Karl Kellner,
Franz Lachner,
Josef Richter,
Christian Schulz,
Leopold Schwarz,
Georg Wagner,
Filipp Winter.

Der Gemeindeactuar Eduard Bogner, als Schriftführer.

Anfang der Sitzung um 9 Uhr Vormittags.

Das Protokoll vom wird verlesen und genehmiget.

Dem Schuhmacher Anton Kök wird einhellig das Heimatsrecht in der Gemeinde Thal verliehen.

Mit Stimmenmehrheit wird die Erlassung folgender Vorschrift beschlossen:

„Das Baden im Wiesbache und jede Verunreinigung desselben von seinem Ursprunge bis zum Ausgange der Ortschaft Niederwald bei der Steinkapelle wird untersagt. Die Zuwiderhandelnden verfallen in Geldstrafe von 2 bis 10 fl."

Die erledigte Gemeinde-Hebammenstelle wird einstimmig der Cäcilia Berger verliehen.

Endlich wird über ein Gesuch des Gastwirthes Friedrich Anrainer, gegen eine Jahresvergütung von 15 fl. aus der Gemeindewasserleitung in seinen Hausbrunnen Wasser leiten zu dürfen, mit Stimmenmehrheit beschlossen, dem Gesuche mit dem Beifügen Folge zu geben, daß vorläufig nur auf die Dauer eines halben Jahres die nachgesuchte Wasserableitung gestattet werde.

Schluß der Sitzung um 11 Uhr Vormittags.

Müller,
Gemeindevorsteher.

Richter,
Gem.-Ausschuß.

Baier,
Gem.-Ausschuß.

Bogner,
Schriftführer.

Inhalt.

Erste Abtheilung.

Zweite Abtheilung.

Instruktion zur Verwaltung des Gemeinde-Eigenthumes und Gesetze und Verordnungen in Betreff des selbstständigen Wirkungskreises der Gemeinden.

Dritte Abtheilung.

Vierte Abtheilung.

Alphabetisches Register.

Seite | Seite

V.

W.

Z.